U0649247

职业教育·铁道运输类专业教材
国家在线精品课程配套教材
国家职业教育铁道机车专业教学资源库配套教材

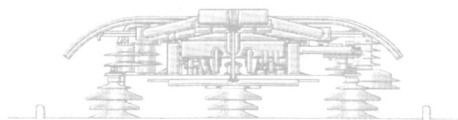

电力机车
电机电器检修与整备

编著 ◎ 吴　冰　周方圆　王建良　颜　罡　等
主审 ◎ 樊运新　张　莹

人民交通出版社
北京

内 容 提 要

本书是职业教育铁道运输类专业教材、国家在线精品课程配套教材、国家职业教育铁道机车专业教学资源库配套教材。其主要内容包括 8 个模块,分别是受电弓检修与整备、主断路器检修与整备、其他 25kV 高压电器检修与整备、主变压器检修与整备、变流器检修与整备、牵引电机检修与整备、司机控制器检修与整备、电气屏柜检修与整备。

本书以学习者为中心进行内容设计,每个模块包括学习页、工作页、拓展模块及趣味导入、学习导航、知识图谱、能力图谱、拓展训练、新技术等子模块,课程思政与职业素养有机结合。

本书可作为铁道机车专业职业本科和高等职业教育的贯通培养教材,也可作为课程教学实践成果供同行进行交流借鉴。

本书配套丰富的教学资源,任课教师可加入"职教铁路教学研讨群"获取(教师专用 QQ 群号:211163250)。

图书在版编目(CIP)数据

电力机车电机电器检修与整备/吴冰等编著.

北京:人民交通出版社股份有限公司,2024.9

ISBN 978-7-114-19682-9

Ⅰ. U264

中国国家版本馆 CIP 数据核字第 2024HM0583 号

Dianli Jiche Dianji Dianqi Jianxiu yu Zhengbei

书 名:	电力机车电机电器检修与整备	
著 作 者:	吴 冰 周方圆 王建良 颜 罡 等	
责 任 编 辑:	司昌静	
责 任 校 对:	赵媛媛 魏佳宁	
责 任 印 制:	张 凯	
出 版 发 行:	人民交通出版社	
地 址:	(100011)北京市朝阳区安定门外外馆斜街 3 号	
网 址:	http://www.ccpcl.com.cn	
销 售 电 话:	(010)85285911	
总 经 销:	人民交通出版社发行部	
经 销:	各地新华书店	
印 刷:	北京市密东印刷有限公司	
开 本:	787×1092 1/16	
印 张:	23.25	
插 页:	8	
字 数:	593 千	
版 次:	2024 年 9 月 第 1 版	
印 次:	2024 年 9 月 第 1 次印刷	
书 号:	ISBN 978-7-114-19682-9	
定 价:	69.00 元	

(有印刷、装订质量问题的图书,由本社负责调换)

前言
PREFACE

【编写背景】

为适应轨道交通行业的快速发展,贯彻落实《国家职业教育改革实施方案》(国发〔2019〕4号)、《职业教育提质培优行动计划(2020—2023年)》(教职成〔2020〕7号)等文件精神,进一步办好新时代职业教育,实现职业教育现代化,深化产教融合、校企合作,为促进经济社会发展和提高国家竞争力提供优质人才资源支撑,我们组织轨道交通制造企业技术专家和职业院校具有丰富教学经验的专业教师共同编写了本教材。

【编写定位】

本教材是课程基于"产教融合"思想,经过近20年不断的教学改革实践形成的成果。由学校专业教学团队、企业研发人员、企业一线技术人员构成"校企双元"合作编写团队。以吴冰老师为核心的专业教学团队与江苏吕车电机有限公司王建良教授级高工、中车株洲电力机车有限公司颜罡、陈明国等高级工程师共同组建教材编写与科研团队,基于企业检修、整备岗位真实工作任务选取和编写教材内容,同时,融入了大量团队研究成果,如主动控制型受电弓、车内安装直立式真空断路器及弓网智能检测系统等新技术,编写了这本兼具理论性、实践性和专业性的教材。本教材除作为实践成果供同行进行交流借鉴外,还可用于职业本科和高等职业教育的贯通培养。

【特色创新】

1. 以学习者为中心进行内容设计

本教材是"产教融合"课程改革的实践成果,编写的初衷是"源于企业、用于企业",编写的目的是帮助学习者学知识、练技能、开视野,把电气设备讲清楚(结构)、弄明白(原理)、练娴熟(技能)、懂应用(检修及故障处理)。

　　教材紧密对接铁路局整备车间机车整备员、检修车间机车电工、机车乘务员等岗位作业标准,遵循学生认知规律和职业成长规律,按照高压电流路径进行排序,形成受电弓、主断路器、其他 25kV 高压电器、主变压器、变流器、牵引电机、司机控制器、电气屏柜的检修及故障处理 8 个模块。教材采用模块化结构,可满足"主辅修"模块化课程选课需求。每个模块包括学习页、工作页、拓展模块及趣味导入、学习导航、知识图谱、能力图谱、拓展训练、新技术等子模块。其中,学习页包括基础理论、2～3 个有代表性型号设备介绍;工作页包括检修模块和故障处理模块;拓展模块包括知识拓展模块和技能拓展模块。【趣味导入】以日常生活实例引出学生不熟悉的教学内容,浅显易懂,深入浅出。【学习导航】用思维导图的形式展示本模块内容框架,帮助学生提前构建知识体系。【拓展训练】引导学生把知识向地铁、高铁等相关专业拓展。【新技术】模块收集大量轨道交通行业最新的技术动态,帮助学生拓宽视野。

　　本教材为学习者提供了轨道车辆电气设备方面丰富的学习资源、实践技能指导和训练资源,同时引导学习者了解轨道交通行业前沿技术和行业发展动态,完全以学习者为中心打造本教材。

　　2.课程思政与职业素养有机结合

　　教材从学习页到工作页,再到【新技术】模块,无处不蕴含对学生爱国、爱党、爱行业、爱企业、爱专业、爱岗位等爱国主义情怀的植入,弘扬劳动光荣、技能宝贵、创造伟大的时代风尚,加强学生爱岗敬业、自强不息、团结协作、知行合一的品德修养,培养学生刻苦学习、攻坚克难、脚踏实地的奋斗精神,培养具备创新思维、科学精神、工匠精神的高素质创新型轨道交通专业人才。

　　3.对标专业教学标准及"1＋X"技能等级标准,实现了岗课赛证的有机融通

　　编者结合参与国家专业教学标准、实训教学条件建设标准制订及相关"1＋X"职业技能等级标准修订的工作经验,对标国家专业教学标准体系,融入最新"1＋X"职业技能标准要求,围绕电力机车电气设备检修核心职业能力选取教材内容,对标全国和世界职业技能大赛的考核要点确定教材工作页难度和深度,实现了岗课赛证的有机融通。

　　【配套资源】

　　本教材配套资源丰富,除了教材上配有丰富的视频、动画、微课等资源之外,作者团队还在智慧职教 MOOC 学院建设了"电力机车电气设备的检查与维护"国家在线精品课程,提供全套教学视频、动画、微课、PPT、题库等资源;还开设有高铁工匠课堂、新技术课堂、专题讨论等学习交流平台,供教学者进行交流学习。

国家在线
精品课链接

【编写分工】

本教材由湖南铁道职业技术学院吴冰、周方圆老师联合江苏中车电机有限公司技术人员王建良、中车株洲电力机车有限公司颜罡、陈明国等研发人员共同编写。具体编写分工为：前言、模块1、模块2、模块4由吴冰、陈明国编写；模块3由徐丽丽编写；模块5由周方圆编写；模块6由王建良、余雨婷编写；模块7由李燕、余雨婷编写；模块8由颜罡、徐丽丽编写。吴冰负责编写提纲和全书的统稿工作。全书由中车株洲电力机车有限公司樊运新、湖南铁道职业技术学院张莹主审。

【致谢】

本教材在编写过程中，得到了中车株洲电力机车有限公司樊运新、湖南铁道职业技术学院张莹等专家的重要指导，以及江苏中车电机有限公司王建良教授级高工、中车株洲电力机车有限公司颜罡、陈明国高级工程师的专业指导，参考引用了上述专家及前辈学者的教材和成果，对编写教材和开展教学具有重要的价值，在此向相关作者表示衷心的感谢。虽然编写团队在教材编写过程中进行了精心的设计和凝练，但水平有限，书中难免存在不足和疏漏之处，敬请读者批评指正，以便修订完善。反馈邮箱：441978775@qq.com。

作　者
2024年5月

配套资源说明

序号	资源名称	资源类型	序号	资源名称	资源类型
1	受电弓发展历程	微课	18	BVAC. N99D 型断路器结构	三维动画
2	受电弓基本结构	微课	19	UR6 型高速断路器结构	三维动画
3	TSG15B 型受电弓结构原理	微课	20	主断路器外观检查	实操视频
4	DSA250 型受电弓结构原理	微课	21	主断路器例行试验	实操视频
5	TSG18D 型受电弓结构原理	微课	22	主断路器分合闸特性测调	实操视频
6	TSG15B 型受电弓结构	三维动画	23	主断路器 C4 级检修	实操视频
7	受电弓外观检查	实操视频	24	Introduce of the main circuit breaker	英语微课
8	受电弓例行试验	实操视频	25	The circuit breaker TDZ1A	英语微课
9	受电弓升降弓时间测调	实操视频	26	The circuit breaker BVAC. N99D	英语微课
10	受电弓静态接触压力测调	实操视频	27	主变压器概述	微课
11	受电弓 C4 级检修	实操视频	28	SS4G 型电力机车主变压器结构原理	微课
12	General description of pantograph	英语微课	29	HXD1C 型电力机车主变压器结构原理	微课
13	Structure of type TSG15B pantograph	英语微课	30	HXD1C 型电力机车主变压器结构	三维动画
14	主断路器概述	微课	31	主变压器外观检查	仿真动画
15	TDZ1A 型空气断路器结构原理	微课	32	主变压器检修	实操视频
16	BVAC. N99D 型真空断路器结构原理	微课	33	主变压器故障处理	仿真动画
17	UR6 型高速断路器结构原理 (城轨车辆用断路器)	微课	34	History of main transformer	英语微课

序号	资源名称	资源类型	序号	资源名称	资源类型
35	The working principle of main transformer	英语微课	53	主变流器接地故障处理	仿真动画
36	变流器概述	微课	54	主变流器单元的切除方法	仿真动画
37	HXD1C 型电力机车用主变流器结构原理	微课	55	接触网停电引起变流器隔离故障的处理	仿真动画
38	HXD1C 型电力机车用辅助变流器结构原理	微课	56	History of inverter	英语微课
39	HXD3C 型电力机车用主变流器结构	微课	57	Structure of type TGA9 inverter	英语微课
40	HXD3C 型电力机车用主变流器主要技术参数	微课	58	司机控制器概述	微课
41	HXD3C 型电力机车用主变流器工作原理	微课	59	TKS14 型司机控制器结构原理	微课
42	HXD3C 型电力机车用辅助变流器结构	微课	60	TKS31 型司机控制器结构原理	微课
43	HXD3C 型电力机车用辅助变流器工作原理	微课	61	M3919b 型司机控制器结构原理	微课
44	HXD1C 型电力机车用主变流器结构	三维动画	62	S640U 型司机控制器结构原理	微课
45	主接触器	三维动画	63	S355E 型司机控制器结构原理	微课
46	充电接触器	三维动画	64	TKS14A 型司机控制器结构原理	二维动画
47	主变流器除尘	微课	65	M3919b 型司机控制器结构	三维动画
48	主变流器拆装	微课	66	S355E 型司机控制器结构	三维动画
49	主变流器外观检查	仿真动画	67	司机控制器外观检查	仿真动画
50	冷却塔外观检查	仿真动画	68	司机控制器闭合表和级位测试	实操视频
51	主变流器试验调试	仿真动画	69	History of Master Controller	英语微课
52	主变流器逆流组件故障处理	仿真动画	70	Type of Master Controller	英语微课

资源使用方法：

1. 扫描右侧二维码，直接跳转到课程平台。

2. 希望获得更多配套资源，可扫描封面上的二维码，按提示进行激活、注册。

3. 再次使用时，可进入"交通教育出版"微信公众号，点击下方菜单"用户服务—开始学习"，选择已绑定的教材进行观看和学习。

国家在线
精品课链接

目 录

CONTENTS

模块 1

受电弓检修与整备

趣味导入

我们都知道,使用家用电器时,需要把插头插入插座,获取电能后才能工作。同样的道理,电力机车这个大型"电器"工作时乜需要从悬挂在头上的接触网获取电能才能工作。它也是用插头取电吗?看看接触网的样子就知道肯定不行。因为接触网是不带绝缘护套的输电线路,只能通过表面接触的方式传输电能。另外,电力机车工作时是移动的,不像家用电器固定安装的。**因此,电力机车需要一个可以在移动过程中跟接触网接触获取电流的取电设备。**图 1-0-1 有助于理解电力机车的受流方式。

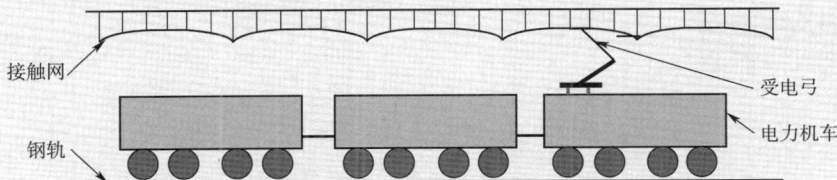

图 1-0-1　电力机车在移动过程中从接触网获取电流的示意图

这种特殊的取电设备叫作受电弓。这个名字的由来没有找到权威资料,为了便于记忆,可以这样理解:受电弓的"受电"就是"受流取电"的意思,而且它与接触网接触部分的形状好似古代的弓箭(图 1-0-2),因此取名受电弓。

图 1-0-2　受电弓的头部结构

为了满足与机车上方的接触网接触受流的要求,受电弓一般需要安装在机车外部车顶上,需要取电的时候升起来,不需要取电的时候降下来。随着机车的行驶,受电弓沿着接触网滑动,在滑动过程中受流。那么受彐弓需要具备怎样的结构才能胜任"滑动受流"的重任呢?受电弓又是如何升和降的呢?

插座需要对插头有一定的夹紧力才不会产生电火花,那么高压受流(接触网上的额定电压为 25kV)的受电弓,是不是跟接触网之间更需要紧密接触呢?通过桥梁和隧道时,接触网的高度会发生变化,变得很低,那么受电弓如何适应这种高度变化,且保证跟接触网时刻紧密接触呢?接下来我们一起走进受彐弓检修与整备的课堂,探索受电弓的奥秘。

学习目标

能力目标

1. 能正确使用检修作业中所需的设备和工具。
2. 能熟练完成受电弓外观检查、参数测量、静态接触压力测试、升降弓时间测试。
3. 能完成零部件更换工作。
4. 能熟悉受电弓应急故障处理流程。

知识目标

1. 了解受电弓的定义、功能、分类及性能要求。
2. 理解受电弓的主要技术参数。
3. 掌握受电弓的基本结构、各部件功能、升弓和降弓工作原理。

素养目标

在受电弓整备检查及检修作业过程中，注意作业安全，以严谨、细致、认真的工作态度进行规范操作，养成精益求精的工作习惯。

建议学时

12 学时。

学习导航

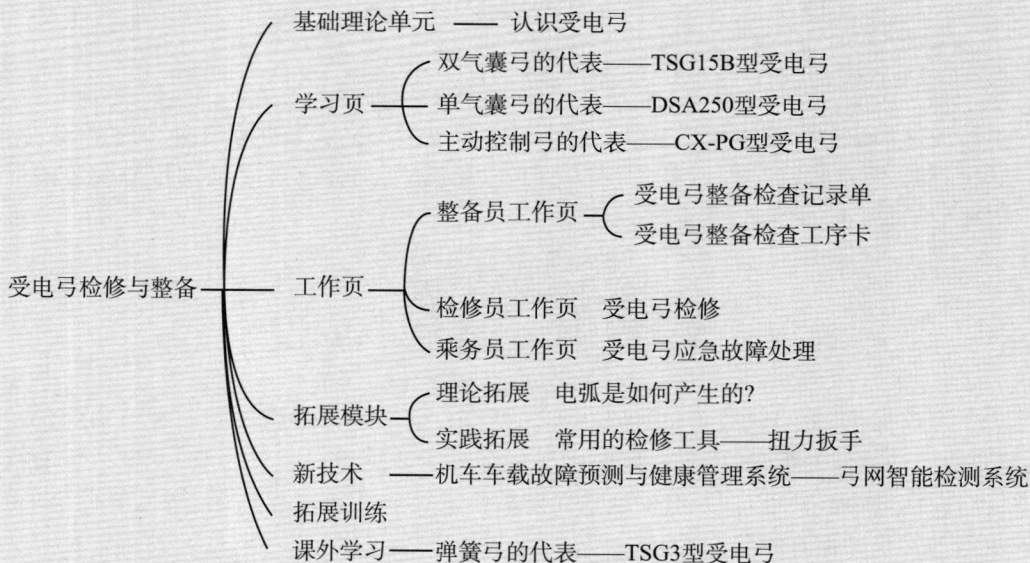

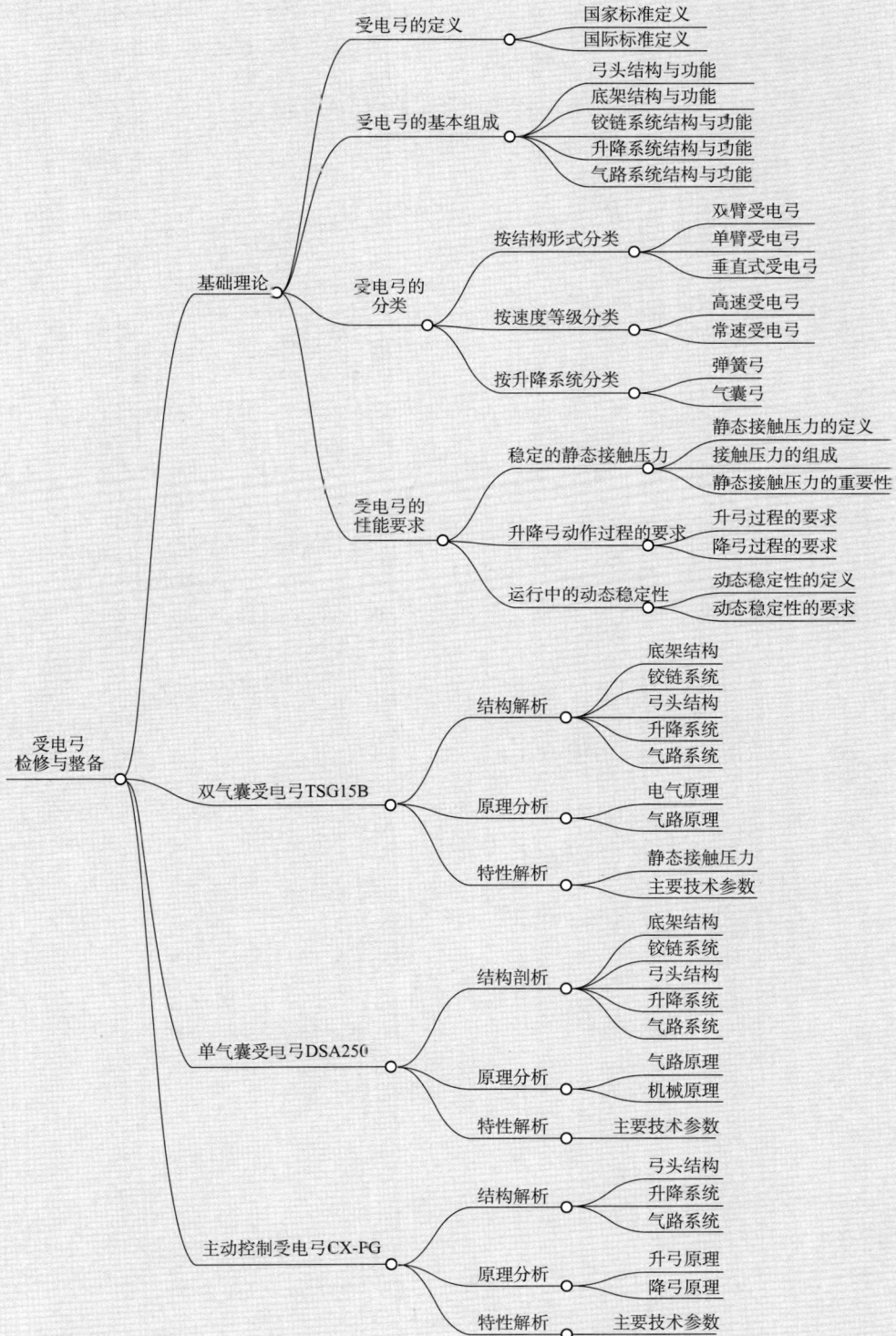

受电弓检修与整备
- 基础理论
  - 受电弓的定义
    - 国家标准定义
    - 国际标准定义
  - 受电弓的基本组成
    - 弓头结构与功能
    - 底架结构与功能
    - 铰链系统结构与功能
    - 升降系统结构与功能
    - 气路系统结构与功能
  - 受电弓的分类
    - 按结构形式分类
      - 双臂受电弓
      - 单臂受电弓
      - 垂直式受电弓
    - 按速度等级分类
      - 高速受电弓
      - 常速受电弓
    - 按升降系统分类
      - 弹簧弓
      - 气囊弓
  - 受电弓的性能要求
    - 稳定的静态接触压力
      - 静态接触压力的定义
      - 接触压力的组成
      - 静态接触压力的重要性
    - 升降弓动作过程的要求
      - 升弓过程的要求
      - 降弓过程的要求
    - 运行中的动态稳定性
      - 动态稳定性的定义
      - 动态稳定性的要求
- 双气囊受电弓TSG15B
  - 结构解析
    - 底架结构
    - 铰链系统
    - 弓头结构
    - 升降系统
    - 气路系统
  - 原理分析
    - 电气原理
    - 气路原理
  - 特性解析
    - 静态接触压力
    - 主要技术参数
- 单气囊受电弓DSA250
  - 结构剖析
    - 底架结构
    - 铰链系统
    - 弓头结构
    - 升降系统
    - 气路系统
  - 原理分析
    - 气路原理
    - 机械原理
  - 特性解析
    - 主要技术参数
- 主动控制受电弓CX-PG
  - 结构解析
    - 弓头结构
    - 升降系统
    - 气路系统
  - 原理分析
    - 升弓原理
    - 降弓原理
  - 特性解析
    - 主要技术参数

能力图谱

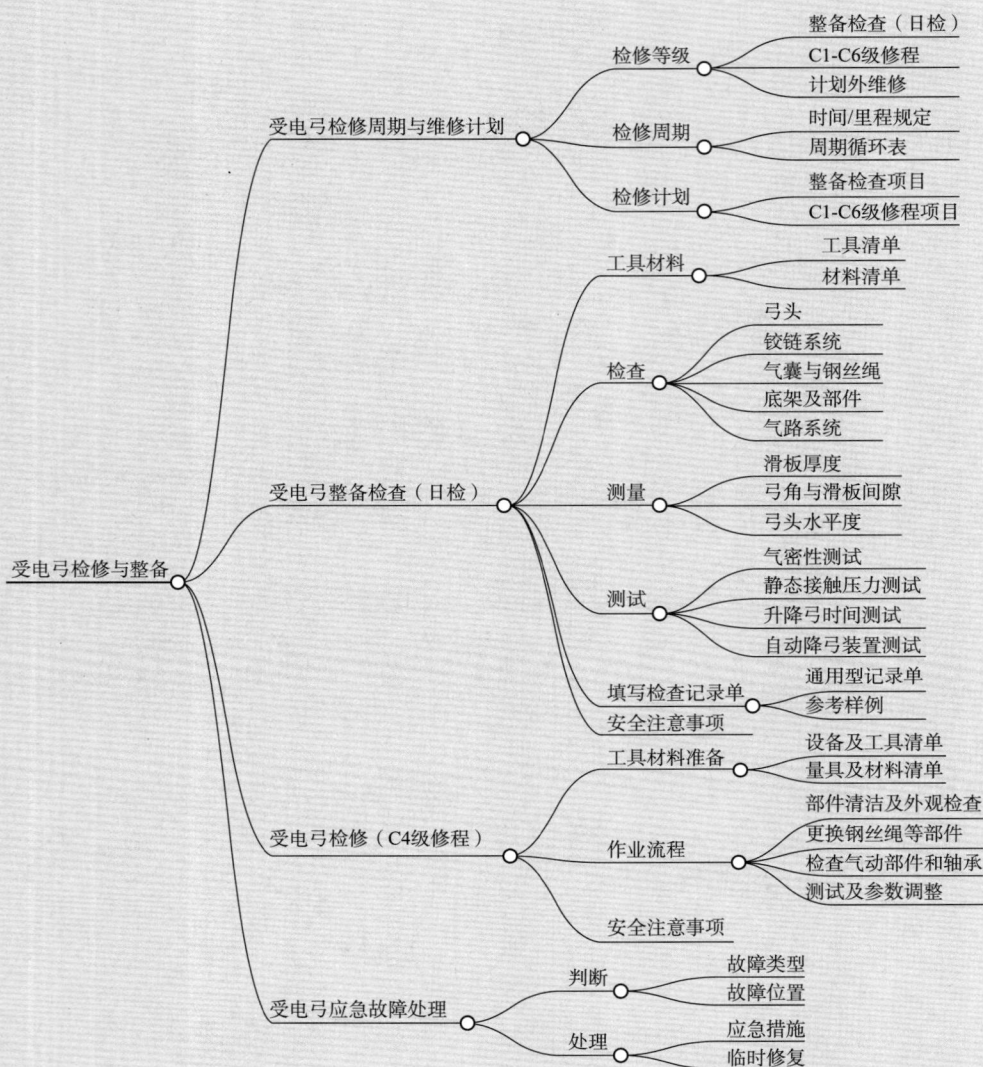

受电弓检修与整备

- 受电弓检修周期与维修计划
  - 检修等级
    - 整备检查（日检）
    - C1-C6级修程
    - 计划外维修
  - 检修周期
    - 时间/里程规定
    - 周期循环表
  - 检修计划
    - 整备检查项目
    - C1-C6级修程项目

- 受电弓整备检查（日检）
  - 工具材料
    - 工具清单
    - 材料清单
  - 检查
    - 弓头
    - 铰链系统
    - 气囊与钢丝绳
    - 底架及部件
    - 气路系统
  - 测量
    - 滑板厚度
    - 弓角与滑板间隙
    - 弓头水平度
  - 测试
    - 气密性测试
    - 静态接触压力测试
    - 升降弓时间测试
    - 自动降弓装置测试
  - 填写检查记录单
    - 通用型记录单
    - 参考样例
  - 安全注意事项

- 受电弓检修（C4级修程）
  - 工具材料准备
    - 设备及工具清单
    - 量具及材料清单
  - 作业流程
    - 部件清洁及外观检查
    - 更换钢丝绳等部件
    - 检查气动部件和轴承
    - 测试及参数调整
  - 安全注意事项

- 受电弓应急故障处理
  - 判断
    - 故障类型
    - 故障位置
  - 处理
    - 应急措施
    - 临时修复

1-1 基础理论单元　认识受电弓

根据国家标准《轨道交通　机车车辆受电弓特性和试验 第 1 部分：干线机车车辆受电弓》（GB/T 21561. 1—2018）及国际标准《Railway applications-Rolling stock-Pantographs-Characteristics and tests-Part 1：Pantographs for main line vehicles》（IEC 60494-1—2013），**受电弓定义**如下：

受电弓（pantograph）是从一条或多条接触线集取电流的装置。它由底架、升降系统、铰链系统和弓头组成。它的几何形状是可以改变的。在"工作"位（升弓状态）时，装置的部分或全部处于带电状态。在车辆车顶上，受电弓仅在接口处是电气绝缘的。受电弓保证电流从接触网传送到车辆电气系统。

受电弓特点16 字口诀

顶部安装　滑动受流　能升能降　通体带电

一、受电弓的基本组成

受电弓的主要任务是在滑动过程中，通过自由调节升弓高度，完成可靠受流。不同型号的受电弓在结构、原理上存在差异，但其基本组成一般包括弓头、底架、铰链系统、升降系统和气路系统五个部分，如图 1-1-1 所示。本部分对这五个基本组成部分的功能和结构进行详细介绍，帮助你了解受电弓每部分的结构形式以及受电弓技术更新迭代所带来的变化，以开拓视野，拓展思维。

弓头

铰链系统

底架

升降系统

气路系统

图 1-1-1　受电弓的基本结构组成

弓头是受电弓中由铰链系统支撑，与接触线接触受流的部件。弓头主要包括滑板、悬挂装置。**滑板**是受电弓与接触网直接接触受流的部件。**悬挂装置**使弓头具有一定自由度。较小的接触网高度变化可通过弓头悬挂装置进行补偿。当接触网高度变化较大时（如机车通过桥梁和隧道），接触网很低，此时需要通过铰链系统进行补偿。因此，受电弓可随接触网的高度变化自由地改变其升弓高度，从而保持弓头和接触网导线之间的接触压力基本恒定。

随着受电弓结构的不断演变，滑板和悬挂装置的结构也在不断变化。滑板有整体双滑板、分体双滑板和整体单滑板三种形式,悬挂装置有圆弹簧、板簧和橡胶三种形式。上述几种形式的滑板和悬挂装置在机车车辆受电弓上都有使用,它们以不同的方式进行组合,形成各具特色的弓头形式,举例如图 1-1-2 所示。

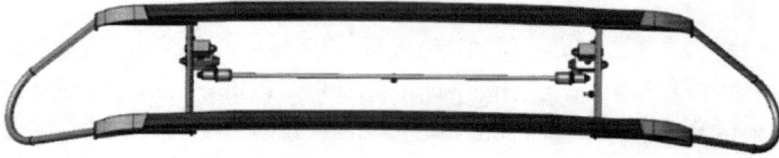

a) TSG15B型受电弓的"整体双滑板＋橡胶弹性元件悬挂"式弓头

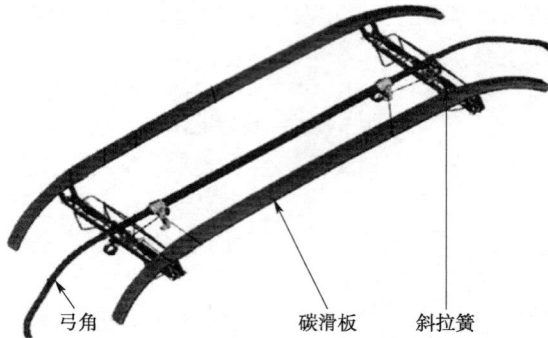

弓角　　　　碳滑板　斜拉簧

b) DSA250型受电弓的"分体双滑板＋斜弹簧悬挂"式弓头

板簧

c) TSG20型受电弓的"分体双滑板＋板簧悬挂"式弓头

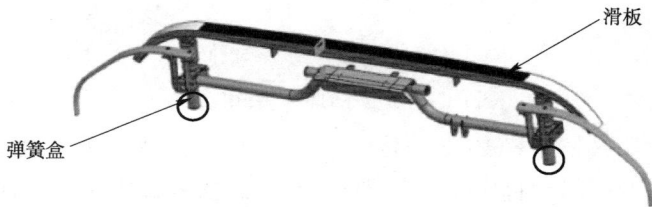

滑板

弹簧盒

d) V350型受电弓的"整体单滑板＋弹簧盒悬挂"式弓头

图 1-1-2　滑板与悬挂装置不同组合方式的受电弓弓头

底架是受电弓中支撑铰链系统的固定部分,是受电弓的基础骨架,安装在固定于车顶的绝缘子上,并提供受电弓与其他部件的电路、气路接口。

底架有 T 形骨架和口形骨架两种形式,如图 1-1-3 所示。

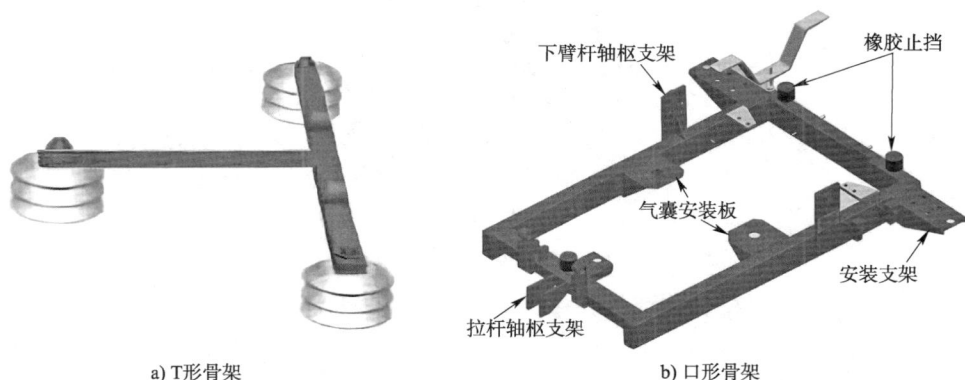

下臂杆轴枢支架

橡胶止挡

气囊安装板

安装支架

拉杆轴枢支架

a) T形骨架

b) 口形骨架

图 1-1-3　受电弓底架的骨架形式

铰链系统是能够使弓头相对于受电弓底架在垂直方向上运动的铰接结构,用来实现弓头升降运动。

图 1-1-4 中粗实线部分展示了 TSG15B 型受电弓的大、小两套四杆机构。其中,下臂杆、拉杆、底架和上框架的前端构成大四杆机构;上臂杆、平衡杆构成小四杆机构。由此抽象出来的机械模型如图 1-1-5 所示。利用四杆机构的机械原理,在大、小两套四杆机构的共同作用下,可确保弓头在垂直方向上运动,以保证最佳受流质量。

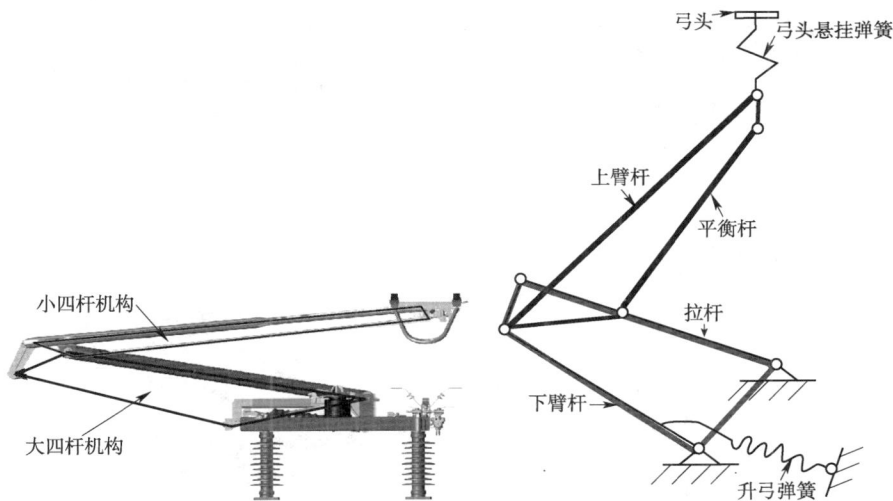

弓头

弓头悬挂弹簧

上臂杆

平衡杆

拉杆

下臂杆

升弓弹簧

小四杆机构

大四杆机构

图 1-1-4　TSG15B 型受电弓的大、小四杆机构

图 1-1-5　受电弓机械原理示意图

铰链系统中各部件的结构是多种多样的。例如,上框架有框架式、双杆式、单杆式,如图 1-1-6所示;下臂杆有圆形管、方形管和叉形结构,如图 1-1-7 所示。

升降系统是提供升弓和降弓动力的装置。

早期的升降系统以螺旋钢弹簧为动力源,这种类型的弓称为弹簧弓。TSG3 型受电弓是弹簧弓的典型代表。之后又出现了以气囊充气或排气而产生升弓或降弓动力的升降系统,这种类型的弓称为气囊弓。TSG15 系列、DSA 系列等是目前使用最为广泛的气囊弓,如图 1-1-8 所示。

a) 框架式　　　　　　　　b) 双杆式　　　　　　　　c) 单杆式

图 1-1-6　上框架

a) 圆形管

b) 方形管

c) 叉形结构

图 1-1-7　下臂杆

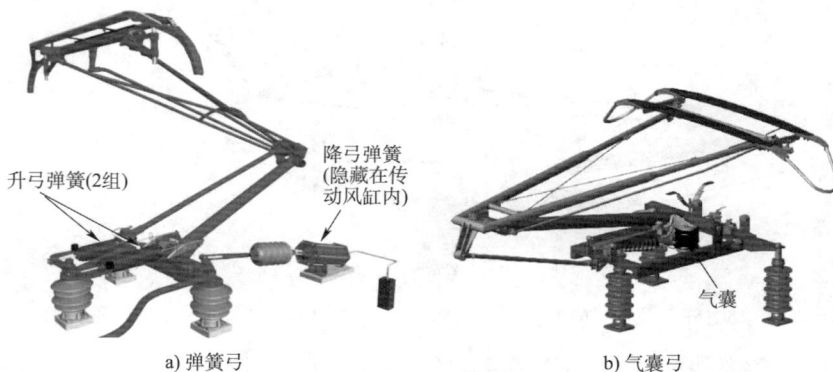

升弓弹簧(2组)

降弓弹簧(隐藏在传动风缸内)

气囊

a) 弹簧弓　　　　　　　　　　　　　　b) 气囊弓

图 1-1-8　两种类型的升降系统

说明:有的资料把受电弓的升降系统称为升弓装置或传动机构。

升降系统部件搭配一般按如下规则:弹簧弓一般采用"弹簧+风缸"式升降系统,气囊弓一般采用"气囊+桁架"式升降系统,如图 1-1-9 所示。

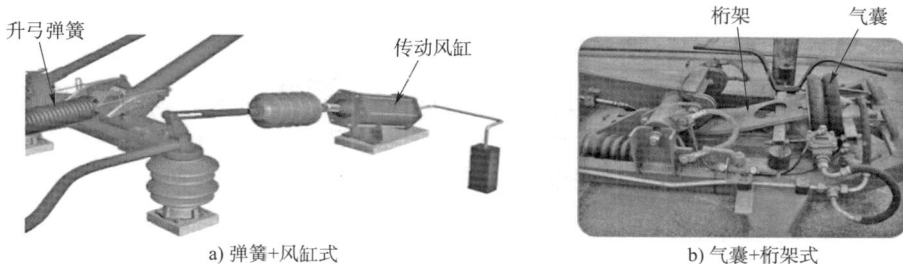

a) 弹簧+风缸式　　　　　　　　　　b) 气囊+桁架式

图 1-1-9　不同组合方式的升降系统

以上四个部分构成了受电弓的主体,是实现弓头升降的主要机械部件。那么,驱动受电弓升降的动力源是什么? 答案是压缩空气。受电弓是通过压缩空气驱动弓头升降的。因此,就必然需要有个系统连接在压缩空气源与受电弓升降系统之间,起到对压缩空气的控制和调节作用,这便是受电弓气路系统。

气路系统由电磁阀等气路部件组成,通过控制压缩空气来控制受电弓的升降,以及调节升弓、降弓时间和静态接触压力等参数。

通常情况下,用于机车车辆的受电弓,把气路系统的各气路元件集中安装在一块不锈钢板上或一个不锈钢箱体内,称为阀板(气阀板)或气阀箱。阀板因为无法防尘防水,一般安装在车内,气阀箱可以做密封处理,一般安装在车外受电弓底架上,如图 1-1-10 所示。

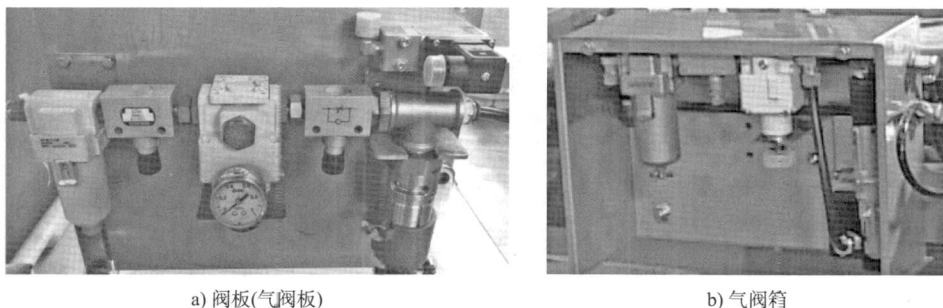

a) 阀板(气阀板)　　　　　　　　　　b) 气阀箱

图 1-1-10　受电弓气路系统的两种安装方式

当受电弓滑板发生滑板断裂或磨耗到限等问题时,如果不及时降弓,将导致接触网拉断、受电弓主体严重受损等重大事故。因此,20 世纪 90 年代后生产的受电弓一般都配备了自动降弓装置(Automatic Dropping Device,ADD)。

自动降弓装置由快排阀、截止阀、试验阀、整体滑板(带气道)及相应空气管路组成,其气路原理示意图如图 1-1-11 所示。自动降弓装置的核心元件是快排阀。快排阀内部结构示意图如图 1-1-12 所示。自动降弓功能的实现需要特殊结构的滑板配合实现,即内部带气道的碳滑板。自动降弓装置与受电弓的气路及滑板气道的连接示意图如图 1-1-13 所示。

自动降弓装置的工作原理:升弓时,升弓气源由快排阀进气口(图 1-1-12 左侧)进入快排阀,经模板与腔

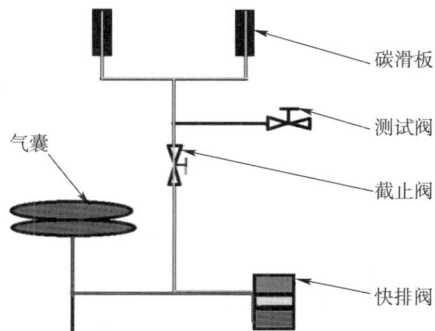

图 1-1-11　自动降弓装置气路原理示意图

体间间隙向快排阀上下腔及气囊、滑板气道充入压缩空气。快排阀上部腔体与滑板气道直接连通,当受电弓气路正常时,橡胶模板的上下腔压强平衡,靠弹簧的压力和橡胶模板自重压住排气口(图 1-1-12 下侧)。当受电弓滑板出现磨耗到限或断裂等问题时,滑板气道内压缩空气泄露,导致快排阀上腔压力迅速下降,当下腔压力足以克服弹簧压力和橡胶模板自重时,下腔气压推动模板上升,打开排气口,使受电弓气囊中的压缩空气从排气口迅速排出,受电弓快速降弓,实现自动降弓。

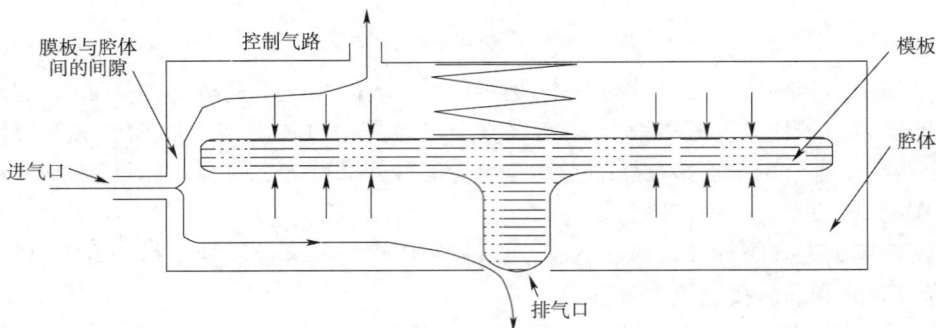

图 1-1-12　快排阀内部结构示意图

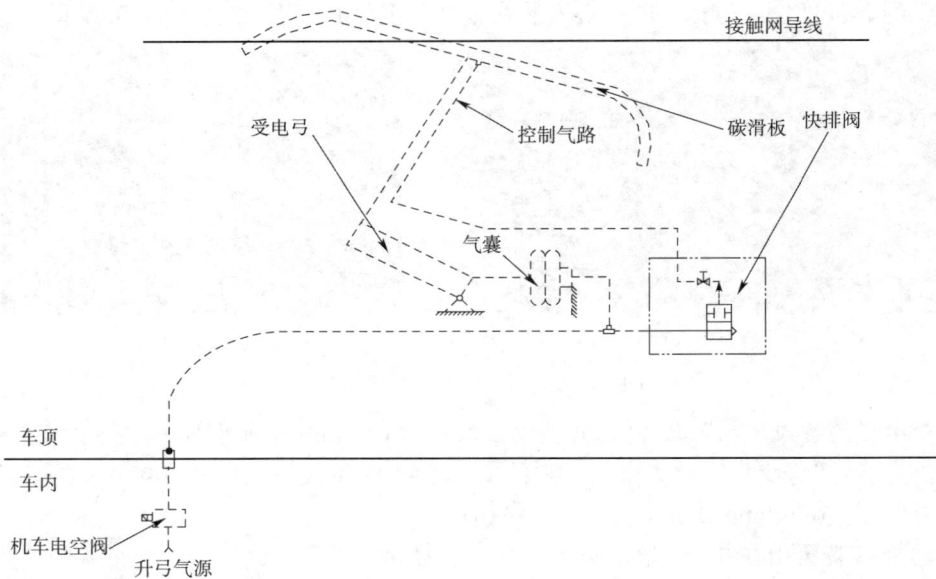

图 1-1-13　自动降弓装置与受电弓气路及滑板气道连接图

二、受电弓的分类

受电弓可按结构、速度、驱动方式和降弓方式等进行分类。

(1)按结构形式不同,受电弓可分为双臂受电弓、单臂受电弓和垂直式受电弓。

双臂受电弓是最传统的受电弓,如图 1-1-14 所示。因其形状像菱形,亦称为菱形受电弓。因其质量大,保养成本较高,加上发生故障时有扯断接触网的风险,该受电弓在我国 20

世纪 50 年代以后生产的轨道车辆上已很少使用。

单臂受电弓也称为 Z 形受电弓,如图 1-1-15 所示。单臂受电弓具有结构简单,尺寸小,质量小,动态特性好等优点,是目前电力轨道车辆上广泛使用的受电弓类型。值得一提的是,依据各轨道车辆要求的不同,以及受电弓设计方式不同,单臂受电弓的结构会有一些差异。

垂直式受电弓也称为 T 形受电弓或翼形受电弓,如图 1-1-16 所示。垂直式受电弓具有良好的空气动力学性能,更加适合高速行驶的轨道车辆,以减少行车时的噪声。但是由于性价比不高,垂直式受电弓目前基本没有使用。

图 1-1-14　双臂受电弓　　　　图 1-1-15　单臂受电弓　　　　图 1-1-16　垂直式受电弓

(2)按速度等级不同,受电弓可分为高速受电弓和常速受电弓。这里的速度是指受电弓所在的轨道车辆的设计速度。用于设计速度在 200km/h 以下车辆上的受电弓称为常速受电弓,用于设计速度在 200km/h 以上车辆上的受电弓称为高速受电弓。

(3)按升降系统的结构形式不同,受电弓可分为弹簧弓和气囊弓。早期的受电弓大多为弹簧弓,如 TSG1、TSG3 型受电弓。气囊弓又分为单气囊弓和双气囊弓,DSA 系列为单气囊弓,TSG15 系列为双气囊弓。

气囊中压缩空气的压力可由精密调压阀进行精确控制,从而可以较好地控制受电弓与接触线之间的静态接触压力,以获得更好的受流质量。因此,气囊弓的性能要比弹簧弓优越,是目前广泛使用的受电弓类型。

三、受电弓的性能要求

受电弓靠滑动接触而受流,是车辆与固定供电装置——接触网之间的电流连接环节,其性能的优劣直接影响车辆的受流质量和工作可靠性,因此对受电弓有如下性能要求。

1. 弓网实际接触压力

为保证牵引电流的顺利流通,受电弓和接触线之间必须保持一定的接触压力。弓网实际接触压力由静态接触压力、动态接触压力、气动力、阻尼力四部分组成。下面对这四个力分别进行解释。

静态接触压力:根据《轨道交通　机车车辆受电弓特性和试验　第 1 部分:干线机车车辆受电弓》(GB/T 21561.1—2018),静态接触压力是机车车辆处于静止状态时,在受电弓升弓装置作用下,受电弓弓头向上施加在接触线上的垂直力。

动态接触压力:由于接触网悬挂本身存在弹性差异,接触网导线在受电弓抬升作用下会产生不同程度的上升,从而使受电弓在运行中产生上下振动,使受电弓产生一个与其本身质量相关的上下交变的动态接触压力。

气动力:受电弓在运行中受空气流作用产生的一个随速度增加而迅速增加的气动力。

阻尼力:受电弓各关节在升降弓过程中产生的阻尼力。

在接触压力的四个组成部分中,静态接触压力是唯一可控的部分,可调节受电弓的某些部件,以确保静态接触压力稳定在规定值。对于铁路干线,这个规定值是 70N ± 10N,对于地铁刚性接触网,这个值是 120N ± 10N。

弓网接触压力能直观地反映受电弓滑板和接触网导线之间的接触情况,它必须符合正态分布规律,在一定范围内波动。如果弓网接触压力太小,会增加离线率;如果弓网接触压力太大,会使滑板和接触网导线间产生较大的机械磨耗。

2. 升弓、降弓时要"先快后慢"

为保证升弓、降弓时不产生过分冲击,要求受电弓在升降过程中遵循先快后慢原则,即升弓时,滑板离开底架要快,贴近接触网导线时要慢,以防弹跳(弹跳会大大增加弓网拉弧的概率,造成弓网烧损);降弓时,滑板脱离接触导线要快(以防拉弧造成烧损),落在底架上要慢(防止对底架有过度的机械冲击)。

3. 运行中动态稳定性好

受电弓需要克服车辆高速运行时产生的空气阻力的作用(图 1-1-17),保证在允许的运行速度下,滑板与接触网的接触压力基本稳定在额定静态接触压力值范围内,以保证可靠受流。

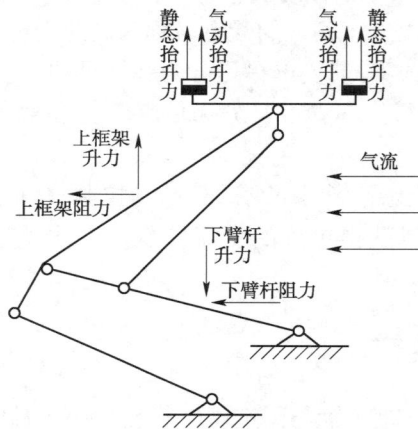

图 1-1-17 受电弓在车辆行驶过程中的受力分析

受电弓应满足以下性能要求:

(1)升降走直线:在升弓、降弓过程中,受电弓弓头的运动轨迹为一条铅垂的直线。

(2)弓头不偏摆:在升弓、降弓过程中,受电弓弓头滑板平面应处于水平状态。

(3)受空气阻力影响小。

(4)弓头跟随性好。

(5)动态响应快。

(6)阻尼合理。

(7)噪声小。

（8）质量小。

四、要点凝练

1. 特点总结

与普通插头相比,受电弓的工作特点是顶部安装、表面接触、滑动受流、动态调整。

2. 结构要点

受电弓的主要部件可分为静止部件和运动部件,如图 1-1-18 所示。

图 1-1-18　受电弓结构要点

3. 性能要点

受电弓需要满足的性能要求包括①升降走直线;②弓头不偏摆;③受空气阻力影响小;④弓头跟随性好;⑤动态响应快;⑥阻己合理;⑦噪声小;⑧质量小。

本节重点介绍了受电弓弓头、底架、铰链系统、升降系统、气路系统五个组成部分的多种结构形式,以及受电弓的性能要求,让大家对受电弓的结构和性能有个总体认知。

接下来的 1-2～1-5 部分将介绍我国机车车辆上使用最为广泛、最具代表性的几种型号的受电弓。TSG15B 型受电弓是双气囊弓的典型代表,主要用于 HXD1 系列电力机车上。DSA250 型受电弓是单气囊弓的典型代表,用于时速 250km/h 及以下的动车组上。CX-PG 型受电弓是采用先进主动控制技术的一款新型受电弓,用于时速 380km/h 及以上的高速动车组上,是目前国内机车车辆上正式投入使用的技术最先进的受电弓,并且采用单滑板受流,V350 型受电弓是最新产品,但还未完全投入使用。前面几款均是双滑板受流。

上述几款受电弓均是目前机车车辆上常用的受电弓型号,并且各具特色,所以本书将其都纳入教材,逐一进行介绍。除了上述几款受电弓,还有其他型号的受电弓,因篇幅有限,这里不一一介绍。

1-2 双气囊弓的代表——TSG15B 型受电弓

气囊弓靠气囊充气膨胀而产生升弓动力,升弓后,仍然靠气囊内压缩空气的压力维持滑板和接触网之间稳定的静态接触压力,因此,这种类型的受电弓可方便地通过调压阀调节输入给气囊的压缩空气的压力值来精确地控制静态接触压力(调压阀输出气压每变化0.01MPa,静态接触压力变化 10N,调压阀精确度可达 2kPa)。自 20 世纪 90 年代起,我国开始广泛应用气囊弓于机车车辆上,如和谐号电力机车、和谐号动车组、复兴号动车组、中国标准动车组等。

目前,机车车辆使用的气囊弓有两种类型:单气囊弓和双气囊弓。DSA 系列受电弓是单气囊弓的代表,广泛用于高速动车组上;TSG15 系列受电弓是双气囊弓的典型代表,广泛用于 HXD1 系列电力机车上。

说明:气囊弓有很多型号,这里仅列举了 DSA 和 TSG15 两个系列,因篇幅有限,不再一一介绍。

本节以用于 HXD1C 型电力机车上的 TSG15B 型受电弓为例,详细介绍双气囊弓的结构及工作原理。TSG15B 型受电弓的外形如图 1-2-1 所示。

图 1-2-1 TSG15B 型受电弓的外形

一、结构解析

TSG15B 型受电弓的基本结构如图 1-2-2 所示。它由弓头、铰链系统、底架、升弓装置、气路系统(未在图中显示,是单独的气阀板)等组成。下面对各部分进行详述。

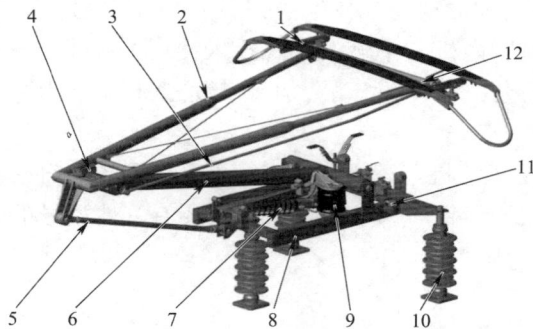

图 1-2-2 TSG15B 型受电弓的基本结构

1-弓头;2-上框架;3-平衡杆;4-铰接导流线;5-拉杆;6-下臂杆;7-阻尼器;8-底架;9-升弓装置;10-绝缘子;11-底架导流线;12-弓头导流线

1. 底架

TSG15B 型受电弓底架是一个由矩形钢管焊接而成的口形钢结构,如图 1-2-3 所示。它提供了整个受电弓的机械接口、电气接口和气路接口。

(1)机械接口

机械接口是由型钢焊接而成的矩形骨架,提供了下臂杆、拉杆、气囊等部件的安装支架或安装板,如图 1-2-3b)所示。另外,底架伸出的 4 个安装支架上 $\phi18mm$ 的通孔用于安装绝缘子,通过这 4 个绝缘子,将受电弓安装在机车顶盖上,并与之保持足够的绝缘间距。

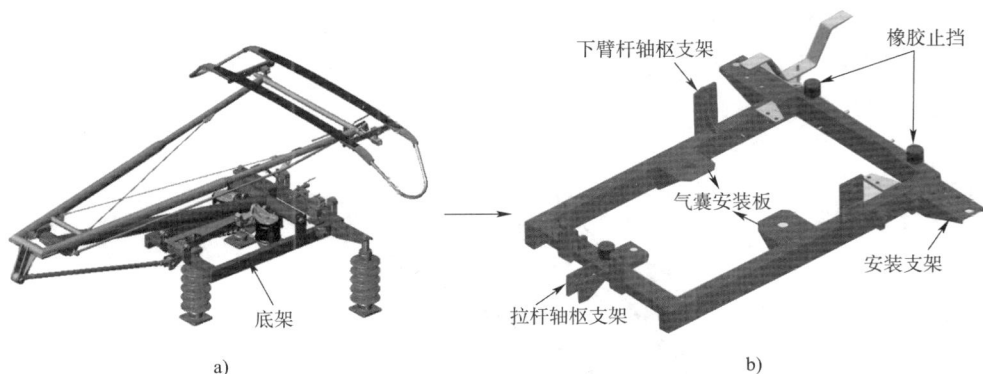

图 1-2-3 TSG15B 型受电弓底架

（2）电气接口

底架上的电流接线板是受电弓对外的电气接口，它采用不锈钢材料制成。

（3）气路接口

经气阀板控制和调节的压缩空气，将通过气管接入安装在底架上的气囊、快排阀、滑板等部件，因此这里提供了对外、对内的气路接口。

2. 铰链机构

铰链系统包括下臂杆、上框架、拉杆和平衡杆，它们与底架一起构成了受电弓的四杆机构，如图 1-2-4 中黑色线条所示，保证了上框架中顶管的运动轨迹，也就是弓头的运动轨迹呈一条近似铅垂的直线。

图 1-2-4 TSG15B 型受电弓四杆机构

（1）下臂杆

TSG15B 型受电弓下臂杆如图 1-2-5 所示。下臂杆的两端分别与底架和上框架采用轴承连接，与底架连接的轴承安装在下臂杆的底架轴承管内，与上框架连接的轴承安装在下臂杆的肘接轴承管内。轴承具有良好的密封性能，在其使用期内无须维护。受电弓在升弓、降弓时，下臂杆绕着其固定在底架上的底架轴承管做圆周运动。

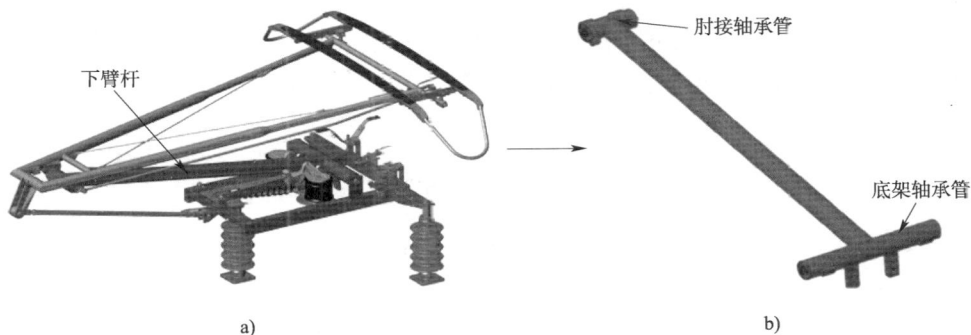

图 1-2-5 TSG15B 型受电弓下臂杆

（2）上框架

TSG15B 型受电弓上框架如图 1-2-6 所示。上框架是由顶管、阶梯铝管和肘接处的肘接轴承管组焊而成的类似梯形的铝合金框架结构;对角线杆用于增加上框架的刚度。上框架通过轴承分别与拉杆、下臂杆及弓头连接。上框架的这种设计减轻了受电弓的上部质量,提高了受电弓的弓网跟随性。

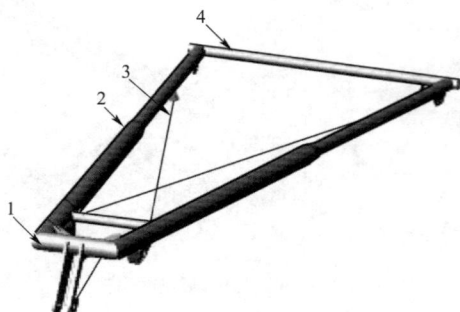

图 1-2-6　TSG15B 型受电弓上框架
1-肘接轴承管;2-阶梯铝管;3-对角线杆;4-顶管

（3）拉杆

拉杆与下臂杆、上框架、底架构成一个四杆机构。通过调节拉杆上螺母和螺杆的相对位置可以改变拉杆长度,从而对四杆机构的几何尺寸进行调整,以确保弓头的运动轨迹为一条铅垂线。TSG15B 型受电弓拉杆如图 1-2-7 所示。

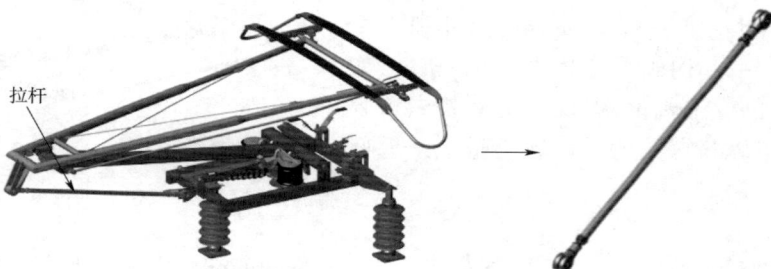

拉杆

图 1-2-7　TSG15B 型受电弓拉杆

（4）平衡杆

弓头具有一定的自由度,可以绕弓头转轴自由摆动。为了确保受流质量,一般只允许弓头在水平面小范围内有一定的自由度,为此,需设置平衡杆。TSG15B 型受电弓平衡杆如图 1-2-8 所示。其一端连接在下臂杆和上框架铰接的肘接处,另一端支撑在弓头转轴的一端,为弓头提供与其偏转方向相反的力,使弓头基本维持在水平状态。

图 1-2-8　TSG15B 型受电弓平衡杆

3. 弓头

弓头是与接触网直接接触的部件。为了确保弓头与接触网能够稳定、良好地接触,弓头应尽可能减小惯性质量。图 1-2-9 所示为 TSG15B 型受电弓弓头。

弓头分为两部分,即与网线接触的部分及与上框架连接的部分。前者主要包括滑板和弓角,后者主要包括弓头悬挂装置和弓头转轴。弓角位于弓头端部,用以保证接触网与弓头的平滑过渡。

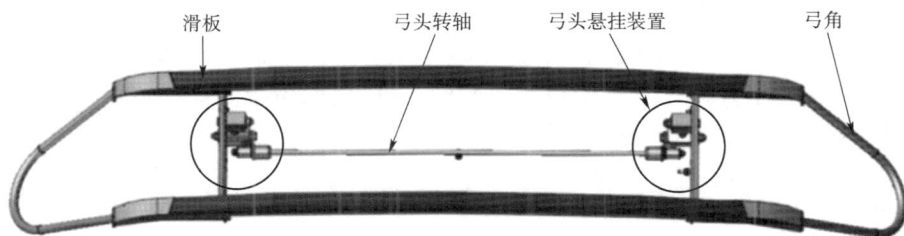

图 1-2-9　TSG15B 型受电弓弓头

弓头悬挂装置使得弓头具有一定的自由度。同时,车辆运行时,弓头与网线之间的高频振动可以通过弓头悬挂装置吸收一定量的缓冲。

如图 1-2-10 所示,弓头悬挂装置是由橡胶弹性元件组件和导杆组焊构成的一个 V 字形部件,弓头左右两端各 1 个。弓头悬挂装置安装在弓头转轴与滑板框架之间。弓头转轴穿过上框架顶管后,两端分别与弓头悬挂装置的导杆组焊连接。弓头滑板框架通过调节板与上部橡胶弹性元件相连接。

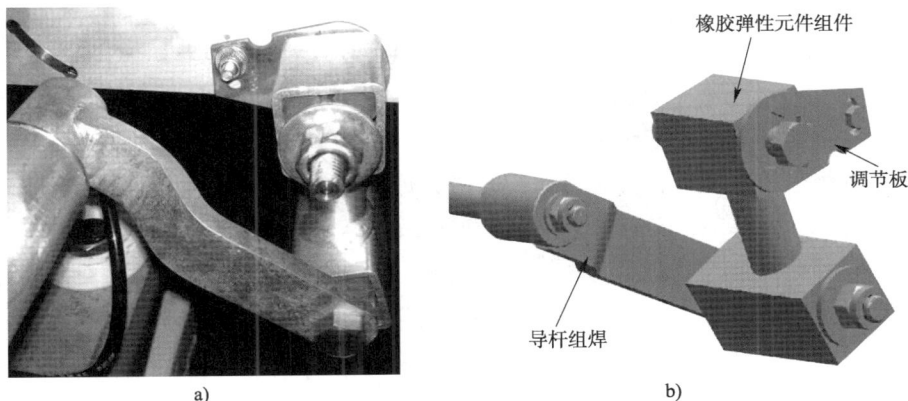

图 1-2-10　TSG15B 型受电弓弓头悬挂装置

弓头转轴由压入上框架顶管内的免维护粉末冶金衬套支撑。橡胶弹簧元件是免维护的,它的各向弹性可以对弓头的运动进行误差补偿,并且吸收弓头的侧向振动。

接触网导线大多采用纯铜或铜合金材料,滑板与其接触,要求滑板材料比接触网的要软一些,尽可能使接触网导线磨损小,维护工作量少。滑板材料的研究经历了一个漫长而复杂的过程。其主要经历了纯金属滑板、粉末冶金滑板、纯碳滑板、浸金属碳滑板等发展历程。1961 年,我国第一条电气化铁路宝成铁路宝凤段开通,当时接触网导线选用铜质材料,滑板为软钢滑板。由于导线磨损严重,1967 年改用碳滑板。但是碳滑板材料的机械强度较低,冲击韧性较差,并且在运行中会出现滑板折断或破裂等问题,使用寿命短,特别是在雨季和潮湿地区,因摩擦力增大,常出现弓网故障。因此,研究人员研制了粉末冶金滑板材料,在 20 世纪 80 年代初,铜基粉末冶金滑板在我国得到了广泛应用。20 世纪 90 年代以后,我国高速电力机车开始采用组织致密的浸金属碳滑板材料,这种滑板集碳材料和金属材料的优点于一身,综合性能比较优越。以前,这种碳滑板绝大多数需要进口。现在,我国滑板制造企业通过自主研发、自主创新,攻克滑板材料、气道滑板等多项技术难关,终于实现受电弓滑板的自主生产,结束了依赖进口的历史。

TSG15B 型受电弓滑板采用浸金属碳材料。为了实现自动降弓功能,滑板采用带气腔的整体滑板,气腔内通有压缩空气,当滑板出现磨耗到限或断裂等问题时,气腔内压缩空气泄漏,引起自动降弓装置的快排阀动作,使受电弓迅速自动降下。值得注意的是,更换滑板后,自动降弓装置需重新启动。

4. 升降系统

升降系统为受电弓的升降提供动力。TSG15B 型受电弓升降系统包括钢丝绳、气囊、扇形调整板等部件,如图 1-2-11 所示。

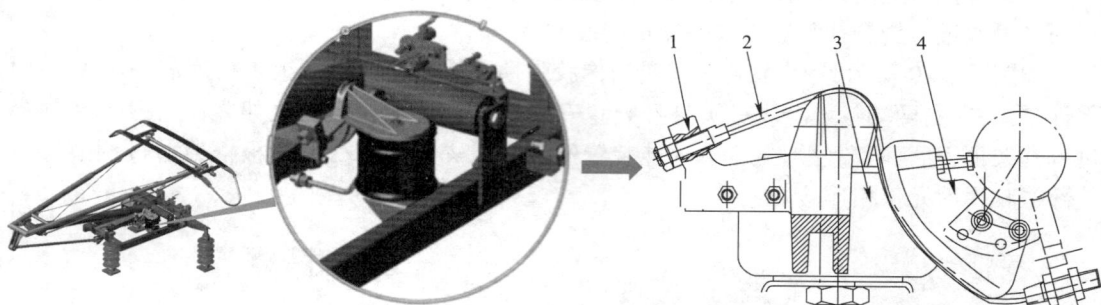

图 1-2-11 TSG15B 型受电弓升降系统
1-钢丝绳紧固螺栓;2-钢丝绳;3-气囊;4-扇形调整板

升降系统提供了受电弓升弓时所需的升弓力矩及升起后与网线间的接触压力。气囊安装在底架上,通过钢丝绳与下臂杆的底架轴承管连接在一起,给受电弓升弓、降弓提供动力。升弓时,气囊充气膨胀抬升,通过钢丝绳带动下臂杆转动,从而实现受电弓升弓运动。降弓时,气囊排气,体积压缩,下臂杆失去钢丝绳的拉力作用,在上框架及弓头自重的作用下降弓。

5. 气路系统

TSG15B 型受电弓的气路系统由空气过滤器、单向节流阀、精密调压阀、安全阀等部件组成,采用气阀板的安装方式。TSG15B 型受电弓气阀板,如图 1-2-12 所示。

(1)空气过滤器

空气过滤器将气源提供给受电弓的压缩空气中的水及杂质分离出来,提高气源质量,避免阀件堵塞等问题。

(2)单向节流阀

单向节流阀包括升弓节流阀和降弓节流阀。升弓节流阀可以控制流入气囊的压缩空气的流量,进而调整受电弓的升弓时间。降弓节流阀通过控制气囊排放气体的流量,来调整受电弓降弓时间。

(3)精密调压阀

精密调压阀为气囊提供恒定压力的压缩空气,可以通过调整精密调压阀输出的压缩空气的压力值来调节静态接触压力。精密调压阀输出气压每变化 0.01MPa,可使接触压力变化 10N，其调节精度可达 ±0.002MPa。其上安装的压力表显示受电弓的工作气压。

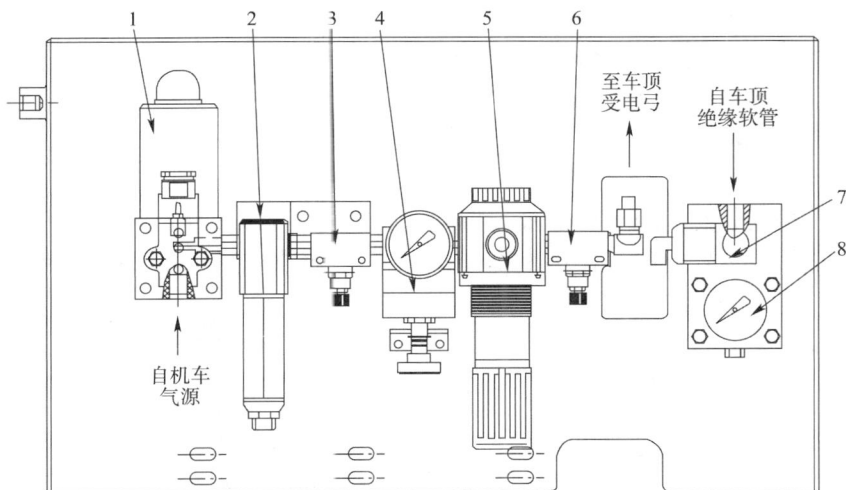

图 1-2-12　TSG15B 型受电弓气阀板

1-电空阀;2-空气过滤器;3-升弓节流阀;4-精密调压阀;5-安全阀;6-降弓节流阀;7-压力开关;8-压力表

（4）安全阀

安全阀起保护气路的作用,当气路内的压力超过其压力上限值时,安全阀就会开启,释放掉压力过高的压缩空气。

（5）压力开关

压力开关把压缩空气的压力信号转换为电信号,电信号以触头开闭的方式反馈,触头串联在受电弓电磁阀控制电路中,作为其中一个控制条件。当压力正常时,触头闭合,表明满足升弓压力条件。当弓网出现漏风故障,使压力开关检测到的压力值小于设定值时,触头断开,向机车控制单元反馈压力异常信息,机车控制系统将根据此信息在降弓前先断开主断路器,防止受电弓带负荷脱离接触网线而造成严重拉弧。

6. 导流线

导流线分为肘接导流线、底架导流线和弓头导流线。TSG15B 型受电弓导流线安装位置图如图 1-2-13 所示,导流线结构如图 1-2-14 所示。

图 1-2-13　TSG15B 型受电弓导流线安装位置图

1-肘接导流线;2-底架导流线;3-弓头导流线

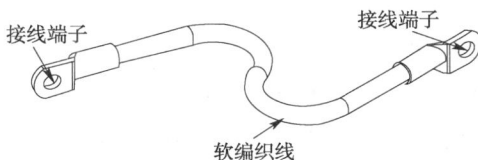

图 1-2-14　TSG15B 型受电弓导流线结构

19

（1）肘接导流线，用于保护安装于肘接轴承管内的轴承，防止电流对轴承的电腐蚀。

（2）底架导流线，用于保护安装于底架轴承管内的轴承，防止电流对轴承的电腐蚀。

（3）弓头导流线，是将接触网上的电流由弓头导流至上框架上，从而使电流绕过顶管内的轴承和弓头悬挂装置上的橡胶弹性元件，以避免轴承和橡胶弹性元件出现大的温升而导致损坏。

7. 自动降弓装置

TSG15B 型受电弓带有自动降弓装置，如图 1-2-15 所示。在正常升弓和降弓时，快排阀排气口处于关闭状态。当出现滑板被打断或磨耗到限等事故时，快排阀排气口打开，受电弓气囊的压缩空气经此排气口迅速排气，使受电弓快速降下，实现自动降弓。

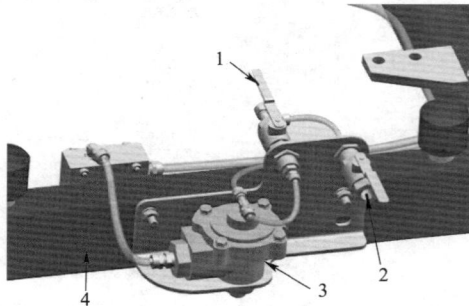

图 1-2-15　TSG15B 型受电弓自动降弓装置
1-截止阀;2-自动降弓装置功能测试阀;3-快排阀;4-底架

自动降弓装置使用了带气道的滑板。自动降弓装置的一支管路从快排阀沿着底架、下臂杆、上框架和弓头接入滑板气道。在紧急情况下，可以通过截止阀关闭自动降弓功能，也可以通过试验阀对自动降弓功能检查测试。

8. 阻尼器

在底架和下臂杆之间安装了一个阻尼器，如图 1-2-16 所示。阻尼器的功能是为受电弓快速降弓时提供缓冲，避免损坏受电弓和车顶其他设备。

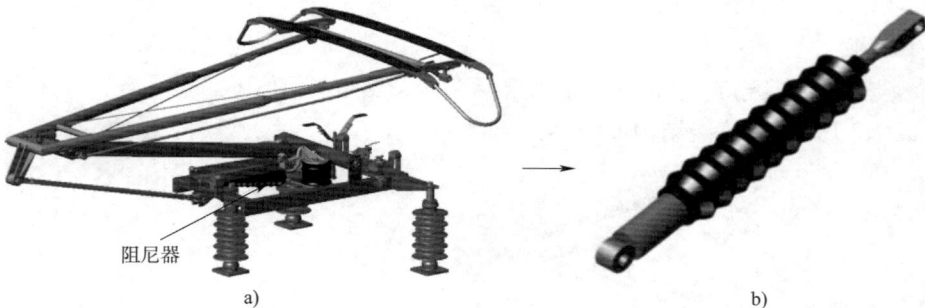

阻尼器

a)　　　　　　　　　　　　　　　　　b)

图 1-2-16　TSG15B 型受电弓阻尼器

9. 绝缘子

TSG15B 型受电弓安装有 4 个绝缘子，其细节结构如图 1-2-17 所示。绝缘子采用环氧树脂材料，具有很高的绝缘等级及机械强度。绝缘子具有以下两个功能：

（1）是受电弓的机械安装部件。

（2）将带电的受电弓与机车车辆顶盖进行电气隔离，防止车体带电，造成安全事故。

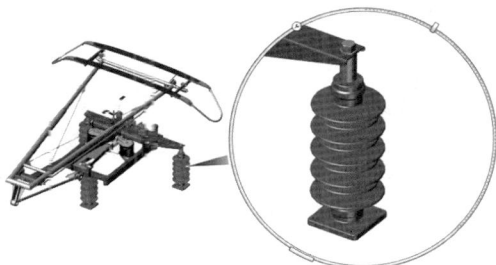

图 1-2-17   TSG15B 型受电弓绝缘子

二、原理分析

1. 电气系统

该受电弓的电气系统包括高压电流电路和低压控制电路两部分。

受电弓是车辆的受流装置。受电弓升起后与接触网接触,从接触网获取电流,并将电流传送到车辆电气系统。接触网的电流首先由滑板流入受电弓弓头,然后依次经过上框架、下臂杆,然后流入底架,最后经连接在受电弓底架上的车顶母线导入车辆电气系统,这是受电弓的高压电流电路。

受电弓控制电路的主令电器是驾驶室的"升弓"和"降弓"按钮。司机按下"升弓"按钮时,如果所有控制条件均满足,受电弓电空阀线圈得电,从而使电空阀阀口打开,使压缩空气进入气囊,实现升弓。降弓时,司机按下"降弓"按钮,受电弓电空阀线圈失电,从而关闭向受电弓气囊的供气通路,同时打开气囊的排气通路,使得受电弓降弓。

2. 气路系统

受电弓通过控制气囊的充气和排气,实现升弓、降弓动作。TSG15B 型受电弓气路工作原理如图 1-2-18 所示。

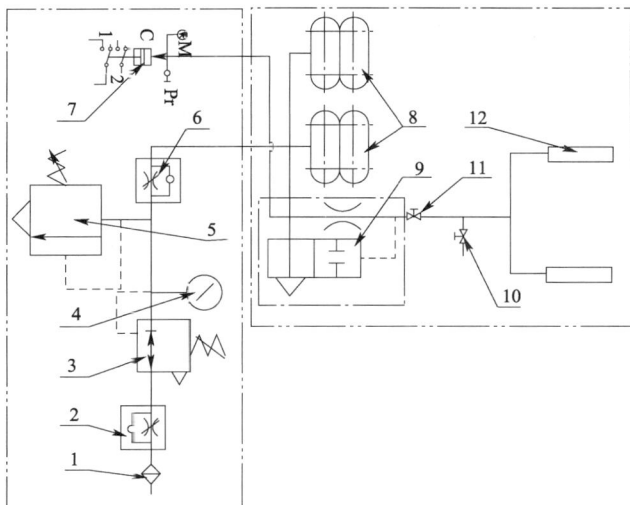

图 1-2-18   TSG15B 型受电弓气路工作原理

1-空气过滤器;2-升弓节流阀;3-精密调压阀;4-气压表;5-安全阀;6-降弓节流阀;7-压力开关;8-气囊;9-快排阀;10-试验阀;11-截止阀;12-碳滑板

升弓时,电空阀线圈得电,压缩空气经电空阀进入气阀箱后,依次经过空气过滤阀、升弓节流阀、精密调压阀、降弓节流阀后,分为两条支路分别向受电弓的两个气囊供气;压缩空气进入气囊后,气囊膨胀抬升,抬升的气囊通过钢丝绳拉拽下臂杆,使下臂杆转动,带动受电弓逐渐升起,直到受电弓弓头与接触网接触并保持稳定的静态接触压力。此时,气囊中的气压值稳定在精密调压阀的设定输出压力值。

受电弓工作时,气囊被持续供以稳定的压缩空气,弓头与接触网之间的静态接触压力基本保持恒定。

降弓时,电空阀线圈失电,向受电弓供气的气路被切断。同时,打开气囊的排气通路,使气囊内的压缩空气排向大气,受电弓靠弓头和上框架的自重而降下,直到弓头落在底架的两个橡胶止挡上。

三、特性解析

1. 重要特性——静态接触压力

根据国家标准《轨道交通　机车车辆受电弓特性和试验 第 1 部分:干线机车车辆受电弓》(GB/T 21561.1—2018),静态接触压力的定义为:机车车辆处于静止状态时,在受电弓升弓装置作用下,受电弓弓头向上施加在接触线上的垂直力。

该值的大小直接影响受电弓的受流质量。若静态接触压力偏小,则接触电阻增大,功率损耗增加,机车运行时易产生离线和拉弧,从而导致接触导线和滑板的电磨损增加;若静态接触压力偏大,则机械磨损增加,甚至造成滑板局部拉槽,进而造成接触导线弹跳拉弧或刮弓。因此,要求受电弓在其工作高度范围内有一个较为合适的、基本不变的接触压力,这个

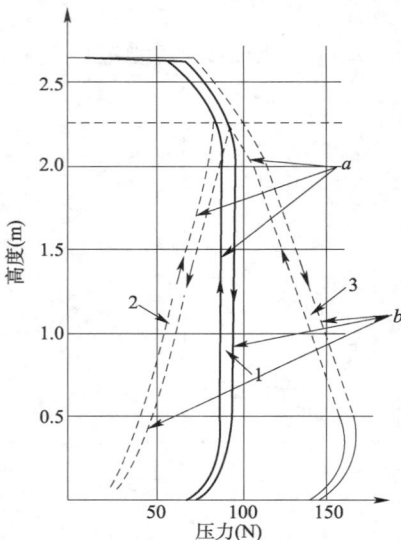

图 1-2-19　受电弓的静态特性曲线

1-正常压力时的静态特性曲线;2-扇形调整板倾角小时的静态特性曲线;3-扇形调整板倾角大时的静态特性曲线;a-受电弓升弓时的静态特性曲线;b-受电弓降弓时的静态特性曲线

静态接触压力由受电弓机械结构和各部分参数决定。适当的静态接触压力可以使受电弓与接触网导线正常接触,减少离线,克服风和高速气流及轮轨传来的机械振动的影响,保证良好的受流特性。

受电弓的静态接触压力与工作高度之间的关系称为受电弓的静态特性,它可以用受电弓的静态特性曲线来表示,如图 1-2-19 曲线 1 所示。

由图 1-2-19 可以看出以下三点:

(1)在工作高度范围内,受电弓的静态接触压力变化不大。

(2)受电弓上升过程与下降过程的静态特性曲线不重合,如图 1-2-19 曲线 a 和曲线 b 所示。其原因是,受电弓活动关节存在摩擦力,该摩擦力始终与运动方向相反,因此,受电弓升弓、降弓过程的静态特性曲线之间的接触压力差约为两倍的摩擦力。当接触网导线向下倾斜而要求弓

头滑板跟随下降时,该摩擦力使接触压力增加;同理,当接触网导线向上倾斜而要求弓头滑板跟随上升时,该摩擦力使接触压力减小。为了减小摩擦力,在受电弓的各铰接部分均装有滚动轴承。

(3)调整扇形调整板的倾角,可以改变受电弓静态接触压力的大小。倾角减小,静态特性曲线的下端左移,如图 1-2-19 曲线 2 所示;反之则右移,如图 1-2-19 曲线 3 所示。

2. 主要技术参数

TSG15B 型受电弓主要技术参数见表 1-2-1。

TSG15B 型受电弓主要技术参数　　　　　　　　表 1-2-1

项目	技术参数	项目	技术参数
额定电压(kV)	AC 25	环境工作温度(℃)	−40 ~ +70
电压波动范围(kV)	AC 19 ~ 31	静态接触压力(N)	70 ±10
额定工作电流(A)	630	最小工作压力(kPa)	400
额定运行速度(km/h)	200	最大工作压力(kPa)	1000
折叠高度(mm)	695^{+8}_{-10}	额定工作压力(kPa)	550
最小工作高度(mm) (从落弓位滑板面起)	220	静态接触压力为 70N 时 气囊压力(kPa)	380 ~ 400
最大工作高度(mm) (从落弓位滑板面起)	2250	降弓位置保持力(N)	≥150
最大升弓高度(mm) (从落弓位滑板面起)	≥2400	升弓时间(s)	6 ~ 10
弓头长度(mm)	1950 ±10	降弓时间(s)	≤6
弓头宽度(mm)	330 ±3	电气间隙(mm)	≥350
弓头高度(mm)	285 ±10	安装尺寸(mm)	(1100 ×800) ±1
滑板长度(mm)	1250 ±1	总质量(kg) (不包括支持绝缘子)	≤110

四、要点凝练

TSG15 系列受电弓是双气囊弓的典型代表,拥有 TSG15B、TSG15D、TSG15G 等多种型号。

TSG15B 型受电弓具有如下特点:

(1)弓头采用整体双滑板 +橡胶弹性元件悬挂结构,弓头质量小,跟随性好。

(2)升降系统采用双气囊,与钢丝绳、扇形调整板等部件配合,提供稳定的升弓、降弓力矩。

(3)气路系统由空气过滤器、升弓节流阀、精密调压阀、降弓节流阀、安全阀等部件组成。气阀箱内的阀件与受电弓电空阀配合,完成对受电弓气路的控制,主要控制向受电弓气囊充气还是排气,以及充入气囊的压缩空气的压力值。

1-3 单气囊弓的代表——DSA250 型受电弓

DSA250 型受电弓是单气囊受电弓的代表,其特征是:分体滑板、弓头较宽、弓头悬挂采用斜弹簧悬挂。该型号受电弓动态响应特性好,一般用于设计速度在 200km/h 以上的机车车辆上,型号后面的三位数代表该受电弓可用机车车辆的设计速度,如 DSA250 中 250 代表该型号受电弓可用于设计速度为 250km/h 的机车车辆上。

DSA200 是我国最早使用的 DSA 系列受电弓,早期用于 SS9 型电力机车上,后用于 HXD2、HXD3 系列交传机车上,DSA250 用于 CRH 系列动车组上,DSA380 用于 CRH380 系列高速动车组上。

一、结构解析

DSA250 型受电弓的结构如图 1-3-1 所示(阀板在机车内,图中未标出)。

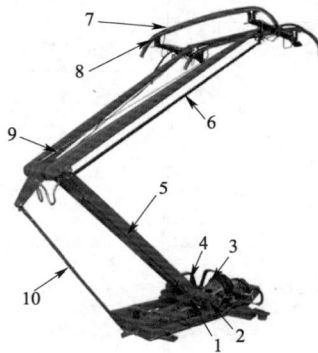

图 1-3-1　DSA250 型受电弓结构

1-阻尼器;2-底架;3-升降系统;4-弓座;5-下臂杆;6-平衡杆;7-滑板;8-弓头;9-上框架;10-拉杆

1. 底架

DSA250 型受电弓底架由型材(钢材)组焊成口字形,安装有升弓气囊、下臂杆转轴、拉杆、阻尼器及自动降弓装置,如图 1-3-2 所示。

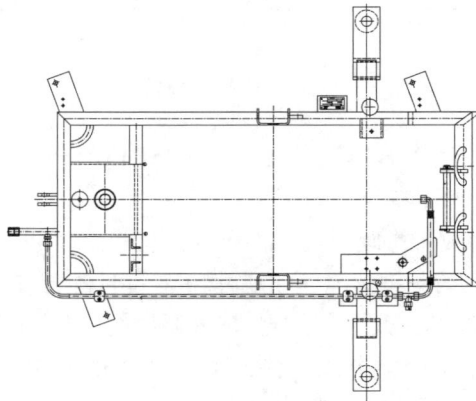

图 1-3-2　DSA250 型受电弓底架

2.铰链系统

DSA250 型受电弓铰链系统由上框架(也叫上臂杆)、下臂杆、拉杆(也叫下导杆)和平衡杆(也叫上导杆)等组成,它们通过各种铰链座铰接,如图 1-3-3 所示。

3.弓头

DSA250 型受电弓的弓头由弓头支架、碳滑板、弓角、4 个拉簧、2 个扭簧及其附属装置组成,其平面图和实物图如图 1-3-4 所示。

DSA250 型受电弓采用斜弹簧式弓头悬挂,弓头支架垂悬在 4 个拉簧下方,2 个扭簧安装在弓头和上臂间,这种结构不仅使碳滑板在机车运行方向上移动灵活,而且能够缓冲各方向上的冲击,达到保护碳滑板,适应高速运行的目的。

可以通过安装弓头翼片来对不同速度等级的机车调节其弓头滑板与接触网之间的动态接触压力。

DSA250 型受电弓采用浸金属碳滑板,内有气腔,通有压缩空气,可实现自动降弓。

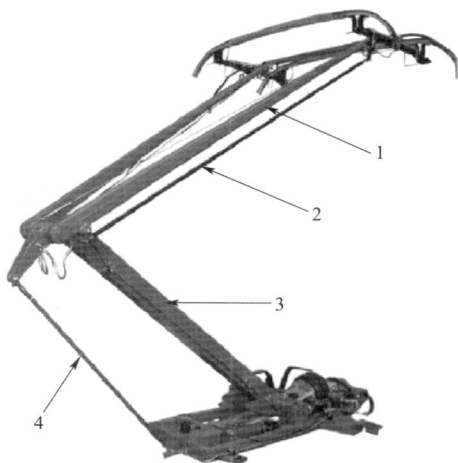

图 1-3-3 DSA250 型受电弓铰链系统
1-上框架;2-平衡杆;3-下臂杆;4-拉杆

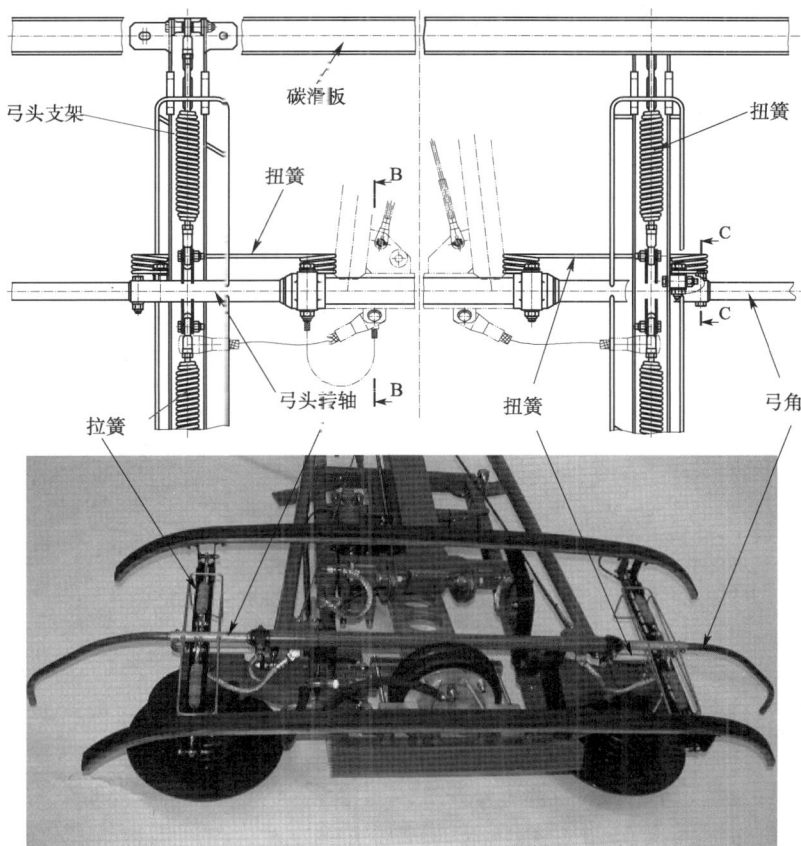

图 1-3-4 DSA250 型受电弓弓头平面图和实物图

4. 升降系统

DSA250 型受电弓升降系统(也叫升弓装置)包括气囊、桁架、扇形调整板、钢丝绳等,如图 1-3-5 所示。

图 1-3-5　DSA250 型受电弓升降系统

钢丝绳一端固定在桁架上,然后绕过扇形调整板及下臂转轴上的凸槽,固定到下臂杆上,如图 1-3-6 所示。气囊、桁架部分的结构细节如图 1-3-7 所示。

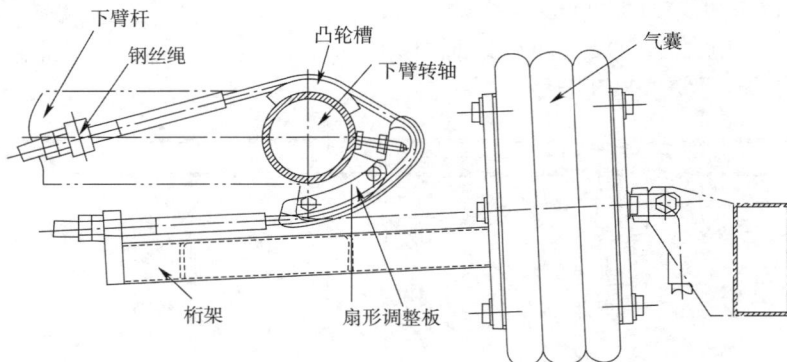

图 1-3-6　DSA250 型受电弓升降系统各部件连接关系

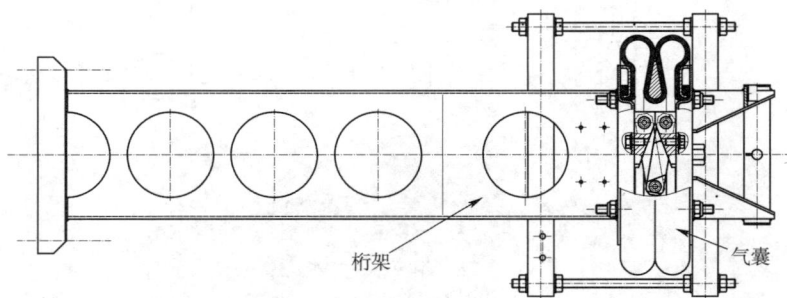

图 1-3-7　DSA250 型受电弓气囊、桁架

5. 气路系统

DSA250 型受电弓气路系统(图 1-3-8)由空气过滤器、升弓节流阀、精密调压阀、降弓节流阀、安全阀、压力开关等气路元件构成,它们集中安装在气阀板上,气阀板安装于车内。

精密调压阀的气压调节范围为 10～800kPa,精度为 ±2kPa。压力每变化 10kPa,静态接触压力变化 10N。

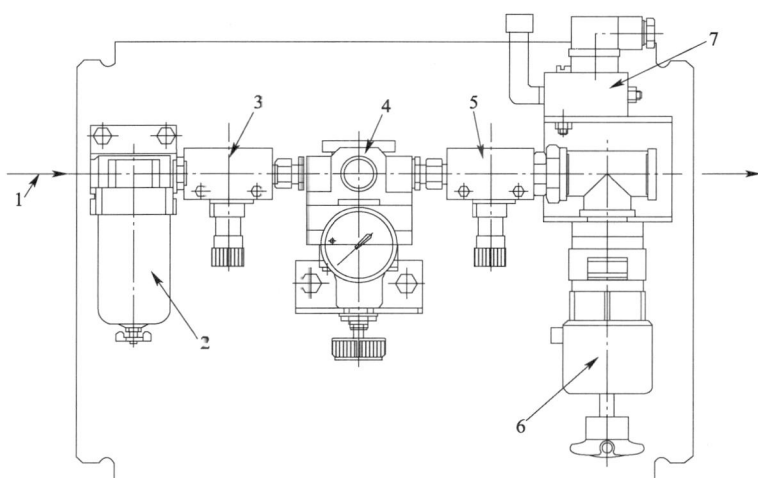

a) 平面图

b) 实物图

图 1-3-8　DSA250 型受电弓气路系统

1-空气管路接口；2-空气过滤器；3-升弓节流阀；4-精密调压阀；5-降弓节流阀；6-安全阀；7-压力开关

6. 自动降弓装置

DSA250 受电弓带有自动降弓装置（图 1-3-9），可在发生故障时自动降弓。

二、原理分析

1. 气路原理分析

图 1-3-10 为带自动降弓装置的 DSA250 型受电弓气路原理图。

升弓时，电空阀线圈得电，气路打开，压缩空气依次经过：电空阀→空气过滤器→升弓节流阀→精密调压阀→降弓节流阀→金属气管→穿过车顶→空气绝缘管，送至受电弓气囊，使受电弓

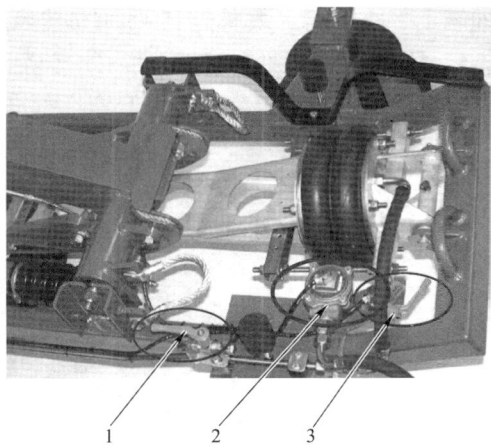

图 1-3-9　DSA250 型受电弓自动降弓装置

1-截止阀；2-快排阀；3-试验阀

升起。同时,另一条支路经自动降弓装置的快排阀向具有气腔的受电弓碳滑板供气。

正常降弓时,气囊的压缩空气经上述气路,反向流回到电空阀,通过电空阀排气口进行排气,受电弓靠自重落弓。

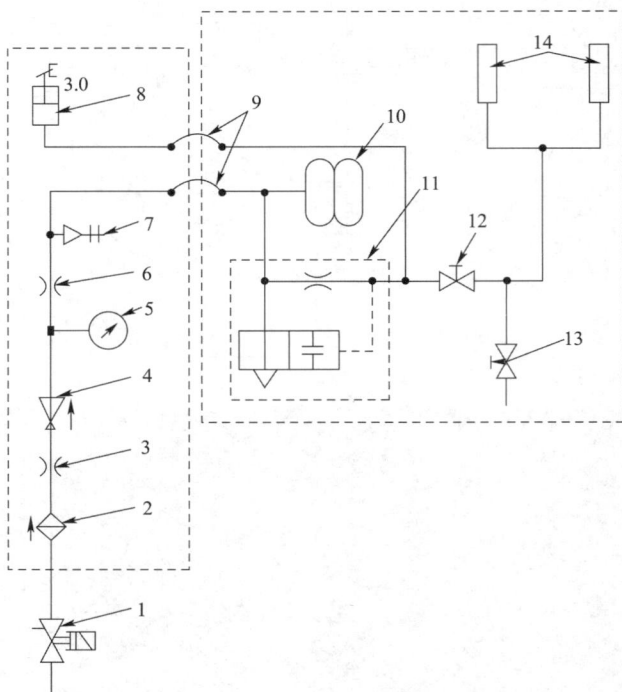

图 1-3-10　DSA250 型受电弓气路原理图

1-电空阀;2-空气过滤器;3-升弓节流阀;4-精密调压阀;5-压力表;6-降弓节流阀;7-安全阀;8-压力开关;9-空气绝缘管;10-气囊;11-快排阀;12-自动降弓装置截止阀;13-自动降弓装置试验阀;14-碳滑板

2.机械原理分析

升弓时,气源的压缩空气经气路控制和调节后,送入气囊,之后的机械部件的动作过程如图 1-3-11 所示。具体路径:①气囊充气膨胀前伸→②推动桁架右移→③钢丝绳绕过扇形调整板,拉动下臂转轴逆时针转动→④带动下臂杆、拉杆逆时针转动,在下臂杆、拉杆、桁架、上框架前端构成的四杆机构的作用下,推动上框架、弓头升起,整个升弓过程如图 1-3-12 所示。

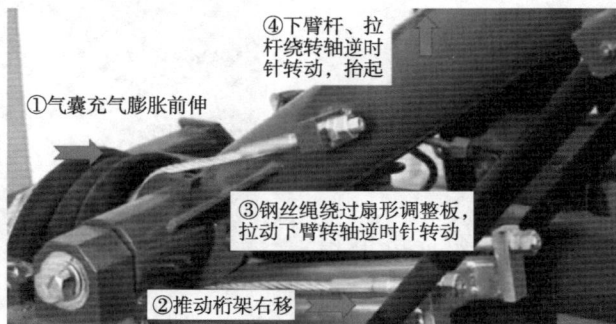

图 1-3-11　DSA250 型受电弓升降系统升弓动作过程

升弓电控阀得电　空气流入气阀板 → 空气通过绝缘管路　进入气囊

气囊膨胀前伸　拉紧钢丝绳

推动上臂升起　带动弓头升起 ← 下臂绕轴转动　拉杆辅助

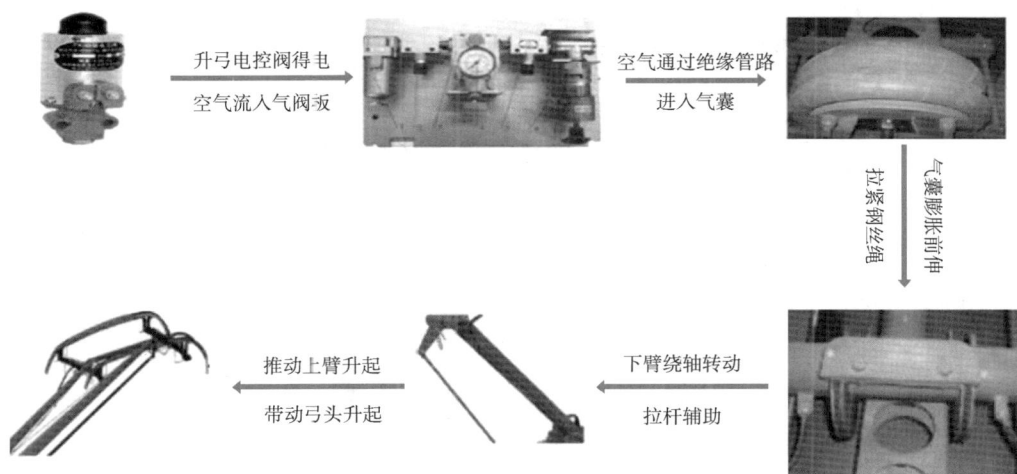

图 1-3-12　DSA250 型受电弓升弓动作过程示意图

降弓过程与升弓过程相反。

三、特性解析

DSA250 型受电弓主要技术参数见表 1-3-1。

DSA250 型受电弓主要技术参数　　　　　　　　　　表 1-3-1

项目	技术参数	项目	技术参数
额定电压(kV)	AC 25	弓头长度(mm)	1950
额定工作电流(A)	1000	弓头宽度(mm)	580^{+2}_{-2}
最大运行速度(km/h)	250	滑板长度(mm)	1250
静态接触压力(N)	70 ± 10	滑板材料	浸金属碳
最低工作高度(mm) (包括绝缘子)	900	输入空气压力(kPa)	400 ~ 1000
最大工作高度(mm) (包括绝缘子)	2800	接触压力为 70 N 时 空气压力(kPa)	360 ~ 380
最大升弓高度 (包括绝缘子)	3000^{+100}_{-25}	升弓时间(s)	≤5.4
折叠高度(mm)	588^{+5}_{-10}	降弓时间(s)	≤4

四、要点凝练

DSA250 型受电弓与其他系列受电弓对比,主要特点如下:

(1)弓头采用分体双滑板(分体即两条滑板端部没有焊接在一起,弓角安装在弓头转轴上,如图 1-3-4 所示)、斜弹簧悬挂,弓头较宽(TSG15B 型受电弓弓头宽度为 330mm 左右,

DSA250 型受电弓弓头宽度为 580mm 左右）。

（2）升降系统采用单气囊传动，气囊比 TSG15B 双气囊弓的气囊要大一些。

1-4 主动控制弓的代表——CX-PG 型受电弓

CX-PG 型受电弓用于 CRH380B 型动车组，其结构简单，质量小，动态接触压力可调整，可靠性更高，其外形如图 1-4-1 所示。

图 1-4-1　CX-PG 型受电弓的外形

CX-PG 型受电弓与普通受电弓的区别体现在以下四个方面。

（1）增加了受电弓控制单元（PCU），可以在受电弓动态运行时对弓网接触压力进行调节控制。

（2）采用了更高精度的气压调节装置，增加了静态接触压力的控制精度。

（3）弓头采用单滑板结构，滑板材料优化为渗铜碳材料，延长了滑板使用寿命。

（4）弓体采用新的合成材料，使受电弓质量减少 30%～40%，较小的惯性质量可确保弓头与接触网能够稳定、良好地接触。

一、结构解析

本节采用简略模式介绍 CX-PG 型受电弓，与其他受电弓相同或相似的地方不再重复叙述。CX-PG 型受电弓的基本结构如图 1-4-2 所示。

1. 弓头

CX-PG 型受电弓弓头采用了单滑板结构，如图 1-4-3 所示。滑板材料为渗铜碳滑板，较之前的碳滑板材质硬度高很多，提高了耐磨性，延长了滑板使用寿命。

2. 升降系统（平衡系统）

CX-PG 型受电弓的升降系统由气囊（单气囊）及弹性连接轴构成，如图 1-4-4 所示。当压缩空气充至气囊时，气囊膨胀，在一端固定的情形下，另一端拉动其上的弹性连接轴，实现升弓。

3. 气路系统

CX-PG 型受电弓的气路系统（阀板）由气路控制单元及电子控制单元构成，如图 1-4-5

所示,实现对受电弓的主动精确控制。CX-PG 型受电弓的气路系统具有以下功能:

(1)受电弓升弓命令。

(2)受电弓升弓速度控制。

(3)受电弓降弓速度控制。

(4)在额定静力下控制气囊内压力。

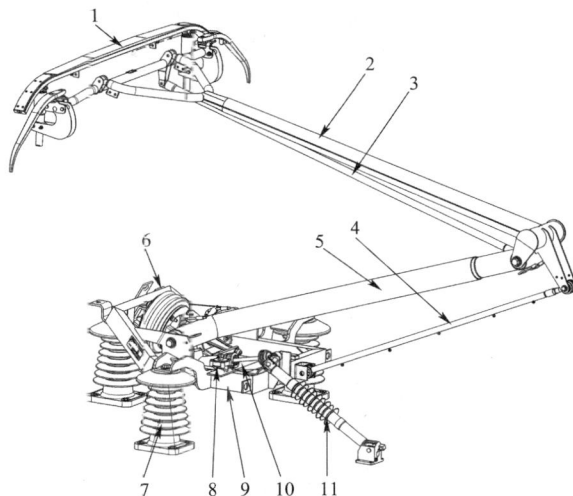

图 1-4-2　CX-PG 型受电弓的基本结构

1-弓头;2-上框架(上臂);3-平衡杆(上拉杆);4-拉杆(下拉杆);5-下臂杆(下臂);6-升降系统(平衡系统);7-绝缘子;8-阻尼器(减震器);9-底架;10-自动降弓装置;11-APIM 装置

注:括号前的名称为按国家标准《轨道交通　机车车辆受电弓特性和试验 第 1 部分:干线机车车辆受电弓》(GB/T 21561.1—2018)中给出的名称,括号内则是行业常用名称。

a) 实物图

b) 平面图

图 1-4-3　CX-PG 型受电弓的单滑板弓头

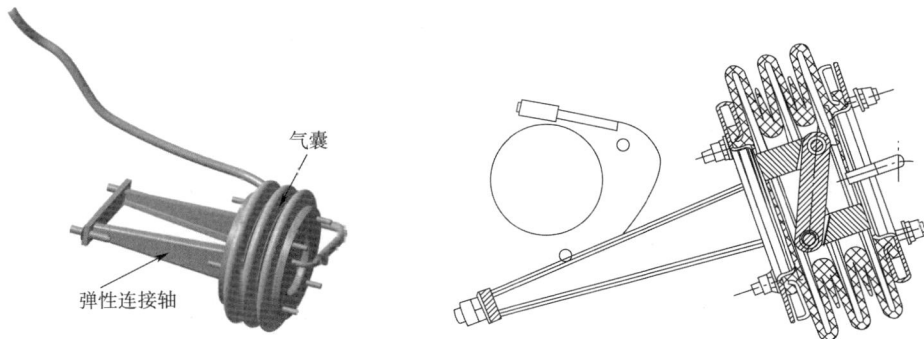

图 1-4-4　CX-PG 型受电弓的升降系统

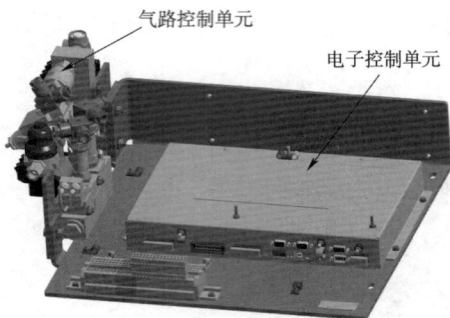

图 1-4-5　CX-PG 型受电弓的气路系统

（5）过滤气路控制单元的压缩空气。

（6）在维护过程中命令受电弓升弓。

（7）提供受电弓升降弓信息。

CX-PG 型受电弓的气路控制单元由升弓电磁阀、自动降弓装置电磁阀、空气过滤器、调压阀、压力继电器、压力开关等元件组成，如图 1-4-6 所示。

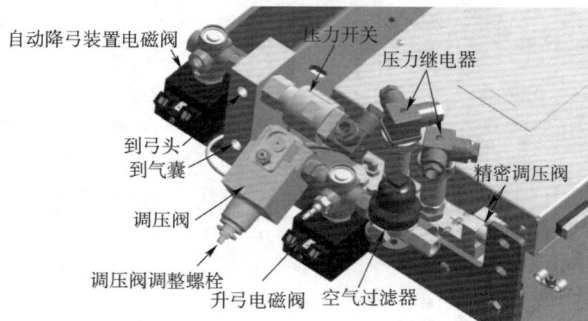

图 1-4-6　CX－PG 型受电弓的气路控制单元

4.自动降弓装置

CX-PG 型受电弓的自动降弓装置安装在受电弓底架绝缘风管（APIM）一侧，自动降弓装置的快排阀安装在 APIM 安装板上，如图 1-4-7 所示。当滑板出现泄漏时，安装在底架上的自动降弓装置阀被打开，将气囊中的压缩空气快速排出，受电弓快速降下。

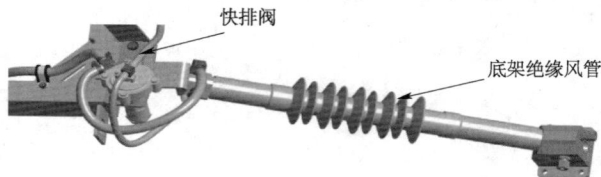

图 1-4-7　CX-PG 型受电弓的自动降弓装置

二、原理分析

受电弓本身通过压缩空气来进行驱动。压缩空气由气源供应并通过 APIM 单元进入升弓气囊。气囊在压缩空气的作用下产生扭矩，并通过凸轮和弹性连接轴以铰链的方式连接，从而实现升弓。降弓时气囊压缩空气排出，依靠受电弓自重降弓。如果压缩空气供应中断或低压电源发生故障，受电弓将会启动自动降弓装置进行自动降弓。

1. 升弓原理

受电弓的升弓动作信号由司机按下升弓按钮,激活升弓电磁阀来实现。此阀提供的已被过滤的清洁的压缩空气通过调压阀进入受电弓气囊。约 8 s 后,受电弓上升到接触网高度,同时压力继续上升,直到达到额定静态接触压力。

2. 动态特性

CX-PG 型受电弓的动态特性可以调整。其动态特性的调整是通过与阻尼器相连的两级悬挂来实现的。第一级悬挂由气囊完成。受电弓控制单元可确保气囊的压力保持恒定,并与受电弓的高度无关。第二级悬挂由弓头的弹簧来实现调整。通过两级悬挂可以实现对该受电弓良好的动态特性调整。

3. 降弓原理

降弓命令由司机按下降弓按钮,通过释放升弓电磁阀而产生。此时,气囊内的压缩空气将沿着降弓气路被排出,受电弓开始向下移动,直至完全降弓。

CX-PG 型受电弓的控制原理框图如图 1-4-8 所示。电子控制单元接收来自机车车辆中央控制单元通过多功能车辆总线(MVB)传输过来的控制指令及接触网、速度等信息,经本单元进行信息处理后,向气路控制单元发出控制指令,让升弓电磁阀得电或失电,调压阀进行输出压力控制,从而控制升弓或降弓,以及升弓时动态特性的调整。同时,气路控制单元和电子控制单元不断把受电弓本身的状态信息,包括升弓/降弓状态、受电弓气路压力值、故障等信息反馈给中央控制单元。

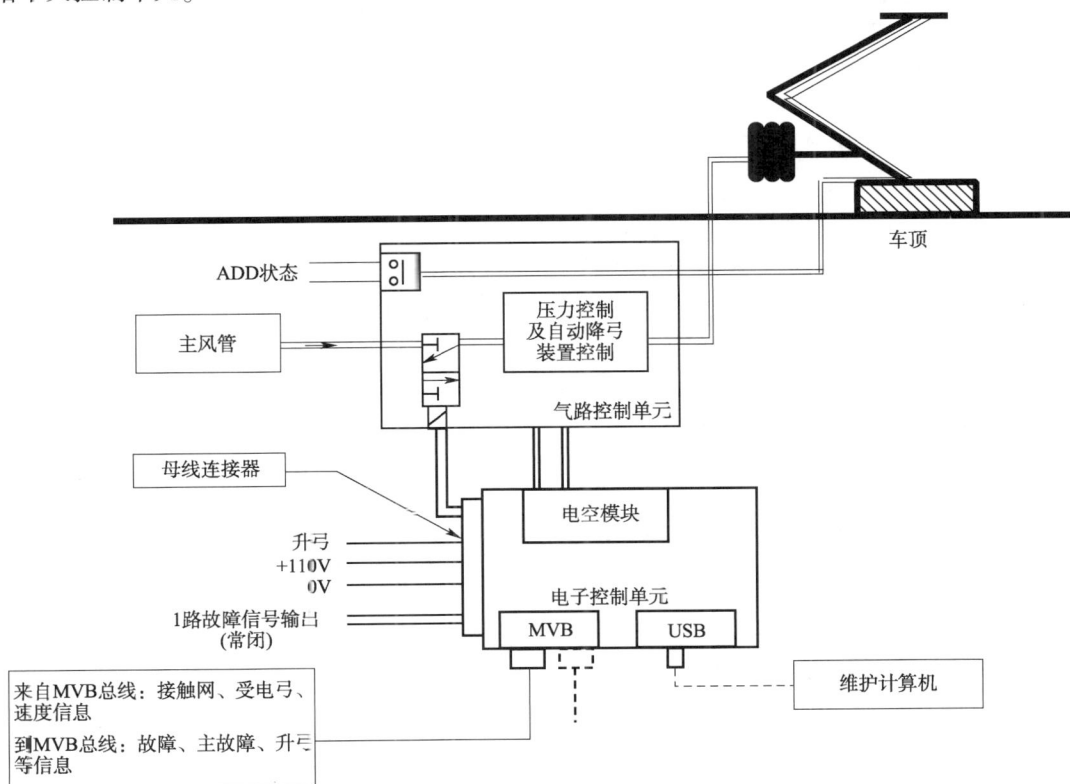

图 1-4-3　CX-PG 型受电弓的控制原理框图

三、特性解析

CX-PG 型受电弓主要技术参数见表 1-4-1。

CX-PG 型受电弓主要技术参数　　　　　　表 1-4-1

项目	技术参数	项目	技术参数
额定电压(kV)	AC 25	环境工作温度(℃)	−25 ~ +50
额定工作电流(A)	1000	静态接触压力(N)	70 ±10
最高运行速度(km/h)	450	最小工作压力(kPa)	500
最高试验速度(km/h)	380	最大工作压力(kPa)	1000
折叠高度(mm)(包括支持绝缘子)	630	初始工作压力(kPa)	300
最小工作高度(mm)(从落弓位滑板面起)	300	滑板材料	渗铜碳
最大工作高度(mm)(从落弓位滑板面起)	2400	滑板宽度(mm)	54
最大升弓高度(mm)(从落弓位滑板面起)	2600	滑板磨损高度(mm)	5
弓头长度(mm)	1950 ±10	电气间隙(mm)	≥310
弓头高度(mm)	341 ±5	总质量(kg)(不包括支持绝缘子)	170

四、要点凝练

CX-PG 型受电弓与普通受电弓的区别如下。

(1)增加了受电弓控制单元,可以在受电弓动态运行时对弓网接触压力进行调节控制。

(2)采用了更高精度的气压调节装置,增加了静态接触压力的控制精度。

(3)弓头采用单滑板结构,滑板材料优化为渗铜碳材料,延长了滑板使用寿命。

(4)弓体采用新的合成材料,使受电弓质量减少 30% ~ 40%,较小的惯性质量可确保弓头与接触网能够稳定、良好地接触。

1-5 整备员工作页　受电弓整备检查作业

一、受电弓整备检查工序卡

受电弓整备检查作业工序卡见附录 1。

二、受电弓整备检查记录单

_____型受电弓整备检查记录单(本地趟检)

车型车号			受电弓型号		检查时间	
序号	部位	检查内容及标准			主要工具	检查情况
1	碳滑板	(1)外观:滑板表面光滑,不得有变形、拉槽、裂纹、缺损等现象			手电筒	
		(2)滑板潜在裂缝检查 采用声响检查法,用100 g锤子或开口扳手敲击碳滑板,如果声音明显与平常不同,则需要更换			100 g锤子或开口扳手	
		(3)滑板厚度测量:测量滑板厚度,小于_____ mm 需要更换			钢直尺或游标卡尺	
		(4)安装螺栓:无松动			手电筒	
		(5)滑板支架灵活度检查:在任何高度均能动作灵活,无卡滞现象			手电筒	
2	弓角	(1)外观:弓角外观不许有裂损、锈蚀、变形			手电筒	
		(2)弓角与滑板之间过渡平滑,间隙在_____ mm 范围内			钢直尺	
3	铰链系统	(1)检查上框架、平衡杆不得弯曲、变形,对角线杆紧固;(2)检查下臂杆、拉杆不得弯曲、变形;(3)活动关节不得有卡滞现象,动作灵活			手电筒	
4	气囊及钢丝绳	(1)检查气囊,不得有碰磨、龟裂、老化、破损、漏风等现象;(2)检查钢丝绳,是否正常卡在凸轮槽内,不得有断股现象;(3)检查凸轮槽内油脂,如果落入的灰尘较多,需要更换			手电筒	
5	底架	(1)外观:检查底架外观,不许有裂损、锈蚀、变形等现象;(2)安装螺栓:检查受电弓底架各安装螺栓有无松动			手电筒	
6	绝缘子	检查受电弓支撑绝缘子(含导电杆支撑绝缘子)安装螺栓紧固,绝缘子表面清洁(清洁度达二级标准),无裂损、老化现象			手电筒	
7	导流线	检查受电弓各处导流线接线端子接触状态是否良好,无松动、烧损痕迹,紧固状态良好,导流线断股超过10%时需更换			手电筒	
8	气路	(1)各阀在规定位置;(2)各风管不得有碰磨、龟裂、老化、破损等现象			手电筒	
9	弓头水平度检查	将水平仪垂直放置于两条碳滑板上,检查水平尺与滑板表面贴合情况。如发现不平行,通过导向单元进行必要的调整,调整位置为升弓高度_____ mm 左右的位置(从止挡到滑板顶部的距离为_____ mm)			水平仪、2m 粗绳	

续上表

序号	部位	检查内容及标准	主要工具	检查情况
10	气密性检查	对气路系统进行全面泄漏检查,用试漏剂检查气囊、气管、接头、碳滑板气道及气阀元件接头外表面,检查是否起泡漏气,如漏气应修复	试漏剂	
11	静态接触压力测试	更换滑板后必须更新防缓螺母,测量、调整静态接触压力,测量上升单向压力:_____ N;测量下降单向压力:_____ N;压力差不超过_____ N;静态接触压力:_____ N	弹簧秤、防松标记笔	
12	升降弓时间测试	检测受电弓升、降动作特性是否符合要求,无卡滞、砸弓现象。 升弓时间:受电弓从止挡位升至接触网的时间≤_____ s; 降弓时间:受电弓从接触网降至止挡的时间≤_____ s	秒表	
13	自动降弓装置测试	受电弓升至_____ m 高度,打开试验阀,受电弓应能迅速降至止挡位	粗绳	
检查人			审核	

三、整备检查记录单填写样例

1. 参考样例

下面以 DSA250 型受电弓为例,给出上表各空白处的参考数据。

碳滑板:滑板厚度,小于___5___mm 需要更换。

弓角:弓角与滑板之间过渡平滑,间隙在___0.5～1.5___mm 范围内。

弓头水平度检查:调整位置为升弓高度为___1500___mm 左右的位置(从止挡到滑板顶部的距离为___1500___mm)。

静态接触压力测试:更换滑板后必须更新防缓螺母,测量、调整静态接触压力,测量上升单向压力:___60±5___N;测量下降单向压力:___80±5___N;压力差不超过___20___N;静态接触压力:___70±5___N。

升弓时间测试:受电弓从止挡位升至接触网的时间≤___5.4___s;降弓时间测试:受电弓从接触网降至止挡的时间≤___4___s。

自动降弓装置测试:受电弓升至___0.6___m 高度,打开试验阀,受电弓应能迅速降至止挡位。

2. 工具材料

整备检查工作所需工具材料如下:

(1)装备。

受电弓试验台、气源、气管及3L 储风缸(在车顶检查,不需要试验台)。

(2)工具。

两用扳手一套、扭力扳手(8～40N·m、60～220 N·m)、油枪(500cm³ G1/8″)、手捶、木捶或塑料手捶。

（3）量具。

钢卷尺 3m、钢直尺 300mm、秒表、弹簧秤（0～200N）、游标卡尺（200×0.02）、水平仪（600mm）。

（4）材料。

棉纱、白布、中性清洁剂、润滑脂、试漏剂、导电接触脂、螺纹润滑剂、环氧树脂油漆、清洗剂、刷子、2m 粗绳、记号笔、滑板及需要更换的备件。

3. 安全注意事项

（1）在检查前要确认机车安全号志已设置。

（2）登顶作业前，须按程序办理接触网断电手续。

（3）在车顶检修作业时，应注意放下两侧面防护台。

（4）应在三层作业平台上行走，严禁在车顶上行走。

（5）在受电弓或车顶设备的任何其他部位进行工作之前，保证接触网已切断 25kV 供电。建议调整或检修受电弓之前，请将机车停靠在无接触网的一段铁轨上。

（6）在受电弓上进行任何工作之前，要保证受电弓及相连高压电路是接地的。在接触网下作业时，作业过程中保证没有第三个人可以使接触网恢复供电，并且登顶人员必须做好安全防护。

（7）一些维护工作需要进行升、降受电弓，在这种情况下，工作人员有必要采取一切必要的安全防撞措施，做好安全防护，并注意保持与受电弓的距离。

（8）作业完毕后，及时清理现场，严禁遗漏任何工具、材料。

1-6 检修员工作页　受电弓检修

本节以 HXD1C 型电力机车上使用的 TSG15B 型受电弓为例，介绍受电弓的检修作业内容，包括检修周期、作业流程及具体的作业内容。

本节在 2015 年中国铁路总公司发布的《交流传动机车检修技术规程（试行）》之《HXD1C 型电力机车检修技术规程（C1-C4 修）》（以下简称技术规程）基础上，结合受电弓生产厂家制定的《TSG15B 型受电弓维修手册》的相关内容进行编写。因此，本节给出的检修内容会比技术规程的内容多，可根据实际实训条件，有选择性地进行教学实施。

各型号受电弓检修流程基本相同，只是因结构不同，会致使具体某个步骤的检修操作和参数有所不同，感兴趣的同学可自主进行对比学习。

一、检修周期

2015 年中国铁路总公司制定了各型交流传动机车检修技术规程，规定了和谐型电力机车维修等级，见表 1-6-1。在表 1-6-1 规定的走行公里数或间隔期内（以先到为准），应实施相应的维修工作，其中 C1-C4 修为段级修程。

维修等级   表 1-6-1

维修等级	说明	走行公里数(万 km)	间隔期
—	日常检查	机车出入库	—
C1	C1 修	7×(1±10%)	不超过 3 个月
C2	C2 修	13×(1±10%)	不超过 6 个月
C3	C3 修	25×(1±10%)	不超过 1 年
C4	C4 修	50×(1±10%)	不超过 3 年
C5	C5 修	100×(1±10%)	不超过 6 年
C6	C6 修	200×(1±10%)	不超过 12 年
UM	—	计划外维修	—

受电弓的检修周期由整车的检修周期确定。

表中,C1-C6 修属定期维修(预防性维修)。UM 为计划外维修(修复性维修)。故障维修和改善维修均属于计划外维修。

各周期循环如下:新造—1C1—1C2—2C1—1C3—3C1—2C2—4C1(—2C3—5C1—3C2—6C1)—C4。

说明:括号内 2C3、5C1、3C2、6C1 修程适用于走行公里未到达 C4 修周期时,按时间确定的修程。

各检修周期循环见表 1-6-2。

各检修周期循环表   表 1-6-2

运行时间	0	3 个月	6 个月	9 个月	1 年	3 个月	6 个月	9 个月	2 年(达到 50 万 km)	2 年(未达到 50 万 km)	3 个月	6 个月	9 个月	3 年
执行修程	新车	1C1	1C2	2C1	1C3	3C1	2C2	4C1	C4	2C3	5C1	3C2	6C1	C4
说明	新车	第1次C1修	第1次C2修	第2次C1修	第1次C3修	第3次C1修	第2次C2修	第4次C1修	C4修	第2次C3修	第5次C1修	第3次C2修	第6次C1修	C4修

注:括号内 2C3、5C1、3C2、6C1 修程适用于走行公里未到达 C4 修周期时,按时间确定的修程。

二、维修计划

受电弓日常检查及 C1-C4 级检修项目见表 1-6-3。

受电弓各检修等级检修项目一览表   表 1-6-3

序号	检修项目名称	日常检查	C1 修	C2 修	C3 修	C4 修
1	检查、清洁绝缘子	√	√	√	√	√
2	检查紧固件状态	√	√	√	√	√

续上表

序号	检修项目名称	日常检查	C1 修	C2 修	C3 修	C4 修
3	目测检查底架及铰链机构各部件无变形	√	√	√	√	√
4	检查弓头：滑板弓角、滑板叉架等部件状态确认	√	√	√	√	√
5	检查阻尼器、气囊	√	√	√	√	√
6	检查、清洁、润滑钢丝绳	√	√	√	√	√
7	目测检查各软管的状态	√	√	√	√	√
8	测试升降弓动作	√	√	√	√	√
9	受电弓的接触压力检测		√	√	√	√
10	检测升降弓时间		√	√	√	√
11	检测自动降弓功能		√	√	√	√
12	检查导流线的状态	√	√	√	√	√
13	检查橡胶止挡的状态		√	√	√	√
14	更新钢丝绳					√
15	解体、清洁快排阀，检查膜板及复原弹簧的状态					√
16	清洁空气滤清器，清洁气阀板及各气动部件的接头和管路					√
17	检查轴承状态					√
18	外露的铁质零件进行除锈、涂漆处理					√
19	气密性测试					√

三、受电弓的 C4 级检修作业

下面以 TSG15B 型受电弓为例，详细介绍受电弓的 C4 级检修作业。

1. 工具材料

（1）设备。

受电弓试验台、气源、气管及 3L 储风缸。

（2）工具。

两用扳手一套、扭力扳手（8～40N·m、60～220N·m）、油枪（500cm³ G1/8"）、手捶、木捶或塑料手捶。

（3）量具。

钢卷尺（3m）、钢直尺（300mm）、机械秒表、弹簧秤（0～200N）、游标卡尺（200×0.02）、水平仪（600mm）。

（4）材料。

棉纱、白布、中性清洁剂、润滑脂、试漏剂、导电接触脂、螺纹润滑剂、不氧树脂油漆、清洗剂、毛刷、滑板及需要更换的备件。

2.作业流程

（1）检查、清洁绝缘子。

清洁并擦净绝缘子,绝缘子表面光洁,安装牢固。

检查支持绝缘子是否损坏,若有电蚀、裂纹则应及时更新。表面缺损必须进行绝缘处理,当累计缺损面积大于 3cm² 时,必须通过 75kV 工频耐电压试验;当累计缺损面积大于 25cm² 或深度达到 1mm 时须更新;伞裙撕裂长度≥20mm 或芯棒露出,必须更新。

金属零件不许有裂纹、锈蚀,螺纹完好,与绝缘体浇铸牢固,不许有裂缝、掉块现象。

（2）检查紧固件状态。

目测检查紧固件封漆标识,无松动、错位现象。检查锁紧螺母非金属嵌件有无掉落、老化现象。必要时使用扭力扳手对关键铰接部位螺栓紧固力矩进行校核,扭矩值应符合相关要求。

（3）目测检查底架及铰链机构。

目测检查底架、框架、拉杆、平衡杆、弓头:各部件不许有弯曲、变形、裂纹;轴、销及套无不正常磨耗;杆件接头螺纹完好,不许有松动。

（4）检查弓头。

①目测检查弓头、弓角,不许有裂纹、锈蚀、变形。弓角安装牢固,不许有变形。

②滑板检查及更新。

受电弓工作时,弓头和滑板与接触网线保持接触。它们都是易损易耗件,必须经常检查滑板以尽早发现有无损坏。有下列情况时,应更新滑板:

a. 滑板碳条剩余高度不足 5mm,滑板总厚度≤22mm 时须更换。滑板高度测量示意图如图 1-6-1 所示。

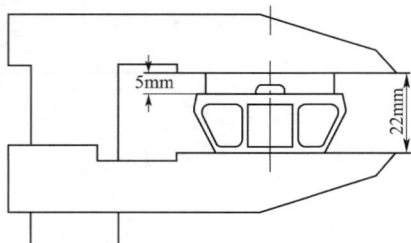

b. 有掉块、孔洞等直径超过 10mm 时。

c. 存在超过滑板宽度 1/3 的纵向裂缝。

d. 由于产生电弧,造成滑板变形或缺陷,并自动降弓。

e. 由于发生弓网故障,造成滑板扭曲、断裂等。

f. 滑板裂缝导致气路漏气,自动降弓功能启动,受电弓无法升起。

图 1-6-1　滑板高度测量示意图

g. 铝托架严重烧损,面积接近 1/2。

h. 铝托架有直径超过 2mm 的电蚀孔。

通常同时更换 2 块碳滑板。当只更换一块时,应保证新滑板与另一个旧滑板的高度差不超过 3mm。

更换碳滑板后同一受电弓碳滑板的高度差不超过 3mm。碳滑板掉块缺口呈 V 形,小于 6mm 时可修整为坡面。

当滑板有较严重损坏,V 形碰撞掉块深度大于 6mm 时应修整为坡面。

③弓头自由度及板簧状态检查。

在受电弓工作范围内,弓头应能绕转轴转动一定角度,以便其滑板上表面与接触网导线相接触。将受电弓升至常用工作高度(800～1000mm,视实际线路接触网高度而定),转动弓头,调整平衡杆长度,使两个方向转动的角度应基本一致。

　　检查板簧,不允许有锈蚀、裂纹等现象,并确认板簧作用力。调整受电弓弓头,使得不施加压力时,受电弓碳滑板上表面与弓头转轴中心的距离(H)为(117 ± 3)mm(无开口销)或(107 ± 3)mm(有开口销);施加70N接触压力时,受电弓碳滑板上表面与弓头转轴中心的距离为(105 ± 3)mm。开口销位置示意图如图1-6-2所示。

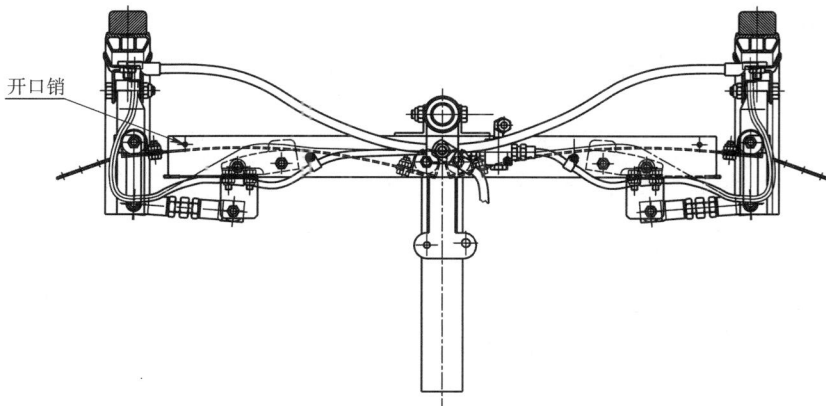

图1-6-2　开口销位置示意图

　　滑板水平度检查:水平尺放置在两根滑板上表面,检查水平尺与滑板表面贴合的情况。如发现不平行,通过导向单元进行必要的调整。

　　(5)检查阻尼器、气囊。

　　检查阻尼器是否摩擦过大,或动作时有无"咔嗒"声、"吱吱"声,或是否漏油。若发现上述故障应及时更换。

　　受电弓在降弓状态,气囊没有充气,在受电弓下臂杆直管处稍稍抬起使得升弓装置处于自然状态,检查气囊。当气囊存在龟裂深度达到或超过1.2mm且龟裂长度达到或超过25mm的单个龟裂时,或可见气囊内部的编织层时,更换气囊。

　　龟裂长度可采用钢尺、游标卡尺等检查,龟裂深度可采用以下几种方法检查:

　　①自制塞尺。自制宽度约2~3mm,厚度不超过0.1mm,端部精整的塞尺,在距端面1.2mm处划标记线,如图1-6-3所示。将塞尺伸入裂纹,自然状态下,检查各点裂纹深度。

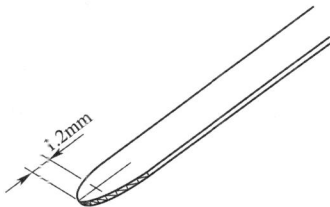

图1-6-3　自制塞尺

　　②采用高清数码相机、显微镜或红外光谱测量仪等可以进行更精确的检查。对龟裂断层进行拍照或纤维观察,检查龟裂深度是否达到或超过1.2mm。

　　(6)检查、清洁、润滑钢丝绳。

　　目视检查钢丝绳,钢丝绳完好,清洁并润滑。

　　(7)目测检查各软管的状态。

　　各软管状态良好,不允许有裂损、老化。

(8)测试升降弓动作。

升降弓 1 次,观察升降弓是否动作良好,有无卡滞现象。

(9)检测静态接触压力及落弓保持力。

①检测静态接触压力。

静态接触压力是车辆静止时,在受电弓气囊的作用下,弓头向上施加在接触网线上的垂直力,在工作范围内持续测量上升和下降过程中的压力 F_1、F_2,静态接触压力取 F_1、F_2 的平均值,即 $F = (F_1 + F_2)/2$。

受电弓在制造厂生产完成后,将在专门的受电弓试验台上,采用测力传感器对静态接触压力进行精确的测量和调整。受电弓在车辆上安装完成后,静态接触压力可通过轻质弹簧秤检查,并通过安装在车内气阀板上的精密调压阀调节。

检查方法:用弹簧秤检查静态接触压力时,不断开受电弓阻尼器。受电弓供风,升弓,把弹簧秤连接到上框架顶管的中间,先使受电弓多次做升降的往复运动。禁止突然压下升起的受电弓,禁止突然释放受电弓而自由升起。在升弓高度从 2m、1.5m 和 1m 缓慢均匀向下移动过程中对静态接触压力进行测量。静态接触压力应该在 55~85N 范围内,下降速度最大不超过 0.1m/s。然后,通过升弓高度 1m、1.5m 和 2m 缓慢均匀向上移动,静态接触压力也应该在 55~85N 范围内,上升速度最大不超过 0.1m/s。

阻尼器在降弓过程的缓冲作用力以及其本身的内摩擦力下会对受电弓静态接触压力的测试造成影响,增加受电弓的内摩擦力,即同高压力差。如果在实际检修维护中不允许拆除阻尼器,需要带阻尼器进行全工作范围的测试,则静态接触压力的验收标准必须考虑阻尼器的内摩擦力和降弓缓冲阻尼的影响。根据《轨道交通 机车车辆受电弓特性和试验 第 1 部分:干线机车车辆受电弓》(GB/T 21561.1—2018)要求,试验中受电弓升降速度应为 (0.05 ± 0.005)m/s。结合以往经验及模拟测试的相关结果,建议暂按以下标准验收:

a. 该型受电弓标称静态接触压力为 70N;

b. 升降弓静态接触压力曲线应在保证受电弓工作的范围内。

静态接触压力调整(图 1-6-4)方法如下:

a. 如标称静态接触压力过大,通过精密调压阀调节气囊内的压力,松开精密调压阀旋钮上的锁紧螺母:

降低静态接触压力→逆时针(以阀板上实际标识为准);

提高静态接触压力→顺时针(以阀板上实际标识为准)。

不允许使用精密调压阀的数值来确定调节的静态接触压力(气压值只是参考值,实际调节的静态接触压力要以测得的静态接触压力为准)。

b. 如果调节精密调压阀不能满足要求,通过调整升弓气囊装置的调整板(图 1-6-5)上的螺栓来进行细调,必要时也可调整拉杆组装的长度。调整完后拧紧各紧固螺栓和螺母。通常升弓装置和拉杆的调整主要是针对在工作高度两端位置的偏差进行,具体为:当静态接触压力在低工作位置偏小时,将螺栓长度调短;当静态接触压力在高工作位置偏小时,将拉杆长度调短。

②检测落弓保持力。

落弓保持力即为受电弓保持静止落在橡胶止挡上的力,它可在升弓高度、静态接触压力调整后进行检查。

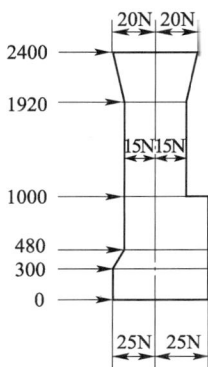

图 1-6-4　静态接触压力调整（带阻尼器）

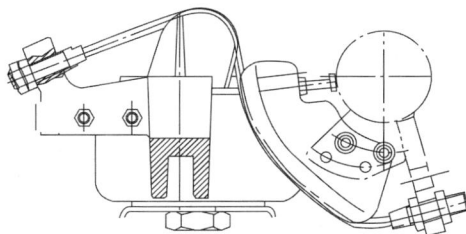

图 1-6-5　调整板局部图

应得结果≥150N。

检查方式：气囊装置应放气，受电弓位于最低位置并落在它的两个橡胶止挡上；用 10 ~ 300N 的测力计加挂于弓头转轴的中央位置，测出使弓头转轴离开橡胶止挡的垂直力，该力使弓头转轴离开橡胶止挡的距离约为 5mm。

（10）检测升降弓时间。

受电弓平稳升到最大工作高度，对接触网不得产生有害冲击。

从受电弓开始上升时刻算起，从折叠高度升至最大工作高度 2400mm 的上升时间为 6 ~ 10s。

在工作高度范围内的任何高度上的下降运动应迅速开始。

降弓时对受电弓不得产生有害冲击，降弓时间不大于 6s。

调整方法：受电弓供风，将受电弓的升弓高度用一 2500mm 长度绳索限定；松开调节升弓节流阀（DRH）和降弓节流阀（DRS）旋钮的并紧螺母，并转动旋钮，使其得到预需的升降弓时间。

说明：如检修车间或线路条件不允许受电弓升至最大工作高度，建议根据实际情况遵循以下两个原则：升弓过程不冲击网线严生损伤；降弓过程不对受电弓产生有害冲击。

（11）检测自动降弓功能。

在受电弓工作范围内（建议在 480 ~ 600mm 高度范围内进行），打开自动降弓装置试验阀，受电弓应快速降弓；关闭试验阀后，受电弓恢复正常升弓。自动降弓装置如图 1-6-6 所示。

（12）检查导流线的状态。

目测检查各导流线（包括弓头电流连接组装、肘接电流连接组装、底架电流连接组装）的状态，无明显摩擦、活动自如，导流线不能拉紧或放置在其他防磨部件上，截面积缺损不超过原形的 5%。导流线为易损易耗件，由于受电弓升降，导流线处于反复折弯状态，再加上车顶风动力的影响，导流线易损坏，必要时，应及时进行更换。重新安装时各导流线和接线处应清洁并涂刷导电润滑脂。

（13）检查橡胶止挡的状态。

橡胶止挡不允许有老化、龟裂和严重变形。

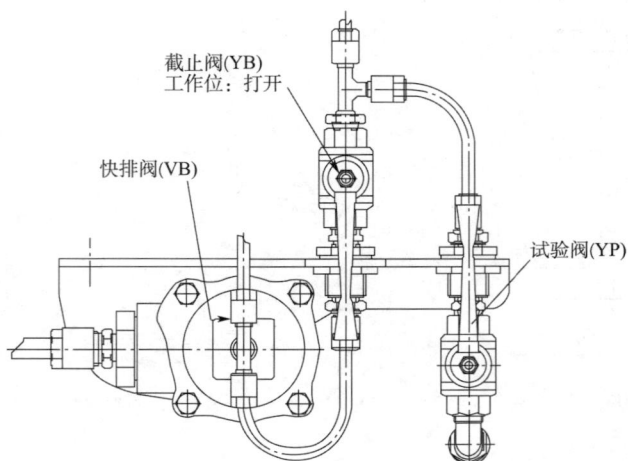

图 1-6-6　自动降弓装置

（14）更新钢丝绳。

更新或安装新钢丝绳时，注意使钢丝绳作用长度与原钢丝绳长度保持一致。

（15）解体、清洁快排阀。

将快排阀紧固螺栓松开，取出膜片，用白棉布擦拭清洁膜片上下表面及阀腔内壁，再将膜片放回原位，并在中心位置向下轻压膜片，最后重新安装快排阀，紧固螺栓力矩为 7N·m。

维护作业完成后，对受电弓进行升降操作检查，检查气密性及动作试验。受电弓升至落弓位置以上工作范围的 20% 处（约 406mm），打开自动降弓装置试验阀模拟故障，受电弓启动自动降弓。

（16）检查气动元件。

检查阀板组装气动元件：

清洁空气滤清器。当流量下降或压降过大时，更换滤芯。清洁气阀板及各气动部件的接头和管路。

检查其他阀类：

①检查精密调压阀：免维护，如果出现故障，检查输入输出气压是否正常，是否污染严重，故障时应及时更换。

②检查节流阀：免维护，故障时应及时清洁或更换。

③检查电磁阀：免维护，故障时应及时更换。

④检查快排电磁阀：免维护，故障时应及时更换。

⑤检查两位五通电磁阀：免维护，故障时应及时更换。

（17）检查轴承状态。

目测检查弓头部分工程塑料轴承以及上框架顶管内弓头转轴轴承磨损情况，必要时进行更换。气囊铰链系统滑动轴承使用润滑剂进行润滑。检查拉杆两端端环内向心球轴承，必要时清洁并润滑。

（18）铁质零件除锈、涂漆。

外露的铁质零件如有生锈，进行除锈、涂漆处理。

（19）测试气密性。

检查受电弓气密性，在受电弓气路所有接头及气动元件（包括气阀板）处涂抹试漏剂，观察有无泄漏。如有泄漏，拧紧或更换相关气动元件。气阀板精密调压阀具有功能性排风的常泄孔和溢流孔，属于正常泄漏。

受电弓连接与气囊体积（3L）相当的气缸，充以气压 400kPa 的压缩空气，切断气源，10min 后，气囊内的压力下降不超过 20%。

四、注意事项

（1）工作场地整洁，严禁烟火。

（2）按规定穿戴安全用品，使用劳动保护用品。

（3）工作前要认真检查所使用工具，严禁使用不合格的工具。

（4）使用天车时，应专人指挥并确认钢丝绳连接牢靠，承载能力符合要求。

（5）使用电源插头及插座，必须完整，不得用线头直接插入插座孔内。

（6）用汽油清洗部件时，严禁使用明火或吸烟，并注意室内通风情况。

（7）使用仪器与设备时，试验人员应熟悉其性能，否则不能操作。

1-7 乘务员工作页　受电弓应急故障处理

本节参照 2015 年中国铁路总公司发布的《HXD3C 型电力机车应急故障处理（试行）》进行编写，给出了机车应急故障处理一般原则，再以筛选统计的实际运行过程中受电弓出现的常见故障为实例，给出受电弓常见故障的应急处理方法。本节是培养机车车辆乘务员应急故障处理技能的重要专业技能单元。

一、机车应急故障处理原则

（1）运行途中机车出现故障时，司机应沉着冷静，首先根据计算机显示屏、状态指示灯的显（提）示，列车运行状态及随乘（学习）司机的检查汇报，大致区分、判定机车故障的严重程度，立即采取断电、降弓、停车、调速手柄回"0"位，换向手柄回"0"位等不同措施，之后再做后续处理。

①发生弓网事故、机车火灾，首先应采取断电、降弓、立即停车、调速手柄回"0"位、取出机车电钥匙的措施。

②需要打开控制电器柜进行检查处理时，应首先采取断电、降弓、调速手柄回"0"位的措施，再拔出制动控制柜蓝色钥匙，插入高压接地开关蓝色锁孔，将高压接地开关置"接地"位后，再拔出黄色钥匙，用其打开控制电器柜门锁进行检查处理。

（2）故障处理过程中遇下列情况可能会使机车产生惩罚制动：

①机车电钥匙 SA49（SA50）置"0"位。

②闭合控制电器柜"微机控制1（2）"自动开关 QA41（QA42）。

③断开控制电器柜"司机控制1(2)"自动开关 QA43(QA44)。

④断开控制电器柜"机车控制"自动开关 QA45。

⑤断开控制电器柜"电空制动"自动开关 QA55。

⑥断开控制电器柜"蓄电池"自动开关 QA61。

(3)运行途中,机车出现微机控制、机车保护、制动控制等方面故障时,按常规处理办法处理后,若故障仍无法消除,可在停车、断电、降弓的情况下,断开机车控制电器柜"蓄电池"自动开关 60s 后再闭合,以使机车保护恢复、微机复位、重新启动而消除故障。

(4)运行途中,处理机车故障需要断开控制电器柜"蓄电池"自动开关 QA61 前,司机要考虑到该操作一定会导致列车停车,且恢复运行前,可能还需对"运记"重新进行设定;需根据牵引质量、线路纵断面、天气等因素综合考虑其对列车再启动的影响。所以,应慎重选择断开控制电器柜"蓄电池"自动开关 QA61 的时机,最好将故障机车维持运行到站内,再进行此项操作。

(5)运行途中,若机车发生故障,司机应根据线路纵断面、牵引质量,选择合理的处理时机及方法,尽可能维持运行。例如,一台受电弓发生故障,可换升另一台受电弓维持运行。

(6)运行途中,机车发生故障,若难以处理或处理后也难以维持运行,应尽量维持到前方站,若确实无法维持运行,应及时请求救援。

二、受电弓应急故障处理实例

1. 运行途中,受电弓升不起来时的处理

原因分析:

(1)控制风压低。

(2)控制电器柜上有关自动开关断开。

(3)升弓气路有关塞门不在正常位。

(4)高压接地开关 QS10 未在"运行"位。

(5)受电弓扳键开关接触不良。

(6)主断控制器故障。

(7)受电弓高压隔离开关在"隔离"位。

(8)受电弓气路漏风严重或风压不正常。

(9)受电弓电空阀故障。

(10)受电弓本身故障。

应急处理:

(1)若前、后受电弓均升不起来,按原因(1)~(4)对症处理:

①先确认总风缸风压表,若其风压低于 650kPa,再检查控制风缸塞门 U77,若控制风缸风压表显示控制气路风压仍低于 650kPa,则按一下辅助压缩机启动按钮(在控制电器柜上),启动辅助压缩机,使控制气路风压提高到 650kPa 以上,再进行升弓操作。

②检查、恢复控制电器柜断开的自动开关。

③检查升弓气路有关塞门在正常位:

a. 受电弓控制塞门在"开放"位(蓝色钥匙应插入并置于垂直位)。

b. 受电弓塞门 U98 置于"开放"位。

④检查、恢复高压接地开关至"运行"位。

(2)若某端受电弓升不起来,可暂不处理,换升另一受电弓维持运行。

2. 运行途中,机车只能使用一台受电弓,但该受电弓自动降弓装置频繁动作时的处理

(1)将该台受电弓的"主断控制器"置于"停用"位,并关闭其上方气路小塞门。

(2)适当调高该台受电弓调压阀输出风压值,维持运行。

(3)尽量维持进站停车,停车后,按"运行途中,需要登上车顶处理故障时的安全注意事项"的规定登上车顶,确认该受电弓弓头、滑板正常后,关闭该台受电弓自动降弓装置的关闭阀,彻底切除该台受电弓的自动降弓装置维持运行。

(4)自动降弓装置切除后,在运行中,若机车失去网压,应立即确认是否刮弓,无法确认时,应立即采取停车措施。

3. 运行途中,遇机车故障断电降弓后,再升弓时,前后受电弓均升不起来时的处理

(1)检查控制气路风压是否低于 550kPa,低于时,启动辅助压缩机(小压缩机)进行泵风,待控制气路风压升高到 650kPa 以上时升弓即可。

(2)检查高压接地开关,确认其是否处于"运行"位及制动控制柜蓝色钥匙是否处于垂直状态。

(3)确认、恢复控制电器柜断开的自动开关,并考虑处理故障时的操作是否对升弓有所影响,然后对症处理。

(4)经以上处理,故障仍不能消除时,还应考虑两台受电弓同时故障或烧损(如气囊被弓网间拉弧产生的熔渣烧损)。

4. 运行途中,机车受电弓自动降落时的处理

运行途中,遇机车受电弓自动降落时,应首先查找降落原因,再对症进行处理:

(1)自动降弓装置动作时,司机应立即采取停车措施,并通过"运记"锁定故障发生地点,随乘(学习)司机确认接触网有无异常。停车后,对受电弓进行仔细检查;未刮弓时,换弓运行;刮弓时,按"运行途中,机车受电弓被刮坏时的处理"方法进行处理。

(2)受电弓电空阀烧损造成受电弓自动降落后,应切除该台受电弓,换升另一台受电弓维持运行。

(3)主断控制器故障引起降弓时,换升另一台受电弓,或将该主断控制器置"停用"位维持运行。

(4)控制电器柜自动开关断开造成受电弓自动降落时,在查明断开原因并作相应处理后,将其恢复至闭合位继续运行。

(5)受电弓自动降落伴随制动显示屏黑屏时的处理:

①检查、恢复控制电器柜"司机控制"自动开关。

②停车后,换端操纵或更换扳键开关组。

5. 运行途中,车顶"放炮",接触网失电时的处理

立即降弓,根据当时情况,尽可能利用有利地形对车顶进行仔细检查,未发现异状时,可利用受电弓高压隔离控制开关 SA96,切除原受电弓,换弓进行试验。若试验正常,即可恢复运行,待到达车库后,再对车顶进行详细检查;若换弓试验后车顶仍"放炮",则按以下方法进行处理：

(1)若采用固定重联运行方式的二位机车车顶"放炮"，且一位机车单独牵引能够维持运行时，切除二位机车维持运行。

(2)若本务机车车顶"放炮"，可利用受电弓高压隔离控制开关SA96，分别将Ⅰ端、Ⅱ端受电弓高压隔离开关置于"隔离"位进行试验，以判断并将车顶接地点甩开后维持运行。

(3)若经以上处理仍无法维持运行，应按"运行途中，需要登上车顶处理故障时的安全注意事项"的规定登上车顶处理，消除故障点。若故障点确认无法消除时，在站应联系换挂，区间应请求救援。

6. 运行途中，发现接触网摆动异常时的处理

(1)立即断电、降弓，并采取紧急停车措施。值乘司机立即通过"运记"及时锁定故障发生地点，随乘(学习)司机后部瞭望，确认弓网状态。

(2)停车后，立即检查受电弓、接触网是否受损。若刮弓，则按"运行途中，机车受电弓被刮坏时的处理"方法进行处理。若未刮弓，则换弓维持运行，并及时向列车调度员或车站值班员汇报。在半自动闭塞区段，若使用一切通信工具均不能完整汇报时，到前方站应压标停车向车站值班员汇报。

(3)列车到达终点站，机车入库后，司机必须亲自登上机车车顶对受电弓进行详细检查，以掌握具体情况。

7. 运行途中，机车受电弓被刮坏时的处理

运行途中，机车受电弓被刮坏(刮弓)时，应立即停车，司机在采取停车措施的同时并通过"运记"锁定故障发生的地点，停车后，及时对弓网进行检查：

(1)未造成车顶接地时，应注意观察受电弓被刮坏的程度，在保证运行中不会造成接地的情况下，换弓维持运行。

(2)造成接地或运行中可能会造成接地时，应尽量利用受电弓高压隔离控制开关SA96，使Ⅰ端或Ⅱ端受电弓高压隔离开关处于"隔离"位，以将车顶接地点(或可能接地点)甩开维持运行。

(3)若刮弓严重，不能排除再运行时会出现顶电或受电弓掉落的情况，则应按"运行途中，需要登上车顶处理故障时的安全注意事项"的规定登上车顶进行处理，尽量维持运行到前方站或退至后方站，确实无法运行时，应及时请求救援。

(4)检查处理时，应注意收集造成受电弓被刮坏的物证。

(5)第一时间向列车调度员或车站值班员汇报。若使用一切通信工具均不能完整汇报时，半自动闭塞区段可运行到前方站，压标停车向列车调度员或车站值班员汇报。

(6)为了保证刮弓不被误判，途中遇自动降弓装置动作时，应立即采取停车措施。

处理弓网事故要点：立即停车、完整汇报、处理彻底、确保安全。

8. 运行途中，某一台受电弓降不下来时的处理

(1)在运行区段无"降弓地段"的情况下，可暂不进行处理，但途中遇临时降弓信号时应立即停车进行处理。

(2)在运行区段有"降弓地段"时，应在进入"降弓地段"区间前的车站停车进行处理。

(3)关闭该受电弓气路塞门U98或按下该受电弓自动降弓测试按钮，强迫受电弓降下。

（4）若受电弓降不到位(半升半降)，根据当时具体情况，向列车调度员汇报后，换弓维持运行到终点站，或到达前方停车站，再按"运行途中，需要登上车顶处理故障时的安全注意事项"的规定登上车顶进行处理。

9. 运行途中,某一受电弓的滑板与接触网间拉弧严重时的处理

运行途中，某一受电弓的滑板与该接触网间拉弧严重时，应换升另一台受电弓维持运行。

10. 运行途中,车顶放电,受电弓高压隔离开关烧损时的处理

（1）立即换升另一台受电弓维持运行。

（2）在前方站停车后，利用受电弓高压隔离控制开关 SA96，切除受电弓高压隔离开关烧损端受电弓维持运行。

1-8 理论拓展 电弧是如何产生的?

1. 电弧的定义

电弧是一种气体放电现象，对电器具有一定的危害。

2. 电弧导电的原因

当触头开断电路，在间隙中产生电弧时，电路仍然是导通的，这就说明已分开的触头间的气体由绝缘状态变成了导电状态。那么，究竟有哪些物理过程在这个气体由不导电状态变成导电状态的过程中起作用了呢?

气体呈导电状态的原因是，原来的中性气体被电离成电子和离子，即气体被游离，此过程称为气体的游离过程。气体被游离出来的电子和离子在电场作用下各朝对应的极运动，便形成电流，从而造成触头虽然已开断，但电路却并未切断。

3. 触头开断时产生电弧的原因

金属材料表面在某些情况下能发射出自由电子的现象称为表面发射。自由电子的产生是由于金属内的电子得到能量，克服内部的吸引力而逸出金属。

从物质原子的结构来看，原子是由原子核与若干电子构成的。如果外界加到电子上的能量足够大，能使电子克服原子核的吸引力作用而成为自由电子，这种现象称为游离。

触头开断电路时产生电弧的原因主要有阴极热发射电子、阴极冷发射电子、碰撞游离和热游离等。

（1）阴极热发射。

触头开断过程中，触头间的接触面积逐渐减小，接触处的电阻越来越大，电流密度也逐渐增大，触头表面的温度剧增，金属内由于热运动急剧活跃的自由电子就克服内部的吸力而从阴极表面发射出来。这种主要由热作用引起的发射称为热发射。

（2）阴极冷发射。

在触头刚刚分开发生热发射的同时，由于触头之间的距离很短，线路电压在这个很小的间隙内形成很高的电场。此电场将电子从阴极表面拉出，形成强电场发射。在强电场发射

中,并不需要热功的参与,所以强电场发射也称为冷发射。

通常阴极电子的发射,同时包含热发射和冷发射的过程,只是不同的材料,热发射和冷发射的程度各不相同。

(3)碰撞游离。

由于阴极热发射电子和阴极冷发射电子这两种发射的作用,大量电子从阴极表面进入弧隙。它们在电场的作用下获得动能而加速,随着触头的分开不断地撞击气体的原子或分子(中性粒子)。当这些电子具有的动能大于中性粒子的游离能时,中性粒子则分解为带电荷的自由电子和正离子,这一现象称为碰撞游离(或称电场游离)。碰撞游离后出现的自由电子在电场作用下又与其他中性粒子发生新的撞击和游离,使得自由电子和正离子数不断增加,弧隙中的中性气体就变为导电的自由电子与正离子。在电场作用下,它们向阴极、阳极运动,形成电弧,电路并未断开。

(4)热游离。

电弧燃烧时,弧隙中气体温度很高,气体中的中性原子或分子由于热运动而发生互相撞击,结果也造成游离,这就是热游离。热游离实质上也属于碰撞游离,只不过发生碰撞的原因是高温而不是电场。

综上,电弧的产生存在如下两个原因:

(1)由于热的作用,发生热发射和热游离。

(2)由于电场的作用,发生冷发射和碰撞游离,在气隙间出现大量电子流,使气体由绝缘体变成导体。

需要注意的是,在整个过程中几种物理作用并不是截然分开的,而是交叉进行或同时存在的。在电弧燃烧期间,起主要作用的是热游离。因此,使电弧迅速冷却是熄灭电弧的主要方法。

1-9 实践拓展 常用的检修工具——扭力扳手

一、扳手种类及功能

扳手是利用杠杆原理拧转螺栓、螺母和其他螺纹紧固螺栓或螺母的开口或套孔固件的手工工具。扳手由扳手体、固定钳口、活动钳口及蜗杆等组成。

常见的扳手有呆扳手、两用扳手、活扳手、内六角扳手、棘轮扳手、套筒扳手等,如图1-9-1所示。活扳手是通用扳手;呆扳手(开口扳手)、套筒扳手、棘轮扳手和内六角扳手等称为专用扳手。

二、扭力扳手种类及功能

扭力扳手(图1-9-2)又叫扭矩扳手、力矩扳手、扭矩可调扳手,是扳手的一种。扭力扳手一般分为两类:电动扭力扳手和手动扭力扳手。我们使用的扳手多为手动扭力扳手。

a) 呆板手　　b) 两用板手　　c) 活板手　　　d) 内六角扳手　　e) 棘轮扳手　　f) 套筒扳手

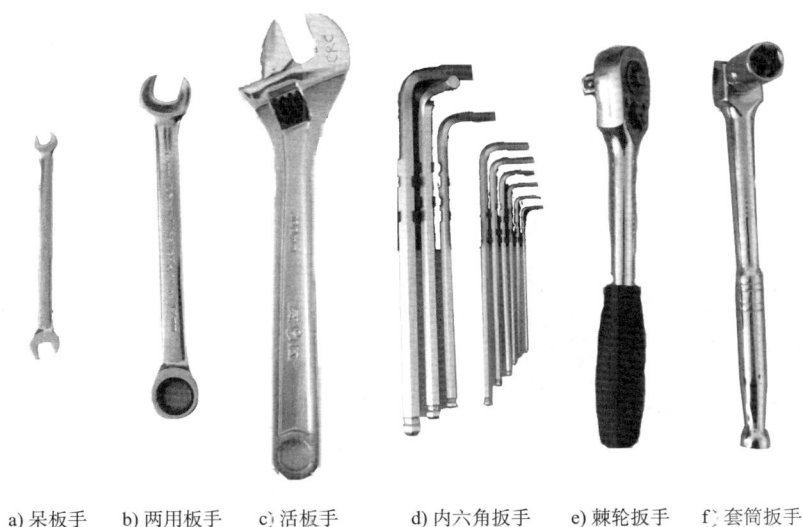

图 1-9-1　各种类型的扳手

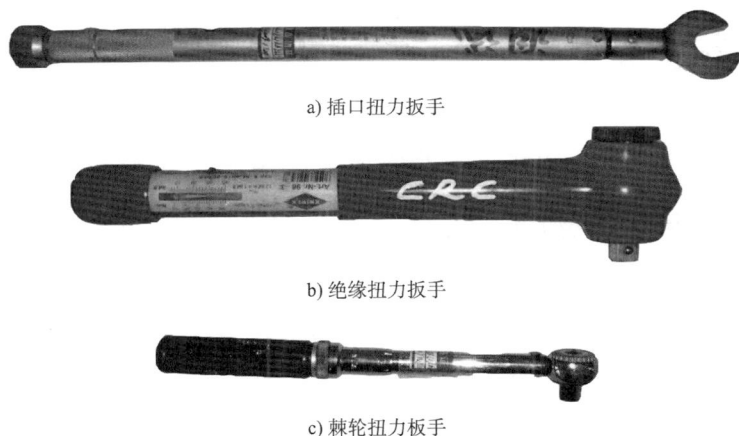

a) 插口扭力扳手

b) 绝缘扭力扳手

c) 棘轮扭力板手

图 1-9-2　各种类型的扭力扳手

扭力扳手的主要特征是可以设定扭矩,并且扭矩可调。

扭力扳手是紧固螺栓用的,一般的对于高强螺栓的紧固都要先初紧再终紧,而且每步都需要有严格的扭矩要求。大六角高强螺栓的初紧和终紧都必须使用定扭力扳手。

三、扭力扳手的使用方法

扭力扳手既可初紧又可终紧,使用时,应先调节扭矩,再紧固螺栓。

1. 设定扭矩值(图 1-9-3)

(1)逆时针方向旋转锁紧手柄,松开调整轮。

(2)转动调整轮,使主标尺与副标尺示值相加之和等于所需要设定的扭矩值。

扭矩值显示

调整轮

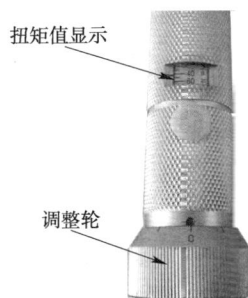

图 1-9-3　设定扭矩值

（3）扭矩值设定后，顺时针方向旋紧锁紧手柄，扭矩值设置完毕。

说明：有的企业，扭力扳手的扭矩值由计量处统一设定，不允许工人自行设定。

2. 紧固螺栓

按顺时针方向均匀且缓慢施力（图1-9-4）。

3. 紧固到位

当听到"咔嗒"声或感到扳手有卸力感时，即已达到所设定的扭矩值（图1-9-5）。

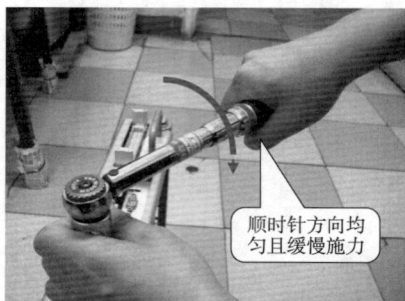

图1-9-4　顺时针方向缓慢紧固螺栓　　　图1-9-5　紧固到位

四、注意事项

（1）扭力扳手只能用作安装紧固件（螺栓、螺母）时测量其安装力矩使用，不能作为拆卸工具去拧松已拧紧的紧固件。不能敲打、磕碰或挪作它用。使用时轻拿轻放，不许任意拆卸与调整。

（2）为了保证工作人员正确使用和测量值的准确，防止对工具、设备的损害，必须确保所施加的扭矩值在扭矩设备的范围内，在使用扭矩设备前请正确了解扳手的最大量程，不能乱用。

（3）紧固时应使用正确的接头，否则会导致施加的扭矩出现人为误差。接头应接触紧密，有足够硬度。

（4）使用扭力扳手时，扳手要与螺栓垂直，防止螺栓受力不均而折断。

（5）使用前后，扳手存放于盒内，不可到处放置。使用后，擦拭干净放入盒内。使用完扭力扳手后要注意将示值调节到最小值处，以保证其准确度及使用寿命，否则，往往会使扭力扳手提前失效或损坏。

（6）使用时应严禁在尾部加套管或长柄，有专用配套附件（长柄或套管）除外。力必须加在手柄尾端，使用时用力要均匀、缓慢。

（7）扭力扳手锁环处于"锁"位时，不要强行转动手柄。

（8）扭力扳手不能当撬棍或锤子使用。

1-10 新技术　机车车载故障预测与健康管理系统——弓网智能检测系统

机车车载故障预测与健康管理系统（简称 PHM 系统）实现机车故障在线诊断及健康管

理。PHM 系统由车载智能中心、弓网智能检测系统、牵引检测系统(牵引变流器、牵引电机)等组成。车载智能中心是机车数据汇集中心,实现机车故障在线诊断及健康管理。**弓网智能检测系统是机车重要的受流装置——受电弓的故障预测与健康管理系统。**

受电弓与接触网接触良好是接触网向车辆传递电能的先决条件,受电弓的任何环节出现问题将降低弓网受流质量,甚至导致严重的行车事故。在动态运行条件下检测受电弓及弓网状态,对车辆的运营、维护具有较高的指导意义。

弓网智能检测系统通过传感器检测受电弓及弓网运行参数,综合分析受电弓及弓网运行状态,实现运行状态记录、故障识别报警、产品健康管理等功能。该系统主要包括车顶的弓网检测设备车内的弓网检测主机设备以及车底的振动补偿模块三部分。弓网智能检测系统总体构成如图 1-10-1 所示。系统主机通过总线与车载智能中心进行通信。弓网检测设备需要安装在车顶,弓网检测主机设备放置在屏柜内。

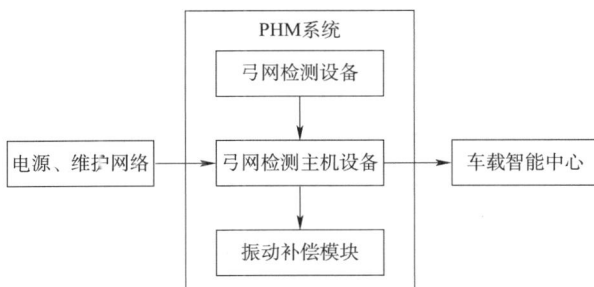

图 1-10-1　弓网智能检测系统总体构成

弓网智能检测系统结构框图如图 1-10-2 所示。其中,弓网检测设备安装在车顶,配备有高清工业相机、燃弧传感器、红外相机、补光灯等。该套设备利用机器视觉原理实现受电弓、弓角异常的检测,同时实现了高清视频监控及受电弓弓角缺损检测、弓网温度检测、燃弧检测的功能。该模块还可将监控图片和数据、电流数据、车辆信息(包括车辆编号、车辆实时位置、车辆实时速度等)以及故障情况实时发送至车载智能中心,以便车载智能中心对弓网系统的情况进行实时监控,发生故障时及时报警,及时采取措施,避免故障扩大,减少故障损失。

车内弓网检测主机设备由供电管理模块、数据处理模块、数据存储模块、外部接口模块等组成,能够自动进行数据处理、存储及交换,提供视频的回看和下载功能。

光纤惯性导航装置安装于车下,用于采集车辆位置信息。

车顶各检测设备模块将采集到的目标信息进行预处理,并将预处理结果通过以太网传输至车内数据处理模块;数据处理模块对信号进行多重调制滤波、分析计算,并对各处理模块与综合定位信息数据进行实时融合,把得到的拉出值、导线高度等接触网几何参数、弓网燃弧、受电弓与接触网的接触状态、受电弓状态视频及接触网温度等数据同步实时存储至数据存储模块,同步的数据处理模块将分析本次检测的报警信息。最后,报警信息及视频等信息将发送至列车控制系统(TCMS)及运营维护部门管理中心,实现车内和地面实时获取受电弓及接触网工作状态的功能。

弓网智能检测系统实现了对弓网状态的实时监测、智能判断、车内及地面信息的远距离传输等功能,是最新的检测技术、计算机技术在轨道交通行业应用的又一项重要技术突破。

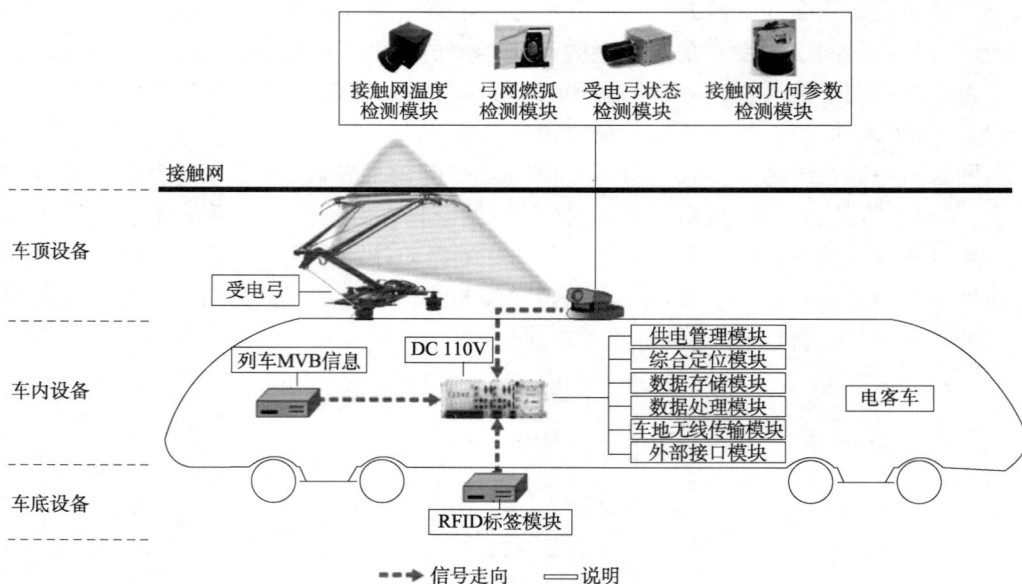

图 1-10-2　弓网智能检测系统结构框图

1-11 拓 展 训 练

请根据本模块内容,利用智慧职教铁道机车运用与维护专业教学资源库等专业资源平台、智慧职教 MOOC 学院《电力机车电气设备的检查与维护》在线课程等数字化资源及公共网站等途径,完成下面的任务。

任务 1:请任选一款受电弓,制作受电弓模型。

要求:

(1)建议每组成员不超过 5 人,2～3 人为宜。各组成员分工合作,完成任务。

(2)任何材料均可,鼓励使用节能环保材料,如废弃的伞骨架、雪糕棍等。

(3)模型结构应尽可能再现真实受电弓的结构,最好有传动机构,能通过传动机构驱动升弓、降弓。

(4)收集制作过程照片、视频、设计图纸等过程资料,制作成一个 PPT 或短视频,用于展示受电弓模型制作过程。

(5)制作完成后,建议教师组织一次模型分享课,组建一个教师+学生的评委团,每个小组进行模型现场展示及说明,并播放 PPT 或视频,评委团根据整体情况进行评分。评分项包括但不限于模型质量、讲解水平、PPT 或视频质量、团队合作情况等。

任务 2:请收集受电弓的检修和故障处理方面的视频。

要求:每组收集 1～2 个视频,了解受电弓的工作状态、可能出现的故障及如何检修,从而加深对机车运行过程中受电弓的工作状态、面临的考验等实际工况的理解,进行课堂分享。

任务3:请收集电力机车用其他型号受电弓、高速动车组用受电弓及城市轨道交通车辆用受电弓的相关资料,完成下面的表格,并对三种类型的城市轨道交通车辆用受电弓的结构和性能进行对比分析。

项目	电力机车用受电弓	高速动车组用受电弓	城市轨道交通车辆用受电弓
型号	V350		
额定电压 额定电流	额定电压 AC 25000V 额定电流 1000A		
结构特点	(1)弓头采用单滑板结构。 (2)弓头上增加导风翼板,降低对主动控制的依赖。 (3)转轴位于碳滑板下方,避免与接触网接磨。转轴上固定一对弓角。 (4)弓头悬挂装置采用柱塞式弹簧盒结构。 (5)升弓装置采用单气囊。 (6)上框架结构采用叉形杆结构		
性能方面的提升	(1)具有更优的四杆机构,兼顾了杆件受力和开闭口差异。 (2)上框架结构非常简洁,采用叉形杆结构。对材料进行了优化,大大降低了上部质量,弓网跟随性更好。 (3)弓头悬挂采用柱塞式弹簧盒,弓网匹配性更好。 (4)采用单气囊,稳定可靠,维护简单		

1-12 课外学习　弹簧弓的代表——TSG3 型受电弓

说明:TSG3 型受电弓是我国交直型电力机车,即韶山系列电力机车广泛使用的一种受电弓,同时它也是弹簧弓的典型代表。虽然韶山系列电力机车已基本停产,受其影响 TSG3 型受电弓也基本停产,但作为技术发展的一个重要阶段,我们也有必要了解一下这款受电弓,以便对技术更新迭代有所了解。

弹簧弓结构复杂,升弓、降弓动力来自钢弹簧,无法精确控制静态接触压力,因此弹簧弓已经逐渐被气囊弓取代。但从学习受电弓的发展历程、工作原理的角度,仍然有必要了解弹簧弓,了解技术更新迭代所带来的变化。

TSG3-630/25 型受电弓是采用钢弹簧作为升弓、降弓动力源的弹簧弓的典型代表,应用于韶山 8 型以及 20 世纪 90 年代后生产的韶山 4 改型和韶山 6B 型等多种型号交直型电力机车上。TSG3-630/25 型受电弓外形如图 1-12-1 所示(注:气路系统未在图中显示)。

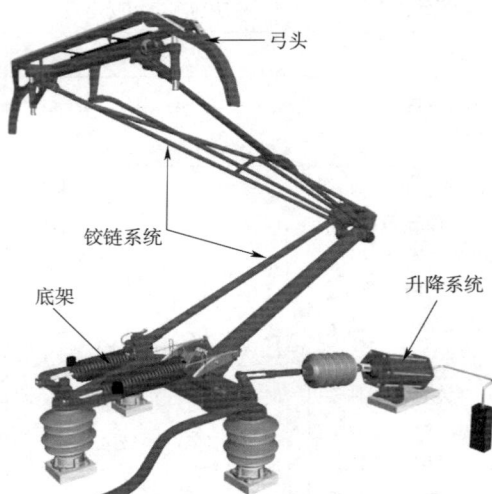

图 1-12-1   TSG3-630/25 型受电弓外形

一、结构解析

1. 底架

底架由纵梁和横梁型材组焊成"T"形骨架,图 1-12-2 为 TSG3 型受电弓底架的结构分解图和组装图。

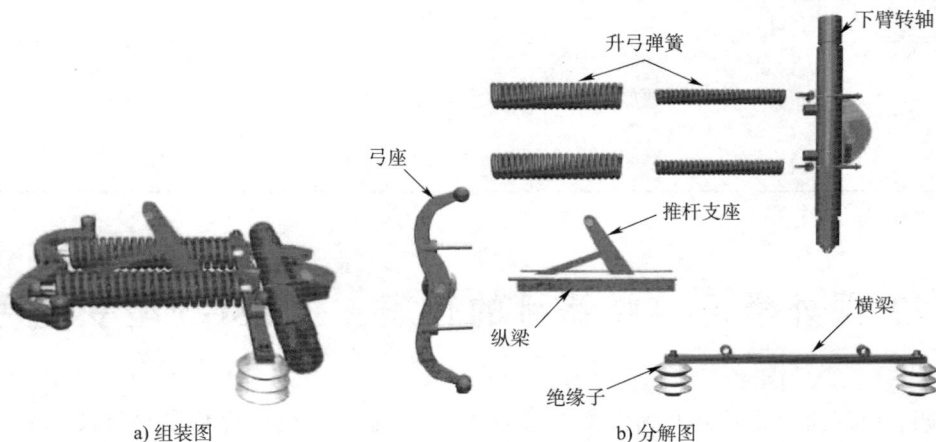

a) 组装图   b) 分解图

图 1-12-2   TSG3 型受电弓底架结构图

底架上装有两组升弓弹簧、下臂杆转轴和阻尼器(注:图中未显示出来)等部件。升弓弹簧由外圈和内圈两个弹簧套装而成。

横梁和纵梁组成的 T 形骨架产生 3 个安装点,使整个受电弓通过 3 个绝缘子固定在机车顶盖上。

2. 铰链系统

TSG3 型受电弓的铰链系统包括上框架、下臂杆、推杆(也就是拉杆)、平衡杆、铰链座等,如图 1-12-3 所示。这些部件由无缝钢管组焊而成,通过铰链座铰接,各铰接处都装有滚动轴承,并采用金属软编织线进行短接,防止电流对轴承的电蚀。

3. 弓头

TSG3 型受电弓的弓头由滑板、弓角、弹簧盒等组成,如图 1-12-4 所示。

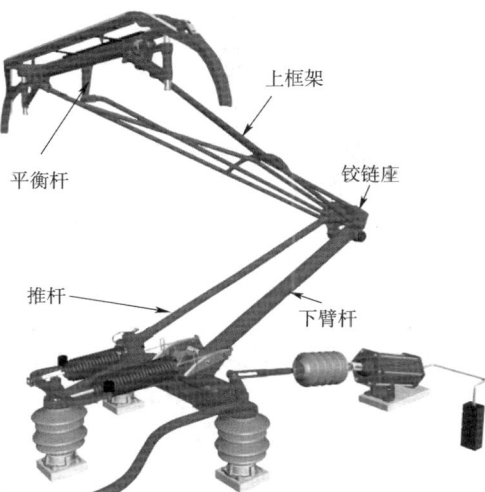

图 1-12-3　TSG3 型受电弓铰链系统的组成

图 1-12-4　TSG3 型受电弓弓头的组成

滑板支架用钢板压制后镀锌而成,弓角为铸铝件。弓角与滑板支架组装,形成整个弓头框架。在滑板支架上装有两排粉末冶金滑板和两排固体润滑剂。

TSG3 型受电弓使用的是铜基碳滑板,其初始厚度为 10mm,磨损至 3mm 后必须更换。

弹簧盒使弓头与铰链系统进行弹性连接,保证机车运行时,弓头能随着接触网导线高度和驰度的变化而进行相应的调整,以便改善受流质量。

4. 升降系统

TSG2 型受电弓升降系统由传动风缸、连杆绝缘子、U 形连杆、转臂等组成,如图 1-12-5 所示。

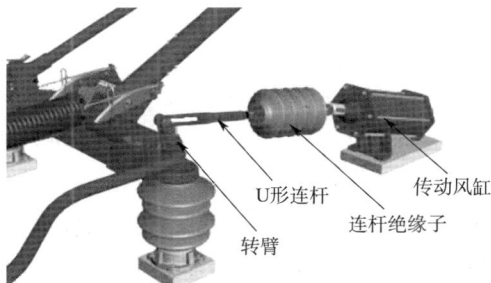

图 1-12-5　TSG3 型受电弓升降系统的组成

传动风缸的缸体与水平面成 15°仰角,安装在机车顶盖上,其分解后的内部结构如图 1-12-6 所示。连杆绝缘子连接在传动风缸与 U 形连杆之间,使安装在车顶的传动风缸与升弓后通体带电的受电弓主体隔离开,确保车体不带电。U 形连杆与转臂连接,转臂与下臂杆转轴连接在一起。

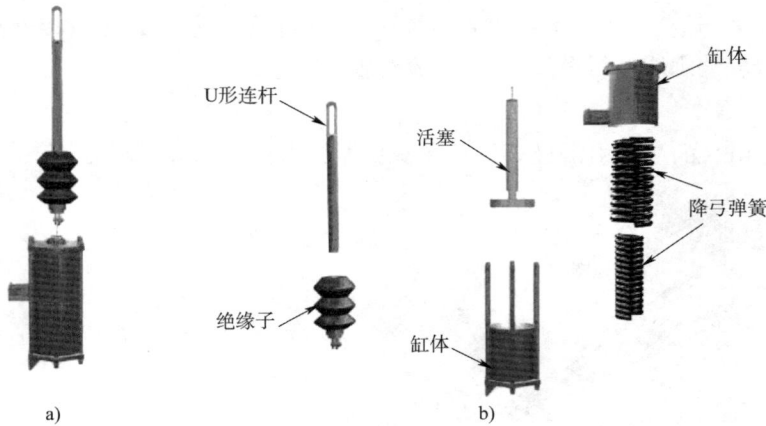

图 1-12-6　TSG3 型受电弓传动风缸分解图

5. 气路系统

TSG3 型受电弓的气路系统由缓冲阀和电空阀组成,安装在机车内部,以便在机车内部调整升弓、降弓时间。

图 1-12-7a)为 TSG3 型受电弓缓冲阀的原理示意图,可以帮助大家理解其工作原理。缓冲阀由快排阀和节流阀两部分组成,其内部结构图和整体结构图如图 1-12-7b)、c)所示,主要包括气室、快排阀活塞、快排阀反力弹簧、快排阀调节螺钉、节流阀调节螺钉、暗道等部件。缓冲阀的进气口与电空阀下方的进气口相连,压缩空气经缓冲阀阀体内的小孔,通过不同截面的暗道,分别送入节流阀和快排阀。缓冲阀的排气口与传动风缸的进气口相连。

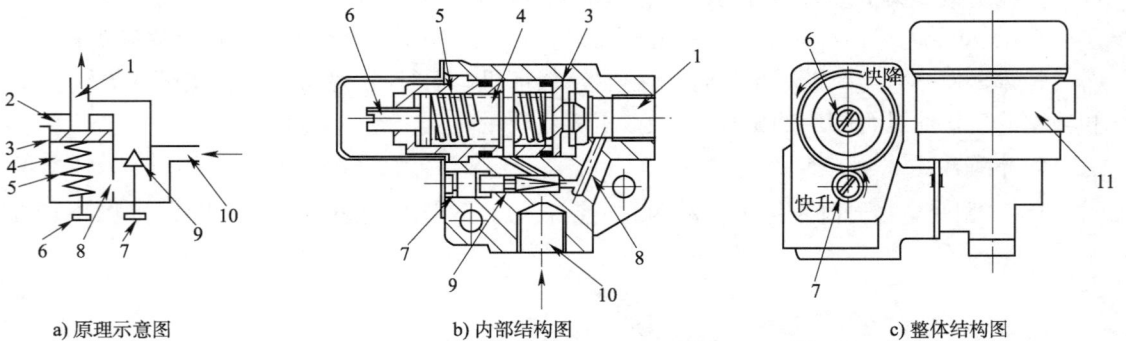

a) 原理示意图　　　　　　b) 内部结构图　　　　　　c) 整体结构图

图 1-12-7　TSG3 型受电弓缓冲阀

1-缓冲阀排气口;2-快排阀快排口;3-快排阀活塞;4-气室;5-快排阀反力弹簧;6-快排阀调节螺栓;7-节流阀调节螺栓;8-暗道;9-节流阀口;10-进气口;11-电空阀

缓冲阀实际上是一个流量控制阀,它借助改变气路的截面大小来调节气流量,满足受电弓升弓、降弓过程先快后慢的动作要求,减小对接触网和车顶的冲击和振动,避免降弓时产生拉弧现象。

二、原理分析

对受电弓动作原理的分析从两个方面进行:一是气路原理分析,即压缩空气从气源经受电弓电空阀进入受电弓气路系统,对被各气阀进行控制和调节的过程分析;二是机械原理分析,即气路系统输出的压缩空气送入传动风缸之后,对受电弓本体机械部件的动作过程分析。下面先介绍气路原理。

1.气路原理分析

按照受电弓升弓、降弓及先快后慢的控制要求,受电弓气路系统对压缩空气的控制分为:升弓、快速降弓和缓慢降弓三种气路状态(图 1-12-8),下面分别进行详细分析。

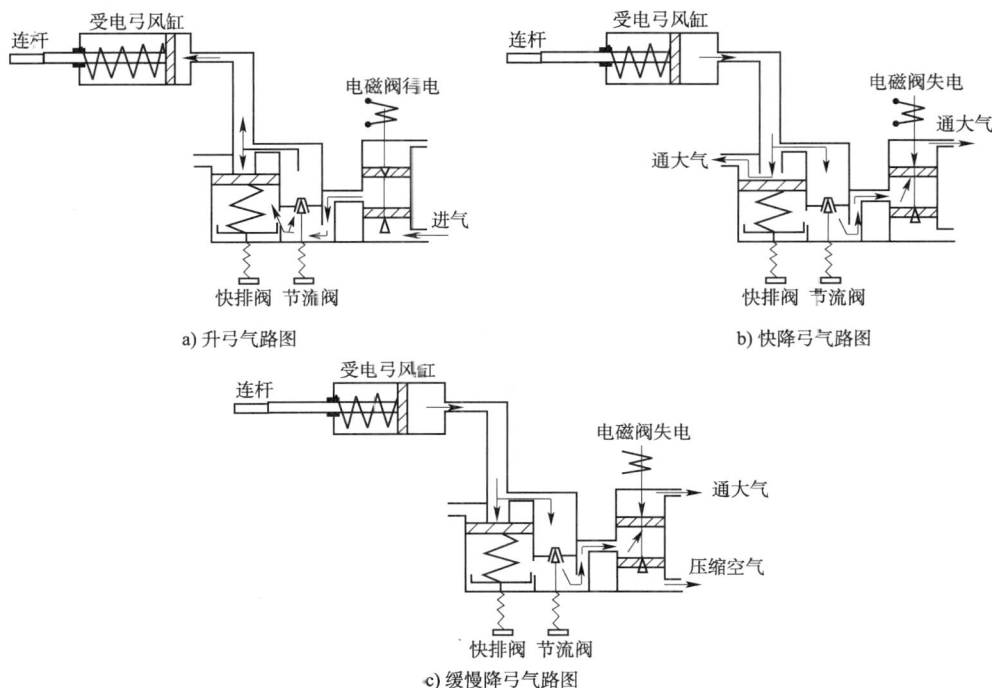

a) 升弓气路图　　　　　　　　　b) 快降弓气路图

c) 缓慢降弓气路图

图 1-12-8　TSG3 型受电弓缓冲阀动作原理示意图

受电弓升弓时,电空阀线圈得电,压缩空气经电空阀进入气路系统的节流阀和快排阀,其路径是:气源→电空阀→节流阀→传动风缸,如图 1-12-8a) 所示升弓气路图。节流阀口的大小,直接控制压缩空气进入传动风缸的速度,从而控制升弓、降弓时间。值得注意的是,随着压缩空气不断进入传动风缸,传动风缸内的活塞前移,将不断压缩它前面的降弓弹簧。

那么如何实现先快后慢呢? 升弓初,降弓弹簧的压缩量最小,克服该力所需要的气压较小,节流阀口两侧的气压差最大,此时传动风缸中活塞的移动较快,升弓迅速;随着弓头的逐渐上升,降弓弹簧压缩量逐渐增大,其弹力逐渐增大,克服该力所需要的气压也逐渐增大,因此,节流阀口的气压差逐渐减小,进入气缸的气流逐渐减慢,升弓的速度也逐渐减慢。这就实现了受电弓升弓时先快后慢的动作要求,减小了对接触网的冲击和振动。

降弓时,电空阀线圈失电,传动风缸内的压缩空气经节流阀、电空阀排向大气。

此时又是如何先快后慢的呢？降弓初始，传动风缸内气压较大，作用于快排阀上方的力大于快排阀下方弹簧所产生的力，快排阀阀口打开，传动风缸内的压缩空气通过快排阀阀口大量排向大气，如图 1-12-8b)所示。同时，还有少量压缩空气经节流阀口，由电空阀排向大气，但这条气路的排气速度比快排阀气路慢得多。两条气路共同排气的效果就是传动风缸内的压缩空气迅速排向大气，受电弓弓头迅速脱离接触网。

随着传动风缸内气压逐渐下降，在快排阀内弹簧作用下，快排阀阀口关闭，气缸内的残余气体从节流阀口徐徐排出，如图 1-12-8c)缓慢降弓气路图，受电弓下降的速度减慢。这就保证了弓头迅速脱离接触网避免了拉弧现象，后变成缓慢下降，不会对受电弓底架和车顶产生有害冲击。

另外，缓冲阀也可对升弓、降弓时间进行调整。缓冲阀的阀体上有两个成锥形的调节螺栓，在图 1-12-7c)所示缓冲阀内部结构图中的快排阀调节螺栓，按实物方向旋转该调节螺栓，将改变快排阀下方弹簧的压缩量，从而提前或延后快排阀打开时间，从而改变降弓时间。通过旋转节流阀调节螺栓，将改变节流阀阀口进风量大小，即改变气流流速，从而改变升弓、降弓时间。需要说明的是，升弓、降弓时间的调节不完全独立，比如调节节流阀调节螺栓，不但会改变升弓时间，而且会影响降弓时间。

2. 机械原理分析

（1）升弓原理。

升弓时，司机按下升弓按钮，电空阀线圈得电，气路打开，压缩空气经缓冲阀的节流阀口进入传动风缸，推动活塞向上移动，带动连杆绝缘子和 U 形连杆向前伸出（如图 1-12-5 所示的升降系统的组成），从而解除了对转臂的约束，进而已被拉伸的升弓弹簧便会回缩，通过钢丝绳拉动下臂杆和推杆逆时针转动，从而推动铰链座和上框架、弓头升起，如图 1-12-9 所示。在这个过程中，传动风缸内的降弓弹簧被逐渐压缩，为降弓做准备。

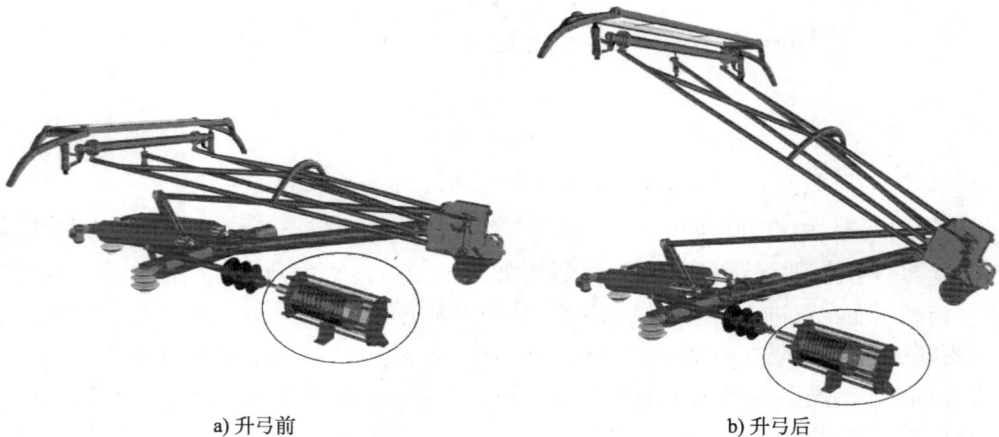

a) 升弓前   b) 升弓后

图 1-12-9　TSG3 型受电弓升弓前后的状态

（2）降弓原理。

降弓时，司机按下降弓按钮，电空阀线圈失电，供风口通大气，传动风缸内的压缩空气经快排阀、电空阀排向大气，在已被压缩的降弓弹簧的作用下，活塞带动 U 形连杆向后回退，当

U 形连杆与转臂接触后,迫使转臂顺时针转动,强制下臂杆做顺时针转动,使弓头降下来,落到弓座上。受电弓降弓前后的状态如图 1-12-10 所示。

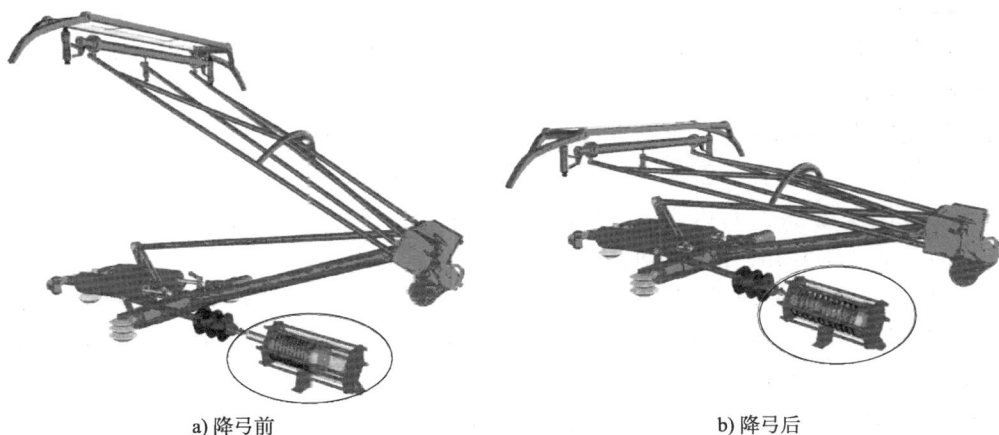

a) 降弓前　　　　　　　　　　　　　　　　b) 降弓后

图 1-12-10　TSG3 型受电弓降弓前后的状态

三、特性解析

TSG3-630/25 型受电弓主要技术参数见表 1-12-1。

TSG3-630/25 型受电弓主要技术参数　　　　　　　　表 1-12-1

主要技术参数	参数值	主要技术参数	参数值
额定电压（kV）	AC 25	弓头长度（mm）	2085
额定工作电流（A）	630	滑板长度（mm）	1250
最大运行速度（km/h）	170	传动风缸工作气压（kPa）	520 ~ 1000
静态接触压力（N）	70 ± 10	升弓时间（s）（0 ~ 1800 mm）	6 ~ 8
工作高度（mm）	500 ~ 2250	降弓时间（s）（1800 ~ 0mm）	5 ~ 7
最大升弓高度（mm）	2600	降弓位保持力（N）	80
折叠高度（mm）	228	滑板材质	铜基粉末冶金材料

四、要点凝练

1. 结构要点

TSG3 型受电弓为弹簧弓,有 2 组升弓弹簧和 1 组降弓弹簧。

2 组升弓弹簧安装在底架上,落弓位时处于拉伸状态,被转臂束缚无法回缩,一旦可缩便可以带动弓头升起来。

1 组降弓弹簧隐藏在传动风缸内,外部不可见。落弓位时被少量压缩,其反力通过 U 形连杆作用在转臂上,束缚转臂无法转动,进而升弓弹簧无法回缩,整个受电弓处于静止折叠的状态。

升弓时,降弓弹簧被上移的活塞不断压缩,不仅为升弓后半程减速提供阻力,更重要的是为降弓做准备,其弹簧反力将成为降弓的动力。

2. 原理要点

与气囊弓不同,对于弹簧弓,压缩空气仅起到辅助作用,升弓、降弓的主要动力源来自升弓弹簧和降弓弹簧。

升弓时,电空阀线圈得电,压缩空气进入传动风缸,活塞推动 U 形连杆前伸,从而解除对转臂的束缚,这样,升弓弹簧就可以回缩,该弹力通过钢丝绳,绕过扇形调整板,作用到下臂杆转轴上,转化为升弓力矩,再通过下臂杆、推杆、推杆支座、底架组成的四杆结构,传递到上框架,从而带动弓头升起,并且运动轨迹是垂线。

值得注意的是,升弓时,压缩空气仅起到解锁转臂束缚的作用,并不是升弓动力源,升弓的动力来源于被拉伸的升弓弹簧。升弓的同时,传动风缸内活塞前端的降弓弹簧被逐渐压缩,这便是降弓的动力源。

降弓时,电空阀线圈失电,传动风缸内的压缩空气排出,被压缩的降弓弹簧的反力通过 U 形连杆拉动转臂、转轴、下臂杆反方向转动,使弓头落下来。所以降弓的动力也不是压缩空气,而是降弓弹簧。

想一想:

1. 弹簧弓和气囊弓最大的不同体现在哪些方面?

2. 弹簧弓为什么逐渐被气囊弓取代呢?

模块 2

主断路器检修与整备

▌▌▌趣味导入 ▌▌▌

细心的你会发现,家里的墙上一定有一个图 2-0-1 所示的盒子,它叫作配电箱,里面安装的是空气自动开关(以下简称空开)。其中,最左边的双极自动开关是总开关,如果把这个总开关断开的话,那么从户外送入家里的电源就会被切断,家里就没电了,所有电器都不能工作了。可见这个总开关很重要,它能接通或断开总电源。除了电源的通断控制之外,总开关还可以在电路出现短路等故障时自动跳闸,切断电源,避免事故的进一步扩大,也就是说,总开关还具有保护功能。

a)

b)

图 2-0-1　家用配电箱

同理,电力机车也是一个靠外部电源(接触网)供电来工作的一个庞大的设备,它具有一个复杂的电气系统。这个电气系统也有一个"总开关",用于控制电源的接通或断开,并对电力机车电气系统起保护作用。我们把这个"总开关"称为"主断路器"。"主"就是主要的、重要的,就是"总"的意思。"断路器"就是分断电路的电器。空开是断路器的一种,属于低压断路器,而电力机车上用的断路器属于高压断路器。因为它要分断的是 25kV 的高压电路。

那么电力机车上的主断路器长什么样?跟空开一样吗?主断路器要分断高压电路,需要哪些特殊结构?接下来我们进入主断路器模块的学习,一探究竟吧!

学习目标

能力目标

1. 能正确使用检修作业中所需的设备和工具。

2. 能熟练完成主断路器外观检查、接地夹厚度测量、动作性能测试、分合闸时间测试、耐压试验。

3. 能完成零部件更换工作。

4. 能熟悉主断路器应急故障处理流程。

知识目标

1. 了解主断路器的定义、功能、分类及性能要求。

2. 理解主断路器的主要技术参数。

3. 掌握主断路器的基本结构、各部件功能、分合闸工作原理。

素养目标

在主断路器整备检查及检修作业过程中,注意作业安全,以严谨、细致、认真的工作态度进行规范操作,养成精益求精的工作习惯。

建议学时

8 学时。

学习导航

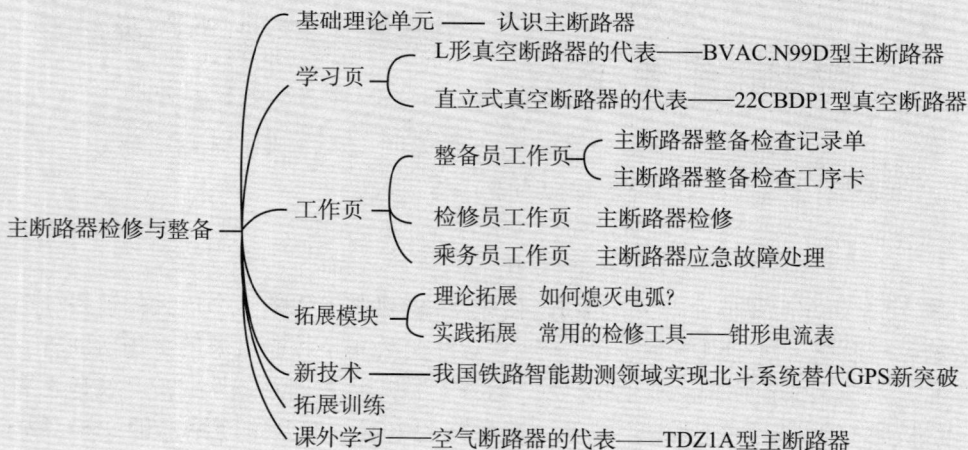

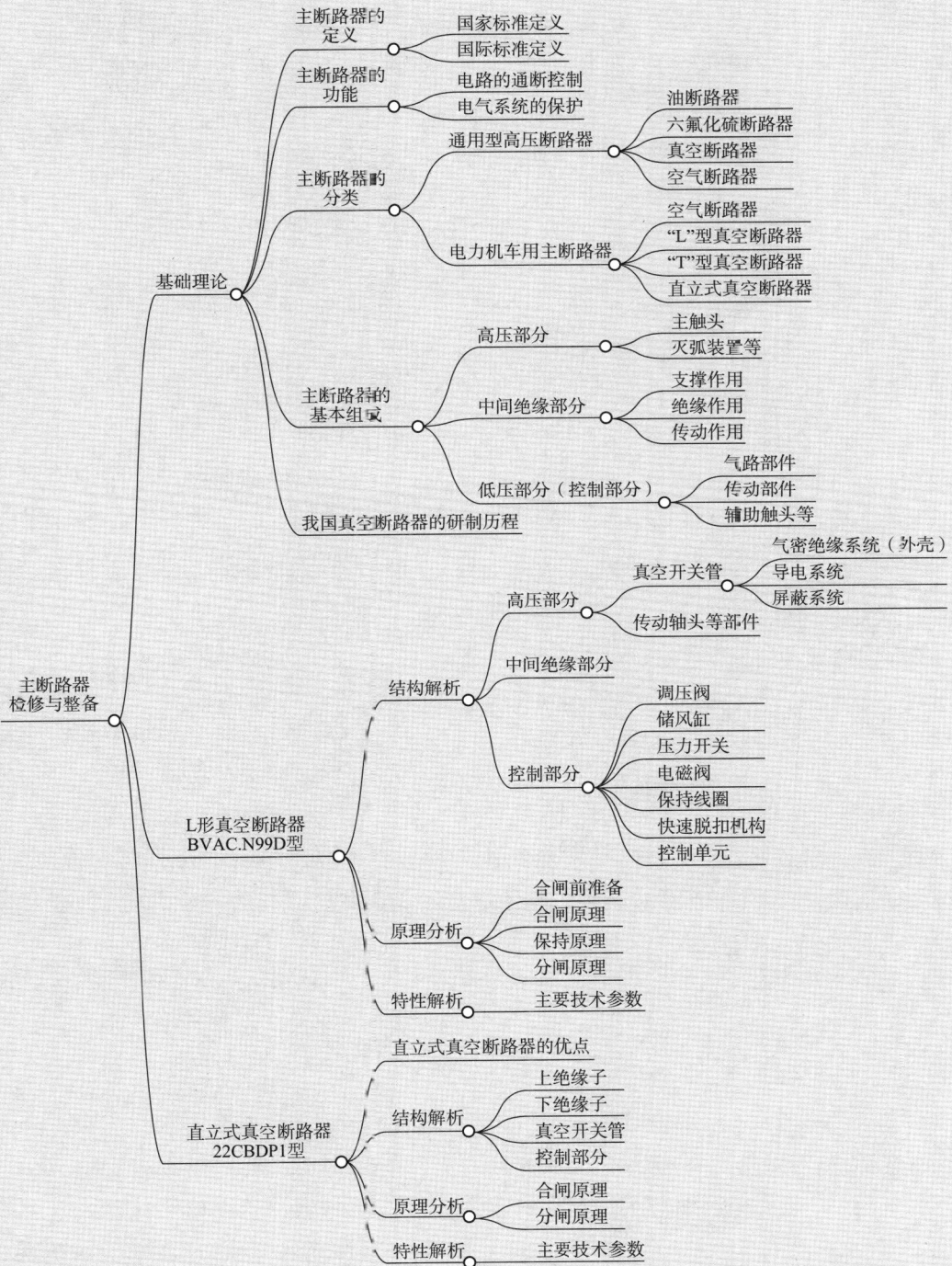

主断路器检修与整备
├─ 基础理论
│   ├─ 主断路器的定义
│   │   ├─ 国家标准定义
│   │   └─ 国际标准定义
│   ├─ 主断路器的功能
│   │   ├─ 电路的通断控制
│   │   └─ 电气系统的保护
│   ├─ 主断路器的分类
│   │   ├─ 通用型高压断路器
│   │   │   ├─ 油断路器
│   │   │   ├─ 六氟化硫断路器
│   │   │   ├─ 真空断路器
│   │   │   └─ 空气断路器
│   │   └─ 电力机车用主断路器
│   │   ├─ 空气断路器
│   │   ├─ "L"型真空断路器
│   │   ├─ "T"型真空断路器
│   │   └─ 直立式真空断路器
│   ├─ 主断路器的基本组成
│   │   ├─ 高压部分
│   │   │   ├─ 主触头
│   │   │   └─ 灭弧装置等
│   │   ├─ 中间绝缘部分
│   │   │   ├─ 支撑作用
│   │   │   ├─ 绝缘作用
│   │   │   └─ 传动作用
│   │   └─ 低压部分（控制部分）
│   │   ├─ 气路部件
│   │   ├─ 传动部件
│   │   └─ 辅助触头等
│   └─ 我国真空断路器的研制历程
├─ L形真空断路器 BVAC.N99D型
│   ├─ 结构解析
│   │   ├─ 高压部分
│   │   │   ├─ 真空开关管
│   │   │   │   ├─ 气密绝缘系统（外壳）
│   │   │   │   ├─ 导电系统
│   │   │   │   └─ 屏蔽系统
│   │   │   └─ 传动轴头等部件
│   │   ├─ 中间绝缘部分
│   │   └─ 控制部分
│   │   ├─ 调压阀
│   │   ├─ 储风缸
│   │   ├─ 压力开关
│   │   ├─ 电磁阀
│   │   ├─ 保持线圈
│   │   ├─ 快速脱扣机构
│   │   └─ 控制单元
│   ├─ 原理分析
│   │   ├─ 合闸前准备
│   │   ├─ 合闸原理
│   │   ├─ 保持原理
│   │   └─ 分闸原理
│   └─ 特性解析
│   └─ 主要技术参数
└─ 直立式真空断路器 22CBDP1型
    ├─ 直立式真空断路器的优点
    ├─ 结构解析
    │   ├─ 上绝缘子
    │   ├─ 下绝缘子
    │   ├─ 真空开关管
    │   └─ 控制部分
    ├─ 原理分析
    │   ├─ 合闸原理
    │   └─ 分闸原理
    └─ 特性解析
        └─ 主要技术参数

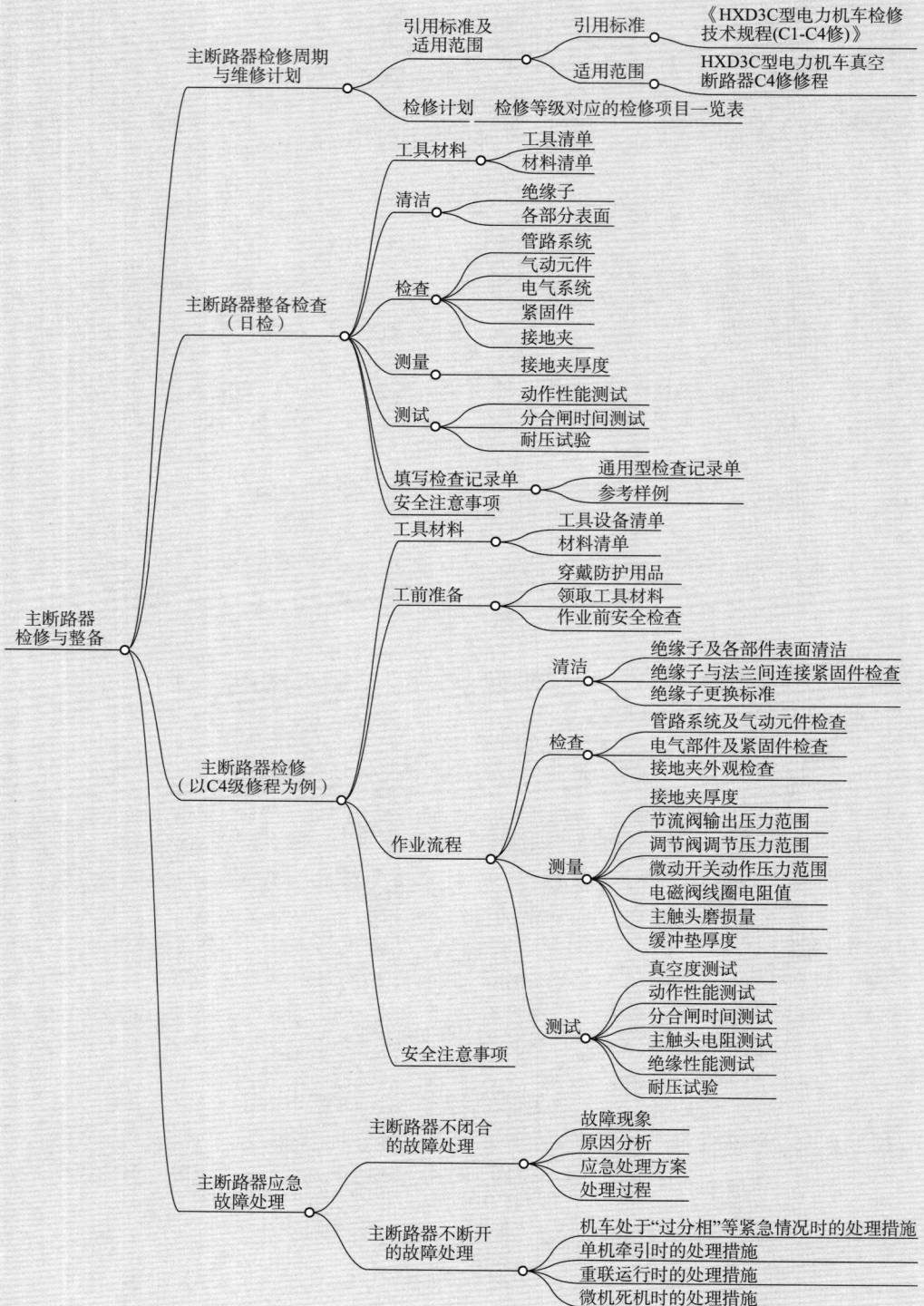

主断路器检修周期与维修计划
- 引用标准及适用范围
  - 引用标准 —— 《HXD3C型电力机车检修技术规程(C1-C4修)》
  - 适用范围 —— HXD3C型电力机车真空断路器C4修修程
- 检修计划 —— 检修等级对应的检修项目一览表

主断路器整备检查（日检）
- 工具材料
  - 工具清单
  - 材料清单
- 清洁
  - 绝缘子
  - 各部分表面
- 检查
  - 管路系统
  - 气动元件
  - 电气系统
  - 紧固件
  - 接地夹
- 测量
  - 接地夹厚度
- 测试
  - 动作性能测试
  - 分合闸时间测试
  - 耐压试验
- 填写检查记录单
  - 通用型检查记录单
  - 参考样例
- 安全注意事项

主断路器检修与整备

主断路器检修（以C4级修程为例）
- 工具材料
  - 工具设备清单
  - 材料清单
- 工前准备
  - 穿戴防护用品
  - 领取工具材料
  - 作业前安全检查
- 作业流程
  - 清洁
    - 绝缘子及各部件表面清洁
    - 绝缘子与法兰间连接紧固件检查
    - 绝缘子更换标准
  - 检查
    - 管路系统及气动元件检查
    - 电气部件及紧固件检查
    - 接地夹外观检查
  - 测量
    - 接地夹厚度
    - 节流阀输出压力范围
    - 调节阀调节压力范围
    - 微动开关动作压力范围
    - 电磁阀线圈电阻值
    - 主触头磨损量
    - 缓冲垫厚度
  - 测试
    - 真空度测试
    - 动作性能测试
    - 分合闸时间测试
    - 主触头电阻测试
    - 绝缘性能测试
    - 耐压试验
- 安全注意事项

主断路器应急故障处理
- 主断路器不闭合的故障处理
  - 故障现象
  - 原因分析
  - 应急处理方案
  - 处理过程
- 主断路器不断开的故障处理
  - 机车处于"过分相"等紧急情况时的处理措施
  - 单机牵引时的处理措施
  - 重联运行时的处理措施
  - 微机死机时的处理措施

2-1 基础理论单元 认识主断路器

主断路器作为电力机车电气系统的"总开关",主要具有两个功能:一是高压电路的通断控制;二是作为电力机车电气系统短路、过流、过压、接地等故障时的主保护开关。对于第一个功能,需要解决的是高电压大电流电路的分断问题。电力机车主断路器所在电路额定电压为30kV,额定工作电流为1000A,额定短路分断电流达40kA(以上参数以BVAC.N99D型主断路器为例)。要分断这么高的电压、这么大的电流,意味着这种主断路器的结构需要做特殊设计,对主触头的结构、灭弧装置的结构等均有明确要求。

用于高压电力系统的高压断路器按其灭弧介质不同,可分为油断路器、六氟化硫断路器、真空断路器、空气断路器等。其中,应用于电力机车上的有空气断路器和真空断路器两种类型。空气断路器是利用压缩空气吹弧的方式进行灭弧的一种主断路器。用于SS4G、SS6B、SS8等型号电力机车上的TDZ1A型主断路器属于空气断路器。空气断路器因结构复杂、故障较多等原因,20世纪80年代后逐步被真空断路器取代。真空断路器是将主触头密封在真空包内,利用真空耐压强度高和介质强度恢复快等特点进行灭弧的一种主断路器。

电力机车上使用的真空断路器高压部分的结构形式多种多样,有L形BVAC.N99系列真空断路器、T形TDV3型真空断路器、直立式22CB系列真空断路器(车外安装)、直立式TDV10系列真空断路器(柜内安装)等多种形式,如图2-1-1所示。

a) L形BVAC.N99系列真空断路器　　　　b) T形TDV3型真空断路器

c) 直立式22CB系列真空断路器(车外安装)　　d) 直立式TDV10系列真空断路器(柜内安装)

图2-1-1　结构各异的真空断路器

本模块所介绍的主断路器均符合国家标准《轨道交通　机车车辆电气设备　第 1 部分：一般使用条件和通用规则》(GB/T 21413.1—2018)、《轨道交通　机车车辆电气设备　第 2 部分：电工器件　通用规则》(GB/T 21413.2—2021)、《轨道交通　机车车辆电气设备　第 4 部分：电工器件　交流断路器规则》(GB/T 21413.4—2023)及国际标准《Railway applications-Electric equipment for rolling stock-Part 4：Electrotechnical components；Rules for AC circuit-breakers》(IEC 60077-4—2003)的相关规定。

《轨道交通　机车车辆电气设备　第 4 部分：电工器件　交流断路器规则》(GB/T 21413.4—2023)对真空断路器和空气断路器的定义如下：

真空断路器(Vacuum Circuit-breaker)：触头在高真空的壳内断开和闭合的断路器。

空气断路器(Air blast Circuit-breaker)：触头在压力气流中断开的断路器。根据此定义可以判断，前述的 TDZ1A 型主断路器即气吹断路器，业内习惯称其为空气断路器。

一、主断路器的基本组成

主断路器的结构可分为高压部分、中间绝缘部分、低压部分(控制部分)三大部分。电力机车主断路器大部分安装在车顶，以安装板为界，车外部分与 25kV 高压电路相连，故称为高压部分。高压部分一般包括主触头和灭弧装置等部件。车内为低压部分，一般包括控制系统、传动系统等零部件。高压部分和低压部分通过中间绝缘支撑进行绝缘。中间绝缘支撑一般是一个带空腔的绝缘子，它有三个作用：①支撑，即提供高压部分的机械支撑；②绝缘，即将高、低压部分进行电气隔离；③传动，中间空腔一般装有传动杆，将低压部分产生的作用力传递到高压部分的动触头，从而驱动主动触头、主静触头闭合或断开。

近几年，也有一些机车车辆，为了解决主断路器安装在车外致使绝缘子受粉尘等杂质污染而大大降低绝缘能力的问题，把主断路器移到了车内，如中国标准动车组 CR200J(俗称"绿巨人")，将主断等高压电器集中安装在车内网侧柜中。图 2-1-1d)所示的 TDV10 系列真空断路器便是一款专门为柜内安装设计的真空断路器，它仍分高压部分、低压部分和中间绝缘部分。

二、真空断路器发展史

目前铁路机车车辆使用的主断路器大部分是真空断路器。因此，本部分介绍真空断路器的发展历程，让大家了解一些技术的创新发展过程。

1986 年，首次研制出用于电力机车的真空断路器，并装车试运成功。这是最早以真空断路器取代空气断路器用于机车主电路的成功案例。由于真空断路器具有优良的短路电流开断能力和结构简单等显著的优点，当真空断器路一出现，就受到机车运用部门的欢迎。国外从 20 世纪 60 年代后期开始，铁路发展较早的国家开始试图逐步用真空断器取代空气断路器。他们的努力首先在铁路供电线路上获得了成功，20 世纪 70 年代线路用真空断路器得到了广泛应用。而由于机车上的条件特殊，机车用真空断路器研制进程非常缓慢，当时需要解决的主要问题包括：如何设计触头结构使真空室体积尽可能小的问题开断感性负载时和发生截流时的过电压问题，以及如何提高机械寿命与电寿命的问题。限于这些不足，真空断路器在电力机车上的优势未能立即获得认可。

20世纪70年代后期至80年代初,英国、美国等国家相继研制出了机械寿命百万次以上的真空断路器,用于炼钢厂及矿山的真空断路器,证明了真空断路器的安全、可靠及操作频率高等优良性能。因此,人们逐渐意识到真空断路器在工业技术中具有广阔的应用前景,而真空电弧理论与真空断路器技术研究也在蓬勃发展。随着该技术在世界范围的竞争与不断探索,真空电弧理论终于有了新的突破,尤其在人们发现了触头磁场对电弧的影响后,大批新颖有效的触头形式纷纷出现,由最初的圆柱形触头发展到螺旋槽式触头以及后来的杯状触头和纵磁场触头,其分断电流的能力已由数千安增大到几十千安。由于触头材料的不断优化,较好地解决了电流截流问题,截流值一般能控制在6A以下,从而消除了开断过程中产生的很高的过电压。随着真空管的标准化生产及真空技术的不断成熟,其稳定性不断上升,成本不断下降,这样也使得它在机车上的广泛应用越来越受到人们的重视。

我国真空断路器的研制始于1958年,西安交通大学电器教研室与西安高压开关整流器厂成立了一个联合研究小组,王继梅副教授和童永超教授负责真空断路器的研制。不到半年,成功研制出国内第一台真空灭弧室,并通过了50Hz、4kV、5kA的电流分断试验。1960年,他们成功研制了6.7kV、分断能力为500A真空断路器。1964年,他们又成功研制出10kV和1500A三相真空断路器,标志着我国有了自己的真空断路器技术。1992年,两部(当时机械电子工业部与能源部)召开了关于在电力系统广泛推广应用真空断路器的会议,从此我国真空开关进入快速发展期,市场上先后出现了多种由我国自主研发、技术指标达到当时国外先进水平的真空断路器,其代表产品有ZN23、ZN28和ZN63A等。在此阶段,我国已能生产额定电压为35kV,开断能力为31.5kA、50kA、63kA的真空断路器。2003年,我国研制出72.5kV、110kV/31.5kA和18kV/80kA的单断口真空断路器,全行业年产各类真空断路器20万余台。全世界真空断路器行业信息数据显示,我国的从业厂家最多、产销量最大、品种系列最多,成为名副其实的“真空断路器王国”。20世纪80年代开始,我国铁路机车车辆上使用的真空断路器技术逐渐成熟,真空断路器在我国铁路市场逐渐推广应用。目前,我国大部分电力机车、电动车组使用的主断路器均为真空断路器。

三、要点凝练

主断路器是电力机车的“总开关”,主要具有两个功能:一是高压电路的通断控制;二是电气系统的保护功能,作为电力机车电气系统短路、过流、过压、接地等故障时的主保护开关,当发生上述故障时,通过断开主断,切断电源,降低事故危害。

电力机车用主断路器有空气断路器和真空断路器两种。目前,空气断路器已很少使用,大部分使用真空断路器。

2-2 L 形真空断路器的代表——BVAC. N99D 型主断路器

真空断路器以真空为绝缘介质和灭弧介质,利用真空耐压强度高和介质强度恢复速度快的特点进行灭弧。与空气断路器相比,真空断路器具有结构简单、工作可靠、分断容量大、动作速度快、绝缘强度高、整机检修工作量小等诸多优点,因此广泛用于高压电力行业。

空气断路器在电力机车上已得到了普遍的应用,而由于电力机车的特殊使用环境和一些恶劣工作条件所限,真空断路器直到 20 世纪 80 年代才开始运用到我国电力机车上。近年来,随着科学技术的进步,真空断路器在电力机车上的应用越来越多。

本节以 HXD1C 型电力机车用 BVAC. N99D 型真空断路器为例,介绍 L 形真空断路器的结构原理,其外形如图 2-2-1 所示。

图 2-2-1　BVAC. N99D 型真空断路器外形

BVAC. N99D 型真空断路器是利用压缩空气进行分、合闸操作,并利用真空进行灭弧的高压断路器,具有如下特点:

(1)触头开距小,10kV 真空断路器的触头开距只有 10mm 左右,因此传动机构做功小,机械部件行程小,机械寿命长。

(2)燃弧时间短,且与开关电流大小无关,一般只有半周波。

(3)熄弧后触头间隙介质强度恢复速度快。

(4)分断电流时电腐蚀量较小,所以触头的电气寿命长,满容量开断达 30 ~ 50 次,额定电流开断达 5000 次以上,噪声小,适合频繁操作。

(5)体积小、质量小。

(6)适用于开断容性负荷电流,开断感性负荷电流易出现截流现象。

一、结构解析

BVAC. N99D 型真空断路器结构分为高压部分、中间绝缘部分和控制部分,如图 2-2-2 所示。

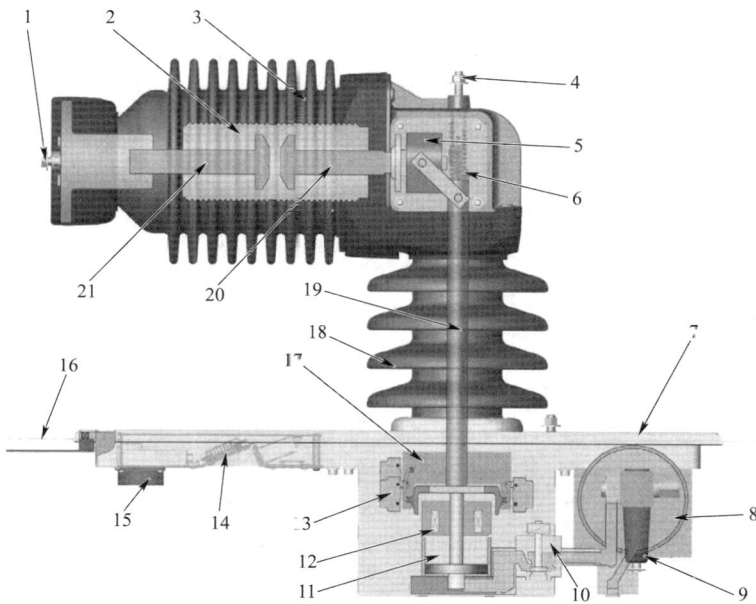

图 2-2-2　BVAC.N99D 型真空断路器

1-高压输入端;2-真空包;3-水平绝缘子;4-高压输出端;5-触头弹簧机构;6-弹簧导向机构;7-底板;8-储风缸;9-调压阀;10-电磁阀;11-传动风缸;12-保持线圈;13-辅助触头;14-控制单元;15-连接器;16-车顶盖;17-快速脱扣机构;18-垂直绝缘子;19-绝缘操纵杆;20-主动触头;21-主静触头

1. 高压部分

高压部分结构包括水平绝缘子、真空开关管(**说明:**有的资料叫真空包)和传动轴头等,如图 2-2-3 所示。

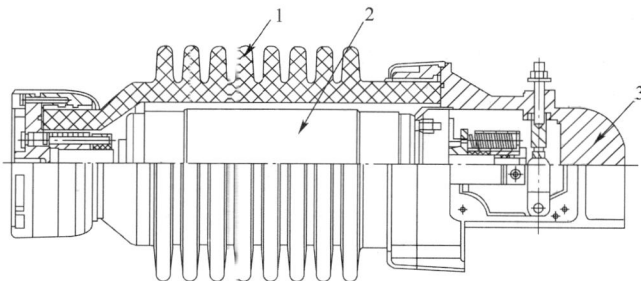

图 2-2-3　高压部分

1-水平绝缘子;2-真空开关管;3-传动轴头

(1)真空开关管。

真空开关管由气密绝缘系统(外壳)、导电系统和屏蔽系统三大系统组成。真空开关管包括绝缘外壳,主屏蔽罩,波纹管和动、静触头等零部件,其结构如图 2-2-4 所示。

①气密绝缘系统(外壳)。

气密绝缘系统由陶瓷、玻璃或微晶玻璃制成的气密绝缘筒、动端盖板、定端盖板、不锈钢波纹管组成,是一个真空密闭容器。为了保证气密性,除了封接时要有严格的操作工艺之外,还要求材料本身透气性要小,内部放气量要小。

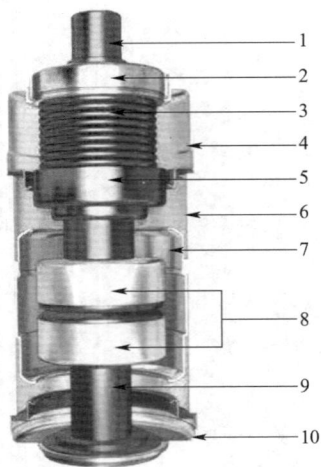

图 2-2-4　真空开关管的结构
1-动导电杆；2-导向套；3-波纹管；
4-动盖板；5-波纹管屏蔽罩；6-瓷
壳；7-屏蔽筒；8-触头系统；9-静导
电杆；10-静盖板

②导电系统。

导电系统由动导电杆、定跑弧面、定触头、动触头、动跑弧面、动导电杆组成。触头结构大致有圆柱形触头、带有螺旋槽跑弧面的横向磁场触头、纵向磁场触头三种。目前较多采用的是纵磁场技术，此种灭弧室具有强而稳定的电弧开断能力。

动触头位于灭弧室一端，在与其连接的动导电杆周围和外壳之间装有导向管，以保证动触头在移动方向准确地运动。一般在导电杆下方位于灭弧室外部的表面有个圆点状标记，可以从它到灭弧室下端相对位置的变化情况观察到触头磨损的程度。

真空开关管内为不低于 10^{-4}Pa 的高真空状态。静触头和动触头以及与其相连的动导电杆在闭合位置时构成导电回路，而在触头分离时形成断路，断口处将产生真空电弧。该电弧为交流电弧(接触网提供的是单相交流电)，利用交流电弧过零点，及真空状态下的高绝缘强度和电弧扩散能力形成的去游离作用进行灭弧。

③屏蔽系统。

屏蔽罩是真空开关管中不可缺少的元件，有围绕触头的主屏蔽罩、波纹管屏蔽罩和均压用屏蔽罩等多种形式。

主屏蔽罩的作用包括：防止燃弧过程中电弧生成物喷溅到绝缘外壳的内壁，从而降低外壳的绝缘强度；改善灭弧室内部电场分布的均匀性，有利于降低局部场强，促进真空开关管小型化；冷凝电弧生成物，吸收一部分电弧能量，有助于弧后间隙介质强度的恢复。

波纹管是指动触头与大气侧的动导电杆相连接的部分。波纹管的一端与穿过它的动导电杆相焊接，另一端则与金属端盖的中孔相焊接。触头的最大开距由波纹管允许的伸缩量决定，波纹管能在动触头往复运动时保证真空开关管外壳的完全密封。从机械角度来看，波纹管是真空开关管中最薄弱的元件，动、静触头每分合一次，波纹管的波纹状薄壁就要产生一次大的机械变形。长期频繁和剧烈的变形容易使波纹管材料因疲劳而损坏，导致灭弧室漏气而无法使用。因此真空开关管的机械寿命主要取决于波纹管。

(2)传动轴头。

传动轴头内有弹簧导向机构，可把电空机械装置产生的垂向的机械动力变为水平方向的动作用力，传递给动触头，驱动动触头向静触头运动。

2. 中间绝缘部分

中间绝缘部分包括垂直绝缘子、底板以及安装于车顶与断路器底板之间的 O 形密封圈。

垂直绝缘子安装在底板上，用以提供 30kV 的绝缘要求，同时绝缘操纵杆通过垂直绝缘子的轴向中心孔，连接电空机械装置和真空开关管的动触头；底板安装于车顶；O 形密封圈用于保证断路器与车顶之间的密封。

3. 控制部分

目前，机车车辆使用的主断路器的传动方式以电空传动为主，即由电路控制气路，最终由压缩空气驱动主触头闭合。因此,其控制部分应由电路控制、气路控制及机械传动等功能的零部件组成。

BVAC.N99D 型真空断路器控制部分包括调压阀、储风缸、压力开关、电磁阀、传动风缸、保持线圈、快速脱扣机构、控制单元等操纵控制部件。

压缩空气由气源输出,到传动风缸,所经路径如下:气源→调压阀→储风缸→电磁阀→传动风缸。下面按气流路径依次介绍所经过的部件。

调压阀:安装在主断路器进气口与储风缸之间,可对气压值进行控制调节,以保证进入储风缸内的气压值满足主断路器的需求。调压阀上安装有空气过滤阀,以保证进入储风缸气体的清洁与干燥。

储风缸:作为主断路器的气源,要求其能够在机车对主断路器不供气的情况下,其储存的压缩空气至少能使主断路器完成一次分/合闸动作。

压力开关:安装于储风缸上(路径上未显示出来),调压阀相对一侧,其与储风缸内气体相通,用以监控主断路器储风缸的气压值,当储风缸内气压低于压力开关整定值时,压力开关触头会自动断开,将压力不足的信息反馈给控制单元,以控制主断路器不进行分/合闸动作,以免由于气压不够,导致动作不到位,进而造成严重事故。

电磁阀:控制由储风缸通往传动风缸气路的通断。

传动风缸:把空气压力转化为机械作用力。

保持线圈:安装于传动风缸上部,通过对风缸活塞的吸合,实现对主断路器合闸状态的保持。

快速脱扣机构:当电路发生短路等故障时进行快速脱扣,保证主断路器快速地分断。

控制单元:安装在真空断路器底板下部,斜面板背部,对主断路器的动作进行整体控制。

二、原理分析

1.合闸前的准备

BVAC.N99D 型真空断路器分合闸原理示意图如图 2-2-5 所示。

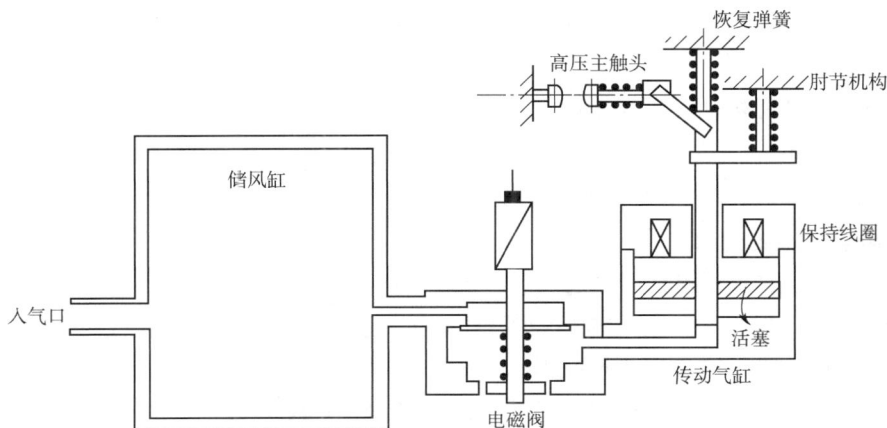

图 2-2-5 BVAC.N99D 型真空断路器分合闸原理示意图

BVAC.N99D 型真空断路器合闸前必须满足如下两个条件：

（1）主断路器当前处于断开状态。

（2）储风缸的气压值满足主断路器动作的最低压力值要求。

2. 合闸原理

主断路器开关扳至"合"位，发出"合主断"指令。当主断路器合闸条件均满足的情况下，电磁阀线圈电路接通，电磁阀线圈得电，电磁阀阀口打开，将电路的通断信号转换为气路的通断，压缩空气经调压阀等阀件的控制调节后，输送给传动风缸，传动风缸将其转换为机械作用力，通过绝缘操纵杆等传动部件传递到动触头，从而驱动主动触头、主静触头闭合，辅助触头随之动作。BVAC.N99D 型真空断路器合闸原理示意图如图 2-2-6 所示。

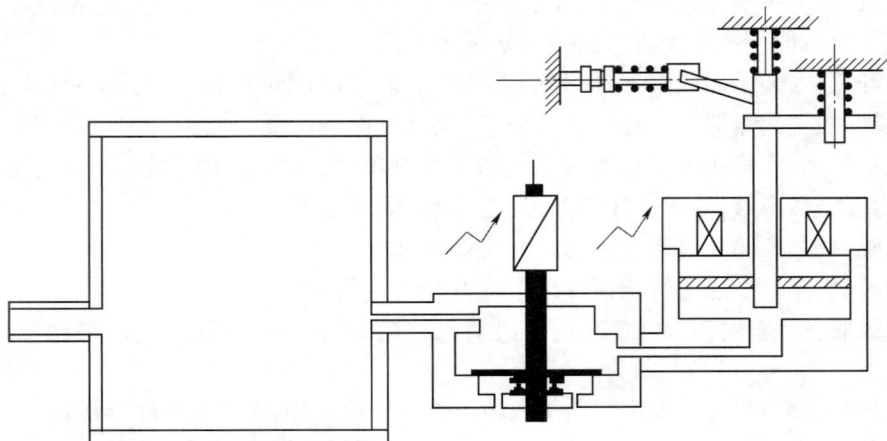

图 2-2-6　BVAC.N99D 型真空断路器合闸原理示意图

BVAC.N99D 型真空断路器合闸具体动作过程如下：

（1）将主断路器开关扳到"合"位。

（2）电磁阀得电，气路打开。

（3）压缩空气由储风缸通过电磁阀进入传动风缸，推动活塞向上运动。

（4）向上的动作用力通过绝缘操纵杆、弹簧导向机构等部件转换为水平动作力，并传递给动触头。

（5）动触头随着传动风缸活塞的移动而运动。

（6）主触头闭合。

（7）与此同时，恢复弹簧被压缩，触头压力弹簧被压缩。

3. 保持合闸状态原理

主动触头、主静触头闭合后，保持线圈得电，靠保持线圈的电磁吸力吸引传动风缸活塞停留在合闸位置，保持触头的合闸状态。电磁阀线圈失电，传动风缸气体排出。BVAC.N99D 型真空断路器保持合闸状态原理示意图如图 2-2-7 所示。

BVAC.N99D 型真空断路器保持合闸状态具体动作过程如下：

（1）传动风缸活塞到达行程末端。

（2）保持线圈得电，使活塞停留在保持位。

（3）电磁阀失电。

（4）传动风缸内的压缩空气被排出。

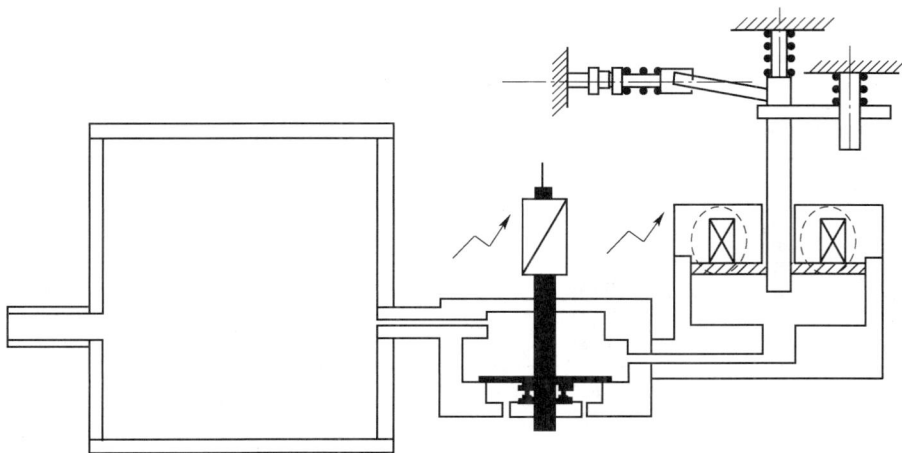

图 2-2-7　BVAC.N99D 型真空断路器保持合闸状态原理示意图

4.分闸原理

主断路器键开关扳至"分"位,控制电路控制保持线圈失电,传动风缸活塞失去电磁吸力,在恢复弹簧、快速脱扣机构等提供的反力作用下向下移动,带动动触头后移,与静触头分离。真空室进行灭弧。BVAC.N99D 型真空断路器分闸原理示意图如图 2-2-8 所示。

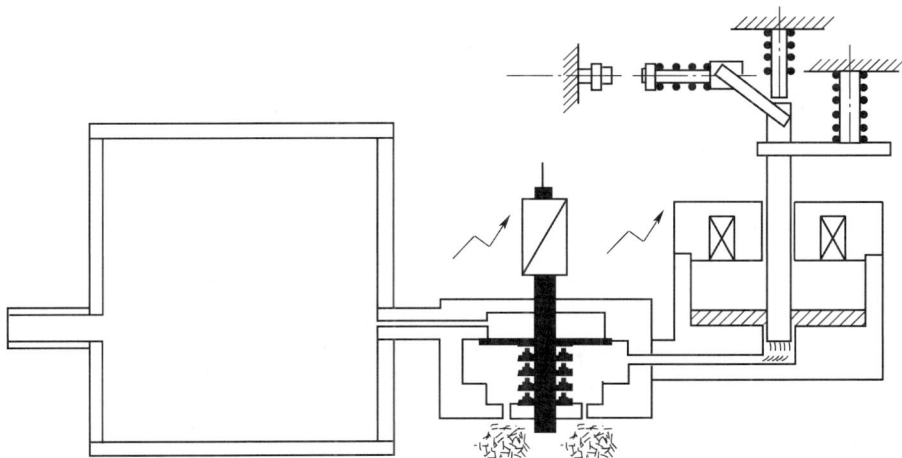

图 2-2-8　BVAC.N99D 型真空断路器分闸原理示意图

BVAC.N99D 型真空断路器分闸具体动作过程如下:

（1）保持电磁阀线圈失电。

（2）活塞在恢复弹簧、快速脱扣机构等提供的反力作用下向下移动。

（3）主触头打开,真空开关管灭弧。

（4）行程结束,传动风缸残留的少量压缩空气使活塞后半程的运动得到缓冲,减小对底板的冲击力。

三、特性解析

BVAC.N99D 型真空断路器主要技术参数见表 2-2-1。

BVAC.N99D 型真空断路器主要技术参数

表 2-2-1

主要技术参数	参考值	主要技术参数	参考值
标称电压(kV)	25	标称控制电压(V)	DC 110
额定电压(kV)	30	标称闭合功率(W)	200
额定频率(Hz)	50 ~ 60	标称保持功率(W)	50
额定工作电流(A)	1000	额定工作气压(kPa)	450 ~ 1000
额定短路接通电流(kA)	40	每次合闸的耗气量(L)	2.5
额定短路开断电流(kA)	40	绝缘子爬电距离(mm)	≥1067
开断容量(MV·A)	600	垂直绝缘子(mm)	≥1020
额定短时耐受电流(kA/1s)	25	水平绝缘子(mm)	≥1067
机械寿命(万次)	25	绝缘间隙(mm)	≥310
固有分闸时间(ms)	20 ~ 60	质量(kg)	148
合闸时间(ms)	≤60		

四、要点凝练

1. 结构要点

BVAC.N99D 型真空断路器是 BVAC.N99 系列真空断路器的代表。BVAC.N99 系列真空断路器的特征是高压部分的水平绝缘子和垂直绝缘子构成 L 形。主触头密封在真空开关管内,真空开关管位于水平绝缘子内,绝缘操纵杆贯穿垂直绝缘子空腔,连接传动风缸活塞和动触头,负责传递作用力。弹簧导向机构负责把垂直方向的作用力转换为水平方向的作用力。

2. 原理要点

BVAC.N99D 型真空断路器的工作状态有合闸、保持和分闸三个状态。它比空气断路器多了一个保持状态。保持状态的实现方式有两种:一种是电保持型,另一种是磁保持型。电保持型的真空断路器在传动风缸上部有保持线圈,合闸后保持电磁阀线圈得电,靠电磁吸力把活塞吸引在保持位,保持触头闭合状态。磁保持型是在传动风缸上部有一块永久性磁铁,靠磁铁的吸力保持触头的闭合状态。

2-3 直立式真空断路器的代表——22CBDP1 型真空断路器

22CBDP1 型真空主断路器与 BVAC.N99D 型真空断路器不同,该断路器的真空灭弧室也安装在垂直绝缘子内,与中间支撑绝缘子呈一条直线,因此被称为直立式真空断路器。其结构特点为单断口直立式,直动式气缸传动,电空控制。

22CBDP1 型真空主断路器主要用于 HXD3C 型电力机车上,其外形如图 2-3-1 所示。

图 2-3-1 22CBDP1 型真空主断路器外形

一、结构解析

22CBDP1 型真空断路器结构图如图 2-3-2 所示。

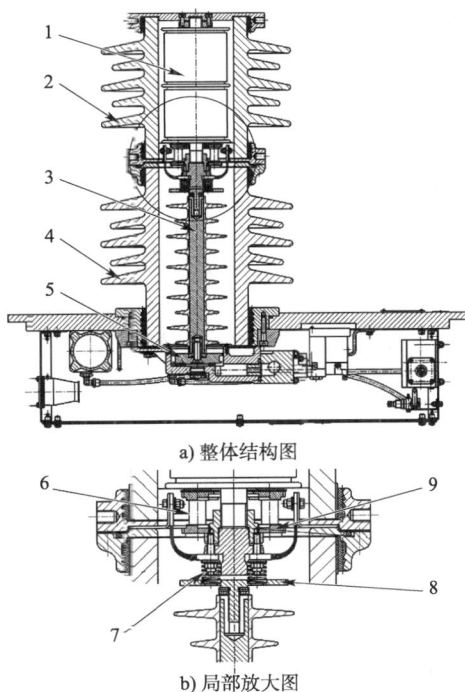

a) 整体结构图

b) 局部放大图

图 2-3-2

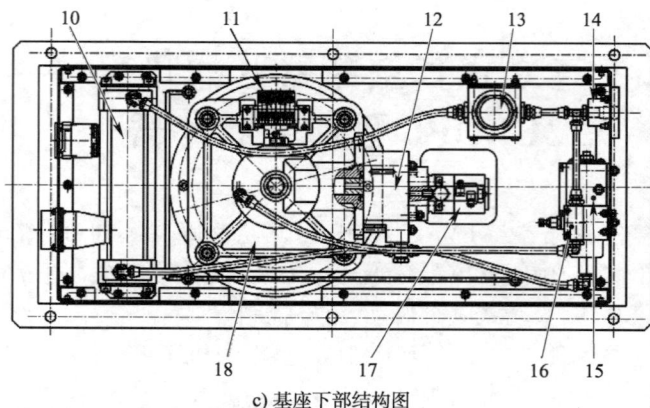

c) 基座下部结构图

图 2-3-2　22CBDP1 型真空断路器结构图

1-真空开关管;2-上绝缘子;3-传动杆;4-下绝缘子;5-活塞;6-传动盘;7-恢复弹簧;8-弹簧座;9-主弹簧;10-储风缸;11-辅助触头;12-转换阀;13-调压阀;14-进气接头;15-压力开关;16-节流阀;17-电磁阀;18-传动风缸

两个陶瓷绝缘子垂直安装,通过铸铝基座安装在固定框架上。

由主触头和外壳装置组成的真空开关管与上绝缘子用硅橡胶浇铸成一体。上、下铜-铬法兰铸件浇铸在上绝缘子上,用作主触头对外接线端子,且作为接地开关(35KSDP1)接地触头的支撑。上接线端子用于 25kV 高压电的输入连接,下接线端子通过高压电缆与主变压器原边的高压接线端子 A 端相连接。

真空开关管的操作装置通过传动杆与活塞连接。

真空开关管动触头与压紧环连接,电流通过软连线从动触头连接到下接线端子。

真空断路器的控制和监测设备(如控制阀、压力开关、辅助触头等)安装在基座中。

二、原理分析

22CBDP1 型真空断路器工作原理图如图 2-3-3 所示。干燥的压缩空气进入主断路器后分为两路:一路通过调压阀进入储风缸;另一路经过节流阀进入下绝缘子内腔中,起到吹扫作用,保证下绝缘子内腔的干燥及清洁,确保主断路器安全工作。因此,真空断路器正常工作时,真空在断路器基座中,始终会听到压缩空气排出的声音,这属于正常现象。

1. 合闸原理

压缩空气经过调压阀后,将气压调节到 483～497kPa。主断路器开关扳至"合"位时,电磁阀线圈得电,阀口打开,储风缸中的压缩空气分为两路:一路经电磁阀进入转换阀的空腔,打开转换阀;另一路通过转换阀送入传动风缸,驱动活塞、传动杆和动触头上移,使主动触头、主静触头闭合。

2. 分闸原理

主断路器开关扳至"分"位时,电磁阀线圈失电,电磁阀和转换阀均在弹簧的作用下复位,将传动风缸内的压缩空气释放掉,传动杆和动触头在恢复装置弹力作用下,向下移动,在小于 40ms 的时间内将主触头分断。

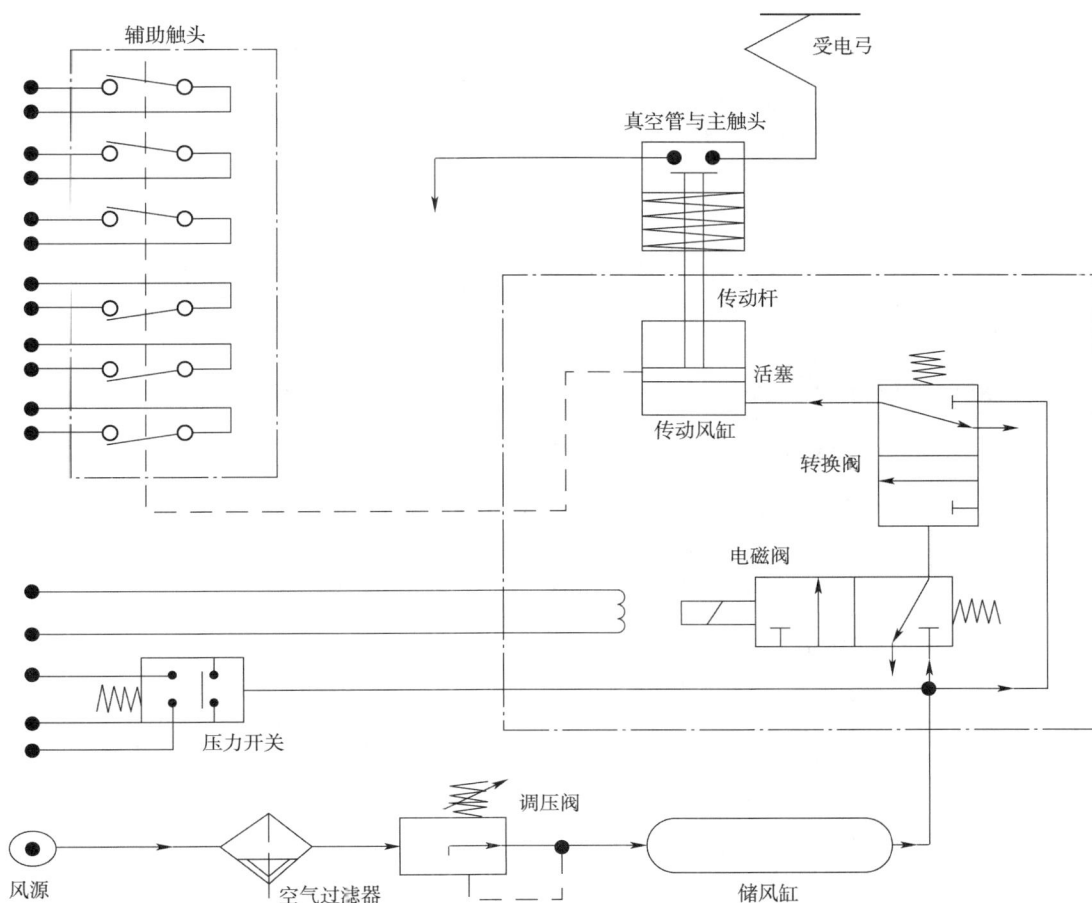

图 2-3-3 22CBDP1 型真空断路器工作原理图

压力开关触头的开闭是电磁阀线圈控制电路中的一个条件,当压缩空气压力下降,到 345~358kPa 时,压力开关触头断开,电磁阀线圈失电,主断路器自动分断。要想重新闭合主断路器,压缩空气压力必须上升到 390~420kPa。

说明:22CBDP1 型真空断路器与 BVAC.N99 系列真空断路器不同,其主触头闭合状态的保持不是靠保持电磁阀线圈得电,而是要一直给传动风缸提供足够压力的压缩空气,保证对活塞向上的推力,这就意味着电磁阀线圈要一直处于得电状态,要一直给传动风缸供气。

当传动风缸的活塞移动驱动主触头闭合或断开时,与辅助触头配合的凸轮板也随之运动,使辅助触头随之动作。

主断路器合闸前主触头须处于断开状态,如图 2-3-4 所示。

22CBDP1 型真空断路器具体合闸过程如下:

(1)将主断路器开关扳至"合"位,在主断路器合闸条件均满足的情况下,电磁阀线圈得电,电磁阀阀口打开,储风缸中的压缩空气一路经电磁阀进入转换阀控制腔,打开转换阀,另一路通过转换阀送入传动风缸(图 2-3-5)。

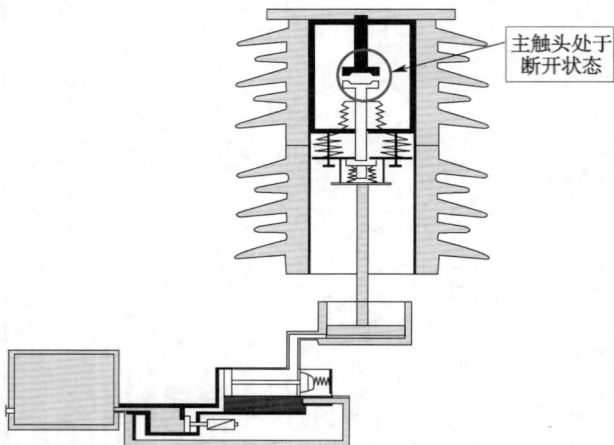

图 2-3-4　主触头处于断开状态

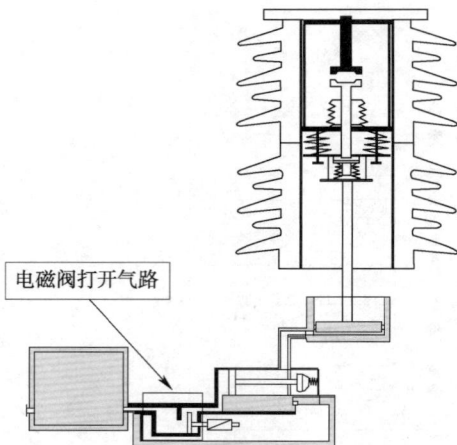

图 2-3-5　电磁阀打开储风缸到转换阀之间的气路

（2）进入传动风缸的压缩空气驱动活塞、传动杆和动触头上移,压缩主弹簧,闭合主触头（图 2-3-6）。

（3）主触头下面的恢复弹簧被压缩（图 2-3-7）。

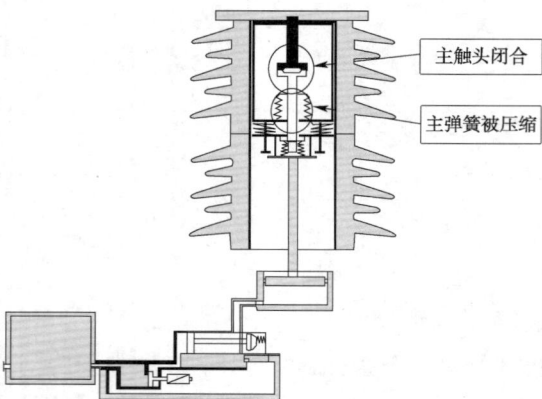

图 2-3-6　活塞带动传动杆、动触头上移,主触头闭合

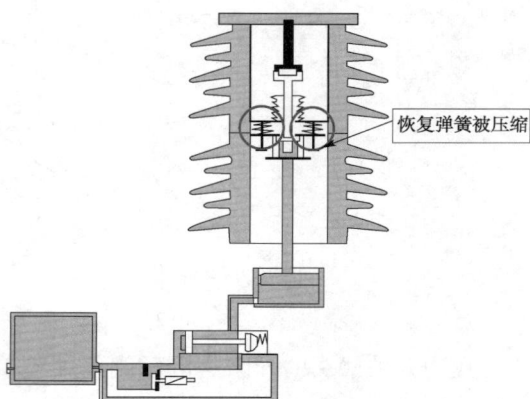

图 2-3-7　恢复弹簧被压缩

22CBDP1 型真空断路器具体分闸过程如下：

（1）主断路器处于合闸状态。

（2）将主断路器开关扳至"分"位,电磁阀线圈失电,电磁阀关闭供气通道,打开排气通道,如图 2-3-8 所示。

（3）电磁阀和转换阀均在弹簧的作用下复位,将风缸内的压缩空气释放掉（图 2-3-9）。

（4）传动杆和动触头在恢复装置弹力作用下向下移动,分断主触头（图 2-3-10）。

三、特性解析

22CBDP1 型真空断路器主要技术参数见表 2-3-1。

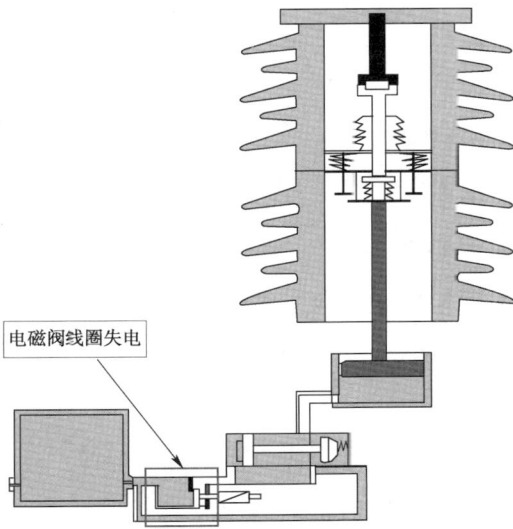

图 2-3-8 电磁阀线圈矢电

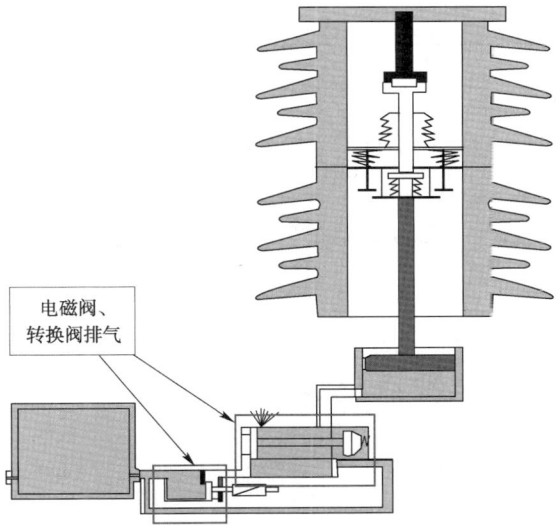

图 2-3-9 电磁阀、转换阀排气

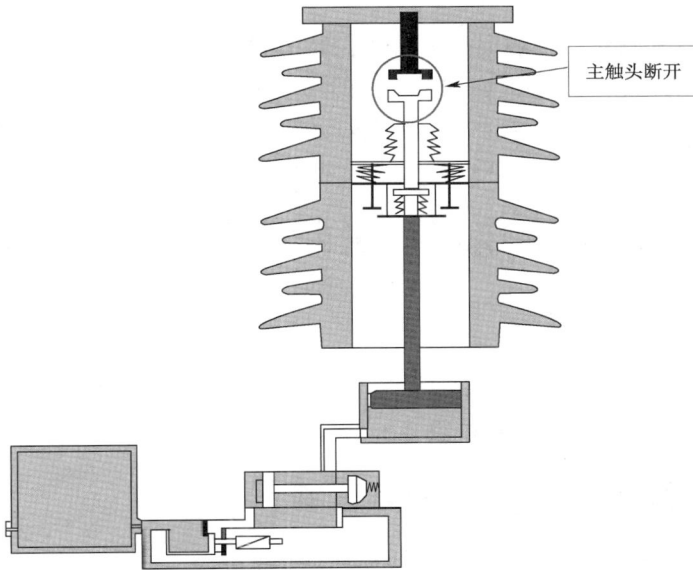

图 2-3-10 主触头断开

22CBDP1 型真空断路器主要技术参数   表 2-3-1

主要技术参数	参数值	主要技术参数	参数值
标称电压(kV)	25	工作环境温度(℃)	−40 ~ +70
额定电压(kV)	30	开断容量(MV·A)	500
最大工作电压(kV)	31.5	额定短时耐受电流(kA/1s)	25
额定频率(Hz)	50	标称控制电压(V)	DC 110
额定工作电流(A)	100C	标称闭合功率(W)	18
额定工频耐受(kV,min)	75.1	标称保持功率(W)	14

续上表

主要技术参数	参数值	主要技术参数	参数值
额定冲击耐受电压 $(U_{1.2/50\mu s})$ (kV)	170	额定工作气压(kPa)	450~1000
额定短路接通电流(kA)	40(峰值)	固有分闸时间(ms)	≤40
额定短路开断电流(kA)	20(有效值)	合闸时间(ms)	≤100
质量(kg)	115	机械寿命(万次)	20

四、要点凝练

1. 特点总结

22CBDP1 型真空断路器是一种直立式真空断路器,其结构特点为单断口直立式、直动式气缸传动、电空控制。

2. 性能总结

22CBDP1 型真空断路器主触头闭合后的保持方式与 BVAC. N99D 型真空断路器不同,它没有保持线圈,所以这款主断路器需要一直给传动风缸提供足够压力的压缩空气,保证对活塞向上的推力,这就意味着电磁阀要一直处于得电状态,要一直给传动风缸供气。

2-4 整备员工作页 主断路器整备检查作业

一、工序卡

主断路器整备检查作业工序卡见附录2。

二、主断路器整备检查记录单

温馨提示

考虑到各院校实训设备的差异,所用主断路器型号不尽相同,所以本记录单做成了通用型,对于主断路器型号及检查标准里的具体参数以空白形式留出来,大家可根据具体情况进行填写。22CBDP1 型主断路器整备检查标准可参见本部分后面附的答案。

_____型主断路器整备检查记录单(本地趟检)

车型		车号		主断路器型号		检查时间	
序号	部位	检查内容及标准				主要工具	检查情况
一、清洁	绝缘子、各表面	(1)绝缘子清洁。(2)各部分表面清洁				抹布、清洁剂	

续上表

序号	部位	检查内容及标准	主要工具	检查情况
二、检查	管路系统与气动元件检查	（1）传动风缸活塞往复运动时应无阻滞现象。 （2）检查空气过滤器、储风缸、空气管路及密封件，气路应畅通，阀及阀口密封性能良好。若发现漏气，则应及时更换。 （3）储风缸管等气管属于易损件，损坏后不能连接、密封，应及时更换。 （4）储风缸排水。 （5）过滤器排水。 ①在储风缸供有高压气本的情况下，按压过滤器底部的针阀（针阀位置如图2-4-1所示）充分排放积水。  图2-4-1　22CBDP1型真空断路器过滤器针阀位置及底板开孔示意图 1-底板孔；2-针阀 ②当气流停止后，将针阀复位，检查是否漏气	手电筒、开口扳手	
	电气部件及紧固件检查	（1）电路检查： ①检查电缆绝缘层有无破损或老化，如有应更换电缆。 ②检查接线端子是否松动，如有松动应重新拧紧。 ③检查电气连接插座及辅助联锁触头。 a.电气连接插座表面清洁，不应有裂损、变形。 b.联锁触头接触良好，通断正确。 （2）紧固件检查： 检查安装螺栓防松标记有无错位现象，如有错位须拆开检查，确认无异常后重新按规定力矩安装。各安装扭矩如下： ①高压接头：67N·m。 ②接地接头 50N·m； ③断路器固定螺栓：67N·m	手电筒	
	接地夹外观检查	（1）检查接地夹应无损坏、变形，与接地开关配合良好。如果确实有损坏，应更换，更换后需闭合接地开关，进行配合度调整。 （2）检查接地夹有无结瘤出现： ①如果结瘤小于_____ mm，用锉刀修平并进行润滑。 ②如果结瘤超过_____ mm，应更换并润滑	手电筒、游标卡尺	

序号	部位	检查内容及标准	主要工具	检查情况
三、测量	接地夹、节流阀、压力开关、主触头等	（1）接地夹工作表面结瘤不大于_____ mm，接地夹触头厚度不小于_____ mm。 （2）通过气压表查看如下压力值是否符合要求： ①节流阀输出压力在_____范围内。 ②调压阀调节压力在_____范围内。 （3）通过试验台测试压力开关的微动开关是否满足：在_____范围内断开，在_____范围内闭合。 （4）电磁阀动作良好，不许有泄漏；电磁阀线圈电阻值_____。 （5）主触头磨损量不大于_____。 （6）缓冲垫组成损坏或厚度小于_____则应更换	游标卡尺、万用表、主断路器试验台	
四、试验	动作性能、真空度、绝缘性能、耐压等试验	（1）真空度测试。 用真空度测试仪测试真空管的真空度，应优于_____，或者在真空管两个高压连接端进行_____的工频耐压试验，不许有击穿、闪络，表明表面真空管真空度满足要求。 （2）动作性能测试。 在电压，分别为_____与_____，空气压力分别为_____与_____条件下，主断路器均能正常可靠地分、合闸。 （3）分合闸时间测试。 在额定控制电压、额定工作气压下，真空主断路器分闸时间不大于_____；合闸时间不大于_____。 （4）主触头电阻测试。 用微电阻测试仪测量主触头接触电阻，应不大于_____。 （5）绝缘性能测试。 用_____兆欧表测量低压电路对地绝缘电阻，应大于_____。用_____兆欧表测量高压电路对地绝缘电阻，应大于_____。用_____兆欧表测量两主触头之间绝缘电阻，应大于_____。 （6）耐压试验。 主电路对地进行_____的工频耐压试验，不许有击穿、闪络。 控制电路对地进行_____的工频耐压试验，不许有击穿、闪络	真空度测试仪、微电阻测试仪、1000V兆欧表、2500V兆欧表、耐压试验设备、主断路器试验台	
检查人			审核	

三、整备检查记录单填写样例

1. 参考样例

下面以22CBDP2型真空断路器为例，给出上表各空白处的参考数据，操作方法参见附录2真空断路器检修工序卡。

（1）接地夹外观检测。

检查接地夹有无结瘤出现：

①如果结瘤小于　1　mm,用锉刀修平并进行润滑。

②如果结瘤超过　1　mm,应更换并润滑。

（2）测量。

①接地夹工作表面结瘤不大于　1　mm,接地夹触头厚度不小于　9.0　mm。

②通过气压表查看如下压力值是否符合要求:节流阀输出压力在　70～80　kPa 范围内;调压阀调节压力在　483～497　kPa 范围内。

③通过试验台测试压力开关的微动开关是否满足:在　345～358　kPa 范围内断开,在　390～420　kPa 范围内闭合。

④电磁阀动作良好,不许有泄漏:电磁阀线圈电阻值　1000Ω±8%　。

⑤主触头磨损量不大于　2.5　mm。

⑥缓冲垫组成损坏或厚度小于　4　mm 则应更换。

（3）试验。

①真空度测试

用真空度测试仪测试真空管的真空度,应优于　0.066　Pa;或者在真空管两个高压连接端进行　40　kV、10　s 的工频耐压试验,不许有击穿、闪络。

②动作性能测试

在电压分别为 DC　77　V 与 DC　137.5　V,空气压力分别为　450　kPa 与　1000　kPa 条件下,主断路器均能正常可靠地分闸、合闸。

③分合闸时间测试

在额定控制电压、额定工作气压下,真空主断路器分闸时间不大于　40　ms;合闸时间不大于　100　ms。

④主触头电阻测试

用微电阻测试仪测量主触头接触电阻,应不大于　200　μΩ。

⑤绝缘性能测试

用　1000　V 兆欧表测量低压电路对地绝缘电阻,应大于　10　MΩ。用　2500　V 兆欧表测量高压电路对地绝缘电阻,应大于　500　MΩ。用　1000　V 兆欧表测量两主触头之间绝缘电阻,应大于　200　MΩ。

⑥耐压试验

主电路对地进行　56　kV、1　min 的工频耐压试验,不许有击穿、闪络。控制电路对地进行　1.5　kV、1　min 的工频耐压试验,不许有击穿、闪络。

2.工具材料清单

（1）工具设备

真空断路器检修需要的工具设备清单见表 2-4-1。

真空断路器检修工具设备清单　　　　　　　　　　　　表 2-4-1

序号	名称	单位	数量	序号	名称	单位	数量
1	微电阻测试仪	台	1	3	万用表	个	1
2	真空度测试仪	台	1	4	游标卡尺	把	1

续上表

序号	名称	单位	数量	序号	名称	单位	数量
5	1000V 兆欧表	个	1	11	安全带	条	2
6	2500V 兆欧表	个	1	12	登顶门禁卡	张	2
7	一字螺丝刀	套	1	13	三层平台门钥匙	把	1
8	扭力扳手	套	1	14	四角钥匙	把	2
9	真空断路器工作架	台	1	15	对讲机	个	2
10	天车	台	1				

（2）材料

真空断路器检修需要的材料清单见表2-4-2。

真空断路器检修物料清单　　　　　表2-4-2

序号	物料名称	单位	数量	序号	物料名称	单位	数量
1	绝缘子清洗剂	瓶	1	3	记号笔	个	1
2	无纺布	捆	若干	4	安全锁扣	个	3

3. 安全注意事项

（1）穿戴安全防护用品，佩戴安全帽。

（2）确认接触网断电，挂设接地杆，车辆已施加停放制动，车辆必须处于静止、停稳且其电源断开的状态。

（3）做好防溜措施，确保车辆不会溜车。

（4）登顶作业时必须系好安全带。

（5）冬季需进行空气管路排水，防止冷凝水结冰，导致气动元件运行故障。

（6）作业前，由作业组长确认车辆停车对标位置，确认无误后通知本小组成员开始作业。

2-5 检修员工作页　主断路器检修

本节以 HXD3C 型电力机车用 22CBDP1 型真空断路器为例，介绍主断路器的检修作业内容，包括检修周期、作业流程及具体的作业内容。各院校可根据自己的实训条件，有选择性地进行教学实施。

各型号主断路器检修流程基本相同，但因结构不同，会导致具体某个步骤的检修操作和参数有所不同，感兴趣的同学可自主进行对比学习。

一、引用标准及适用范围

（1）引用标准：《HXD3C 型电力机车检修技术规程（C1-C4 修）》《HXD3C 型电力机车机车说明》。

（2）本准则规定了 HXD3C 型电力机车主断路器的检查工艺流程、技术要求及质量标准。

（3）本工艺适用于 HXD3C 型电力机车 22CBDP1 真空断路器 C4 修修程。

二、检修计划

主断路器各检修等级检修项目见表 2-5-1。表 2-5-1 规定的走行公里数或间隔期内（以先到为准），应实施相应的检修工作。

主断路器各检修等级检修项目　　　　　　　　　　表 2-5-1

修程		日常检查	C1 修	C2 修	C3 修	C4 修
里程要求		—	7×(1± 10%) 万 km	13×(1± 10%) 万 km	25×(1± 10%) 万 km	50×(1± 10%) 万 km
时间要求		不超过 1 个月	不超过 3 个月	不超过 6 个月	不超过 1 年	不超过 3 年
1. 清洁	（1）绝缘子清洁	√	√	√	√	√
	（2）各部分表面清洁	√	√	√	√	√
	（3）空气过滤器清洁	√	√	√	√	√
2. 检查	（1）管路系统与气动元件检查	√	√	√	√	√
	（2）电气部件及紧固件检查	√	√	√	√	√
	（3）接地夹外观检查	√	√	√	√	√
	（4）检查绝缘子与法兰之间有无松动，表面有无裂片或裂纹			√	√	√
	（5）空气回路气密性检查				√	√
	（6）电气回路检查				√	√
3. 测量	（1）接地夹尺寸测量					√
	（2）节流阀检查及调整					√
	（3）调压阀检查及调整					√
	（4）压力开关检查及调整					√
	（5）电磁阀检查					√
	（6）主触头磨损量检查					√
	（7）缓冲垫组成检查					√
4. 试验	（1）真空包真空度测试				√	√
	（2）动作性能测试	√			√	√
	（3）分合闸时间测试				√	√
	（4）主触头接触电阻测量				√	√
	（5）绝缘性能试验				√	√
	（6）耐压试验				√	√

三、工具材料

1. 工具设备

真空断路器需要的检修工具和设备见表 2-5-2。

真空断路器检修工具设备清单   表 2-5-2

序号	名称	单位	数量	序号	名称	单位	数量
1	微电阻测试仪	台	1	10	真空断路器工作架	台	1
2	真空度测试仪	台	1	11	天车	台	1
3	万用表	个	1	12	安全带	条	2
4	游标卡尺	把	1	13	登顶门禁卡	张	2
5	1000V 兆欧表	个	1	14	三层平台门钥匙	把	1
6	2500V 兆欧表	个	1	15	四角钥匙	把	1
7	螺丝刀	套	1	16	对讲机	个	2
8	两用扳手	套	1	17	手电筒	个	1
9	扭力扳手	套	1				

2. 材料

真空断路器检修所需要的材料清单见表 2-5-3。

真空断路器检修所需要的物料清单   表 2-5-3

序号	物料名称	单位	数量	备注
1	绝缘子清洗剂	瓶	1	
2	无纺布	捆	若干	
3	记号笔	个	1	中柏 SO110
4	安全锁扣	个	3	

四、工前准备

真空断路器检修前应做好如下准备工作：

（1）按规定穿戴防护用品，戴安全帽、手套、穿绝缘鞋。

（2）到工具室，领取配送完毕的主断路器检查作业所需要的工具、材料，并对其数量及状态进行确认，再将工具、材料配送到作业区域。

（3）确认机车停放制动已施加，受电弓已降弓，接触网已断电，接地杆已挂设，防护号志已设置。

风险注意事项

触电风险：作业前确保受电弓不与高压线相连接，最好申请停车处的接解网断电。

溜车风险：作业前确认机车已施加停放制动。

（4）确认工前准备完毕，并报告工长，经同意后方可按派工单进行作业。登顶前到隔离开关安全带储存柜中取出状态良好的安全带，领取登顶门禁卡和三层平台门钥匙，并正确系安全带。配合隔离开关工作人员进行指纹识别工作，登记登顶门禁卡。再用钥匙打开三层平台门锁，进入三层平台。按下平台渡板放下按钮，释放作业车辆对应的渡板，确保渡板状态良好，安全指示灯亮起。

（5）确认安全指示灯亮起后解开护栏锁链。进入作业区后，将安全带锁扣扣好，确保牢固可靠。

（6）跌落风险：作业时要注意脚下，确认渡板正确放落，系好安全带。

五、C4 级检修作业

主断路器 C4 级检修主要工艺流程：清洁 → 检查 → 测量 → 试验。下面分别进行介绍。

1. 清洁

进行绝缘子清洁，各部表面清洁，具体工艺如下：

（1）用清洗剂或肥皂水清洗绝缘子和各部表面，不能使用带力或蒸气的清洗工具。

（2）禁止使用任何含有氟酸盐、氯酸盐成分或钠硅酸盐产品清洗绝缘子和各部表面。

（3）用干燥的软抹布擦干绝缘子和各部表面。如有必要，先用湿布，最后再用干燥的软抹布。

（4）绝缘子表面涂油脂。

（5）检查绝缘子与法兰之间是否松动，表面有无裂片或裂纹。如果绝缘子与法兰之间出现松动，但无裂片或裂纹，则按规定力矩重新紧固；如果有裂片或裂纹，则应更换。

（6）绝缘子更换标准：

①如有裂纹，应更换。

②出现 $2cm^2$ 以上碎片，应更换。

③划痕超过 5 道，应更换。

④表面缺损：当累计缺损面积大于 $3cm^2$ 时，须通过 45kV 工频耐压试验；当累计缺损面积大于 $30cm^2$ 时，应更换。

2. 检查

（1）管路系统及气动元件检查

所有管路系统及气动元件不许有泄露，气路应畅通，具体要求如下：

①气缸活塞往复运动时不许有阻滞现象。

②检查空气过滤器、储风缸、空气管路及密封件，气路应畅通，阀及阀口密封性能良好。若发现漏气，则应及时予以更换。

③储风缸管等气管属于易损件，损坏后不能连接、密封，应及时更换。

④过滤器排水。

a. 在储风缸供有高压气体的情况下，按压过滤器底部的针阀，充分排放积水。

b. 当气流停止后，将针阀复位，检查是否漏气。

⑤气密性检查。

a. 在冬季之前排空气路,以免积水冻结造成气动元件不动作或误操作,检查主断路器所有管路系统及气动元件,查找可能的泄漏点。

b. 检查前请将节流阀出气口封闭,如发现有空气泄漏,则应更换有缺陷的气管、接头、密封件等元件。

⑥节流阀压力调节。

a. 将压力测试装置与节流阀的出气口连接,检测空气输出压力应为 70～90kPa,如果压力存在偏差,调节压力开关旋钮,使输出压力达到规定压力范围。图 2-5-1 为节流阀实物照片。

图 2-5-1　22CBP1 型真空断路器节流阀

b. 干燥空气经过节流阀进入下绝缘子腔内,使下绝缘子腔内保持清洁干燥,以确保下绝缘子不受污染,以免降低绝缘能力,确保电气安全。

c. 节流阀在机车风缸有压缩空气时始终在工作,外部可听到压缩空气排气的"呲呲"声。

⑦电磁阀检查:

a. 在电磁阀线圈得电状态下检查有无空气泄漏。

b. 在电磁阀线圈失电状态下检查有无空气泄漏。

c. 动作不正确或异常,按表 2-5-4 判断故障原因并修复。

电磁阀故障分析及解决措施表　　　　　　　　　　　　　　　　表 2-5-4

异常	可能原因	措施
电磁阀不动作	过电压保护器烧损	更换过电压保护器
	线圈短路或断路	更换线圈
	上阀芯堵塞	拆解、清洗
	在静止状态空气间隙不够	更换电磁阀并重新调整
电磁阀线圈失电,出气口持续漏气	下阀芯与阀座之间有异物	拆解、清洗
	弹簧损坏或变弱	更换弹簧
	下阀芯损坏	更换阀芯
	下阀芯座损坏	更换阀体

续上表

异常	可能原因	措施
电磁阀线圈得电时，出气口持续漏气	上阀芯与阀座之间有异物	拆解、清洗
	间隙超出要求	重新调整
	上阀芯座损坏	更换阀体
	二阀芯损坏	更换阀芯

（2）电气部件及紧固件检查

①电路检查。

A. 检查电缆绝缘层有无破损或老化，如有，则应更换电缆。

B. 检查接线端子是否松动，如有松动则应重新拧紧。

C. 检查电气连接插座及辅助联锁触头。

a. 电气连接插座表面清洁，应无裂损、变形。

b. 联锁触头接触良好，通断正确。

②紧固件检查。

检查安装螺栓防松标记有无错位现象，如有错位须拆开检查，确认无异常后重新按规定力矩安装。各安装扭矩如下：高压接头为67N·m，接地接头为50N·m，断路器固定螺栓为67N·m。

（3）接地夹外观检查

①检查接地夹，应无损坏、无变形，与接地开关配合良好。若确实有损坏，则应更换，更换后需闭合接地开关，进行配合度调整。

②检查接地夹有无结瘤出现：

a. 如果结瘤小于1mm，用锉刀修平并进行润滑。

b. 如果结瘤超过1mm，更换并润滑。

3. 测量

用相应测量工具，测量以下参数，判断是否在正常值范围内。

（1）接地夹工作表面结瘤不大于1mm。接地夹触头厚度不小于9.0mm。

（2）通过气压表查看如下压力值是否符合要求：节流阀输出压力在70～80kPa范围内；调压阀调节压力在483～497kPa范围内。

（3）通过试验台测试压力开关的微动开关是否满足：在345～358kPa范围内断开，在390～420kPa范围内闭合。

（4）电磁阀动作良好，不允许有泄漏；电磁阀线圈电阻值1000Ω±8%。

（5）主触头磨损量不大于2.5mm。

（6）缓冲垫组成损坏或厚度小于4mm，则应更换。

4. 试验

检修后，须进行如下试验。

（1）真空度测试

用真空度测试仪测试真空管的真空度，应优于0.066Pa；或者在真空管两个高压连接端进行40kV、10s的工频耐压试验，不允许有击穿、闪络，也可以表面真空管真空度满足要求。

（2）动作性能测试

在电压分别为 DC 77V 与 DC 137.5V、空气压力分别在 450kPa 与 1000kPa 条件下,主断路器均能正常可靠地分、合闸。

（3）分合闸时间测试

在额定控制电压、额定工作气压下,真空主断路器分闸时间不大于 40ms;合闸时间不大于 100ms。

（4）主触头电阻测试

用微电阻测试仪测量主触头接触电阻,应不大于 200μΩ。

（5）绝缘性能测试

用 1000V 兆欧表测量低压电路对地绝缘电阻,应大于 10MΩ。用 2500V 兆欧表测量高压电路对地绝缘电阻,应大于 500MΩ。用 1000V 兆欧表测量两主触头之间绝缘电阻,应大于 200MΩ。

（6）耐压试验

主电路对地进行 56kV、1min 的工频耐压试验,不允许有击穿、闪络。控制电路对地进行 1.5kV、1min 的工频耐压试验,不允许有击穿、闪络。

2-6 乘务员工作页 主断路器应急故障处理

本节参照《HXD3C 型电力机车应急故障处理(试行)》进行编写,给出了主断路器常见故障的应急处理方法。这是培养机车车辆乘务员应急故障处理能力的重要专业技能模块。

一、主断路器不闭合时的处理

1. 故障现象

LCDM 显示屏显示主断分,机车状态指示灯"主断分"灯亮,辅机不工作。

2. 原因分析

（1）控制风路风压低。

（2）调速手柄不在"0"位。

（3）主断供风塞门 U94 在"关闭"位。

（4）两端司机室操纵台上的紧急停车按钮 SA103 或 SA104 不在"弹起"状态。

（5）主变流器试验开关 SA75 不在"0"位。

（6）主断路器开关状态不良。

（7）保护装置动作,输出"主断分"信号。

（8）主断控制器故障。

（9）控制电器柜"网侧电压"自动开关 QA1 断开。

（10）受电弓未升弓。

（11）接触网失电。

（12）主断路器本身故障。

（13）主、辅库用开关不处于"正常"位。

（14）自动过分相装置故障。

（15）自动过分相后主断路器合不上。

3. 应急处理方案

（1）若受电弓能升弓，主断路器合不上，确认微机显示屏提示"主断风路风压低"（在主断信息栏内）或控制风路风压低于650kPa时，启动辅助压缩机，提高控制风路风压后再闭合。

（2）检查、确认调速手柄在"0"位。

（3）检查、确认主断路器供风塞门在"开放"位。

（4）检查、确认两端司机室紧急停车按钮SA103（SA104）在"弹起"状态。

（5）检查、确认主变流器试验开关SA75在"0"位。

（6）换端操纵或更换扳键开关组。

（7）保护装置动作，应对症处理，以消除送入计算机控制系统的"主断分"信号。

（8）将升弓端主断控制器置"停用"位，换升另一受电弓维持运行。

（9）检查、确认控制电器柜"网侧电压"自动开关QA1在"闭合"位。

（10）检查、确认受电弓已升起，接触网网压高于17.5 kV。

（11）等待接触网送电。

（12）采用固定重联运行方式时，切除该台机车维持运行。

（13）确认主、辅库用开关处于正常位。

（14）确认半自动过分相按钮SB67（68）、自动过分相装置试验按钮（自复式）位置在"弹起"位。关闭电源，手动过分相。

（15）采用手动合主断。

4. 处理过程

处理位置：低压控制柜、操纵台、LCDM显示屏。

（1）受电弓升起后确认网压是否高于17.5kV；当网压为0时，检查控制电器柜"网侧电压"自动开关QA1是否跳开，如跳开，将其重新合上。

（2）确认司机控制器牵引/制动主手柄是否在"0"位。

（3）观察LCDM显示屏故障信息栏，如有保护装置动作，按对应故障处理。若主变流器CI故障，将故障主变流器切除。

（4）受电弓能升起，观察LCDM显示屏是否提示"主断空气压力低"。若有此提示，使用辅助空压机打风。

（5）若LCDM显示屏左上方显示"动力切除"，检查"紧急停车"按钮是否在"弹起"状态。

（6）确认控制电气柜上的CI试验开关SA75位置在"正常"位。

（7）确认控制电器柜内主、辅库用开关在"正常"位。

（8）检查主断路器塞门U43.03在"开放"位，即垂直位。

（9）确认半自动过分相按钮SB67（58）、自动过分相装置试验按钮（自复式）位置在"弹起"位。如自动过分相装置故障，关闭自动过分相装置电源，手动过分相。

（10）自动过分相后主断路器合不上，采用手动闭合主断路器。

（11）如果上述方法处理后主断路器仍不能闭合，尽可能维持进站。停车后，采用蓄电池复位处理。

说明：

（1）牵引/制动手柄在"0"位；主断路器连续断合不得超过5次。

（2）注意总风缸压力表显示。

二、主断路器断不开时的处理

当主断路器扳键开关置"主断分"位，主断路器断不开时，可分如下几种情况做相应处理：

（1）若机车处于正在或即将"过分相"等紧急情况时，可采取确认调速手柄回"0"位后，降下受电弓或按压"紧急停车"按钮的措施。

（2）单机牵引且时间允许的情况下，可采取将调速手柄回"0"位，按压升弓端主断控制器上"自动降弓测试"按钮的措施，使受电弓迅速降落。

（3）采用固定重联运行方式时，可根据具体情况采取确认调速手柄回"0"位后，降下受电弓或按压"紧急停车"按钮的方法，使两台机车主断路器断开。

（4）若因微机死机等原因造成调速手柄回"0"位，但机车仍维持原牵引状态时，应立即采取按下"紧急停车"按钮、按下升弓端主断控制器上"自动降弓"测试按钮的措施，以达到使机车失去牵引力的目的。

2-7 理论拓展 如何熄灭电弧？

一、电弧熄灭的基本原理

电弧稳定燃烧时是处在热动平衡状态，此时不可能有电子和离子的积累。这说明电弧中发生气体游离现象的同时还存在一个相反的过程，称为消游离。消游离就是正、负带电粒子中和而变成中性粒子的过程。消游离的方式分为复合和扩散两类。

1. 复合

带异性电荷的粒子相遇后相互作用中和而变成中性粒子称为复合。按复合作用的地点不同，可将复合分为表面复合和空间复合。表面复合是指带正、负电荷的粒子附在金属或绝缘材料表面，相互吸引而中和电荷，变成中性粒子。空间复合是指带正、负电荷的粒子在放电间隙中相互吸引而中和电荷，变成中性粒子。

自由电子与正离子相遇，相互吸引而中和电荷变成中性粒子，称为直接复合。由于自由电子的运动速度比正离子大得多，所以直接复合的概率很小。往往是自由电子黏合在中性粒子上，再与正离子相遇而复合，中和电荷形成两个中性粒子，这种过程称为间接复合。SF_6的复合能力很强，是比较理想的消游离绝缘介质，现已被应用在高压断路器中。

显而易见,带电粒子运动速度是直接影响复合作用大小的重要因素。降低温度、减小电场强度可使粒子运动速度减小,易于复合;带电粒子浓度增大时,复合机会增多,复合作用增强;在电弧电流不变的条件下,设法缩小电弧直径,则带电粒子浓度可增大。此外,加入大量的新鲜气体分子,也可增强复合作用。

复合过程总是伴随着能量的释放。释放出来的能量成为加热电极、绝缘物及气体的热源,同时也向四周散发。

2. 扩散

带电粒子从电弧区转移到周围介质中去的现象称为扩散。电弧是一个电子和离子高度密集的空间,同时其中的温度很高。带电粒子和气体分子一样,有均匀地分布在容积中的倾向,这样电子(离子)便从弧隙中向四周扩散,扩散出来的电子(离子)因冷却互相结合而成为中性分子,这一过程不在电弧的内部而在电弧的表面空间进行。

扩散的方向一般为从高温、高浓度区向低温、低浓度区扩散。扩散使电弧中的带电粒子减少。扩散出来的带电粒子因冷却很容易相互结合,中和电荷而形成中性粒子。扩散速度与电弧内外浓度差、温度差成正比。电弧直径越小,弧区中带电粒子浓度越大;电弧与周围介质温差越大,扩散速度越大。因此,加速电弧的冷却是提高扩散作用的有效方法。

综上所述,电弧中存在着游离作用和消游离作用:当游离作用占优势时,电弧就会趋于扩大;当消游离作用占优势时,电弧就趋于熄灭;当游离作用和消游离作用处于均衡状态时,则弧隙中保持一定数量的电子流而处于稳定燃烧状态。

游离作用和消游离作用与许多物理因素有关,如电场强度、温度、浓度、气体压力等。根据这些物理因素的变化影响情况,可以找出一些切实可行的方法,减小游离,增加消游离,使触头断开电路时产生的电弧尽快熄灭。

二、直流电弧熄灭的基本原理

直流电弧是指产生电弧的电路电源为直流。当直流电弧稳定燃烧时,电路仍是导通的,因而电弧中有电弧电流 I_{DH},电弧两端有电弧压降 U_{DH}。分别测量电弧电流 I_{DH} 和电弧两端电弧压降 U_{DH},可绘出其伏安特性,如图 2-7-1 中曲线 1 所示。

在图 2-7-1 中,伏安特性曲线 1 与纵轴交点的电压值称为燃弧电压,用 U_{rl} 表示。所谓燃弧电压,是指产生电弧所必需的最低电压,电压低于此值,就不足以点燃电弧。伏安特性曲线 2 与纵轴交点的电压值称为熄弧电压,用 U_{sl} 表示。所谓熄弧电压,是指熄灭电弧的最高电压,电压高于此值,电弧将不能熄灭。

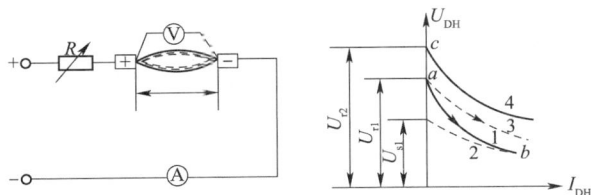

图 2-7-1　直流电弧及其伏安特性

电弧的静伏安特性与弧长有关。在其他条件相同时,弧长 L 越长,静伏安特性越向上移,如图 2-7-1 中曲线 4 所示。由于静伏安特性向上平移,燃弧电压和熄弧电压也都要增加。从这个角度来说,拉长电弧,可以加速电弧的熄灭。

根据上述原理可知,拉长电弧是熄灭直流电弧最常用的方法。城市轨道交通车辆用的高速断路器(图 2-7-2),用于直流高压电路(DC 1500V 或 DC 750V)中;在实际工作中,经常要带电分断,此时便会产生很大的直流电弧。为了熄灭电弧,在高速断路器主触头上方,加装了带有去电离隔板和灭弧栅板的灭弧装置,用于拉长电弧、冷却电弧,从而快速熄灭电弧。

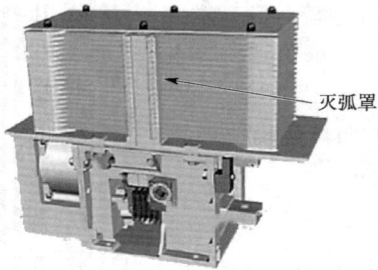

——灭弧罩

图 2-7-2　城市轨道交通车辆用高速断路器

三、交流电弧熄灭的基本原理

交流电弧与直流电弧有所不同,交流电流的瞬时值随时间变化,每周期内有两次过零点。电流经过零点时,弧隙的输入能量等于零,电弧温度下降,电弧自然熄灭;随着电压和电流的变化,电弧重新燃烧。因此,交流电弧的燃烧,实际上就是电弧的点燃、熄灭的周而复始的过程。

按照交流电弧的上述特性,交流电弧电流通过零点时,由于电源停止供给电弧能量,热游离迅速下降,为电弧的最终熄灭创造了最有利的条件。此时,只要采取一定的消游离措施,使少量的剩余离子复合,就能防止电弧在下半周重燃,使电弧最终熄灭。

交流电弧由于弧电流过零点时,电源停止供给能量,电弧自然熄灭,但是交流电弧过零点自然熄灭后,还会重新燃烧。为此,我们需要研究在电流通过零点时弧隙中存在的物理过程,从而抑制电弧重燃的因素,或是加强不利于电弧重燃的因素,都可以促使交流电弧熄灭。

交流电弧电流过零点期间,同时存在"介质强度恢复和弧隙电压恢复"这两个对立的基本过程。

交流电弧过零点熄灭后,由于弧电流值下降至零,弧隙温度迅速下降,促进了消游离作用,使弧隙由原来的导电状态转变为绝缘介质状态,此过程称为介质强度恢复过程。这是促使电弧熄灭的因素。这个过程的快慢与许多因素(如温度、散热情况、空间位置等)有关。靠近两极的区域,由于金属材料的传热性好,所以温度要比弧柱区的温度低,此处的介质强度恢复要比弧柱区快。

在交流电路中,电流过零点电弧熄灭后,触头两端电压从熄弧电压恢复到电源电压的过程,称电压恢复过程。

为了使交流电弧过零点后不再重燃,可减小恢复电压增长速度或增加介质强度恢复速度。增加介质强度恢复速度是在实际运用中效果较显著的方法。它主要是通过金属栅片将电弧分割成许多短弧,这样每个短弧相当于处在一对电极之中,电流过零点后,就产生近阴极效应。此时,起始介质强度之和比一对电极下产生的强度扩大了许多倍。当外界加在电弧两端的电压小于此值时,电弧在过零后就不再重燃。

对于减小恢复电压增长速度,抑制电弧重燃,一般采用的方法为在弧隙两端并联一电阻 r_m。并联电阻灭弧原理示意图如图 2-7-3 所示。其原理如下:在弧电流经过零点前后几十微秒内,$i_{DH} \approx 0$,所以可近似地认为 $R_{DH} \approx \infty$。此时 i 分成向电容 C 充电的电流 i_1 和流经 r_m 的电流 i_2。由于 r_m 分流了 i_2,使电容 C 的充电时间加长,即 a、b 两端电压的增长速度变慢,抑制了燃弧因素。从熄灭电弧的角度出发,分流电阻 r_m 的值越小越好,但 r_m 值过小,在正常情况下损耗过大。所以希望 r_m 在正常工作时其阻值很大,$i_2 \approx 0$;而在触头断开电路时,要求 r_m 值很小。为此,一般用非线性电阻较好。

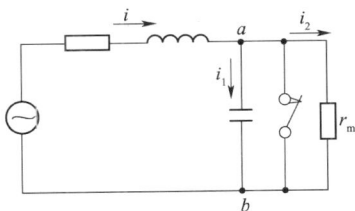

图 2-7-3 并联电阻灭弧原理示意图

2-8 实践拓展 常用的检修工具——钳形电流表

一、种类及功能介绍

钳形电流表(图 2-8-1),又称钳形表,是根据电流互感器原理制成的。在不断开电路而需要测量电流的大小时可以使用钳形电流表。钳形电流表分为直流钳形电流表和交流钳形电流表。

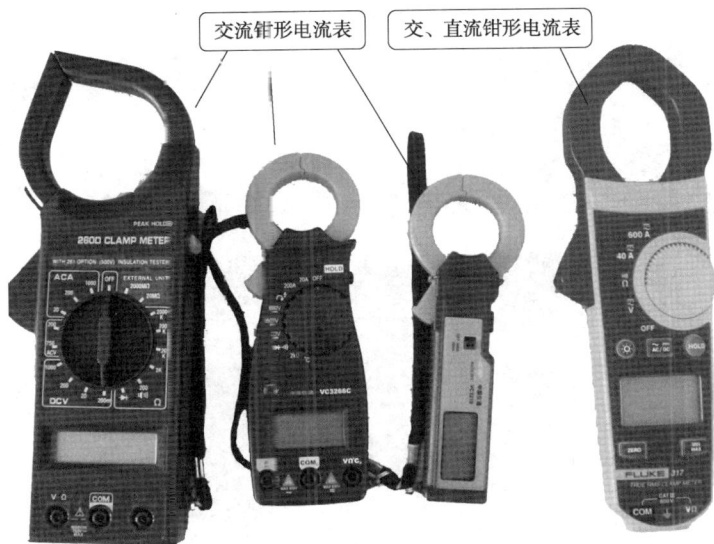

图 2-8-1 钳形电流表的种类

二、基本使用方法

钳形电流表的操作显示(图 2-8-2)及描述:

(1)测量前,应先检查钳形铁芯的橡胶绝缘是否完好无损。钳口应清洁、无锈,闭合后无明显的缝隙。

（2）测量时,应先估计被测电流大小,选择适当量程。若无法估计,可先选较大量程,然后逐挡减小,转换到合适的量程挡位。转换量程挡位时,必须在不带电情况下或者在钳口张开情况下进行,以免损坏仪表或产生高压电,造成电击伤害事故。

（3）测量时,被测导线应尽量放在钳口中部,钳口的结合面如有杂声,应重新开合一次,仍有杂声,应处理结合面,以使读数准确。另外,不可同时钳住两根不同的电压等级或不同电流方向的导线。

（4）测量5A以下电流时,为得到较为准确的读数,在条件许可的情况下,可将导线多绕几圈,放进钳口测量,其实际电流值应为仪表读数除以放进钳口内的导线根数。

（5）每次测量前后,要把调节电流量程的切换开关放在OFF挡位。

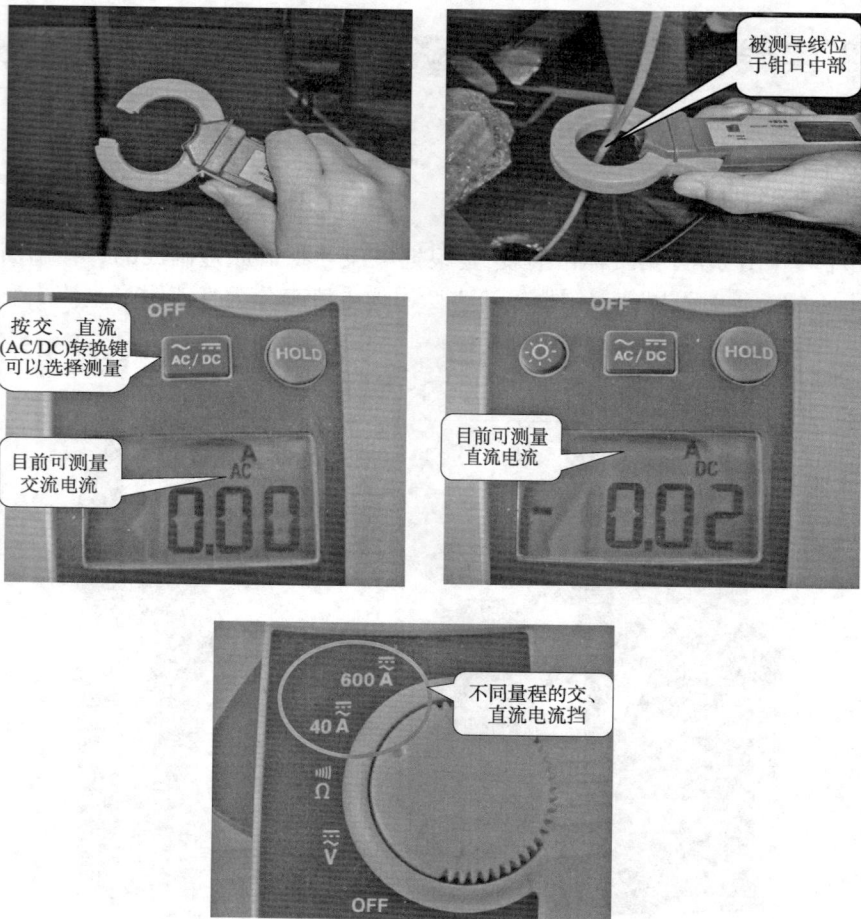

图 2-8-2　钳形电流表的操作显示

三、注意事项

（1）使用前,应检查测试线缆,如发现其绝缘损坏或金属暴露,请不要测量。

（2）测量前,应估计被测电流大小,选择适当量程,当无法估计时应选择大量程,不可用小量程测大电流。

(3)当电池显示电量不足时,应及时更换,防止测量误差。

(4)在测量过程中,不可切换量程挡位。

(5)测量时应将被测导线置于钳口中央部位,以提高测量的准确度。

(6)钳形电流表不得用于测量高电压线路的电流,被测线路的电压不能超过钳形电流表所规定的使用电压,以防绝缘击穿,人身触电。

2-9 新技术 我国铁路智能勘测领域实现北斗系统替代 GPS 新突破

历经 4 年研发,由中国铁建铁四院牵头承担的《基于北斗导航系统的铁路及航运领域应用技术研究》成功完成。该研究解决了我国铁路勘测完全依赖全球定位系统(GPS)的问题,可实现北斗系统全替代,是我国交通领域探索"中国方案"的一次突破创新。

中国高铁发展迅猛,在建设及运维过程中,因高铁线路跨度大、涉及的地质环境复杂,技术人员需要建立大范围、高精度控制网并对铁路轨道进行精确测量。长期以来,铁路工程的勘测设计、施工、运营、变形监测等各个领域涉及导航定位技术的,仍以 GPS 技术为主,存在地下空间无信号覆盖、不够精准等问题。

基于北斗系统的工程测量主要优势体现在卫星导航的自主可控。北斗导航技术可以通过地基增强来实现高精度定位,应用的范围比传统卫星导航更加广泛。

北斗系统的应用也在进一步推动中国铁路勘测向智能化方向转型。近年来,随着机载雷达、无人船、倾斜摄影、无人机等新兴测绘技术的普及,我国铁路勘测逐步解决了传统勘测技术手段单一、测量效率低、质量控制难、数据处理效率低等问题。

(资料来源:《学习强国》科技新闻,我国铁路智能勘测领域实现北斗系统替代 GPS 新突破(内容有删减),https://www.xuexi.cn/lgpage/detail/index.html?id=17827469282474066457&item_id=17327469282474066457)

2-10 拓 展 训 练

请根据本部分内容,利用智慧职教铁道机车运用与维护专业教学资源库等专业资源平台、智慧职教 MOOC 学院"电力机车电气设备的检查与维护"在线课程等数字化资源及公共网站等途径,完成下面的任务。

任务1:请任选一款主断路器,制作主断路器模型。

要求:

(1)建议每组成员不超过 5 人,2~3 人/组为宜,各组成员分工合作,完成任务。

(2)模型结构要尽可能再现真实主断路器的结构,最好有传动机构,能通过传动机构驱动分闸、合闸。

（3）收集制作过程的照片、视频、设计图纸等资料,制作成 PPT 或视频,用于展示小组的主断路器模型制作过程。

（4）任何材料均可,鼓励使用节能环保材料,如硬纸板等。

（5）制作完成后,建议教师组织一次模型分享课,组建一个教师 + 学生的评委团,每个小组进行模型现场展示及说明,并播放 PPT 或视频,评委团根据各组的整体情况进行评分。评分项包括但不限于模型质量、讲解水平、PPT 或视频质量、团队合作情况等。

任务 2:请收集主断路器的检修和故障处理方面的视频。

要求:每组收集 1 ~ 2 个视频,了解主断路器的工作状态、可能出现的故障及如何检修,从而加深对机车车辆运行过程中主断路器的工作状态、面临的考验等实际工况的理解,进行课上分享。

任务 3:请收集电力机车用其他型号主断路器、高速动车组用主断路器及城市轨道交通车辆用高速断路器相关资料,完成下表,并对 3 种类型的城市轨道交通车辆用主断路器的结构和性能进行对比分析。

类型	电力机车用主断路器	高速动车组用主断路器	城市轨道交通车辆用高速断路器
型号	TDV10		
额定电压 额定电流	额定电压:AC 25kV 额定电流:1000A		
结构特点	（1）真空断路器。 （2）单断口直立式结构。 （3）体积小,可安装于机车内部。 （4）直动式气缸传动。 （5）电空控制		
性能方面的提升	不仅继承了 22CB 系列直立式真空断路器体积小,便于集成的优点,还继承了 BVAC. N99 横装式真空断路器绝缘性能高、环境适应性强等优点		

2-11 课外学习 空气断路器的代表——TDZ1A 型主断路器

TDZ1A 型空气断路器是我国自主研发的在交直型电力机车上使用的主断路器,在 SS4 型、SS4G 型、SS7C 型、SS7D 型、SS8 型等型号电力机车上得到了广泛应用。

TDZ1A 型主断路器是以压缩空气吹弧的方式进行灭弧的高压断路器,因此它是一种空

气断路器。与其他类型的断路器相比,空气断路器具有下列优点:

(1)压缩空气具有可压缩性,对灭弧室各零部件所产生的机械应力较小。

(2)开断能力大,燃弧时间短,动作快。

(3)不易发生爆炸,使用安全可靠。

(4)适用于温度变化较大的工作环境。

空气断路器主要有以下不足之处:

(1)分闸、合闸时噪声较大。

(2)分断能力受电压恢复速度的影响较大。

(3)在气压和分断能力一定的情况下,当分断小电感电流时,常因灭弧能力过大而产生较高的过电压。

(4)结构复杂,制造工艺要求较高。

上述不足之处在采取了相应改进措施后,可以得到改善。另外,在电力机车上有压缩机,可随时制备压缩空气,所以压缩空气气源较充足,因此,空气断路器在韶山系列电力机车上得到广泛应用。

本部分将详细介绍 TDZ1A-10/25 型空气断路器。其型号命名规则如下:T-铁路专用;D-断路器;Z-主;1A-设计序号;10-额定分断电流(kA)(特别需要注意的是,TDZ1-200/25 型空气断路器型号中的数字 200 代表的是额定分断容量,单位是 MV·A,而不是额定分断电流);25-额定电压(kV)。TDZ1A-10/25 型空气断路器外形如图 2-11-1 所示。

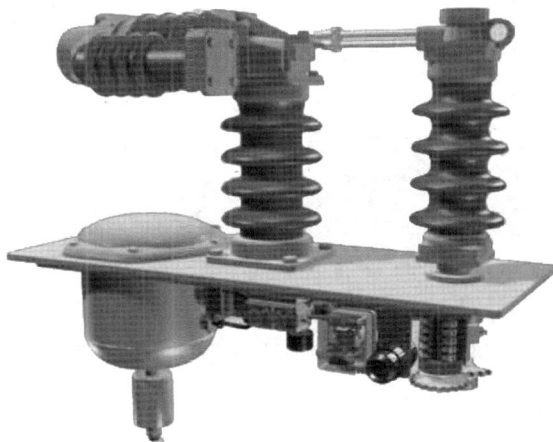

图 2-11-1 TDZ1A-10/25 型空气断路器外形

一、结构解析

TDZ1A-10/25 型空气断路器结构图如图 2-11-2 所示。TDZ1A-10/25 型空气断路器以安装在机车顶盖上铸铝底板为界,分为高压部分和低压部分两部分。露在车顶上的为高压部分。高压部分主要有灭弧室、非线性电阻瓷瓶(被灭弧室遮挡,图中不可见)、隔离开关、转动瓷瓶、支持瓷瓶等部件。装在底板下部的为低压部分。低压部分主要有储风缸、传动风缸、主阀、起动阀、延时阀等部件。

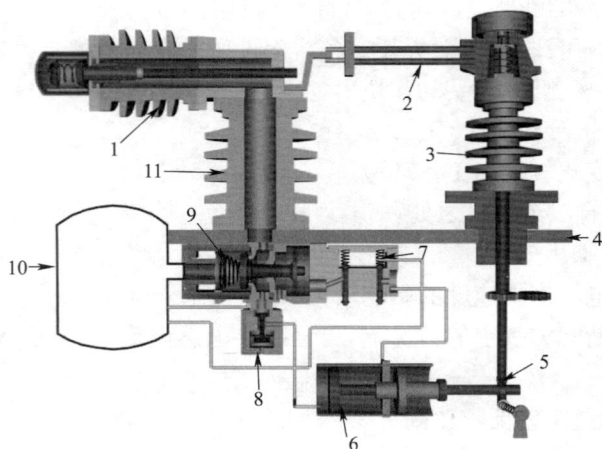

图 2-11-2　TDZ1A-10/25 型空气断路器结构图

1-灭弧室;2-隔离开关;3-转动瓷瓶;4-底板;5-传动杠杆;6-传动风缸;7-起动阀;8-延时阀;9-主阀;10-储风缸;11-支持瓷瓶

1. 高压部分

（1）灭弧室

TDZ1A-10/25 型空气断路器灭弧室剖面图如图 2-11-3 所示。灭弧室是主断路器安装主触头、熄灭电弧的地方。其主体为空心瓷瓶，瓷瓶的一端装风道接头，通过支持瓷瓶的中心空腔与主阀的气路相连;瓷瓶的另一端装法兰盘，其上装有动触头对外接线端子，通过高压母线与受电弓底架上的电连接板相连。

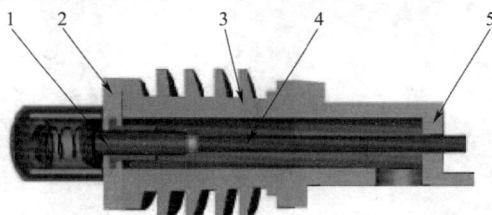

图 2-11-3　TDZ1A-10/25 型空气断路器灭弧室剖面图

1-动触头;2-法兰;3-空心瓷瓶;4-静触头;5-风道接头

主触头装于灭弧室瓷瓶内，静触头的头部为球状，端部镶着耐电弧的钼块，以提高耐弧性能。TDZ1A-10/25 型空气断路器静触头实物图如图 2-11-4 所示。主触头固定在风道接头上，通过套筒与隔离开关的静触头相连。动触头呈管状，其一端为工作端，工作端的管内壁做成弧形，呈一"喷口"，以利于与静触头球面有良好接触及产生良好的吹弧效果;另一端与一圆环形弹簧座相贴，弹簧座接有张力较大的触头弹簧。弹簧座后顺次接有触头弹簧、缓冲垫、挡圈、网罩和外罩。TDZ1A-10/25 型空气断路器动触头组装图和分解图如图 2-11-5 所示。

动触头的外面装有导电管，二者之间既有相对滑动也有良好电接触。导电管由铜管铣成多瓣形，通过弹簧弹性地套装在主动触头上，其尾端固定在法兰盘上。因此，从法兰盘引入的高压电源通过导电管传至主动触头。

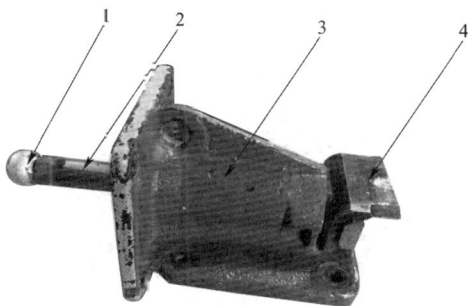

图 2-11-4　TDZ1A-10/25 型空气断路器静触头实物图

1-静触头;2-静触头杆;3-风道接头;4-隔离开关静触头

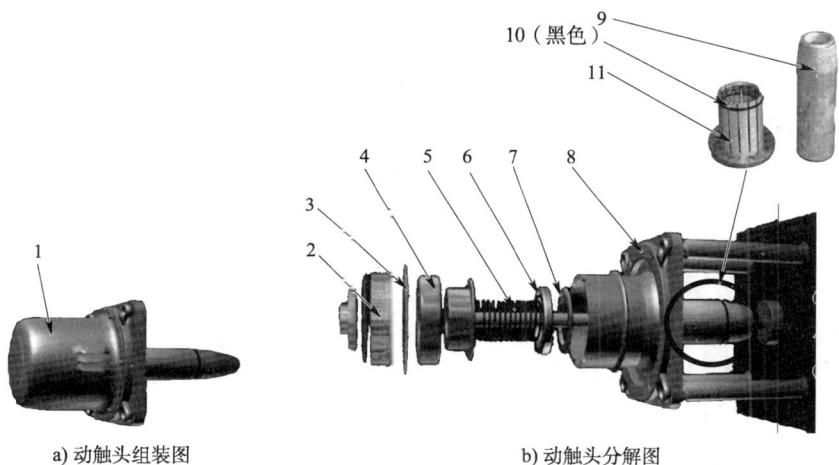

a) 动触头组装图　　　　　　　b) 动触头分解图

图 2-11-5　TDZ1A-10/25 型空气断路器动触头组装图和分解图

1-外罩;2-网罩;3-挡圈;4-缓冲垫;5-触头弹簧;6-弹簧座;7-固定圈;8-法兰盘;9-动触头;10-弹簧;11-导电管

触头弹簧的张力较大,它一方面使主动触头与主静触头间具有一定的接触压力,另一方面使主动触头与主静触头开断后能自行恢复闭合状态。缓冲垫用来缓和动触头开断时触头弹簧对挡圈的撞击。网罩在动触头开断过程中起消音作用。外罩用于防止外界脏物污染主触头,其下部有排气孔。

当三断路器处于闭合状态时,主动触头在触头弹簧的作用下与主静触头闭合。当分闸阀得电时,压缩空气进入灭弧室,推动主动触头克服触头弹簧的压力向左移动,主动触头与主静触头间产生的电弧进入主动触头"喷口",被拉长、冷却,进而被迫熄灭。废气通过网罩由外罩下方排气孔排向大气。主断路器分闸完成后,压缩空气停止进入灭弧室,主动触头在触头弹簧的作用下与主静触头重新闭合。

(2)非线性电阻

非线性电阻结构如图 2-11-6 所示。在非线性电阻空心瓷瓶内,安装了 10 个串联的非线性电阻片和干燥剂等部件,并联在主动触头、主静触头两端,用以防止主触头分断时产生的过电压。非线性电阻片采用碳化硅和结合剂烧结而成,其电阻值随外加电压的升高而下降,置于空心绝缘子腔中。内部装有干燥剂,用以防潮。为了保证非线性电阻片之间及与外部连接之间的接触压力,减小接触电阻,在其一端安装了弹簧。

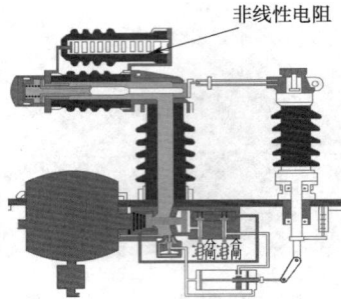

图 2-11-6　非线性电阻结构

主断路器带电分闸时,主动触头、主静触头间将产生电弧。在熄弧过程中,触头间的电压将急剧增加。当电压增加到一定值时,非线性电阻值迅速下降,主触头上的电流迅速转移到非线性电阻上。非线性电阻的存在既可限制过电压,提高电压恢复速度,又有利于主触头上电弧的熄灭,减少触头电磨损。随着非线性电阻两端电压的降低,其阻值又迅速增大,以减小残余电流,保证隔离开关几乎在无电流下断开,提高主断路器分断的可靠性。

（3）隔离开关

隔离开关由闸刀和静触头等部件构成,如图 2-11-7 所示。

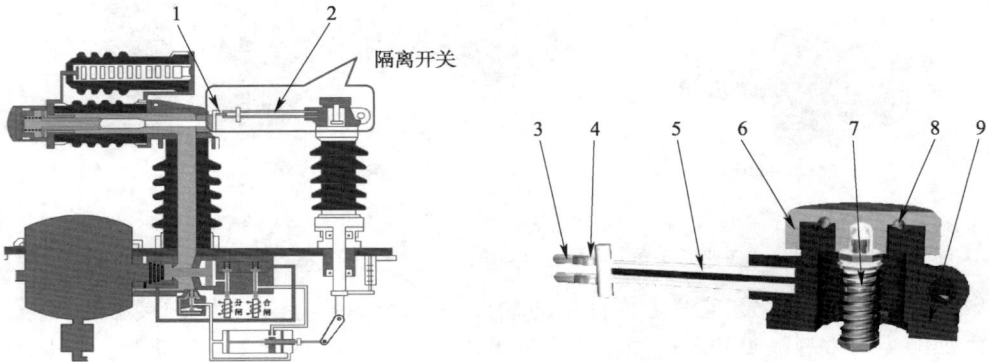

图 2-11-7　隔离开关结构

1-静触头;2-闸刀;3-动触指;4-触指弹簧装置;5-动导电杆;6-连接件;7-弹簧装置;8-铜滚珠;9-法兰盘

静触头在灭弧室一侧,通过风道接头与主触头的静触头相连。它们都是由导电材料制成,因此直接构成电气连接,即主触头和隔离开关从电气连接角度上说,是串联关系。静触头表面有沟槽,以便与动触指良好接触。

闸刀由动触指、触指弹簧装置等部件构成,通过法兰盘、连接件、铜滚珠及弹簧装置等部件安装在转动瓷瓶上部。动触指套装在动导电杆上,并用螺钉紧固,便于在动触指磨耗到限时拆下更换,或反面继续使用。触指弹簧装置设在动导电杆上,用来保证动触指能夹紧隔离开关静触头,并保持一定的接触压力。下转动座、转动瓷瓶与操纵轴用螺钉紧固为一体。上转动座通过铜滚珠、轴承及弹簧固定在下转动座上。上、下转动座之间的铜滚珠既可用来减小摩擦,又可用作上、下转动座之间的电联接。在主断路器动作过程中,连接件不转动,它与变压器原边绕组相连接。

隔离开关自身不带灭弧装置,不具有分断大电流的能力。它与主触头协调动作,完成主断路器的分、合闸动作。主断路器分闸时的动作顺序:灭弧室主触头先分断,并灭弧 → 隔离开关延时一段时间后打开 → 隔开开关打开后,主触头重新闭合。此时,隔离开关保持在打开位置,从而保持主断路器处于分闸状态,即主断路器分闸时,隔离开关比主触头延后动作,待主触头断开并熄弧后,在电路没有电流的情况下分断。主断路器合闸时,主触头不再动作,仅需操作隔离开关合闸即可。

2.低压部分

(1)起动阀

起动阀在主断路器中的位置及剖面图如图 2-11-8 所示。起动阀由左边的分闸阀和右边的合闸阀两部分组成,呈对称分布,如图 2-11-9 所示。两阀均由阀杆、弹簧和密封垫构成,由各自的电磁铁控制,它们共用阀体、密封垫和盖板。起动阀的 D、E、F 三个空腔分别与储风缸、主阀 C 腔、传动风缸相通。

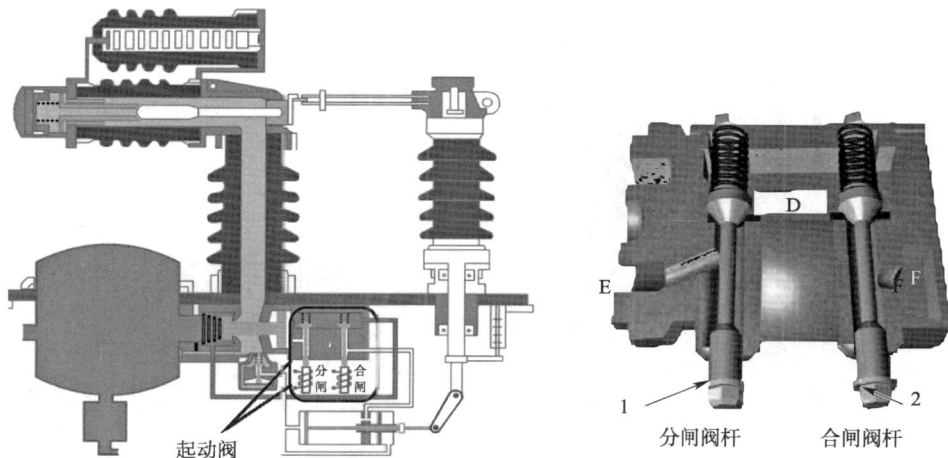

图 2-11-8 起动阀的位置及剖面图
1-分闸阀阀杆;2-合闸阀阀杆;D、E、F-空腔

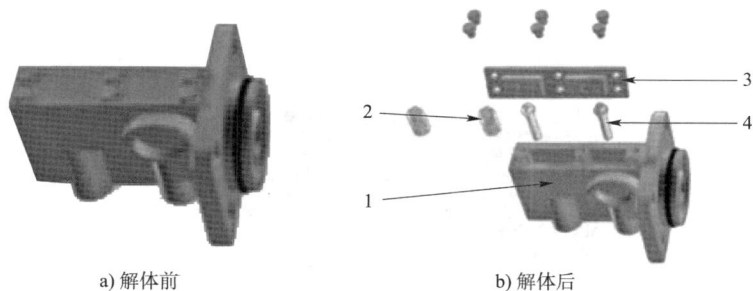

a) 解体前   b) 解体后

图 2-11-9 起动阀的结构
1-阀体;2-弹簧;3-盖板;4-阀杆

①当主断路器未动作时,D 腔充满了来自储风缸的压缩空气,分闸阀和合闸阀在弹簧和 D 腔压缩空气的共同作用下处于关闭状态。

②当合闸电磁铁线圈得电时,合闸电磁铁撞块撞击合闸阀阀杆,使阀杆克服弹簧的作用向上移动,阀门打开,D 腔内的压缩空气由阀门经 F 腔进入传动风缸,带动主断路器隔离开关合闸。

③当分闸电磁铁线圈得电时,分闸电磁铁撞块撞击分闸阀阀杆,使阀杆克服弹簧的作用向上移动,阀门打开,D 腔内的压缩空气由阀门经 E 腔送往主阀的 C 腔,使主阀动作,从而控制主触头分断。

（2）主阀

主阀在主断路器中的位置如图 2-11-10 所示。主阀采用气动差动式结构,由阀体、活塞、阀杆、阀盘、滑块、弹簧等部件组成,如图 2-11-11 所示。主阀共有 5 条气路,如图 2-11-12 所示。A 腔与储风缸相连,B 腔经支持瓷瓶通向灭弧室,C 腔与起动阀的 E 腔相连,下方 G 腔与延时阀进气孔相通,另有一条小气路将储风缸内少量的压缩空气由通风塞门经主阀送入支持瓷瓶和灭弧室,保证灭弧室内始终有一个对外的正压力,防止外界潮湿空气进入灭弧室。

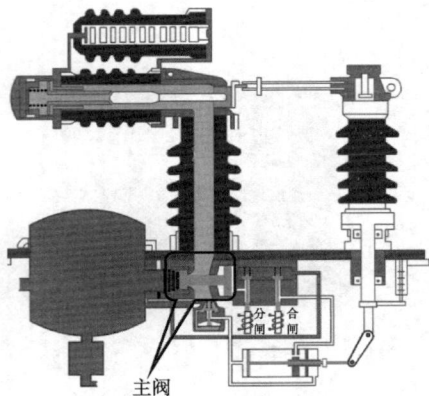

图 2-11-10　主阀的位置

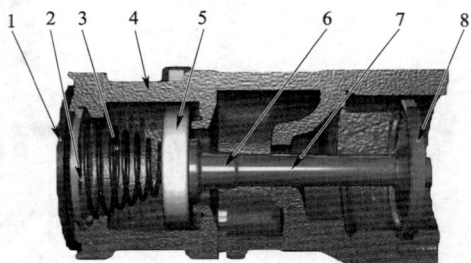

图 2-11-11　主阀的结构
1-密封圈;2-垫圈;3-弹簧;4-阀体;5-阀盘;6-滑块;7-阀杆;8-活塞

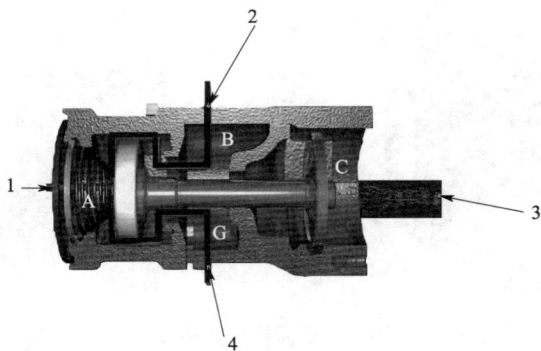

图 2-11-12　主阀的气路
1-储风缸;2-往灭弧室;3-起动阀;4-往延时阀

①当主断路器未动作时,在 A 腔压缩空气和弹簧的共同作用下,主阀关闭。

②当分闸电磁阀线圈得电时,分闸阀动作,起动阀 D 腔内的压缩空气由阀门经 E 腔送往主阀的 C 腔,虽然主阀阀盘和活塞两端都受到压缩空气的作用,但活塞的直径大于阀盘的直径,使阀杆带动阀盘和活塞左移,主阀打开,储风缸内大量的压缩空气向上经主阀支持瓷瓶进入灭弧室,强大的压缩空气压力将灭弧室中的主动触头推开,与静触头分离,使主触头分断。同时,一条微小的气路向下部延时阀缓慢送入压缩空气,延时阀开始延时。

（3）延时阀

延时阀的位置如图 2-11-13 所示。延时阀的作用是使压缩空气进入传动风缸的时间晚于灭弧室,即让隔离开关的分断晚于主触头,确保隔离开关在无电弧的条件下分断。

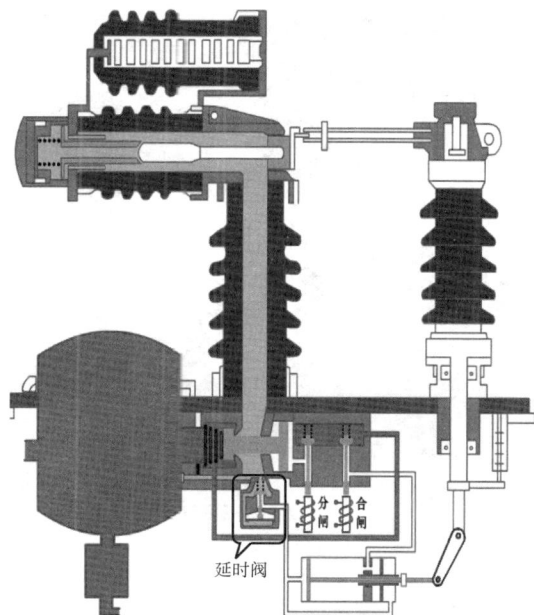

图 2-11-13　延时阀的位置

延时阀由阀座、膜片、阀杆、阀体、阀门、弹簧 、阀盖、调节螺栓等部件组成其结构如图 2-11-14 所示。调节螺栓用于调整进入膜片下部空腔的气路大小,改变延时时间。

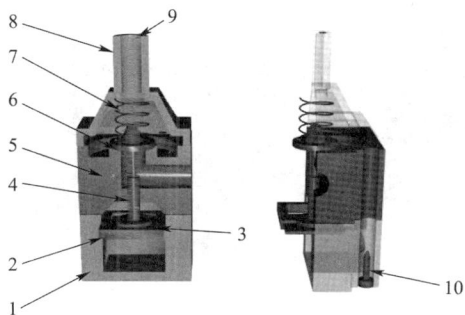

图 2-11-14　延时阀的结构

1-阀座;2-密封环;3-膜片;4-阀杆;5-阀体;6-阀门;7-弹簧;8-阀盖;9-进气孔;10-调节螺栓

①当延时阀进气孔无压缩空气送入时,延时阀阀门在弹簧的作用下处于关闭状态。

②当主阀打开时,压缩空气经延时阀进气孔、阀盖上的进气管路、阀体上的通道、调节螺栓与阀座之间的间隙,进入膜片下部的空腔。因为管路截面小,膜片的面积大于阀门的面积,膜片下部的气压经过一定时间延时达到一定压力后,足以克服弹簧的作用,推动阀杆向上移动,阀门打开,大量的压缩空气进入传动风缸的进气孔。

（4）传动风缸

传动风缸的位置如图 2-11-15 所示。

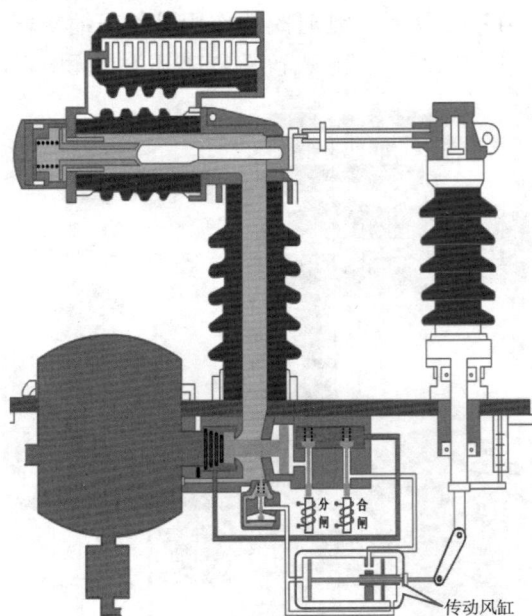

图 2-11-15　传动风缸的位置

传动风缸以隔板为界,分为工作腔和缓冲腔两大部分,其结构如图 2-11-16 所示。活塞杆上装有工作活塞、缓冲活塞和左、右 2 个套筒,连杆销与传动杠杆、控制轴相连。传动风缸的三维分解图如图 2-11-17 所示。

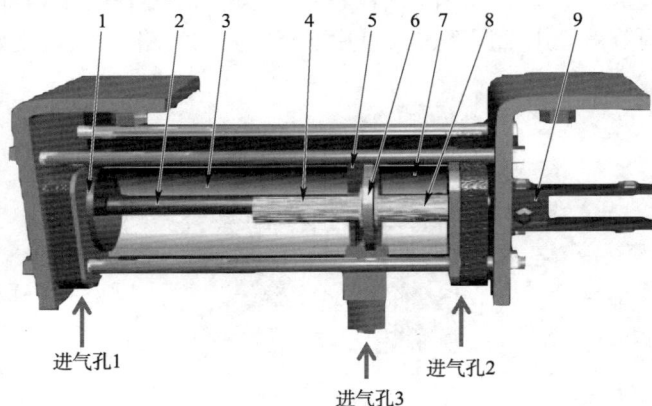

图 2-11-16　传动风缸的结构

1-工作活塞;2-活塞杆;3-工作气缸体;4-套筒 1;5-隔板;6-缓冲活塞;7-缓冲气缸体;8-套筒 2;9-连杆销

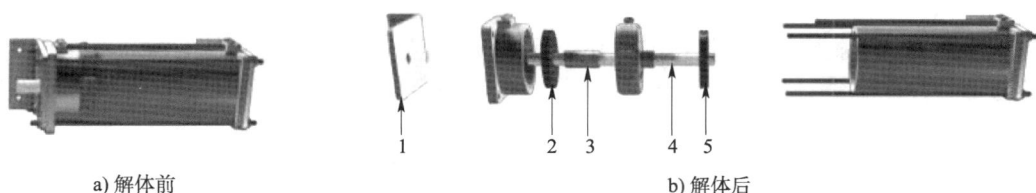

a) 解体前　　　　　　　　　　　　　b) 解体后

图2-11-17　传动风缸的三维分解图

1-安装板;2-缓冲活塞;3-套筒;4-活塞杆;5-工作活塞

由于隔离开关和转动瓷瓶均具有一定的质量。在隔离开关动作过程中,要使其瞬间制停到位,必然会产生很大的惯性冲击,容易发生控制轴、隔离开关刀杆或转动瓷瓶断裂。为此,在传动风缸的隔板上设有一排气孔,隔板和缓冲气缸体上各设有一个逆止阀。

①在分闸过程中,经主阀、延时阀的压缩空气分两路:一路压缩空气从传动风缸进气孔1进入工作活塞左侧,推动工作活塞右移,推出活塞杆和连杆销,通过控制轴使转动瓷瓶转动,隔离开关分闸;与此同时,另一路压缩空气从传动风缸进气孔2进入缓冲活塞右侧,当工作活塞向右运动,碰到套筒时,迫使套筒、缓冲活塞也随之右移,而缓冲活塞右侧的压缩空气将阻碍它们的运动,起到了缓冲的作用。

②在合闸过程中,起动阀D腔的压缩空气经F腔、传动风缸进气孔3,分别进入工作活塞的右侧和缓冲活塞的左侧。一方面,当工作活塞左移,带动隔离开关合闸;另一方面,当工作活塞左移,碰到套筒2时,会迫使缓冲活塞左移。同理,缓冲活塞左侧的压缩空气将阻碍工作活塞、连杆销的运动,起到了缓冲的作用。

(5)辅助开关

辅助开关由万能转换开关承担,其引出线通过插头插座同机车有关电路相连。

二、原理分析

1. 准备工作

储风缸充满足够压力的压缩空气;起动阀的D腔充满压缩空气;另外,有少量的压缩空气经通风塞门、主阀、支持瓷瓶进入灭弧室,使灭弧室内保持一定的正压力,防止外部潮湿空气的侵入。主断路器准备状态示意图如图2-11-18所示。

2. 分闸过程

司机按下主断路器分闸按钮,分闸线圈得电,分闸阀阀杆上移,起动阀D腔的压缩空气经起动阀E腔进入主阀C腔,主阀活塞左移,储风缸内大量的压缩空气经支持瓷瓶进入灭弧室,推动主动触头左移,使主触头分断,同时,产生的电弧被吹入空心瓷瓶的动触头,被冷却、拉长,进而熄灭,如图2-11-19a)所示。

进入延时阀的压缩空气经一定时间延时后,推动延时阀阀门上移,阀口打开,压缩空气进入传动风缸工作活塞的左侧,推动工作活塞右移,驱动传动杠杆带动控制轴、转动瓷瓶转动,隔离开关分闸,如图2-11-19b)、c)所示。

与控制轴同步动作的辅助开关同时完成如下三项工作:①切断分闸线圈电路,分闸线圈失电,分闸阀关闭,D 腔的压缩空气不再进入起动阀 E 腔和主阀 C 腔,主阀关闭,压缩空气停止进入灭弧室,主触头在反力弹簧的作用下重新闭合,分闸过程完成,如图 2-11-19d) 所示;②接通信号控制电路,使主断路器信号灯亮,显示主断路器处于断开状态;③接通合闸线圈电路,为下一次合闸做好准备。

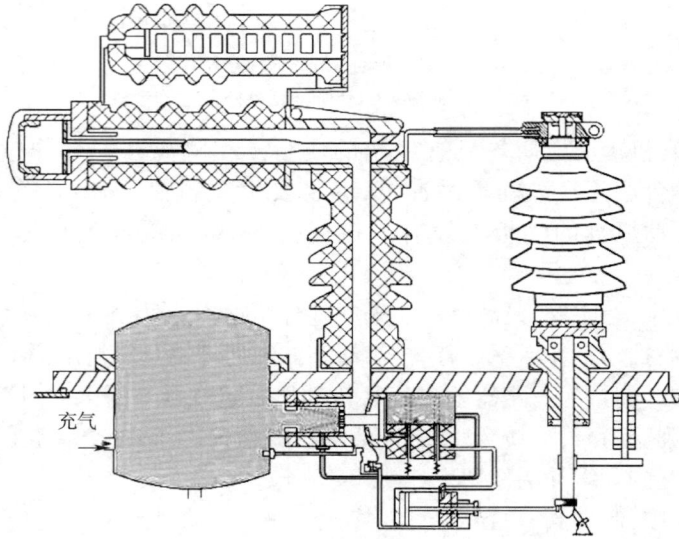

图 2-11-18 主断路器准备状态示意图

3.合闸过程

司机按下主断路器合闸按钮,合闸线圈得电,合闸阀阀杆上移,起动阀 D 腔的压缩空气经起动阀 F 腔进入传动风缸工作活塞的右侧,推动工作活塞左移,驱动传动杠杆带动控制轴、转动瓷瓶转动,隔离开关合闸,如图 2-11-20a) 所示。同理,与控制轴同步动作的辅助开关同时完成如下三项工作:①切断合闸线圈电路,合闸线圈失电,合闸阀关闭,压缩空气停止进入传动风缸,合闸过程完成;②切断信号控制电路,使主断路器信号灯灭,显示主断路器处于闭合状态;③接通分闸线圈电路,为下一次分闸做好准备,如图 2-11-20b) 所示。

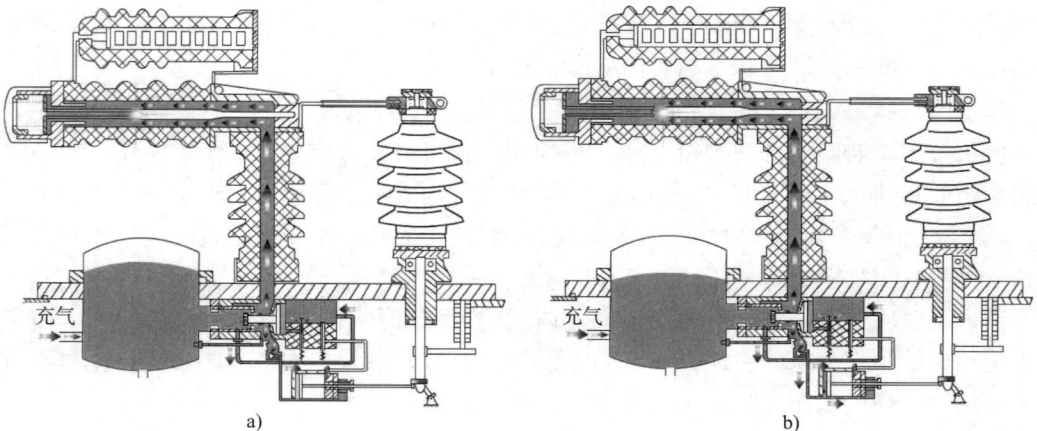

a)   b)

图   2-11-19

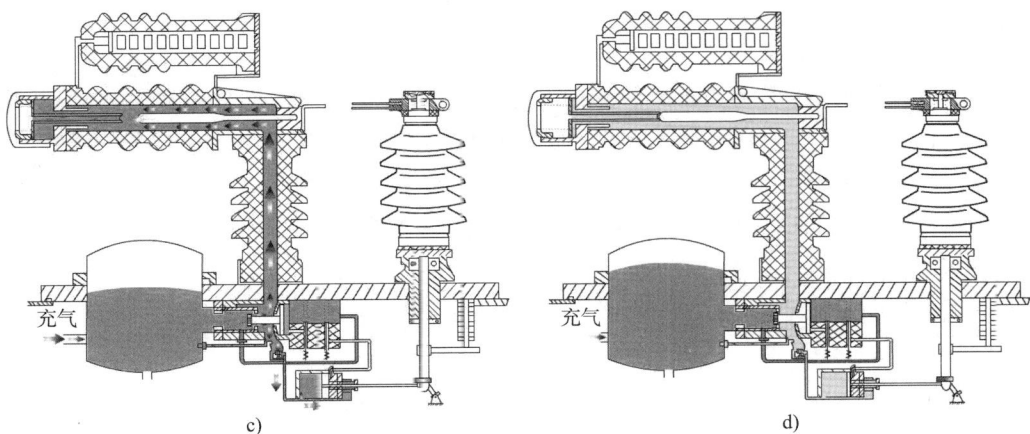

图 2-11-19　主断路器分闸过程示意图

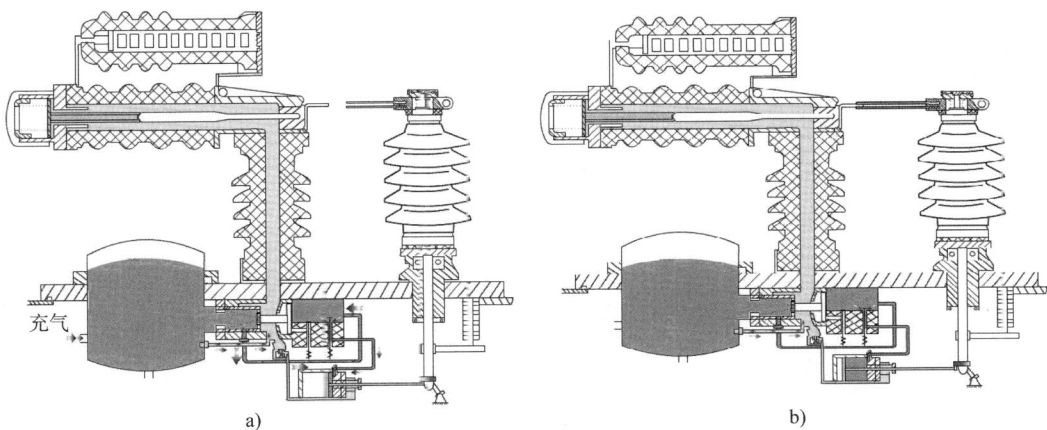

图 2-11-20　主断路器合闸过程示意图

三、特性解析

TDZ1A-10/25 型空气断路器主要技术参数见表 2-11-1。

TDZ1A-10/25 型空气断路器主要技术参数　　　　　表 2-11-1

主要技术参数	参数值	主要技术参数	参数值
额定电压(kV)	25	固有分闸时间(ms)	≤30
额定电流(A)	400	延时时间(ms)	35~55
额定频率(Hz)	50	合闸时间(ms)	≤100
额定分断容量(MV·A)	250	额定控制电压(V)	DC 110
额定工作气压(kPa)	700~900	总质量(kg)	150

四、要点凝练

空气断路器是以压缩空气吹弧的方式进行灭弧的高压断路器,具有开断能力强、燃弧时间短、动作快等优点,但也存在结构复杂、制造工艺要求较高等缺点。空气断路器在使用过程中,常出现灭弧室瓷瓶炸裂、非电性电阻瓷瓶炸裂、隔离开关轴折断、主阀卡位、漏风、控制线圈烧损等惯性故障,因此该类型主断路器已经基本被真空断路器取代。

模块 3

其他 25kV 高压电器检修与整备

趣味导入

同学们，前面我们已经学习了受电弓、主断路器这两种电力机车主要的高压电器，大家都知道，它们都安装在电力机车顶部。图 3-0-1 为 HXD1C 型电力机车车顶设备布置图。由图 3-0-1 可以看到，在车顶除了受电弓、主断路器之外，还有与受电弓配合使用的高压隔离开关、与主断路器配合使用的高压接地开关、避雷器、高压电流互感器、高压电压互感器（图中未见）等高压电器。这些高压电器都是用于 25kV 接触网网侧高压电路中的电气设备，因此统称为 25kV 高压电器。本模块，我们将向大家介绍，除受电弓、主断外的其他 25kV 高压电器。

图 3-0-1　HXD1C 型电力机车车顶设备布置图

学习目标

能力目标

1. 能正确使用检修作业中所需的设备和工具。
2. 能熟练完成各高压电器的检查作业、耐压试验。
3. 能完成零部件更换工作。
4. 能熟悉各高压电器应急故障处理流程。

知识目标

1. 了解各高压电器的功能、安装位置及性能要求。
2. 理解各高压电器的主要技术参数。

3. 掌握主断路器的结构、各部件功能、工作原理。

素养目标

在高压电器整备检查及检修作业过程中,注意作业安全,以严谨细致认真的工作态度进行规范操作,养成精益求精的工作习惯。

建议学时

4 学时。

学习导航

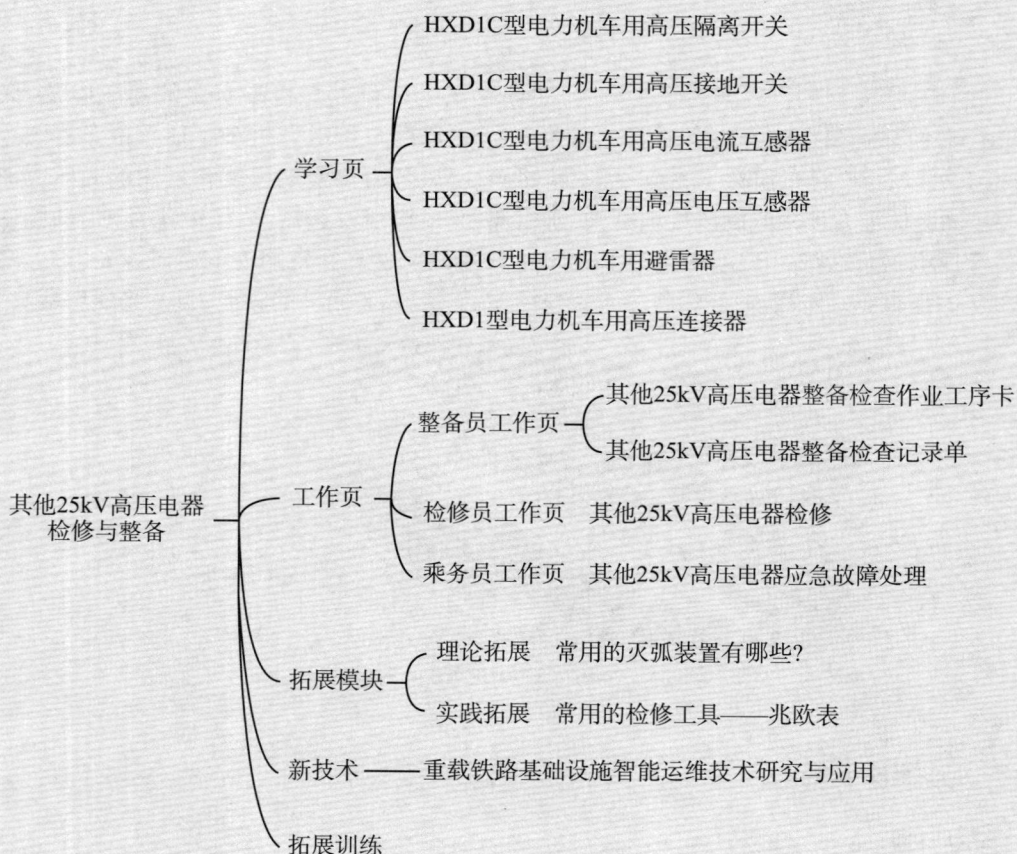

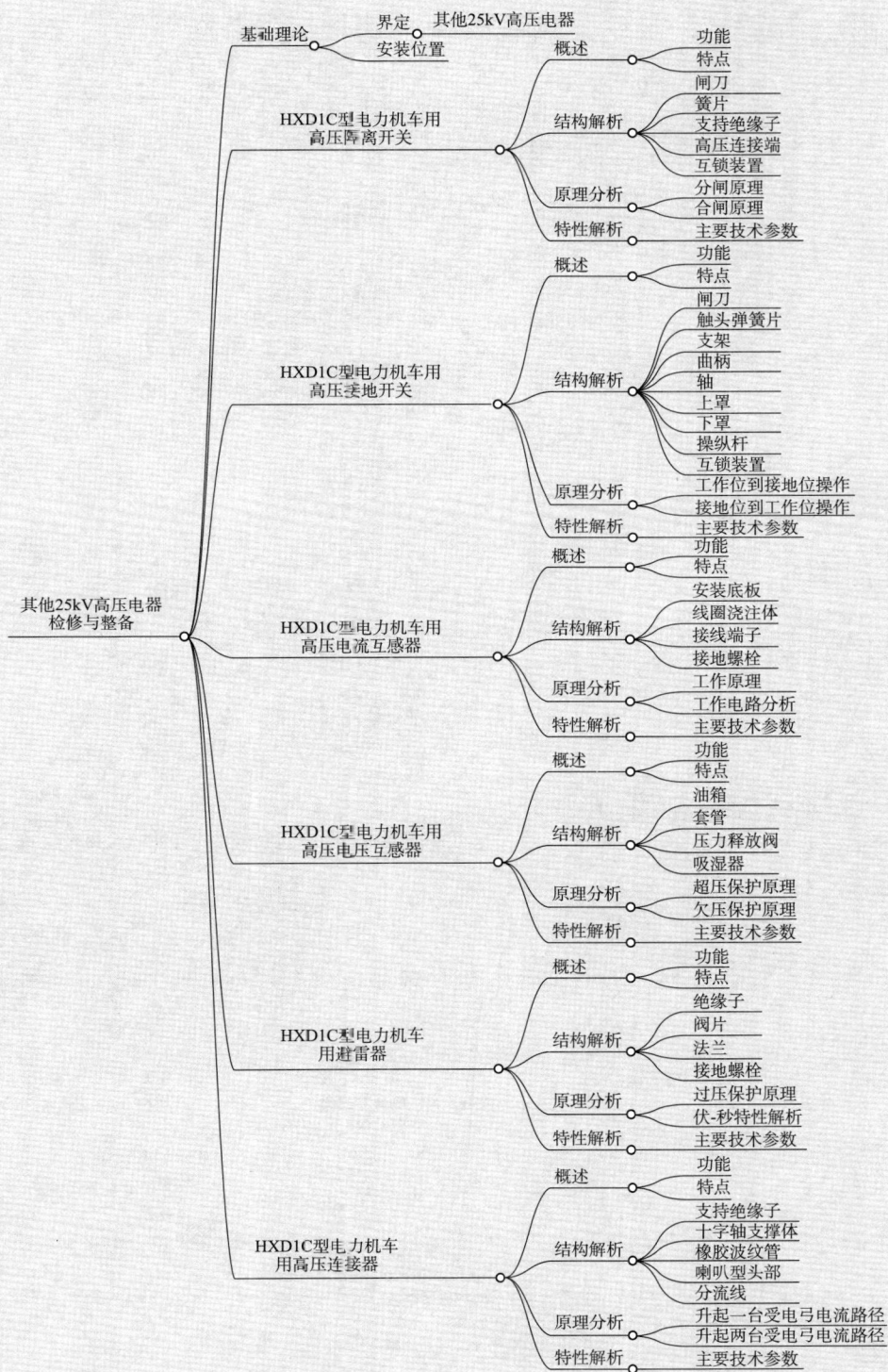

知识图谱

基础理论 — 界定 — 其他25kV高压电器
　　　　　— 安装位置

HXD1C型电力机车用高压隔离开关
- 概述 — 功能 / 特点
- 结构解析 — 闸刀 / 簧片 / 支持绝缘子 / 高压连接端 / 互锁装置
- 原理分析 — 分闸原理 / 合闸原理
- 特性解析 — 主要技术参数

HXD1C型电力机车用高压接地开关
- 概述 — 功能 / 特点
- 结构解析 — 闸刀 / 触头弹簧片 / 支架 / 曲柄 / 轴 / 上罩 / 下罩 / 操纵杆 / 互锁装置
- 原理分析 — 工作位到接地位操作 / 接地位到工作位操作
- 特性解析 — 主要技术参数

HXD1C型电力机车用高压电流互感器
- 概述 — 功能 / 特点
- 结构解析 — 安装底板 / 线圈浇注体 / 接线端子 / 接地螺栓
- 原理分析 — 工作原理 / 工作电路分析
- 特性解析 — 主要技术参数

HXD1C型电力机车用高压电压互感器
- 概述 — 功能 / 特点
- 结构解析 — 油箱 / 套管 / 压力释放阀 / 吸湿器
- 原理分析 — 超压保护原理 / 欠压保护原理
- 特性解析 — 主要技术参数

HXD1C型电力机车用避雷器
- 概述 — 功能 / 特点
- 结构解析 — 绝缘子 / 阀片 / 法兰 / 接地螺栓
- 原理分析 — 过压保护原理 / 伏-秒特性解析
- 特性解析 — 主要技术参数

HXD1C型电力机车用高压连接器
- 概述 — 功能 / 特点
- 结构解析 — 支持绝缘子 / 十字轴支撑体 / 橡胶波纹管 / 喇叭型头部 / 分流线
- 原理分析 — 升起一台受电弓电流路径 / 升起两台受电弓电流路径
- 特性解析 — 主要技术参数

其他25kV高压电器检修与整备

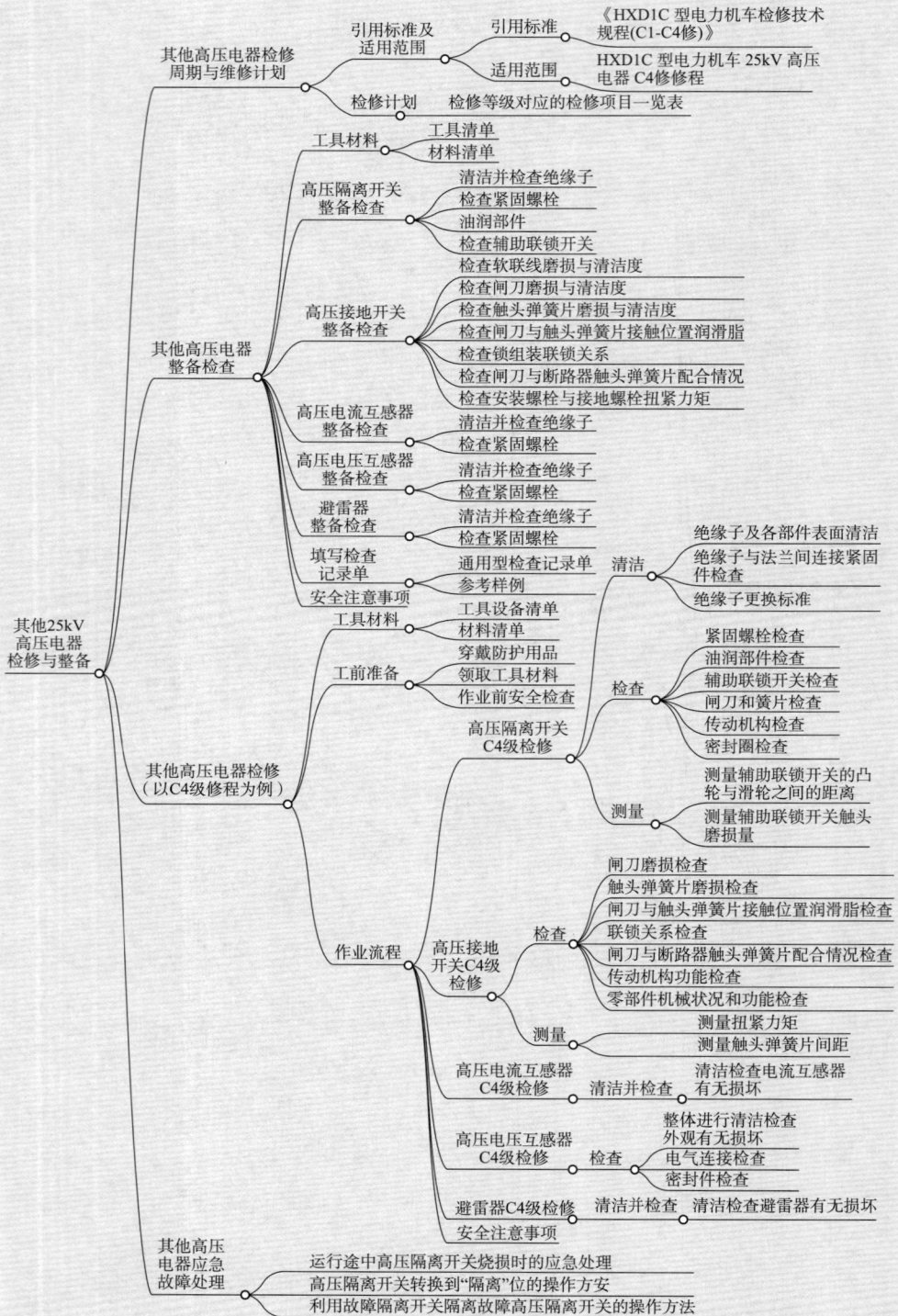

能力图谱

其他25kV高压电器检修与整备

- 其他高压电器检修周期与维修计划
  - 引用标准及适用范围
    - 引用标准 —— 《HXD1C型电力机车检修技术规程(C1-C4修)》
    - 适用范围 —— HXD1C型电力机车25kV高压电器C4修修程
  - 检修计划 —— 检修等级对应的检修项目一览表

- 其他高压电器整备检查
  - 工具材料
    - 工具清单
    - 材料清单
  - 高压隔离开关整备检查
    - 清洁并检查绝缘子
    - 检查紧固螺栓
    - 油润部件
    - 检查辅助联锁开关
    - 检查软联线磨损与清洁度
  - 高压接地开关整备检查
    - 检查闸刀磨损与清洁度
    - 检查触头弹簧片磨损与清洁度
    - 检查闸刀与触头弹簧片接触位置润滑脂
    - 检查锁组装联锁关系
    - 检查闸刀与断路器触头弹簧片配合情况
    - 检查安装螺栓与接地螺栓扭紧力矩
  - 高压电流互感器整备检查
    - 清洁并检查绝缘子
    - 检查紧固螺栓
  - 高压电压互感器整备检查
    - 清洁并检查绝缘子
    - 检查紧固螺栓
  - 避雷器整备检查
    - 清洁并检查绝缘子
    - 检查紧固螺栓
  - 填写检查记录单
    - 通用型检查记录单
    - 参考样例
  - 安全注意事项

- 其他高压电器检修（以C4级修程为例）
  - 工具材料
    - 工具设备清单
    - 材料清单
  - 工前准备
    - 穿戴防护用品
    - 领取工具材料
    - 作业前安全检查
  - 作业流程
    - 高压隔离开关C4级检修
      - 清洁
        - 绝缘子及各部件表面清洁
        - 绝缘子与法兰连接紧固件检查
        - 绝缘子更换标准
      - 检查
        - 紧固螺栓检查
        - 油润部件检查
        - 辅助联锁开关检查
        - 闸刀和簧片检查
        - 传动机构检查
        - 密封圈检查
      - 测量
        - 测量辅助联锁开关的凸轮与滑轮之间的距离
        - 测量辅助联锁开关触头磨损量
    - 高压接地开关C4级检修
      - 检查
        - 闸刀磨损检查
        - 触头弹簧片磨损检查
        - 闸刀与触头弹簧片接触位置润滑脂检查
        - 联锁关系检查
        - 闸刀与断路器触头弹簧片配合情况检查
        - 传动机构功能检查
        - 零部件机械状况和功能检查
      - 测量
        - 测量扭紧力矩
        - 测量触头弹簧片间距
    - 高压电流互感器C4级检修
      - 清洁并检查 —— 清洁检查电流互感器有无损坏
    - 高压电压互感器C4级检修
      - 检查
        - 整体进行清洁检查外观有无损坏
        - 电气连接检查
        - 密封件检查
    - 避雷器C4级检修
      - 清洁并检查 —— 清洁检查避雷器有无损坏
    - 安全注意事项

- 其他高压电器应急故障处理
  - 运行途中高压隔离开关烧损时的应急处理
  - 高压隔离开关转换到"隔离"位的操作方安
  - 利用故障隔离开关隔离故障高压隔离开关的操作方法

3-1 HXD1C 型电力机车用高压隔离开关

高压隔离开关通过切断受电弓与主断之间的高压电路,实现把故障受电弓从高压电路中隔离出去的目的。每台电力机车配备两个高压隔离开关,分别安装在两台受电弓之后。

说明:隔离开关的数量与受电弓数量匹配,单司机室机车车顶只有一台受电弓,则只配一个高压隔离开关。

高压隔开开关有"运行"和"隔离"两个位置。当受电弓处于正常工作状态时,两个高压隔离开关均处于"运行"位(闭合状态),接通受电弓与主断路器之间的高压连接,从而可用任意一台受电弓引入接触网电源,供机车使用。如果某一台受电弓发生故障,可以通过断开与其配合的高压隔离开关(把该隔离开关打到"隔离"位),切断该台受电弓与机车高压电路的连接,从而将发生故障的受电弓从高压电路中隔离出去。此时,可用另一台受电弓升弓,引入接触网电源,维持机车正常运行。此外,在机车检修时,也需要断开高压隔离开关,从而切断接触网电源,以保证检修人员安全。

常用的高压隔离开关有手动式 THG2 系列高压隔离开关和气动式 BT25 系列高压隔离开关。本部分将详细介绍 THG2B-400/25 型高压隔离开关。其型号命名规则如下:T-铁路专用;H-类别代号(代表刀开关、转换开关、隔离开关);G-组别代号;2-序列号;B-THG2 型的衍生型号;400-额定电流,单位为 A;25-额定电压,单位为 kV。THG2B-400/25 型高压隔离开关外形如图 3-1-1 所示。

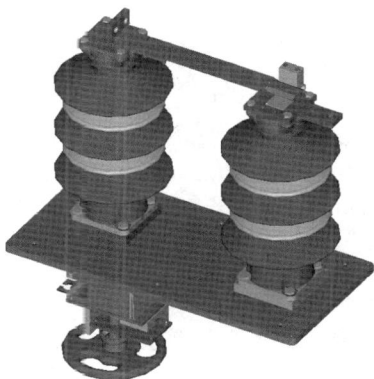

图 3-1-1　THG2B-400/25 型高压隔离开关外形

一、结构解析

THG2B-400/25 型高压隔离开关属于单刀手动隔离开关,用于 HXD1C 型电力机车,其结构图如图 3-1-2 所示。它通过手轮手动操作闸刀的分合闸(不能带电操纵),当闸刀顺时针或逆时针转动大约 60°后,完成主电路的接通或分断。

高压隔离开关通过 6mm 厚的钢制底板安装在车顶上。它装有一个可旋转的闸刀,闸刀装于支持绝缘子上,支持绝缘子安装在通过底板延伸到车内的轴组装上。簧片安装于固定于底板的固定绝缘子上。在底板下,通过手轮可以旋转轴组装及与其连接的支持绝缘子和闸刀以控制高压隔离开关的分合。转轴上的凸轮用来控制安装于侧板上的两个辅助联锁开关闭合状态。底板上还装有两个 M10 螺孔的接地座,用于连接到机车的接地系统。

1. 支持绝缘子

支持绝缘子(图 3-1-3)是高压隔离开关的重要部件,是 400mm 高的硅橡胶绝缘子。它具有机械性能优越,抗污闪性能好,耐电蚀性优异,结构稳定性好,质量轻等优点。

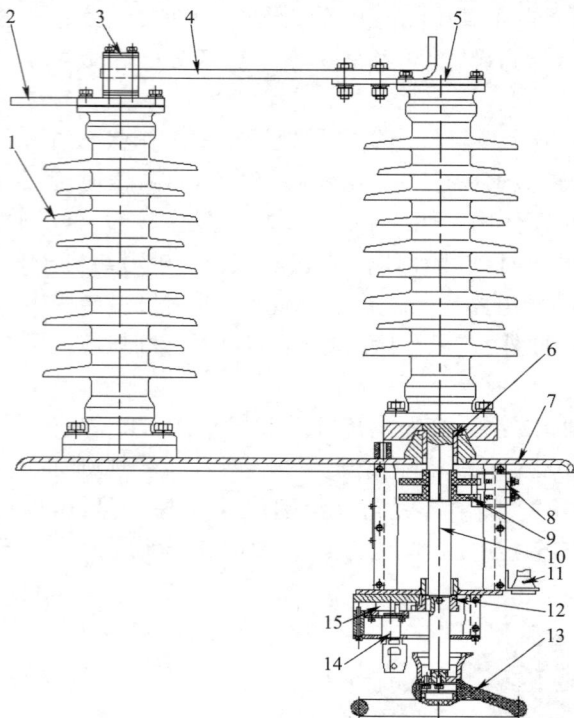

图 3-1-2　THG2B-400/25 型高压隔离开关结构图

1-支持绝缘子;2-连接板;3-簧片;4-闸刀;5-连接板支架;6-轴套;
7-底板;8-辅助联锁;9-凸轮;10-轴组装;11-四芯连接器;12-固位
盘;13-手轮;14-锁;15-锁块

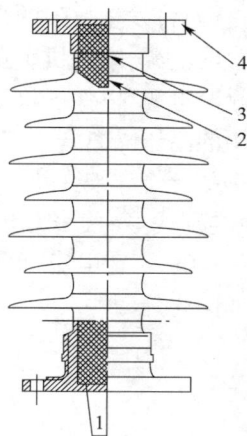

图 3-1-3　支持绝缘子

1-下法兰;2-伞套;3-芯棒;
4-上法兰

2. 连接板

连接板(图 3-1-4)是高压隔离开关的高压连接端(HV1),它表面镀银,一般与自受电弓引出的导电母排连接。

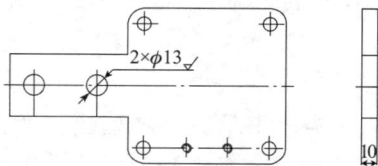

图 3-1-4　连接板

3. 簧片

簧片(图 3-1-5)是与闸刀配合使用的部件,是高压隔离开关高压导电部分的关键部件,表面镀银,当簧片有损坏时应及时更换。

4. 闸刀

闸刀(图 3-1-6)是高压隔离开关高压连接端(HV2),它一般通过软连线与另一个高压电器连接。当它与簧片触指接触后,可将来自受电弓的电流引自其他高压电器。它表面镀银,当闸刀损坏时应及时更换。

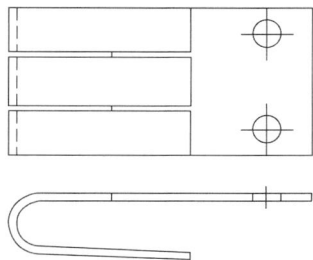

图 3-1-5 簧片

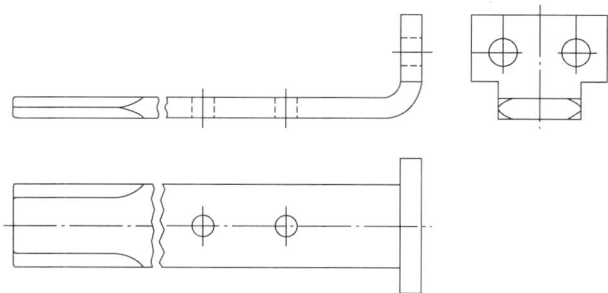

图 3-1-6 闸刀

5. 锁

高压隔离开关与高压接地开关上都使用了互锁装置。只有将锁(图 3-1-7)打开,才能转动手轮,否则,手轮是无法转动的。用黄色钥匙打开锁后,转动手轮可以使高压隔离开关处于分闸位。

说明:当高压隔离开关处于合闸状态后,必须使用黄色钥匙锁好锁。

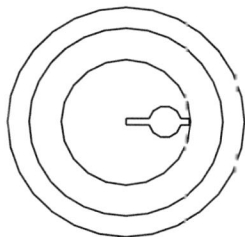

图 3-1-7 锁

二、原理分析

THG213-400/25 型高压隔离开关的接触闸刀,其一端固定在可转动的支持绝缘子上,可转动的支持绝缘子通过底板延伸到车内的转轴上。在底板下边,操纵机构——手柄安装在转轴上,因此,可以手动控制接触闸刀的转动。与闸刀配合的簧片安装在固定绝缘子上部。

1. 分闸

当主断路器断开车顶高压电路,受电弓降弓后,使用黄色钥匙打开锁,再转动手轮使轴组装及与其连接的支持绝缘子和闸刀旋转 60°,闸刀与簧片分离,高压隔离开关分断。转轴转动的同时,固定在主轴上的凸轮驱动低压联锁同步动作,将隔离开关的状态信号传递给控制单元。

2. 合闸

当高压隔离开关处于分闸状态时,反方向转动手轮,使轴组装及与其连接的支持绝缘子和闸刀旋转 60°,闸刀与簧片接触,高压隔离开关闭合,同时使用黄色钥匙锁好锁。转轴转动的同时,固定在主轴上的凸轮驱动低压联锁状态改变,并将信号传递到控制单元。

三、特性解析

THG2B-400/25 型高压隔离主要技术参数见表 3-1-1。

THG2B-400/25 型高压隔离开关主要技术参数　　　　　表 3-1-1

主要技术参数	参数值	主要技术参数	参数值
尺寸(长×宽×高)(mm)	636×300×804	切断闸刀旋转角(°)	60
额定电压(kV)	25(最高30)	机械寿命(次)	3000
额定电流(A)	400	质量(kg)	44
额定频率(Hz)	50	温度(℃)	−40～+70
短时耐受电流(kA,s)	3.15,2	安装尺寸(mm)	540×236

四、要点凝练

THG2B-400/25 型高压隔离开关的作用是在 25kV 高压电路中隔离故障受电弓,使故障受电弓与高压电路分离。高压隔离开关在使用时可能会出现的故障包括如下:闸刀和簧片拉弧烧损,表面出现明显积瘤;高压绝缘护套管内侧烧损;簧片固定座、螺栓和软连线等部件有烧损迹象;等等。导致高压隔离开关发生这些问题的原因可能有以下三种情况:

(1)高压隔离开关带电分断,造成闸刀和簧片间拉弧烧损。

(2)机车主电路通过电流超出了高压隔离开关的额定工作电流 400A,致使高压隔离开关闸刀和簧片接触面迅速发热烧损。

(3)高压隔离开关由于低温或其他原因,造成闭合动作非常缓慢,拉弧放电时间过长。

3-2 HXD1C 型电力机车用高压接地开关

在对电力机车进行检修维护、故障处理等作业前,需要先将车顶高压电路可靠接地,以确保作业人员人身安全。高压接地开关是实现车顶高压电路接地的高压电器。

说明:高压接地开关没有灭弧装置,不具有分断电流的能力,其接通与分断只能在无电状态下进行。

本节将以 HXD1C 型电力机车用的 BTE25.04D 型高压接地开关为例,详细介绍高压接地开关的结构、原理等知识。

一、结构解析

BTE25.04D 型高压接地开关分为车外和车内两部分。车外部分主要包括上罩、闸刀、触头弹簧片以及在上罩内的轴等传动机构,车内部分主要包括下罩、操纵杆组装、锁组装以及在下罩内的传动机构。高压接地开关邻近主断路器安装,安装后必须满足:闸刀应刚好滑入主断路器触头弹簧片内。图 3-2-1 所示为 BTE25.04D 型高压接地开关外形。BTE25.04D 型高压接地开关结构图如图 3-2-2 所示。

图 3-2-1　BTE25.04D 型高压接地开关外形

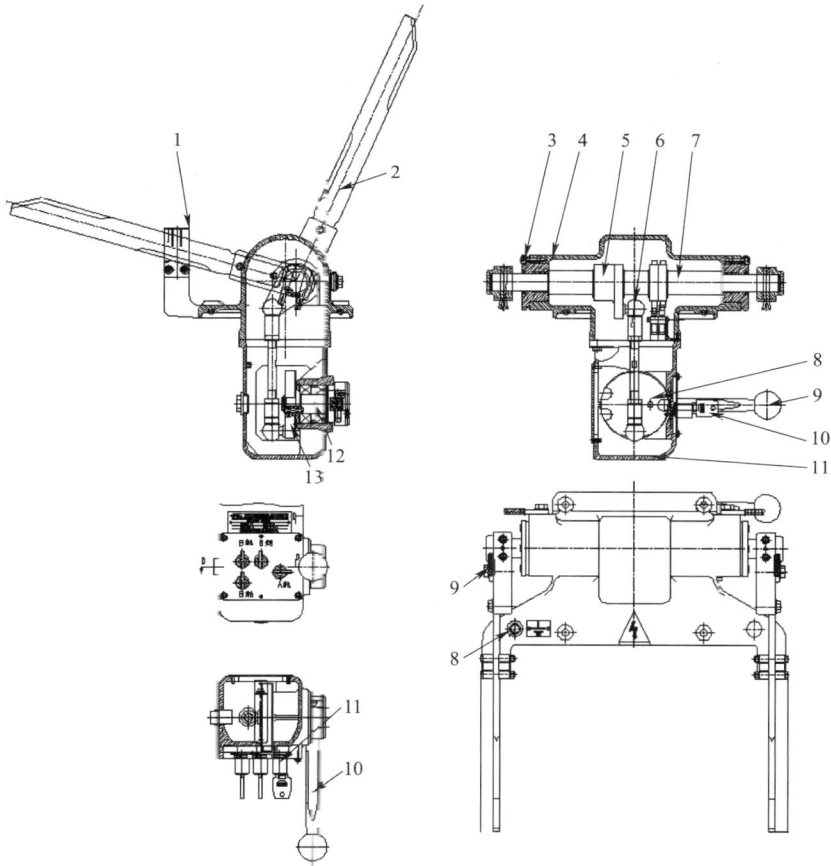

图 3-2-2　BTE25.04D 型高压接地开关结构图

1-触头弹簧片;2-闸刀;3-支架;4-上罩;5-曲柄组装;6-轴;7-连接杆组装;8-转盘组装;9-操纵杆组装;10-锁组装;11-下罩;
12-软联线;13-接地螺栓

二、原理分析

如图 3-2-2 所示,闸刀通过支架安装在轴上,轴、曲柄组装、连接杆组装以及操纵杆组装共同组成一个传动机构,转动操纵杆使整个传动机构进行转动,进而使得轴带动闸刀旋转一定的角度。高压接地开关没有灭弧装置,不具有分断电流的能力,其闭合与分断只能在无电状态下进行。根据设计,当操纵杆从一端旋转 180° 到另一端时,闸刀也相应地从"工作"位旋转 98° 到"接地"位或者从"接地"位旋转 98° 到"工作"位。BTE25.04D 型高压接地开关手动操纵部分如图 3-2-3 所示。

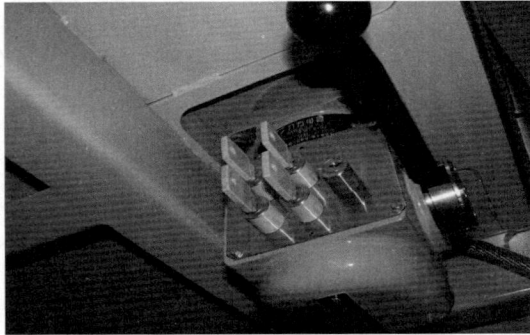

图 3-2-3　BTE25.04D 型高压接地开关手动操纵部分

高压接地开关具有互锁装置,在转动操纵杆之前,需要将锁打开。锁组装置共有 5 个锁,其中 1 个供蓝色钥匙使用,4 个供黄色钥匙使用。仅在蓝色锁被蓝色钥匙打开后,操纵杆才能从"工作"位旋转到"接地"位。一旦旋转到"接地"位,操纵杆将被锁定在此位置不能转动,此时可取出黄色钥匙去打开其他高压设备。

使用时,用蓝色钥匙打开机械联锁,手动转动车内操纵杆,转动 180°,车顶闸刀将随之转动 98°,接地开关将由"工作"位转到"接地"位或由"接地"位转到"工作"位。

BTE25.04D 型高压接地开关由"工作"状态转到"接地"状态,操作步骤(图 3-2-4)如下:

(1)在安全联锁箱(BSV)上转动蓝色钥匙(钥匙 A),将 BSV 转换到"降弓"位,取下蓝色钥匙,插入到高压接地开关蓝色锁孔内旋转至"打开"位。

(2)蓝色钥匙置打开位后,将操纵杆拉起约 14mm,拉出操纵杆,并顺时针旋转 180° 到"接地"位。此时,高压接地开关闸刀旋转 98° 到"接地"位。

(3)取出另外 4 把黄色钥匙,解锁高压隔离开关锁、2 个牵引变流器柜门锁及车顶门锁。值得注意的是,为了防止有人误操作,当黄色钥匙被取出后,高压接地开关的操纵杆将被锁定在"接地"位不能转动,直到 4 把黄色钥匙均拿回来,插入相应锁孔,逆时针转 90° 转至水平位后,方可解锁操纵杆,操纵杆才能从"接地"位转回到"工作"位。

BTE25.04D 型高压接地开关由"接地"状态转换到"工作"状态,其操作步骤是由"工作"状态转到"接地"状态的反序过程(图 3-2-5),具体操作步骤如下:

取回黄色钥匙,解锁高压接地开关→转动操纵杆,高压接地开关由"接地"位转回"工作"位→取出蓝色钥匙,放回 BSV 蓝色锁孔,解锁 BSV→BSV 由"降弓"位转换到"升弓"位。

说明:4 把黄色钥匙插入相应锁孔后,只要转动其中任意一把黄色钥匙,打开黄色锁芯,其余 3 把黄色钥匙会联锁转动。仅在黄色锁被解锁后,操纵杆才能从"接地"位转到"工作"位。

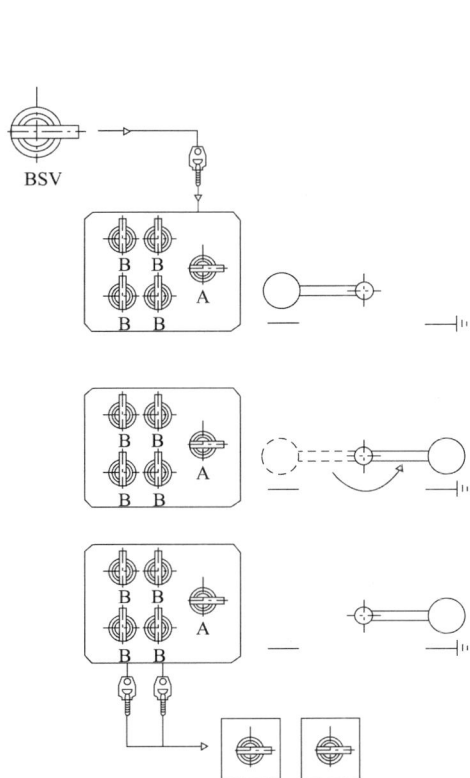

图 3-2-4 BTE25.04D 型高压接地开关由"工作"状态转到"接地"状态

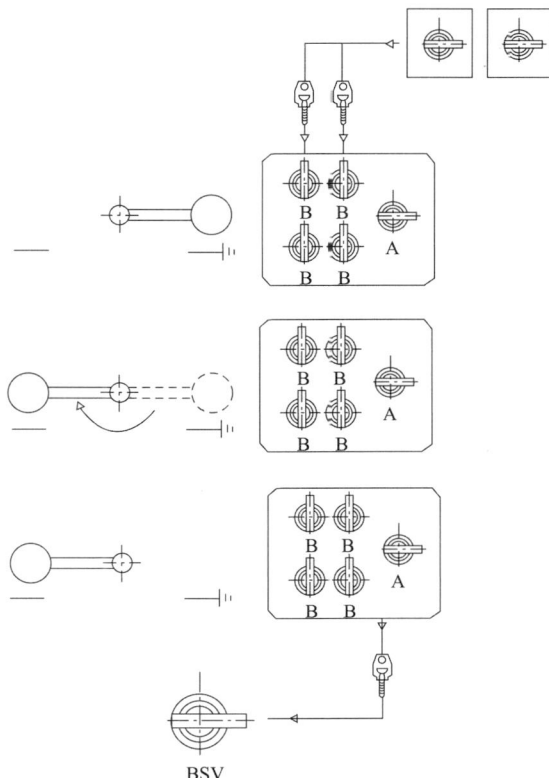

图 3-2-5 BTE25.04D 型高压接地开关由"接地"状态转换到"工作"状态

三、特性解析

BTE25.04D 型高压接地开关主要技术参数见表 3-2-1。

BTE25.04D 型高压接地开关技术参数　　　　表 3-2-1

主要技术参数	参数值	主要技术参数	参数值
尺寸(长×宽×高)(mm)	488×546×424	切断闸刀旋转角(°)	98
额定电压(kV)	25(最高30)	机械寿命(次)	20000
额定电流(A)	400	质量(kg)	22
额定频率(Hz)	50	温度(℃)	-40 ~ +70
短时耐受电流(kA,s)	16,2	安装尺寸(mm)	220×205

四、要点凝练

BTE25.04D 型高压接地开关是在对电力机车进行检修维护、故障处理等作业前,将车顶高压电路进行可靠接地的高压电器。高压接地开关没有灭弧装置,不具有分断电流的能力,因此,需要在降弓、断主断,高压电路完全被切断后才能进行操作。高压接地开关最易出现的故障是触头弹簧片或闸刀变形或断裂,从而导致接地开关无法从"工作"位转向"接地"位。

3-3 HXD1C 型电力机车用高压电流互感器

电流互感器是一种特殊的变压器,有原边绕组、次边绕组。一般,其原边绕组串联在被测电路中,用以测量交流电路电流,然后按照其原边、次边匝数的反比等比例变换被测电流值,再送入控制单元,用以提供过流保护、短路保护等电路保护。

在电力机车中,有很多电流互感器,包括:用于 25kV 高压电路的高压电路互感器,用于1000V 等级中压电路的电流互感器,用于低压电路的电流互感器。本节介绍的 LMZ3-0.72型高压电流互感器用于测量主变压器高压绕组进线端的电流,是一种高压电流互感器,每台机车配备一个,安装在车顶,主断路器附近。

说明:现在有些机车车辆,如中国标准动车组 CR200J 等,已将很多原来安装在车顶的高压电器移入车内,集中安装在网侧柜内,其中包括高压电流互感器、高压电压互感器、主断路器、避雷器等。

一、结构解析

LMZ3-0.72 型高压电流互感器主要由互感器浇注体、二次出线铸铝接线盒和安装底板三个部件组成,其外形如图 3-3-1 所示。

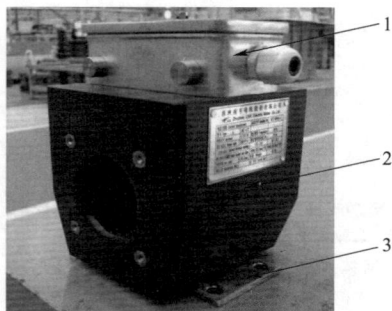

图 3-3-1 LMZ3-0.72 型高压电流互感器外形
1-接线盒;2-浇注体;3-安装底板

LMZ3-0.72 型高压电流互感器结构图如图 3-3-2所示。其铁芯形式为卷铁芯,铁芯材料采用晶粒取向优质冷轧低损耗硅钢片经卷制、退火而成;有两个二次绕组,采用 155 级改性聚酯漆包铜圆线 QZ(G)-2/155绕制;没有自带一次绕组,其一次绕组为从中心穿过的高压电缆。

LMZ3-0.72 型高压电流互感器卧倒安装在支撑板上,通过 4 个 M6 的螺栓紧固安装。一次电缆穿入,高压电流互感器的中心,需要按照标识方向将一次电缆穿入,高压电流互感器。

二、原理分析

LMZ3-0.72 型高压电流互感器是利用电磁感应原理,通过一次绕组与二次绕组的匝数比把大电流变换为相应的小电流。

串联在电力机车主变压器高压绕组高压电路中的 LMZ3-0.72 型高压电流互感器,有两套二次绕组,一套二次绕组的输出电流将送入数字电度表,为计算电力机车的用电电能提供电流信号;另一套二次绕组的输出电流将送入控制单元,用于防止设备故障带来的过流、过热甚至火灾事故。LMZ3-0.72 型高压电流互感器工作原理示意图如图 3-3-3 所示。

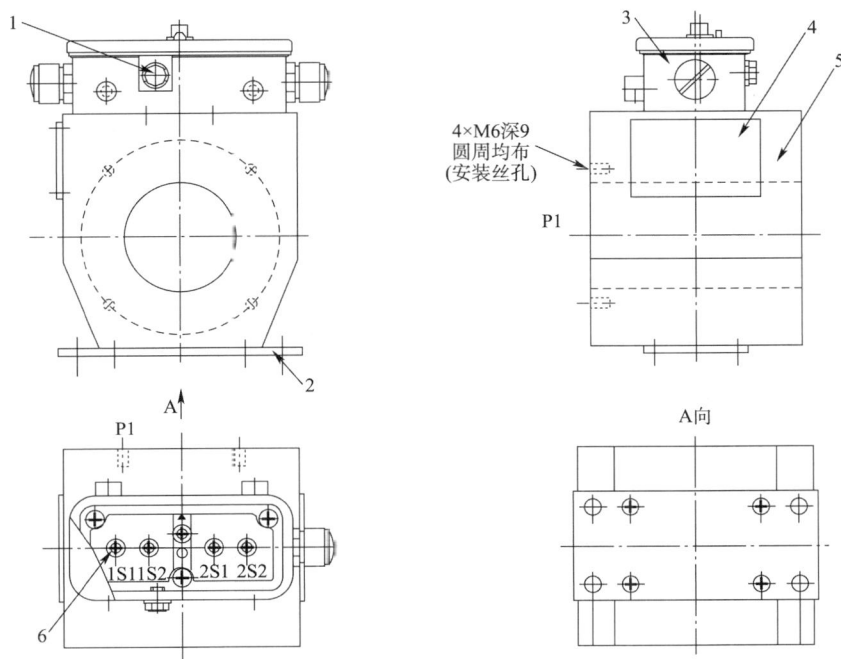

图 3-3-2　LMZ3-0.72 型高压电流互感器结构图

1-M8 接地螺栓;2-安装底板;3-接线盒;4-名牌;5-电流互感器浇注体;6-1S1、1S2,2S1、2S2 二次侧接线端子

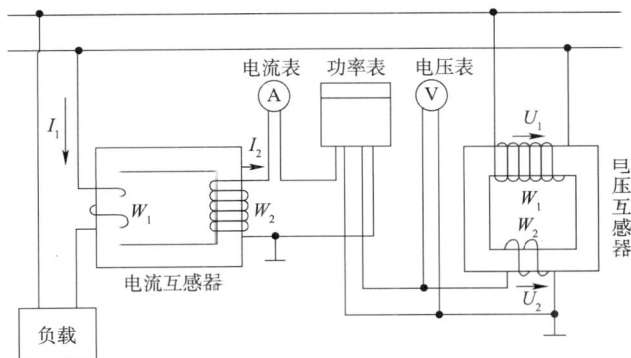

图 3-3-3　LMZ3-0.72 型高压电流互感器工作原理示意图

三、特性解析

LMZ3-0.72 型高压电流互感器主要技术参数见表 3-3-1。

LMZ3-0.72 型高压电流互感器技术参数 表 3-3-1

主要技术参数	参数值	主要技术参数	参数值
外形尺寸(mm)	150×145×215	二次额定负荷(VA)	20/5(2 套)
额定电压(kV)	25(最高 30)	绝缘等级	E 级
额定电流比	600/1/1(二次绕组有 2 套)	二次出线方式	带接线盒
额定频率(Hz)	50	质量(kg)	6.3

四、要点凝练

LM23-0.72 型高压电流互感器使用时需要注意以下几点：
(1)高压电流互感器外壳需可靠接地。
(2)当高压电流互感器运行时,二次绕组 1S2、2S2 端需可靠接地。
(3)注意一次电缆穿入高压电流互感器的方向不能错。

3-4 HXD1C 型电力机车用高压电压互感器

　　每台电力机车需要一个高压电压互感器,将接触网 25kV 高压降为低压(大部分机车降为 100V 低压),该低压信号用途如下:①提供给网压表,以显示网压;②向机车电度表提供电压信号,以便于计算机车所耗电能;③向自动过分相提供网压信号。值得注意的是,该 100V 低压信号不能直接用于机车控制及监控,需要经过进一步处理后才能送入控制和监控系统。

　　大部分电力机车采用户外全封闭式电压互感器,安装于车顶,位于受电弓和主断路器之间,通过软编线与车体高压母线相连。但在某些电力机车车辆上,高压电压互感器已由车外移到车内,安装在车内网侧柜中。

　　高压电压互感器原边设有安全装置,其目的在于当高压电压互感器发生故障时,安全装置动作,切断高压电压互感器与电力机车原边高压电路的电气连接,防止由于高压电压互感器故障导致接触网断电或烧断。

　　HXD1C 型电力机车采用 TBY1-25 型高压电压互感器,其外形如图 3-4-1 所示。型号含义:T-铁路机车专用;B-变换器;Y-电压互感器;1-设计序号;25-额定电压:25kV。

图 3-4-1　TBY1-25 型高压电压互感器外形

一、结构解析

　　TBY1-25 型高压电压互感器为油浸式结构,主要由油箱、铁芯、线圈、出线套管等部分组成,其结构图如图 3-4-2 所示。

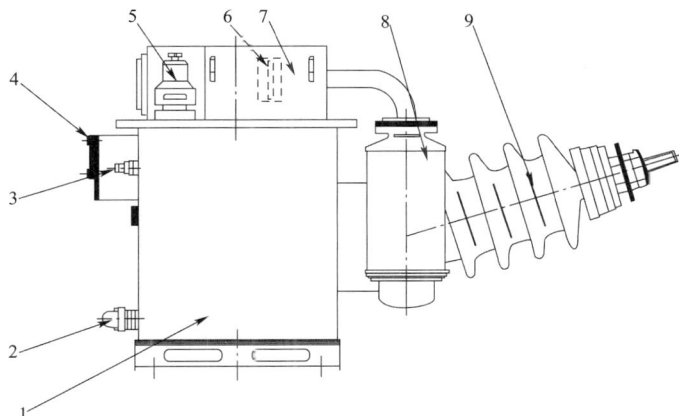

图 3-4-2　TBY1-25 型高压电压互感器结构图

1-油箱;2-油样活门;3-观察窗;4-二次侧套管;5-压力释放阀;6-油位表;7-箱盖;8-吸湿器;9-25kV 套管

线圈和铁芯套装后经干燥处理,装入油箱。线圈在油箱内卧式放置,浸于变压器油中。高压绕组高压端 A 端由 25kV 高压套管引出,高压绕组低压端 X 端、低压绕组 a1、x1 出线端及接地端子经 0.2kV 低压套管引出。

高压电压互感器油箱外部经过接地螺栓可靠接地,避免由于悬浮电位造成放电或触电事故。箱盖上有油位表,用红色油漆在显著位置标明不同温度(+40℃、+25℃、-25℃)下的油位。箱体上有注油装置,箱盖上有补油装置。

呼吸器用以保证油箱内气压与外界大气压强一致。当环境温度及油温变化时,油箱会少量吸入或排出空气,呼吸器内的硅胶可吸收呼入或排出空气中的水蒸气。

箱盖上装有压力释放阀,其开启压力为 35kPa±5kPa,关闭压力为 19kPa。当高压电压互感器内部发生短路或其他故障时,可能会引起油箱内部压力急剧升高。当压力大于 35kPa±5kPa 时,压力释放阀将自动开启,释放掉过高的气压,以防高压电压互感器爆炸。当气压值恢复到 19kPa 及以下时,压力释放阀将自动关闭,以保证油箱的密闭。

由于高压绕组对低压绕组及接地之间存在分布电容,在原边发生故障时,电压互感器二次侧会产生很高的静电感应电压,造成一、二次绕组之间的绝缘被击穿,将危及测量仪表或乘务员的人身安全。为此,在高压绕组与低压绕组之间设置静电屏,静电屏由一块 0.5mm 厚的紫铜板围成,引出一根接地线,与接地端子相连,在油箱外部接地。

二、原理分析

电力机车控制系统通过对高压电压互感器次边低压信号的采集,可实现超压保护和欠压保护。

1. 超压保护

如果网压高于 31.5kV 并持续 40s 或高于 32kV,将断开主断路器,并在显示屏上显示相应的信息。复位条件:当网压低于 31kV 并超过 20s,允许合主断。

2. 欠压保护

如果网压低于 17kV 并持续 1s,将断开主断路器,并在显示屏上显示相应的信息。复位条件:当网压高于 17.5kV 并超过 1s,允许合主断。

三、特性解析

TBY1-25 型高压电压互感器主要技术参数见表 3-4-1。

TBY1-25 型高压电压互感器主要技术参数　　　　　　　表 3-4-1

主要技术参数	参数值	主要技术参数	参数值
额定电压(kV)	25	工频参考电压 (阻性负载,1mA 下)(kV)	≥56
额定电压比	25000/100	泄漏电流(μA)	50
标称放电电流(kA)	10	误差限值(%)	±0.5
系统最大持续运行电压(kV)	30	相位差(°)	±20
直流参考电压(1mA 下)(kV)	>58		

四、要点凝练

TBY1-25 型高压电压互感器的使用注意事项如下:

(1)高压电压互感器一次绕组与被测负荷并联,二次侧绕组与测量仪表的电压线圈并联。使用中,若不接测量仪表时,应使二次侧绕组处于开路状态,要绝对避免二次侧短路。因此,在高压电压互感器二次电路中接有保护用自动开关。

(2)高压电压互感器在使用中,二次侧绕组的一端和外壳要可靠接地,以防一次侧绕组放电或击穿时,高电压进入二次侧测量电路,危及测量仪表和人员人身安全。

3-5 HXD1C 型电力机车用避雷器

机车车辆在行驶过程中,有可能遭受意外的雷电侵袭。雷电电压远远大于接触网网压,为防止雷电产生的过电压危害,机车上配备了避雷器。避雷器内部是氧化锌非线性电阻片(也称阀片)。在网压突然升高时,非线性电阻片的阻值会迅速下降,此时,避雷器的阻值远远小于电力机车电气系统的电阻值,因此,雷电产生的过电压将选择阻值较小的避雷器这条电路,由于避雷器另一端是接地的,所以该过电压将通过避雷器被导入大地,从而避免了对电力机车电气系统的破坏。当电压恢复到正常值后,避雷器的非线性电阻片阻值也会恢复到较高的阻值状态,此时避雷器相当于断路状态,此时,正常的接触网网压将进入电力机车电气系统,供机车使用。

HXD1C 型电力机车使用了 YH10WT-42/105 型避雷器,其外形如图 3-5-1 所示。该避雷器采用硅橡胶外套密封,耐污性能和防爆性能好。

一、结构解析

YH10WT-42/105 型避雷器由上盖、避雷器本体、法兰构成,其结构图如图 3-5-2 所示。

上盖上方有两个 M10 的螺栓,作为避雷器的高压接线端,法兰上有均布的 4-φ13 孔,以便于用 M12 的螺栓与基础连接。

图3-5-1　YH10WT-42/105 型
避雷器外形图

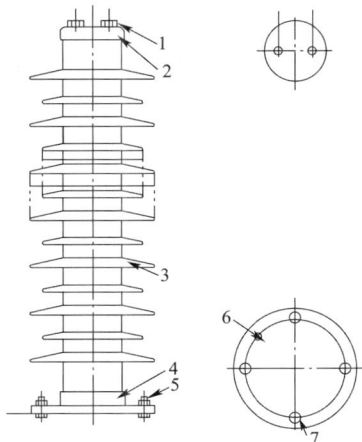

图 3-5-2　YH10WT-42/105 避雷器结构图
1-上盖螺栓 M10;2-上盖;3-避雷器本体;4-法兰;5-安装螺栓
M10;5-接地端螺栓 M10;7-法兰连接螺栓 M12

避雷器本体由阀片芯体(由多片氧化锌阀片串联组装而成)、压紧弹簧、防爆装置等组成,其基本元件是密封在瓷套管内的氧化锌阀片。氧化锌阀片是以氧化锌为基体(极少量氧化锑、氧化铬等)制成的非线性电阻片,具有均匀热量及均匀电流密度的良好性能。氧化锌阀片在暂态过电压及持续长时间放电下,能达到较高的能量吸收能力及较均匀的电流密度,从而保护其他高压设备。

二、原理分析

YH10WT-42/105 型工作原理示意图如图 3-5-3 所示。避雷器与被保护物并联,一端接地。当其两端电压在正常值范围内时,氧化锌阀片呈现高阻状态,此时,避雷器表现为绝缘状态。当出现的过电压危及被保护物时,非线性电阻片阻值迅速下降到很低,此时避雷器相当于一个阻值很小的电阻,使高压冲击电流经避雷器泄入大地,过电压得以释放。当电压恢复到正常值后,避雷器仍能恢复到原来的高阻绝缘状态,从而使电流重新回到原来的工作电路,流经被保护物,电路恢复正常工作。

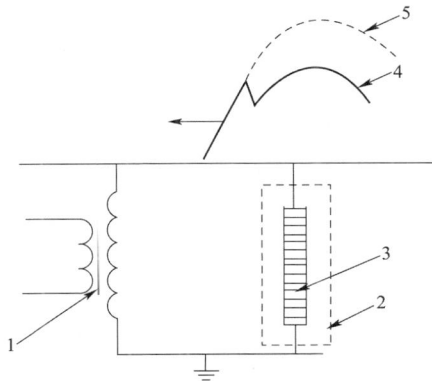

图 3-5-3　YH10WT-42/105 型避雷器工作原理示意图
1-被保护变压器;2-避雷器;3-非线性电阻片;4-被限制的过电压波;5-未被限制的过电压波

击穿电压的幅值同击穿时间的关系称为伏-秒特性。为了使避雷器能可靠地保护被保护物,避雷器的伏-秒特性至少应比被保护物绝缘的伏-秒特性低20% ~25%,如图3-5-4所示。

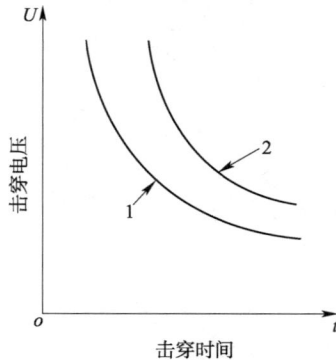

图3-5-4　避雷器的伏-秒特性
1-避雷器的伏-秒特性;2-被保护物绝缘的伏-秒特性

避雷器在放电时,应能承受耐热以及机械应力等变化,而本身结构不致损坏。

三、特性解析

YH10WT-42/105 型避雷器主要技术参数见表3-5-1。

YH10WT-42/105 型避雷器主要技术参数　　　　　表3-5-1

主要技术参数	参数值	主要技术参数	参数值
产品尺寸(mm)	538 × Φ150	陡波冲击电流下残压(kV)	≤118
质量(kg)	13	雷电冲击电流下残压(kV)	≤105
额定电压(kV)	42	操作冲击电流下残压(kV)	≤89
系统最大持续运行电压(kV)	31.5	爬电比距(cm/kV)	≥2.5
标称放电电流(kA)	5		

四、要点凝练

YH10WT-42/105 型避雷器本体采用了氧化锌阀片,具有良好的伏-秒特性。当电气系统出现过电压时,氧化锌阀片呈现低电阻状态,吸收一定的过电压能量,过电压被限制在允许值以下,从而对电器设备提供可靠的保护。而在避雷器额定电压和系统正常工作电压下,氧化锌阀片呈现为高电阻状态,使避雷器仅流过很小的泄漏电流,起到与系统绝缘的作用。

避雷器可以在毫秒级内响应雷击,保护设备免受雷击伤害。避雷器能够承受较大的电流,可以有效地保护设备免受雷击和电涌的影响。

避雷器在动作后会自动恢复高阻状态,而且不会导致续流。避雷器在动作后,产生的残压非常低,不会对设备造成损害。

3-6 HXD1C 型电力机车用高压连接器

高压连接器是用于两节机车重联运行时,连接两节机车车顶 25kV 高压电路的一种高压电器。高压连接器仅用于重联机车。高压连接器安装于每节机车车顶尾部,依靠两节机车连挂时的冲击力自动连接,分离时也随机车车钩的脱离而自动分离。图 3-6-1 所示为 HXD1C 型电力机车网侧电路图。

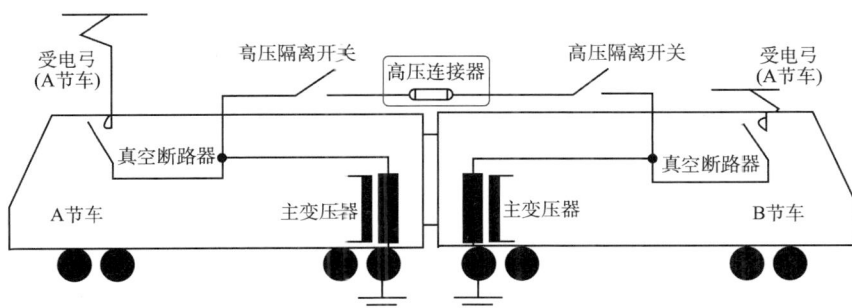

图 3-6-1　HXD1C 型电力机车网侧电路图

HXD1C 型重联机车采用 LG2-400/25 型高压连接器。两节机车连挂后,两个高压连接器的连接状态如图 3-6-2 所示。

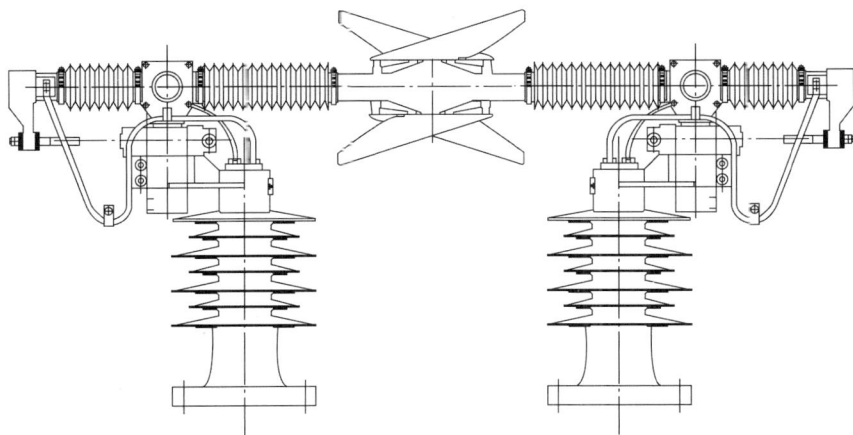

图 3-6-2　HXD1C 型电力机车重联后高压连接器总图

一、结构解析

LG2-400/25 型高压连接器由喇叭形头部、十字轴支承体等部件构成,其结构图如图 3-6-3 所示。高压连接器自由状态下伸出 420mm,最大退程为 240mm。

LG2-400/25 型高压连接器喇叭形头部装有羊角,以保证良好的自动导向对接性能。盖板装配包括盖板、叉形件、半圆环、拉簧及双连线等。叉形件作为动触头,半圆环作为静触头。连接后彼此紧扣在一起,形成线接触,以保证高压电路的可靠连接。分流线跨接在轴承两侧,起导电的作用,避免电流通过轴承时过度发热,防止轴承的电腐蚀。

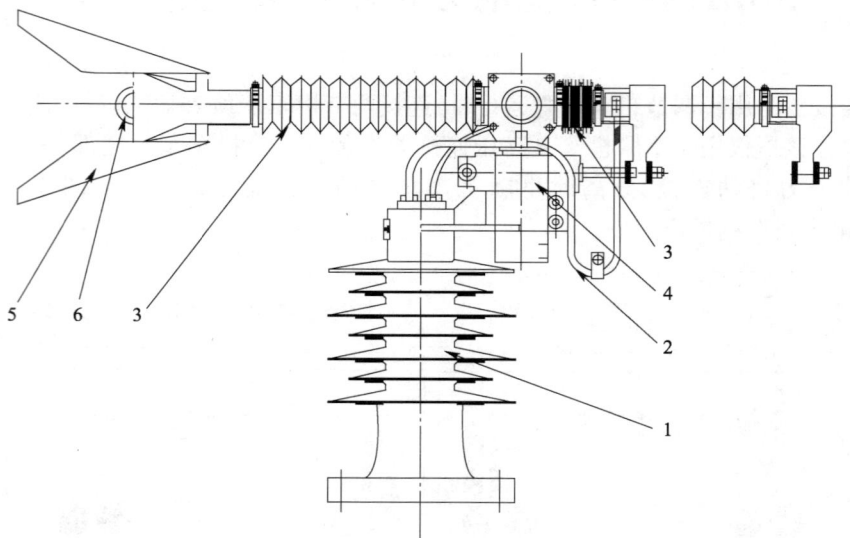

图 3-6-3   LG2-400/25 型高压连接器结构图
1-支持绝缘子;2-分流线;3-橡胶波纹管;4-十字轴支承体;5-喇叭形头部;6-盖板装配

十字轴支承体由十字接头和十字轴支承装置组成,其结构图如图 3-6-4 所示。顶杆轴向穿入十字接头中,起滑动和限位作用。十字支承装置包括板簧、蜗卷簧等弹性装置,可保证高压连接器在机车单节运行自由状态下处于平衡状态。

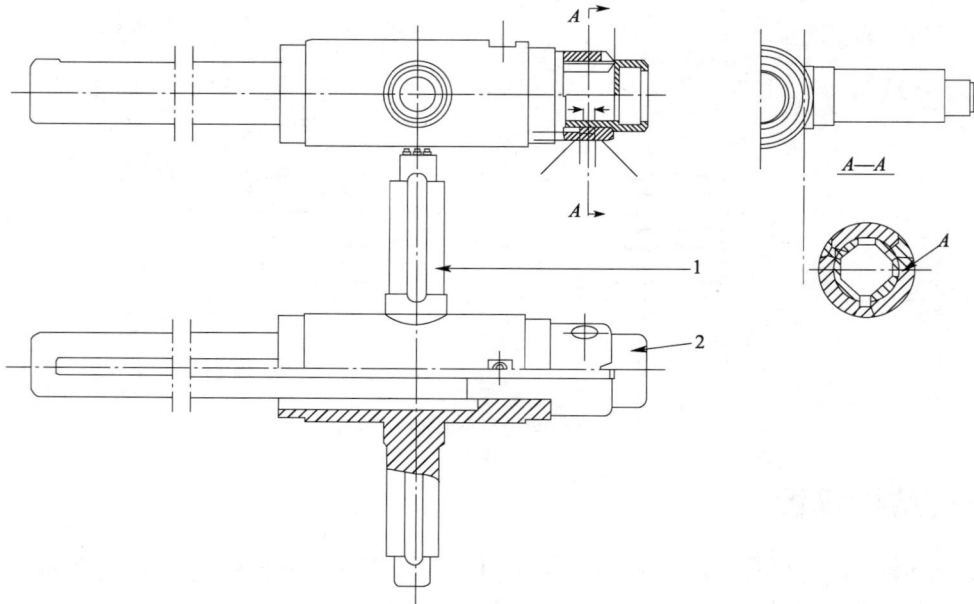

图 3-6-4   十字轴支承体结构图
1-顶杆;2-十字接头

二、原理分析

重联机车的高压受流有两种情况:一是升起一台受电弓的受流过程;二是升起两台受电弓的受流过程。一般情况下,只升一台受电弓。

1. 升起一台受电弓的受流过程

本节机车(升起的受电弓所在机车)高压电流路径:接触网电流通过受电弓,经本节主断路器,通过本节机车的主变压器的原边绕组高压端子给本节机车电路供电,再由本节机车的主变压器原边绕组低压端子经接地电刷、轮对、钢轨,返回变电所。

他节机车高压电流路径:在本节机车主断路器闭合后通过本节机车高压隔离开关、高压连接器、他节机车高压连接器、高压隔离开关,由他节机车的主变压器的原边绕组高压端子给他节机车电路供电,再由他节机车的主变压器原边低压端子经接地电刷、轮对、钢轨,返回变电所。

升起一台受电弓的网侧电路原理图如图 3-6-5 所示。

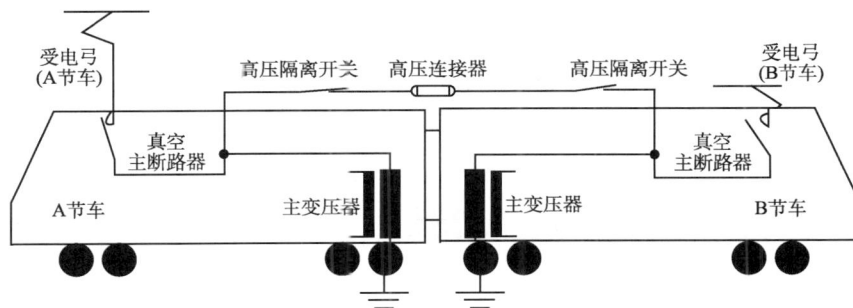

图3-6-5 升起一台受电弓的网侧电路原理图

2. 升起两台受电弓的受流过程

在此模式下,两节机车中至少要有一节机车的高压隔离开关处于断开位。此时,两节机车电流路径是一样的:接触网电流通过受电弓,经主断路器,通过机车的主变压器的原边绕组高压端子给机车电路供电,再由机车的主变压器原边低压端子经接地电刷、轮对、钢轨,返回变电所。在此模式下,两节机车的主断路器分别控制各自机车电路的供电。升起两台受电弓的网侧电路原理图如图 3-6-6 所示。

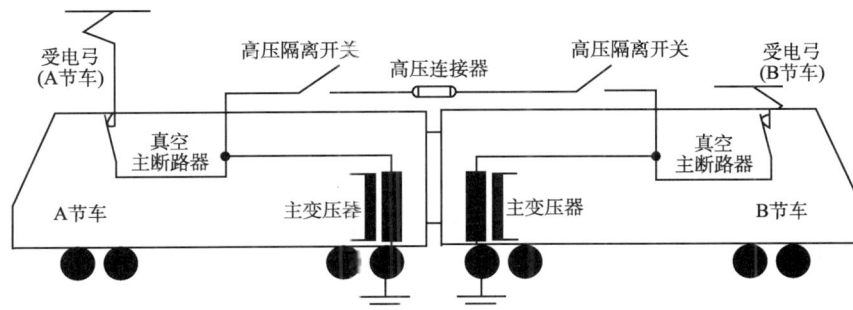

图3-6-6 升起两台受电弓的网侧电路原理图

三、特性解析

LG2-400/25 型高压连接器主要技术参数见表 3-6-1。

LG2-400/25 型高压连接器技术参数　　　　　　　　表 3-6-1

主要技术参数	参数值	主要技术参数	参数值
工作电压范围(kV)	17.5~31	机械寿命(次)	20000
系统最大持续运行电压(kV)	31.5	左右摆动角度(°)	≤34
额定电压(kV)	30	上下摆动角度(°)	≤8.5
额定电流(A)	≥400	最大退程(mm)	240
接触电阻(连接状态)(μΩ)	≤650	导电杆中心线至车顶高(mm)	586
短时耐受峰值电流(kA)	8(1s)	支持绝缘子爬电距离(mm)	≥1000

四、要点凝练

LG2-400/25 型高压连接器安装于重联机车的两节机车车顶尾部,依靠两节机车连挂的冲击力进行自动对接,分离时也是随着机车车钩的脱离而自动分离。高压连接器用于连接重联的两节机车的网侧高压电路,可实现只升起一节机车的受电弓,同时向两节机车供电的目的。

3-7 整备员工作页　其他 25kV 高压电器整备检查作业

一、工序卡

其他 25kV 高压电器整备检查作业工序卡见附录 3。

二、其他 25kV 高压电器整备检查记录单

温馨提示

本节以 HXD1C 型电力机车为例,编制其他 25kV 高压电器整备检查作业工序卡及检查记录单,其他车型可参考。

其他 25kV 高压电器整备检查记录单(本地趟检)

设备名称	检查内容及标准	主要工具
高压隔离开关	1.清洁并检查支持绝缘子 用酒精(专用清洗剂)和软布将支持绝缘子表面的灰尘擦拭干净,并仔细观察支持绝缘子表面,有无明显可见的裂口,如有,则必须更换。 注意:清洗硅橡胶支持绝缘子表面时,不应大力擦拭,以免硅橡胶支持绝缘子表面产生裂纹。	扭力扳手、酒精(专用清洗剂)、软布、润滑剂、导电膏

设备名称	检查内容及标准	主要工具
高压隔离开关	2.检查紧固螺栓 　检查各紧固螺栓有无松动现象,松动螺栓必须使用扭力扳手按相应力矩标准紧固。 　注意:更换紧固螺栓时,新螺栓紧固前应涂螺纹密封胶。 　3.油润部件 　(1)用润滑剂对传动轴进行油润。 　(2)将导电膏涂于闸刀和簧片接触部分。 　4.检查辅助联锁开关 　(1)用酒精清洗各辅助联锁的触头。 　(2)检查各辅助联锁触头接触状况是否良好,接触不良者必须更换	扭力扳手、酒精(专用清洗剂)、软布、润滑剂、导电膏
高压接地开关	1.检查软联线磨损与清洁度 　检查软联线,软联线不得有断裂、脱股、磨损等现象存在,保持表面清洁。 　2.检查闸刀磨损与清洁度 　检查闸刀,闸刀不得有磨损现象,保持表面清洁。 　3.检查触头弹簧片磨损与清洁度 　检查触头弹簧片,触头弹簧片不得有磨损现象,保持表面清洁。 　4.检查闸刀与触头弹簧片接触位置润滑脂 　检查闸刀与触头弹簧片接触位置,如果润滑脂出现明显污秽、损耗严重,或者出现凝结现象,则应清理并重新涂润滑脂。 　5.检查锁组装联锁关系 　检查锁组装联锁关系,锁组装可靠工作,联锁关系正常。 　6.检查闸刀与断路器触头弹簧片配合情况 　检查闸刀与断路器触头弹簧片配合情况,改变接地开关状态,闸刀应能准确地滑入断路器触头弹簧片内。 　7.检查安装螺栓与接地螺栓扭紧力矩 　检查接地开关安装螺栓与接地螺栓扭紧力矩,应无松动现象,且符合下表要求: | 检查部位	扭紧力矩要求 | |---|---| | 安装螺栓 | 39.4N·m | | 接地螺栓 | 19.3N·m |	转矩扳手、清洗剂、软布、润滑剂
高压电流互感器	目视检查高压电流互感器: 　检查高压电流互感器支持绝缘子是否损坏,有无污垢,如有必要,应清洁或更换	清洁剂
避雷器	目视检查避雷器: 　检查避雷器是否损坏,有无污垢,如有必要,应清洁或更换	清洁剂
高压电压互感器	1.目视检查高压电压互感器 　(1)检查高压电压互感器有无损坏,如有必要,应更换。 　(2)检查高压电压互感器安装螺栓是否紧固到位,如有必要,应重新紧固。	转矩扳手、清洗剂、软布

设备名称	检查内容及标准	主要工具
高压电压 互感器	(3)检查高压电压互感器有无污垢,如有必要,使用规定的清洁剂进行清洗。 注意:根据使用条件和操作经验,每清洁3次,需涂一次硅脂。 2.检查电气连接 (1)检查电气连接有无损坏或缺少部件,如有必要,应更换或补全。 (2)检查电气连接是否紧固到位,如果必要,应重新紧固。 3.检查密封件 检查法兰和机车顶盖之间的密封件有无损坏和磨损、老化、裂纹,如有必要,应更换	
结束步骤	整车接地恢复程序如下: (1)关闭车顶门,旋转位于变流器柜门(A)上的黄色钥匙和车顶门(B)上的黄色钥匙并拔出,如图3-7-1、图3-7-2所示。 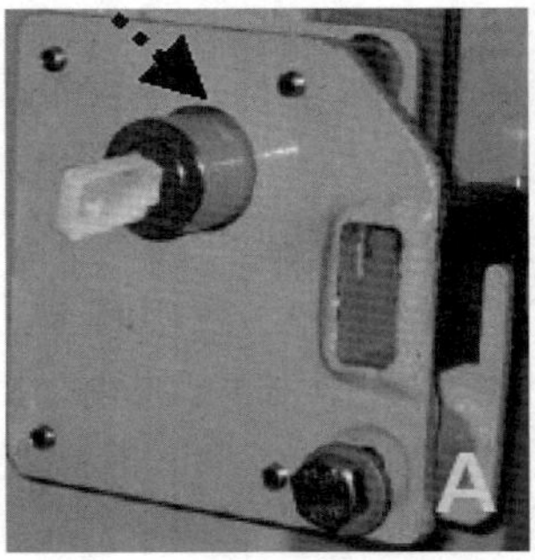 图3-7-1　变流器柜柜门钥匙 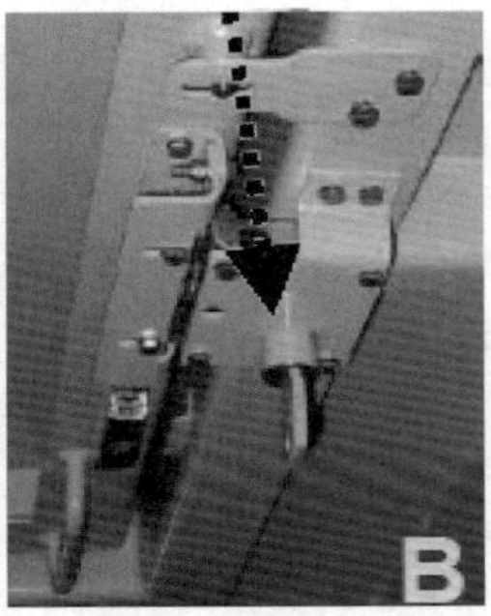　　图3-7-2　车顶门钥匙 (2)把黄色钥匙插入高压接地开关的黄色锁孔内,如图3-7-3所示。 (3)旋转黄色钥匙到竖直位,高压接地开关操作手柄转到"工作"位。 危险提示:高压设备此时不再接地! (4)旋转蓝色钥匙到水平位,并拔出。 注意:此时,接地开关的操作手柄被锁死,不能转动。 (5)将蓝色钥匙插入到制动柜截止阀B01.U99的锁孔内,并旋转到竖直位,如图3-7-4所示。 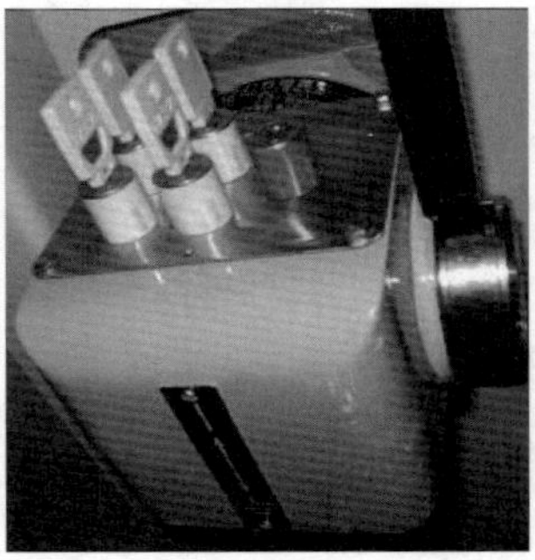 图3-7-3　高压接地开关锁 　　图3-7-4　制动柜截止阀 　　　　　　　　　　　　　　　　　　B01.U99锁 注意:受电弓的升弓气路被打开;受电弓升弓电磁阀可以得电	

三、整备检查单填写样例

1. 参考数据

（略）

2. 工具材料清单

（1）工具

25kV 高压电器整备检查所需工具清单见表 3-7-1。

25kV 高压电器整备检查所需工具清单　　　　表 3-7-1

序号	工具名称	单位	数量	序号	工具名称	单位	数量
1	一字螺丝刀	套	1	5	三层平台门钥匙	把	1
2	扭力扳手	套	1	6	四角钥匙	把	2
3	安全带	条	2	7	对讲机	个	2
4	登顶门禁卡	张	2				

（2）材料

25kV 高压电器整备检查所需材料清单见表 3-7-2。

25kV 高压电器整备检查所需材料清单　　　　表 3-7-2

序号	工具名称	单位	数量	序号	工具名称	单位	数量
1	清洗剂	瓶	1	4	记号笔	个	1
2	导电膏	瓶	1	5	安全锁扣	个	3
3	无纺布	捆	若干				

3. 安全注意事项

（1）穿戴安全防护用品，佩戴安全帽。

（2）登顶作业时须系好安全带。

（3）确认接触网断电，挂设接地杆，机车已施加停放制动，机车必须处于静止、停稳且其电源断开的状态。

（4）做好防溜措施，确保机车不会溜车。

（5）作业前由作业组长确认机车停车对标位置，确认无误后通知本小组成员开始作业。

3-8 检修员工作页　其他 25kV 高压电器检修

本部分以 HXD1C 型电力机车的 25kV 高压电器为例，介绍高压电器的检修作业内容。高压电器的检修作业内容包括检修周期、作业流程及具体的作业内容。各院校可根据自己的实训条件，有选择性地进行教学实施。

各车型的高压电器检修流程基本相同,只是结构不同,会导致具体某个步骤的检修操作和参数有所不同,感兴趣的同学可自主进行对比学习。

一、引用标准及适用范围

(1)引用标准:《HXD1C 型电力机车检修技术规程(C1-C4 修)》《HXD1C 型电力机车机车说明》。

(2)本准则规定了 HXD1C 型电力机车 25kV 高压电器的检查工艺流程、技术要求及质量标准。

(3)本工艺适用于 HXD1C 型电力机车 25kV 高压电器 C4 修修程。

二、工具材料清单

1. 工具

25kV 高压电器所需的检修工具见表 3-8-1。

25kV 高压电器所需的检修工具清单　　　　　　　　　　表 3-8-1

序号	工具名称	单位	数量	序号	工具名称	单位	数量
1	一字螺丝刀	套	1	5	三层平台门钥匙	把	1
2	扭力扳手	套	1	6	四角钥匙	把	2
3	安全带	条	2	7	对讲机	个	2
4	登顶门禁卡	张	2				

2. 材料

25kV 高压电器检修所需的材料清单见表 3-8-2。

25kV 高压电器检修所需的材料清单　　　　　　　　　　表 3-8-2

序号	工具名称	单位	数量	序号	工具名称	单位	数量
1	清洗剂	瓶	1	4	记号笔	个	1
2	导电膏	瓶	1	5	安全锁扣	个	3
3	无纺布	捆	若干				

三、工前准备

25kV 高压电器检修前要做好如下准备工作:

(1)按规定穿戴防护用品,戴安全帽、手套和穿绝缘鞋。

(2)到工具室,领取配送完毕的 25kV 高压电器检查作业所需的工具、材料,并对其数量及状态进行确认,再将工具、材料配送到作业区域。

(3)确认机车停放制动已施加,受电弓已降下,接触网已断电,接地杆已挂设,防护号志已设置。

风险注意事项

触电风险:作业前确保受电弓不与高压线相连接。

溜车风险:作业前确认机车已施加停放制动。

---

(4)确认工前准备完毕,并报告工长经同意后方可按派工单进行作业。登顶前到安全带储存柜中取出状态良好的安全带,领取登顶门禁卡和三层平台门钥匙,并正确系好安全带。配合隔离开关工作人员进行指纹识别工作,登记登顶门禁卡。再用钥匙打开三层平台门锁,进入三层平台。按下"平台渡板放下"按钮释放作业车辆对应的渡板,确保渡板状态良好,安全指示灯亮起。

(5)确认安全指示灯亮起后解开护栏锁链。进入作业区后,将安全带锁扣挂在接触网上并确保牢固可靠。

风险注意事项

跌落风险:作业时注意脚下,确认渡板正确放落,系好安全带。

四、C4 级检修作业

25kV 高压电器 C4 级检修工艺流程:清洁→检查→测量。下面对每种高压电器的 C4 级检修分别进行介绍。

1. 高压隔离开关

(1)清洁

保持绝缘子清洁,各部表面清洁,具体工艺如下:

①用清洗剂或肥皂水清洗绝缘子和各部表面,不能使用带力或蒸气的清洗工具。

②禁止使用任何含有氟酸盐、氯酸盐成分或钠硅酸盐产品清洗绝缘子和各部表面。

③用干燥的软抹布擦干绝缘子和各部表面。如有必要,先用湿布最后再用干燥的软抹布。

④绝缘子表面涂油脂。

⑤检查绝缘子与法兰之间有无松动,表面有无裂片或裂纹。若绝缘子与法兰之间出现松动,但无裂片或裂纹,则按规定力矩重新紧固;若有裂片或裂纹,则应更换。

⑥绝缘子更换标准:

a. 如有裂片或裂纹,应更换。

b. 出现 $2cm^2$ 以上碎片,应更换。

c. 超过 5 道划痕,应更换。

d. 表面缺损:当累计缺损面积大于 $3cm^2$ 时,须通过 45kV 工频耐压试验;当累计缺损面积大于 $30cm^2$ 时,应更换。

（2）检查

①检查紧固螺栓。

检查各紧固螺栓有无松动现象。若有松动螺栓,必须使用扭力扳手按相应力矩标准紧固。

②检查油润部件。

a. 用润滑剂对传动轴进行油润。

b. 将导电膏涂于闸刀和簧片接触部分。

③检查辅助联锁开关。

a. 用酒精清洗各辅助联锁触头。

b. 检查各辅助联锁触头接触状况是否良好,接触不良者必须更换。

④检查闸刀与簧片。

a. 检查隔离闸刀与刀夹的接触性能是否良好。

b. 将隔离闸刀打开,检测刀夹在自由状态下两弹簧片间的距离≤9.5mm,闸刀接触部分厚度≥11mm,闸刀与簧片接触长度≥20mm。

c. 使用工作夹具及弹簧秤测量簧片与闸刀间接触摩擦力:135N±15N。

⑤检查传动机构。

检查含油轴衬对拉杆动作有无阻碍,拉杆动作卡滞需更换轴衬。

⑥检查密封圈。

检查底板密封圈有无损坏、老化等影响密封性能的现象,如果存在必须更换。

（3）测量

①测量凸轮与辅助联锁开关。

②辅助联锁在自由状态时,检查其滑轮与凸轮之间的距离至少为0.5mm,触头压缩分断时触头滚轮距触头盒底平面的间隙为13～15mm。

③检查辅助联锁触头,若触头磨损1.5mm或更少,则必须更换。

2. 高压接地开关

（1）检查

①检查闸刀磨损。

检查闸刀,闸刀不得有磨损现象,保持表面清洁。

②检查触头弹簧片磨损。

检查触头弹簧片,触头弹簧片不得有磨损现象,保持表面清洁。

③检查闸刀与触头弹簧片接触位置润滑脂。

检查闸刀与触头弹簧片接触位置,如美孚润滑脂出现明显污秽、损耗严重,或者出现凝结现象,清理并重新涂润滑脂。

④检查锁组装联锁关系。

检查锁组装联锁关系,锁组装可靠动作,联锁关系正常。

⑤检查闸刀与断路器触头弹簧片配合情况。

检查闸刀与断路器触头弹簧片配合情况,改变接地开关状态,闸刀应能准确地滑入断路器触头弹簧片内。

⑥检查传动机构功能。

检查接地开关传动机构,各部件能可靠动作、配合良好。

⑦检查零部件机械状况和功能。

整体检查接地开关及零部件机械状况和功能,检查各零部件断裂、磨损、变形情况,根据损耗情况更换失效零部件。

(2)测量

①测量扭紧力矩。

检查接地开关安装螺栓与接地螺栓,应无松动现象,扭紧力矩应符合表3-8-3要求。

测量扭紧力矩的要求   表 3-8-3

检查部位	扭紧力矩要求	检查部位	扭紧力矩要求
安装螺栓	39.4N·m	接地螺栓	19.3N·m

②测量触头弹簧片间距。

测量触头弹簧片间距,应在 6~7mm 范围内。

3. 避雷器

目视检查避雷器,检查避雷器有无损坏,有无污垢,如有必要,应清洁或更换。

4. 高压电流互感器

目视检查高压电流互感器,检查高压电流互感器有无损坏,有无污垢,如有必要,应清洁或更换。

5. 高压电压互感器

(1)目视检查

①检查高压电压互感器有无损坏,如果必要,请更换。

②检查高压电压互感器是否紧固到位,如果必要,请重新拧紧。

③检查高压电压互感器有无污垢,如果必要,使用规定的清洁剂进行清洗。

注意:根据使用条件和操作经验,每清洁 3 次后,须涂一次硅脂。

(2)检查电气连接

①检查电气连接有无损坏和缺少部件,如果必要,请予以更换。

②检查电气连接是否紧固到位,如果必要,请重新紧固。

(3)密封件检查

检查法兰和机车之间的密封件有无损坏和磨损、老化、裂纹,如有必要,应予以更换。

五、检修完成后整车接地恢复程序

(1)关闭车顶门,旋转位于变流器柜门(A)上的黄色钥匙(图3-8-1)和车顶门(B)上的黄色钥匙(图3-8-2)并拔出。

(2)把黄色钥匙插入高压接地开关的黄色锁孔内(图3-8-3)。

(3)旋转黄色钥匙到竖直位,高压接地开关操作手柄转到"工作"位。

危险提示:高压设备此时不再接地。

图 3-8-1　变流器柜柜门钥匙　　　　图 3-8-2　车顶门钥匙

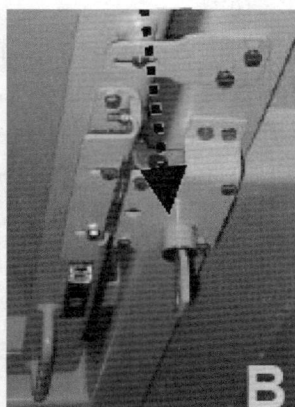

（4）旋转蓝色钥匙到水平位，并拔出。

注意：此时，接地开关的操作手柄被锁死，不能转动。

（5）将蓝色钥匙插入到制动柜截止阀 B01. U99 的锁孔内（图 3-8-4），并旋转到竖直位。

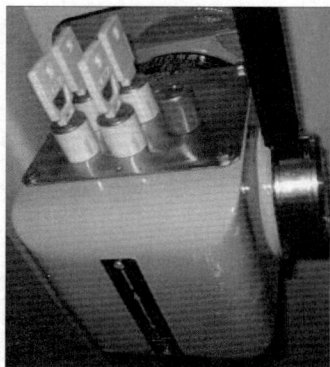

图 3-8-3　高压接地开关锁　　　　图 3-8-4　制动柜截止阀
　　　　　　　　　　　　　　　　　　　　　 B01. U99 锁

注意：受电弓的升弓气路被打开；受电弓升弓电磁阀可以得电。

3-9 乘务员工作页　其他 25kV 高压电器应急故障处理

本部分参照《HXD3C 型电力机车应急故障处理（试行）》进行编写，给出了其他 25kV 高压电器常见故障的应急处理方法。这是培养机车车辆乘务员应急故障处理能力的重要模块。

一、运行途中，车顶放电，高压隔离开关烧损时的处理

（1）立即换升另一台受电弓维持运行。

（2）在前方站停车后,利用高压隔离开关的故障隔离开关 SA96,切除高压隔离开关烧损端受电弓,换升另一台受电弓维持运行。

注意：隔离操作必须到前方站停车后才能进行,因为高压隔离开关的位置转换（由"运行"位转到"隔离"位）必须在降弓、断主断路器的情况下,才能从高压接地开关上取下黄色钥匙,打开高压隔开开关锁,才能转动手柄,进行位置转换。

二、高压隔离开关的故障隔离开关 SA96

1. 设置位置

SA96 设置在控制电器柜中部。

2. 作用位置

SA96 设有"0（运行）""Ⅰ端隔离""Ⅱ端隔离"三个作用位置。

（1）正常情况下,高压隔离开关的故障隔离开关 SA96 置"0"位。

（2）当Ⅰ端受电弓因刮弓、受电弓支持瓷瓶炸裂等原因造成接地,或因特殊需要需将Ⅰ端受电弓切除时,可将 SA96 置"Ⅰ端隔离"位,以切除Ⅰ端受电弓,并通过Ⅰ端高压隔离开关 QS1 把发生故障的Ⅰ端受电弓从车顶高压电路中隔离开。

（3）当Ⅱ端受电弓因刮弓、受电弓支持瓷瓶炸裂等原因造成接地,或因特殊需要需将Ⅱ端受电弓切除时,可将 SA96 置"Ⅱ端隔离"位,以切除Ⅱ端受电弓,并通过Ⅱ端高压隔离开关 QS2 把发生故障的Ⅱ端受电弓从车顶高压电路中隔离开。

3. 转换方法及注意事项

（1）转换前,应首先根据机车实际状态（是否会造成触电或受电弓掉落）,确认是否需要登上车顶进行处理。若无把握,应按"运行途中,需要登上车顶处理故障时的安全注意事项"的规定进行作业。登上车顶,检查处理受电弓后,再将 SA96 置"Ⅰ端隔离"位或"Ⅱ端隔离"位。

（2）操作高压隔离开关 QS1、QS2 前,应先断电、降弓。

（3）高压隔离开关故障隔离开关 SA96 置"Ⅰ端隔离"位或"Ⅱ端隔离"位时,不但将Ⅰ端或Ⅱ端受电弓从车顶高压电路中隔离出去,同时使Ⅰ端或Ⅱ端受电弓再无法升起。

三、高压隔离开关 QS1、QS2

1. 设置位置

每台机车设置两个高压隔离开关,每台受电弓对应设置一个,用于将受电弓与车顶高压电路间接通或断开。高压隔离开关安装在车顶,位于对应受电弓与主断路器之间。

2. 作用位置

高压隔离开关设有"运行""隔离"两个作用位置。

（1）正常情况下,高压隔离开关置"运行"位时,受电弓与车顶高压电路相连通。

（2）当某端受电弓因刮弓、支持瓷瓶炸裂等原因造成接地时,可使该端高压隔离开关转至"隔离"位,将该端受电弓与车顶高压电路断开,以达到将该端受电弓从车顶高压电路中隔离开来的目的。

3.转换方法及注意事项

高压隔离开关采用手动进行转换。两台高压隔离开关 QS1、QS2 与故障隔离开关 SA96 的配合情况如下：

(1)将故障隔离开关 SA96 置"0"位时，Ⅰ、Ⅱ端受电弓高压隔离开关 QS1、QS2 应处在"运行"位。

(2)将故障隔离开关 SA96 置"Ⅰ端隔离"位时，Ⅰ端受电弓高压隔离开关 QS1 应置"隔离"位。

(3)将故障隔离开关 SA96 置"Ⅱ端隔离"位时，Ⅱ端受电弓高压隔离开关 QS2 应置"隔离"位。

(4)Ⅰ端受电弓高压隔离开关 QS1 处在"隔离"位时，微型计算机显示屏故障信息显示区显示"受电弓1故障"；Ⅱ端受电弓高压隔离开关处在"隔离"位时，微机显示屏故障信息显示区显示"受电弓2故障"。

四、运行途中出现故障的复位方法及注意事项

1.微机复位

主断路器在断开状态，按压司机台上的"微机复位"按钮进行的复位。(可以在运行中进行)

2.隔离解锁

主断路器在断开状态下，按压显示屏上的隔离解锁按钮。

3.大复位

断开钥匙开关，断开充电机上的"控制电源输出"脱扣开关，20s 后再闭合。

注意：大复位需在停车、降弓、断主断情况下进行。

4.注意事项

过分相前，需提前回手柄减小电流，不要带电流分主断。

3-10 理论拓展　常用的灭弧装置有哪些？

通过前述一系列理论分析，可以找出加速电弧熄灭的很多方法，如拉长电弧、降低温度、将长弧变为短弧、将电弧放置于特殊介质中、增大电弧周围气体介质的压力等。为了减少电弧对触头的烧损和限制电弧扩展的空间，通常要将这些方法加以应用，为此而采用的装置称为灭弧装置。一个灭弧装置可以采用一种方法进行灭弧，但在大多数情况下，则是综合采用几种方法，以增强灭弧效果，如拉长电弧和冷却电弧往往是一起运用的。

一、磁吹灭弧

磁吹灭弧是利用外加电动力使电弧拉长以致熄灭的灭弧方法。其实，在电器装置中，电

器触头分断过程就是将电弧不断地拉长。例如,刀开关中闸刀的拉开也拉长电弧,电焊过程中将焊钳提高也可使电弧拉长并熄灭。拉长电弧可以沿电弧的轴向(纵向)拉长,也可以沿垂直于电弧轴向(横向)拉长。F_1 为纵向拉长力,F_2、F_3 为横向拉长力。

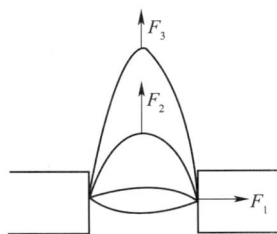

图 3-10-1 拉长电弧

载流导体之间会产生电动力,如果把电弧看作一根软导体,那么当它受到电动力时就会发生变形,即拉长。在一对桥式双断点结构形式的触头断开时,电弧受回路电动力 F 的作用被横向拉长,受 F_2 作用力的情况,如图 3-10-1 所示。横向拉长时电弧与周围介质发生相对运动而加强了冷却,这样就加速了电弧的熄灭。

触头分离时产生的回路电动力对电弧的拉长原理示意图如图 3-10-2 所示。

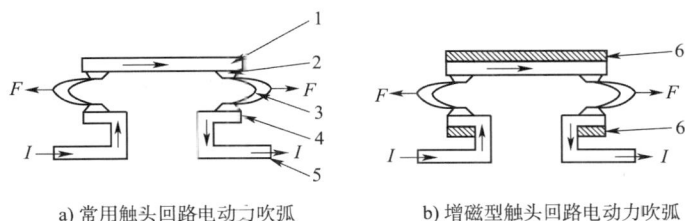

a) 常用触头回路电动力吹弧　　　　b) 增磁型触头回路电动力吹弧

图 3-10-2 触头分离时产生的回路电动力对电弧的拉长原理示意图

1-触头桥;2-动触头;3-电弧;4-静触头;5-静触头座;6-磁性片

有时为了使磁场集中,在触头上添加磁性片,以增大吹弧力,如图 3-10-2b) 所示。

电弧拉长以后,电弧电压增大,改变了电弧的伏安特性。在直流电弧中,其静伏安特性上移,电弧可以熄灭;在交流电弧中,由于燃弧电压的提高,电弧重燃困难。

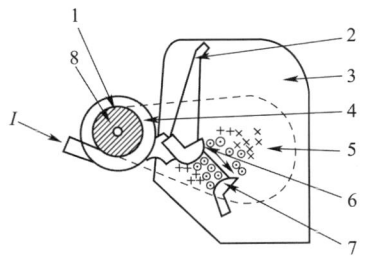

图 3-10-3 磁吹灭弧装置示意图

1-磁吹铁芯;2-导弧角;3-灭弧罩;4-磁吹线圈;5-磁夹板;6-静触头;7-动触头;8-绝缘套

因利用回路本身灭弧的电动力不够大,电弧拉长和运动的速度都较小,所以这种方法一般仅用于小容量的电器中。分断大电流时,为了有较大的电动力而专门设置了一个产生磁场的吹弧线圈,这种利用磁场力使电弧运动而熄灭的方法称为磁吹灭弧。磁吹灭弧装置示意图如图 3-10-3 所示。由于这个磁场力比较大,其拉长电弧的效果也较好。如图 3-10-1 中 F_3 作用力的情况。

在图 3-10-3 中,磁吹线圈是接在引出线和静触头之间,通过绝缘套与磁吹铁芯绝缘,导弧角和静触头固装在一起。磁吹线圈中的磁吹铁芯两端各装有一片导磁夹板;磁夹板同时夹在灭弧室两侧,用来加强弧区磁场。设置在灭弧室中的动、静触头就处在磁板之间。

当触头分开有电弧燃烧时,磁吹线圈和电弧本身均在电弧周围产生磁场。在弧柱下方一侧,磁吹线圈的磁通和电弧的磁通是相叠加的,而在弧柱上方一侧,两磁通是相削弱的,因此就产生磁吹力。电弧在磁吹力的作用下运动,电弧被拉长,电弧的根部离开静触头而移到导弧角上,进一步拉长电弧,使电弧迅速熄灭。

导弧角是根据回路电动力原理设置的,用来引导电弧很快离开触头且按一定方向运动,以保护触头接触面免受电弧的烧伤。

二、灭弧罩灭弧

灭弧罩是让电弧与固体介质相接触,降低电弧温度,从而加速电弧熄灭的比较常用的装置。灭弧罩的结构形式多种多样,但它的基本构成单元为"缝"。将灭弧罩壁与壁之间构成的间隙称为"缝"。

根据缝的数量可分为单缝和多缝。

根据缝的宽度与电弧直径之比可分为窄缝与宽缝。缝的宽度小于电弧直径的称窄缝,缝的宽度大于电弧直径的称宽缝。

根据缝的轴线与电弧轴线间的相对位置关系可分为纵缝与横缝。缝的轴线和电弧轴线相平行的称为纵缝;缝的轴线和电弧轴线相垂直的称为横缝。

1. 纵向窄缝式灭弧罩

图 3-10-4 所示为纵向窄缝灭弧罩。当电弧受力被拉入窄缝后,电弧与缝壁能紧密接触。在继续受力情况下,电弧在移动过程中能不断地改变与缝壁接触的部位,因而冷却效果好,对熄弧有利。但是在频繁开断电流时,缝内残余的游离气体不易排出,这对熄弧不利。纵向窄缝式灭弧罩适用于操作频率不高的场合。

2. 纵向宽缝式灭弧罩

图 3-10-5 所示为纵向宽缝灭弧罩。纵向宽缝式灭弧罩的特点与纵向窄缝式灭弧罩的正好相反,冷却效果差,但排出残余游离气体的性能好。图 3-10-5 中所示情况是在一宽缝中又设置了若干绝缘隔板,这样就形成了纵向多缝。电弧进入灭弧罩后,被隔板分成两个直径较原来小的电弧,并和缝壁接触而冷却,冷却效果加强,熄弧性能提高。此外,由于缝较宽,熄弧后残余的游离气体容易排出。所以,纵向宽缝式灭弧罩适用于较频繁开断的场合。

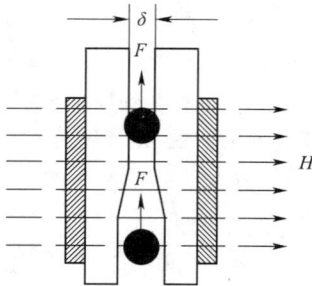

图 3-10-4　纵向窄缝式灭弧罩

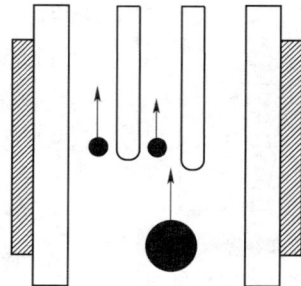

图 3-10-5　纵向宽缝式灭弧罩

3. 横缝灭弧罩

为了加强冷却效果,横缝灭弧罩(图 3-10-6)往往以多缝的结构形式使用,也称为横向绝缘栅片式灭弧罩。当电弧进入灭弧罩后,受到绝缘栅片的阻挡,电弧在外力作用下便发生弯曲,从而拉长了电弧,并加强了冷却。

由于横缝灭弧罩受电弧高温的作用,所以对材料也有一定的要求,如受电弧高温作用不会因热变形、绝缘性能不会下降,机械强度好且易加工制造,等等。横缝灭弧罩过去广泛采用石棉水泥和陶土材料,现在逐渐改为采用耐弧陶瓷和耐弧塑料,它们在耐弧性能与机械强度方面都有所提高。

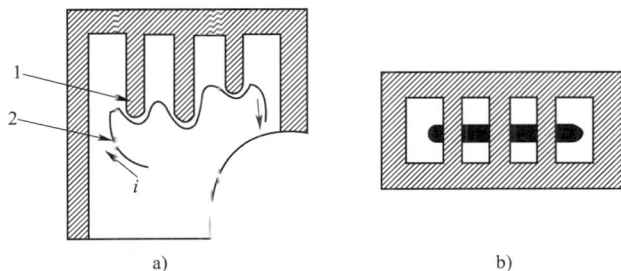

图 3-10-6 横向灭弧罩
1-灭弧罩;2-电弧

三、油冷灭弧

油冷灭弧是将电弧置于液体介质(一般为变压器油)中,电弧将油气化、分解而形成油气。油气中的主要成分是氢,在油中以气泡的形式包围电弧。氢气具有很高的导热系数,这就使电弧的热量容易散发。另外,由于存在温度差,所以气泡产生运动,又进一步加强了电弧的冷却。由于电弧在油中灭弧能力比大气中拉长电弧大得多,油冷灭弧一般用于高压电器中,如油开关。

四、气吹灭弧

气吹灭弧是利用压缩空气来熄灭电弧的。压缩空气作用于电弧,可以很好地冷却电弧,提高电弧区的压力,很快带走残余的游离气体,具有较高的灭弧性能。

由于气吹灭弧的灭弧能力较强,故一般运用在高压电器中,如韶山系列机车的空气断路器(主断路器)。

图 3-10-7 为韶山 4 改型电力机车上使用的 TDZ1A 型空气断路器(用于 25kV 高压电路的分段)所采用的气吹灭弧装置。压缩空气沿电弧径向吹入,然后通过动触头的喷口、内孔向大气排出,电弧的弧根能很快被吹离触头表面,因而触头接触表面不易烧损。因为压缩空气的压力与电弧本身无关,所以在使用气吹灭弧装置时,需要注意的是,

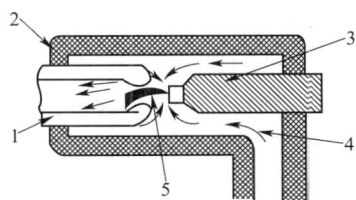

图 3-10-7 气吹灭弧装置
1-动触头;2-灭弧室瓷罩;3-静触头;4-压缩空气;5-电弧

熄灭小电流电弧时容易引起过电压,因此,气吹灭弧装置两端并联有非线性电阻,用于抑制熄弧时产生的过电压。

五、横向金属栅片灭弧

横向金属栅片又称去离子栅,它是利用短弧灭弧原理,即用磁性材料的金属片置于电弧中,将电弧分成若干短弧,利用交流电弧的近阴极效应和直流电弧的近极压降来达到熄灭电弧的目的。

横向金属栅片灭弧罩结构、原理示意图如图 3-10-8 所示。栅片的材料一般采用铁片。

当电弧靠近铁栅片时,由于铁栅片为磁性材料,所以铁栅片本身就具有一个把电弧拉入栅片的磁场力(当电弧移近金属栅的上沿时,铁栅片又具有把电弧拉回的特性,可防止电弧逸出栅外,烧损他物)。当电弧被这个磁场力或外力作用刚拉入铁栅片中时,由于磁阻较大,铁片栅对电弧的吸力不大。为了减小电弧刚进入铁栅片时的空气阻力,铁栅片做成楔口并交叉装配[图3-10-8b)],即只让电弧先进入一半铁栅片中以增大最初接触电弧的铁片片距。随着电弧继续进入铁栅片中,磁阻减小,铁栅片对电弧的拉力增大,足以使电弧进入所有的铁栅片中。电弧进入铁栅片后分成许多串联短弧,电流回路产生作用于各短弧上的电动力使短弧继续产生运动。此时应注意短弧被拉向触头方向运动的力,它会使电弧重燃并烧损触头。为了消除这种现象,可以采用凹形铁栅片和O形铁栅片。铁栅片在使用时一般外表面要镀上一层铜,以增大传热能力和防止铁片生锈。

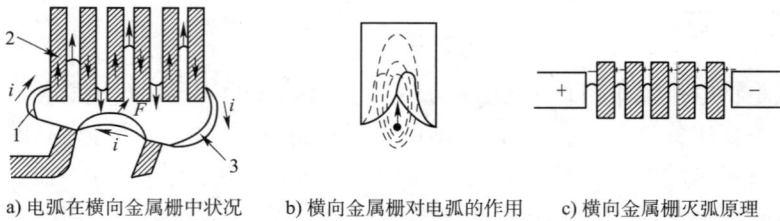

a) 电弧在横向金属栅中状况　　b) 横向金属栅对电弧的作用　　c) 横向金属栅灭弧原理

图3-10-8　横向金属栅片灭弧罩结构、原理示意图

1-进入栅片前的电弧;2-金属栅;3-进入栅片后的电弧

六、真空灭弧

真空灭弧是使触头电弧的产生和熄灭在真空中进行,它是依据零点熄弧原理,以真空为熄弧介质工作的。

在真空中气体很稀薄,电子的自由行程远大于触头间的距离。当真空度为10^{-5}mm汞柱时,电子的自由行程达到43m。自由电子在弧隙中做定向运动时,几乎不会和气体分子或原子相碰撞,不会产生碰撞游离。所以,将触头置于真空中断开时产生的电弧则是由于阴极发射电子和产生的金属蒸气被电离而形成的。当电弧电流接近零时,阴极发射的电子和金属蒸气减少,弧隙中残留的金属蒸气和等离子体向周围真空迅速扩散。这样,弧隙可以在数微秒之内由导电状态恢复到真空间隙的绝缘水平。

由于在真空中触头有很高的介质恢复速度、绝缘能力和分断电流的能力,真空灭弧装置已广泛应用于高压断路器。例如,在和谐号电力机车和高速动车组上,都是采用真空断路器作为其主断路器,用来分段25kV的高压电路。

3-11 实践拓展　常用的检修工具——兆欧表

一、种类及功能

兆欧表,又称绝缘电阻表,或摇表,或绝缘电阻测试仪,是一种简便、常用的测量高电阻的直读式仪表,可用来测量电路、电机绕组、电缆、电气设备等的绝缘电阻。绝缘电阻常用兆欧(MΩ)作计量单位,因此将测量绝缘电阻用的仪表称为兆欧表。兆欧表一般分为手摇兆欧表和电子兆欧表,如图3-11-1所示。

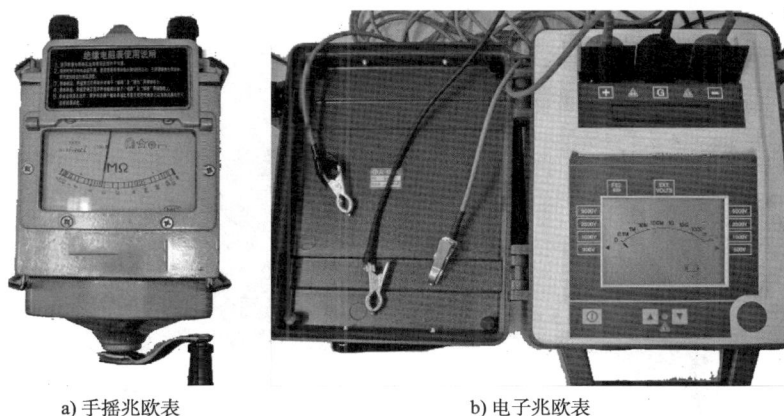

a) 手摇兆欧表　　　　　　　　　　　　b) 电子兆欧表

图 3-11-1　兆欧表种类

二、基本使用方法

1. 兆欧表的选择

在实际应用中,主要是根据不同的电气设备选择兆欧表的电压及其测量范围。对于额定电压在500V以下的电气设备,应选用电压等级为500V或1000V的兆欧表;对于额定电压在500V以上的电气设备,应选用电压等级为1000～2500V的兆欧表。

2. 测试前的准备

测量前将被测设备切断电源,并短路接地放电3～5min,特别是电容量大的,更应充分放电,以消除残余静电荷引起的误差,保证正确的测量结果以及人身和设备的安全;被测物表面应擦干净,其表面的污染、潮湿对绝缘的影响较大,而测量的目的是了解电气设备内部的绝缘性能,一般都要求测量前用干净的布或棉纱擦净被测物,否则达不到检查的目的。

兆欧表在使用前应平稳放置在远离大电流导体和有外磁场的地方。

测量前对兆欧表本身进行检查。开路检查,两根线不要绞在一起,将发电机摇动到额定转速,指针应指在"∞"位。短路检查,将表笔短接,缓慢转动发电机手柄,看指针是否到"0"位。若"0"位或"∞"位达不到,说明兆欧表有故障,必须进行检修。

3. 接线

一般兆欧表上有3个接线柱,"L"或"＋"表示"线"或"火线"接线柱;"E"或"－"表示"地"接线柱,"G"表示屏蔽接线柱。一般情况下"L"或"＋"和"E"或"－"接线柱,选用有足够绝缘强度的单相绝缘线将"L"或"－"和"E"或"－"分别接到被测物导体部分和被测物的外壳或其他导体部分(如测相间绝缘)。

在特殊情况下,如被测物表面受到污染不能擦干净、空气太潮湿、有外电磁场干扰等,就必须将"G"接线柱接到被测物的金属屏蔽保护环上,以消除表面漏流或干扰对测量结果的影响。

4. 测量

(1) 手摇兆欧表测量。摇动发电机使转速达到额定转速(120r/min)并保持稳定。一般以 1min 以后的读数为准,当被测物电容量较大时,应延长时间,以指针稳定不变时为准,如图 3-11-2a)所示。

(2) 电子兆欧表测量。按住红色启动按钮(1~2s),红色指示灯开始闪烁,待读数稳定后,即被测物的实际阻值,如图 3-11-2b)所示。

2.指针稳定后便可读数

1.匀速摇动手柄,使转速达到额定转速

a) 手摇兆欧表测量

3.待数值稳定后便可读数

2.红灯开始闪烁,表示测试开始

1.按住红色按钮1~2s

b) 电子兆欧表测量

图 3-11-2 兆欧表测量

5. 拆线

在兆欧表停止转动以前,应将测量导线拆下,然后停止转动兆欧表,最后将被测物放电后,才能重新接线。

6. 测量电动机绝缘

测量电动机的绝缘电阻时,E 端接线柱接电动机的外壳,L 端接线柱接电动机的绕组。测量电动机绝缘过程如图 3-11-3 所示。

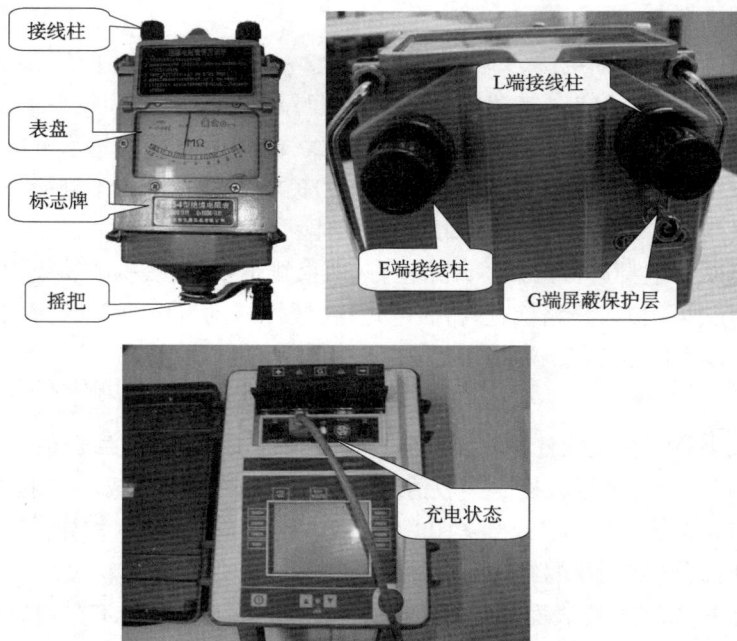

接线柱

表盘

标志牌

摇把

L端接线柱

E端接线柱

G端屏蔽保护层

充电状态

图 3-11-3

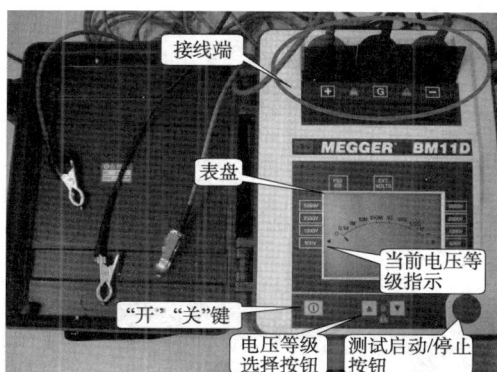

图 3-11-3　测量电动机绝缘过程

三、注意事项

（1）兆欧表与被测设备之间应使用仪表专用测量线或选用绝缘强度较高的单芯多股软线分开单独连接，并保持线路表面清洁干燥，避免因线与线之间绝缘不良引起误差。

（2）被测设备必须彻底断电，测量完毕一定要将被测设备充分放电（2～3min），以保护设备及人身安全。

（3）兆欧表使用时必须平稳放置。

（4）摇动手柄时，应由慢渐快，均匀加速到 120r/min，并注意防止触电。

（5）测量过程中，如指针指向"0"位，表明被测绝缘已失效，应立即停止测试，防止烧坏仪表。

（6）测量电容性设备的绝缘电阻时，应在取得稳定读数后，先取下测试线，再停止摇动摇把，以防反向充电损坏仪表。

（7）测量过程中，禁止无关人员接近被测设备。

（8）禁止在雷电天气或在邻近有带高压导体的设备处使用兆欧表测量。

3-12 新技术　重载铁路基础设施智能运维技术研究与应用

2023 年 5 月 24 日，中国铁道科学研究院集团有限公司承担的国家能源集团 2020 年重大科技创新项目"朔黄重载铁路基础设施智能运维技术研究与应用"项目成果的发布，标志着我国重载铁路智能技术发展取得新的重大突破，重载铁路基础设施智能运维水平得到显著提升。

"朔黄重载铁路基础设施智能运维技术研究与应用"作为国家能源集团重大科技创新项目，旨在突破基础设施运维决策及一体化运维关键技术，研发多专业融合、全生命周期管理的智能运维系统，实现设备资产数字化、检测监测一体化、决策评估智能化、检修维护精准化、生产过程可视化的闭环管理。

项目采用"平台 + 应用"架构(图 3-12-1),面向工务、电务、牵引供电设备等基础设施。其功能(图 3-12-2)包括:采用动态检测、在线监测、人机巡检等方式,全面感知设备的技术状态;汇集多源设备状态信息,基于智能大脑平台,形成数据资源湖;采用各类智能分析算法模型,智能评估设备状态、科学预测状态演变趋势、自动生成维修决策建议;通过作业人员与履职项目画像精准匹配、生产环境视频监控,实现作业资源合理调配、作业过程实时监控、作业质量自动评价、作业流程闭环管理。

图 3-12-1 "朔黄重载铁路基础设施智能运维技术研究与应用"项目架构

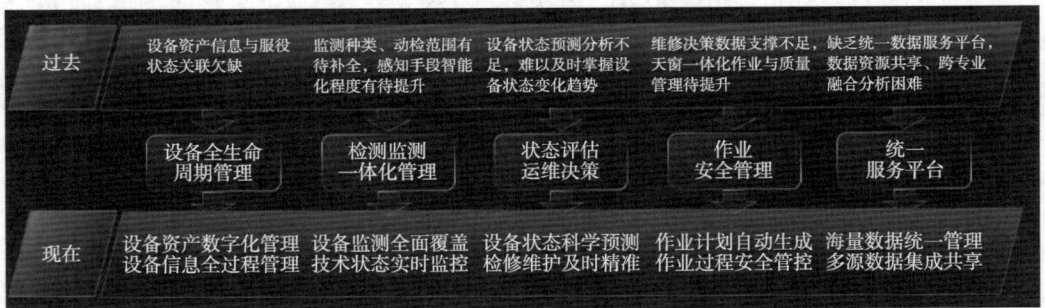

图 3-12-2 朔黄重载铁路基础设施智能运维技术研究与应用项目功能

面向重载研究领域的未来,需继续深化重载铁路基础设施智能感知、设备状态智能评估和智能辅助决策技术研究,全面推动我国重载铁路基础设施运维智能化向高质量发展。

(资料来源:铁科院公众号,https://mp.weixin.qq.com/s? __biz = MjM5MTg0ODI4OQ = = &mid = 2651271910&idx = 1&sn = 68661513682b0f71bf972c2dbf2aee9e&chksm = bd5cd0e88a2b59 fe1639bb307fd99751407ec4ee98979ef7a684ce40b494a406c7b7d36e1829&scene = 27)

3-13 拓 展 训 练

请根据本模块内容,利用智慧职教铁道机车运用与维护专业教学资源库等专业资源平台、智慧职教 MOOC 学院"电力机车电气设备的检查与维护"在线课程等数字化资源及公共网站等途径,完成下面的任务。

任务 1:请收集某型号高速动车组用高压接地开关的图片及相关资料,制作 PPT,并在课堂上进行分享。

PPT 要求:不少于 5 页,图片清晰,配备必要的文字说明。

其他要求:能理解制作的 PPT 内容,能流利地讲解。

任务 2:请收集电力机车或动车组 25kV 高压电器(受电弓、主断路器除外)的检修和应急故障处理方面的视频。

要求:每组收集 1～2 个视频,了解这些 25kV 高压电器的工作状态、可能出现的故障及如何检修,从而加深对电力机车运行过程中这些高压电器工作状态、面临的考验等实际工况的理解,在课堂上进行分享。

任务 3:请收集某型号高速动车组用高压隔离开关、高压电压互感器、高压电流互感器相关资料,完成下面的表格,并与电力机车用三种电气设备的结构和性能进行对比分析。

项目	高压隔离开关	高压电压互感器	高压电流互感器
型号			
额定电压 额定电流			
结构特点			
相对于机车用设备, 性能方面的提升			

模块 4

主变压器检修与整备

▌▌趣味导入▌▌

　　大家在居住的小区里或电线杆附近应该见到过这样的变压器吧？变压器广泛应用于电力系统中，用于变换电压，以利于功率的传输。变压器分为升压变压器和降压变压器两种。电压经升压变压器升压后，可以减少线路损耗，提高送电的经济性，达到远距离送电的目的；而降压变压器则能将高电压变为用户所需要的各级使用电压，满足用户需要。图 4-0-1 所示为电力系统用变压器。

　　在电力机车和电动车组上，也需要一台变压器，将接触网的 25kV 高压降为低压供车上各种电气设备使用，能够完成这一功能的变压器称为主变压器。虽然同是变压器，但却形态各异。图 4-0-2 为某型号电力机车上使用的一款主变压器，跟图 4-0-1 所示电力系统用变压器样子完全不同吧？由于工作条件特殊，电力机车上使用的主变压器在设计和结构形式上有其自身特点。具体有什么特点，请跟随我一起进入本模块，去一探究竟吧！

a)

b)

图 4-0-1　电力系统用变压器

▌▌学习目标▌▌

能力目标

1. 能正确使用检修作业中所需的设备和工具。
2. 能熟练完成主变压器检查作业。
3. 能完成主变压器各主要部件的检修作业。
4. 能熟悉主变压器应急故障处理流程。

知识目标

1. 了解主变压器的定义、功能、安装方式及性能

图 4-0-2　某型号电力机车上使用的一款三变压器

要求。

2. 理解主变压器的主要技术参数。

3. 掌握主变压器的基本结构、各部件功能、工作原理。

素养目标

在主变压器整备检查及检修作业过程中,注意作业安全,以严谨细致认真的工作态度进行规范操作,养成精益求精的工作习惯。

建议学时

6学时。

学习导航

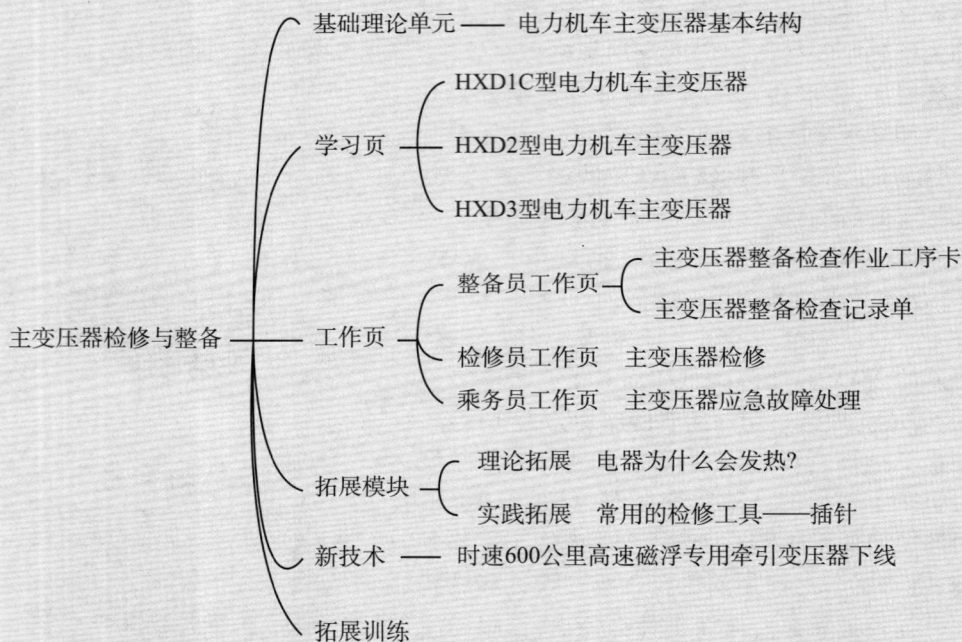

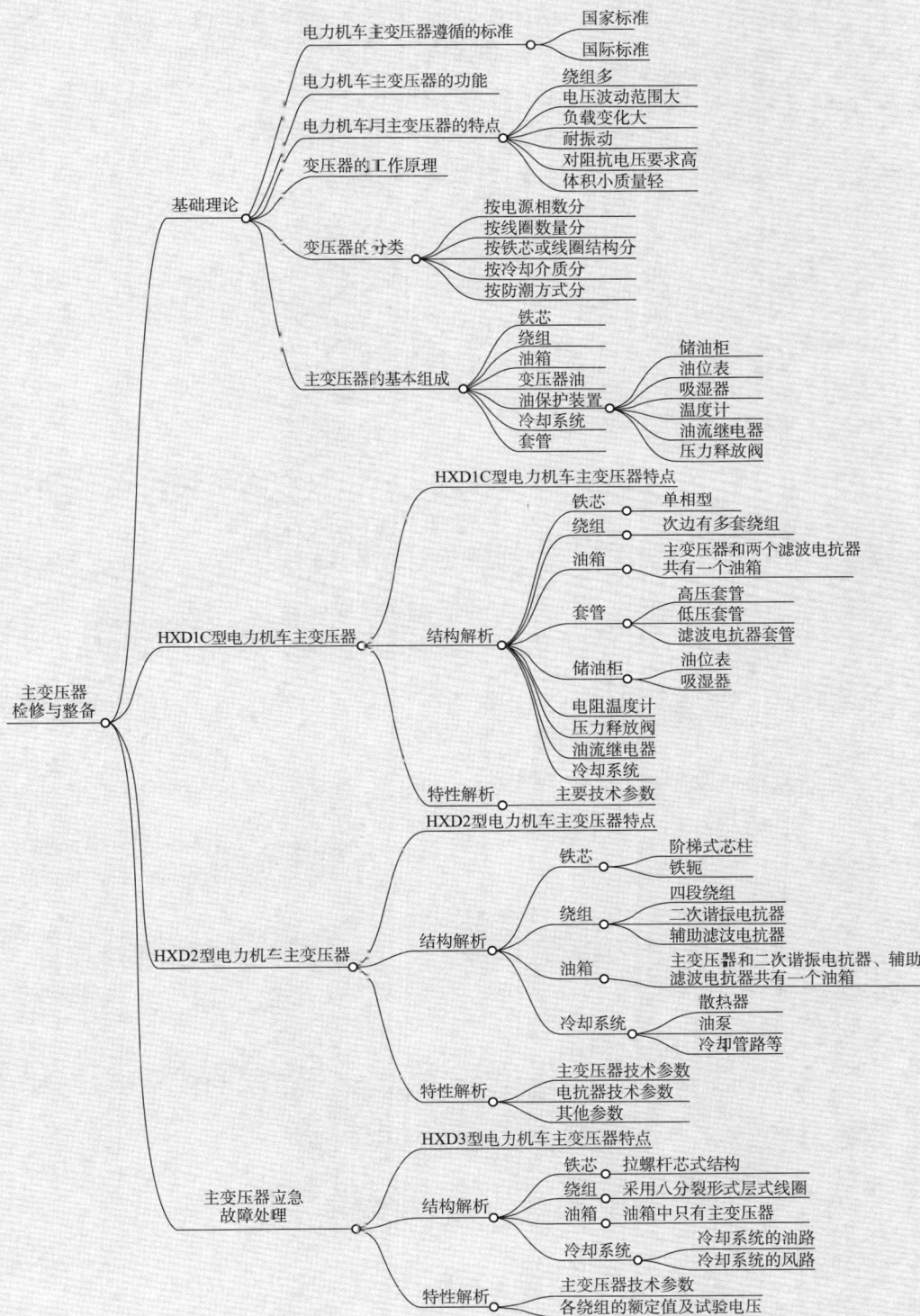

主变压器
检修与整备

- 基础理论
  - 电力机车主变压器遵循的标准
    - 国家标准
    - 国际标准
  - 电力机车主变压器的功能
  - 电力机车月主变压器的特点
    - 绕组多
    - 电压波动范围大
    - 负载变化大
    - 耐振动
    - 对阻抗电压要求高
    - 体积小质量轻
  - 变压器的工作原理
  - 变压器的分类
    - 按电源相数分
    - 按线圈数量分
    - 按铁芯或线圈结构分
    - 按冷却介质分
    - 按防潮方式分
  - 主变压器的基本组成
    - 铁芯
    - 绕组
    - 油箱
    - 变压器油
    - 油保护装置
      - 储油柜
      - 油位表
      - 吸湿器
      - 温度计
      - 油流继电器
      - 压力释放阀
    - 冷却系统
    - 套管

- HXD1C型电力机车主变压器
  - HXD1C型电力机车主变压器特点
  - 结构解析
    - 铁芯
      - 单相型
    - 绕组
      - 次边有多套绕组
    - 油箱
      - 主变压器和两个滤波电抗器共有一个油箱
    - 套管
      - 高压套管
      - 低压套管
      - 滤波电抗器套管
    - 储油柜
      - 油位表
      - 吸湿器
    - 电阻温度计
    - 压力释放阀
    - 油流继电器
    - 冷却系统
  - 特性解析
    - 主要技术参数

- HXD2型电力机车主变压器
  - HXD2型电力机车主变压器特点
  - 结构解析
    - 铁芯
      - 阶梯式芯柱
      - 铁轭
    - 绕组
      - 四段绕组
      - 二次谐振电抗器
      - 辅助滤波电抗器
    - 油箱
      - 主变压器和二次谐振电抗器、辅助滤波电抗器共有一个油箱
    - 冷却系统
      - 散热器
      - 油泵
      - 冷却管路等
  - 特性解析
    - 主变压器技术参数
    - 电抗器技术参数
    - 其他参数

- 主变压器应急故障处理
  - HXD3型电力机车主变压器特点
  - 结构解析
    - 铁芯
      - 拉螺杆芯式结构
    - 绕组
      - 采用八分裂形式层式线圈
    - 油箱
      - 油箱中只有主变压器
    - 冷却系统
      - 冷却系统的油路
      - 冷却系统的风路
  - 特性解析
    - 主变压器技术参数
    - 各绕组的额定值及试验电压

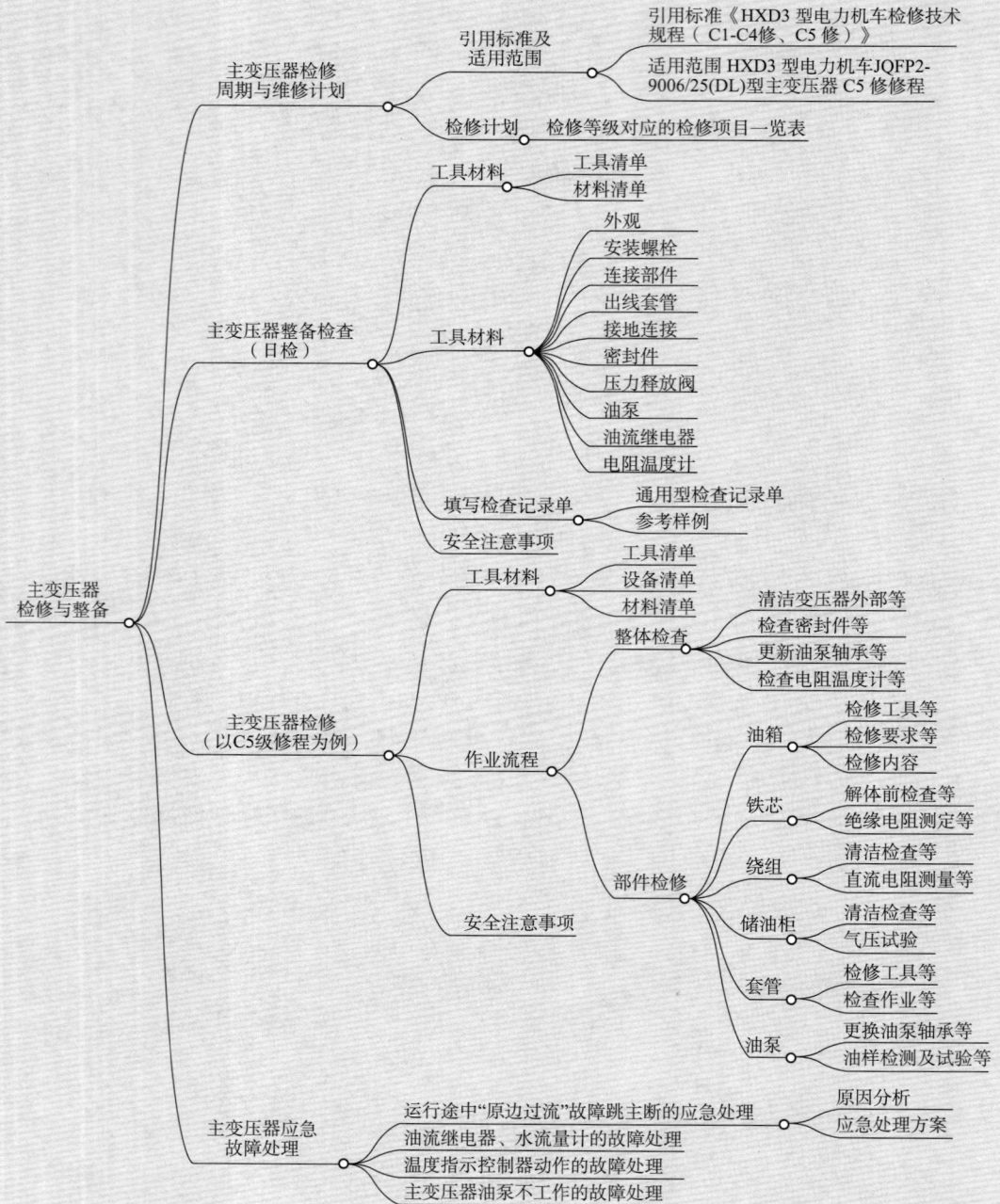

能力图谱

主变压器检修与整备

- 主变压器检修周期与维修计划
  - 引用标准及适用范围
    - 引用标准《HXD3 型电力机车检修技术规程（C1-C4修、C5 修）》
    - 适用范围 HXD3 型电力机车JQFP2-9006/25(DL)型主变压器 C5 修修程
  - 检修计划 —— 检修等级对应的检修项目一览表

- 主变压器整备检查（日检）
  - 工具材料
    - 工具清单
    - 材料清单
  - 工具材料
    - 外观
    - 安装螺栓
    - 连接部件
    - 出线套管
    - 接地连接
    - 密封件
    - 压力释放阀
    - 油泵
    - 油流继电器
    - 电阻温度计
  - 填写检查记录单
    - 通用型检查记录单
    - 参考样例
  - 安全注意事项

- 主变压器检修（以C5级修程为例）
  - 工具材料
    - 工具清单
    - 设备清单
    - 材料清单
  - 作业流程
    - 整体检查
      - 清洁变压器外部等
      - 检查密封件等
      - 更新油泵轴承等
      - 检查电阻温度计等
    - 部件检修
      - 油箱
        - 检修工具等
        - 检修要求等
        - 检修内容
      - 铁芯
        - 解体前检查等
        - 绝缘电阻测定等
      - 绕组
        - 清洁检查等
        - 直流电阻测量等
      - 储油柜
        - 清洁检查等
        - 气压试验
      - 套管
        - 检修工具等
        - 检查作业等
      - 油泵
        - 更换油泵轴承等
        - 油样检测及试验等
  - 安全注意事项

- 主变压器应急故障处理
  - 运行途中"原边过流"故障跳主断的应急处理
    - 原因分析
    - 应急处理方案
  - 油流继电器、水流量计的故障处理
  - 温度指示控制器动作的故障处理
  - 主变压器油泵不工作的故障处理

4-1 基础理论单元——电力机车主变压器基本结构

主变压器,又称牵引变压器,是电力机车上重要的电气设备,它能将来自接触网的25kV高压降为电力机车各电路所需的低压,以满足电力机车各种电气设备工作的需要。主变压器的工作原理与普通单相降压电力变压器相同,但由于工作条件特殊,主变压器在设计和结构形式上有其自身特点。

电力机车使用的变压器主要依据《轨道交通机车 车辆牵引变压器和电抗器》(GB/T 25120—2023)及《Railway applications-Traction transformers and inductors on board rolling stock》(IEC 60310—2016)的规定进行设计。

一、变压器的工作原理

变压器是利用电磁感应的原理来改变交流电压的装置。变压器的主要构件有初级线圈(又叫一次绕组、原边绕组)、次级线圈(又叫二次绕组、次边绕组)和铁芯。变压器的主要功能包括:电压变换、电流变换、阻抗变换、隔离、稳压(磁饱和变压器)等;在电气系统和无线电路中,常用作升降电压、匹配阻抗、安全隔离等。

图4-1-1为变压器原理示意图,图的左侧为原边绕组,线圈匝数为N_1,输入交流电压U_1、电流I_1;右侧为次边绕组,线圈匝数为N_2,输出交流电压U_2、电流I_2,它们满足如下关系:

$$\frac{U_1}{U_2} = \frac{I_2}{I_1} = \frac{N_1}{N_2} \tag{4-1-1}$$

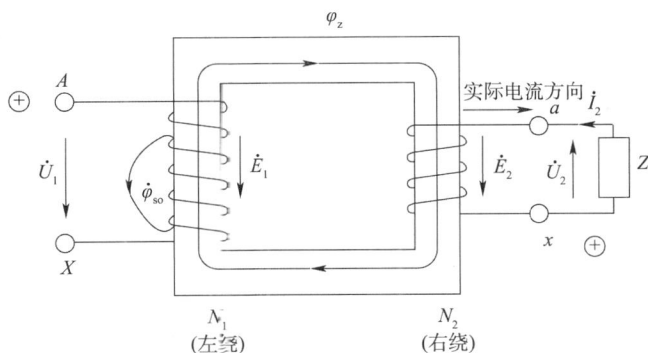

图4-1-1　变压器原理示意图

二、变压器分类

1.按电源相数分类

按电源相数不同,变压器可分为单相变压器、三相变压器和多相变压器。

2.按线圈数量分类

按线圈数量不同,变压器可分为双绕组变压器、三绕组变压器、多绕组变压器和自耦变压器。

3.按铁芯或线圈结构分类

按铁芯或线圈结构不同,变压器可分为芯式变压器、壳式变压器和环形变压器等。

4.按冷却方式分类

按冷却方式不同,变压器可分为自冷式(自然冷却)、风冷式、水冷式、强迫油循环风冷式和强迫油循环水冷式等。

5.按冷却介质分类

按冷却介质不同,变压器可分为干式变压器、液(油)浸式变压器及充气变压器等。电力机车使用的主变压器大部分为油浸式变压器、密封式变压器。

6.按防潮方式分类

按防潮方式不同,变压器可分为开放式变压器、灌封式变压器和密封式变压器。

说明:电力机车使用的主变压器为单相变压器、多绕组变压器、芯式变压器、油浸式变压器、强迫油循环风冷变压器、密封式变压器。

三、电力机车主变压器的特点

电力机车主变压器的安装空间非常有限,还要承受强烈的振动等恶劣的工作条件,因此,电力机车主变压器具有其自身的特点,其特点大致可归纳为以下几个方面。

1.绕组多

为满足电力机车调压及辅助电气设备用电的需要,主变压器除高压网侧绕组外,二次侧低压绕组有牵引绕组、辅助绕组、励磁绕组及取暖绕组等多个绕组,有的绕组还有多个抽头。为保证各绕组之间的耦合程度恰当,有的绕组还需交叉布置,给绕组的绕制和装配带来了一定的难度。

2.电压波动范围大

我国干线电气化铁路接触网的额定电压为25kV,允许电网电压在19~29kV范围内波动,这就要求主变压器的铁芯和绕组绝缘结构的设计应留有足够的裕量,磁路的磁通密度不能过高,以满足高网压下正常工作的要求。

3.负载变化大

随着电力机车运行条件的变化,主变压器的负载变化范围是很大的,这就要求主变压器应能承受较大的负载变化,并具有一定的过载能力,以保证电力机车的可靠运行。

4.耐振动

电力机车运行中产生的冲击和振动将不可避免地传给主变压器,这就要求主变压器各部件应具有足够的机械强度,所有连接紧固件应有防松装置。

5.对阻抗电压要求高

因主变压器二次侧绕组的短路故障概率较高,故绕组抽头间的阻抗电压不能过小,且要求各调压级的阻抗电压尽可能一致,以满足电力机车对调压整流电路和短路保护的要求。

6.质量轻、体积小、用铜多

为满足电力机车总体布置及减轻自重的需要,主变压器与同容量的电力变压器相比,应具有较轻的质量和较小的体积。主变压器要求:在设计上采用铜导线、高导磁率的冷轧硅钢片,强迫油循环冷却;在工艺上采用真空干燥、真空注油等措施来减轻质量和缩小体积。因为主变压器绕组多、容量大,所以用铜量特别多。通常,一般电力变压器的铜重与铁重之比约为1:4,而主变压器的这个比值一般为1:2,有的甚至达到1:1(如韶山系列早期的电力机车)。用铜量多不但使主变压器造价高,而且使冷却困难,冷却器更为庞大,这对变压器的轻量化是不利的。

四、电力机车变压器的基本结构

电力机车使用的主变压器结构随安装位置的不同而不同。早期采用双侧走廊设备布置方式的电力机车,主变压器安装在电力机车车内中部,此为立式结构。图4-1-2所示为 SS4G型电力机车使用的 TBQ8-4923/25 型主变压器(立式结构)。大约从 2000 年起,我国电力机车开始采用中央宽走廊的设备布置方式,这种布置方式使得车内没有空间安装体积庞大的主变压器,因此主变压器改为扁平箱式结构,也称卧式结构,悬挂在机车车下中部。图4-1-3所示为 HXD1 型电力机车使用的 TBQ32-5280/25A 型主变压器,为扁平箱式结构(卧式)。

图4-1-2 SS4G 型电力机车使用的 TBQ8-4923/25 型主变压器(立式结构)

图4-1-3 HXD1 型电力机车使用的 TBQ32-5280/25A 型主变压器(卧式)

电力机车主变压器因使用条件恶劣、安装空间有限,其结构与普通变压器有较大不同。下文将简要介绍电力机车用主变压器的基本结构,后面的章节将以和谐型大功率交传机车用主变压器为例,向大家详细介绍各种型号主变压器的具体结构。

电力机车主变压器结构的主要特征是油浸式密封结构,其铁芯和绕组均卧式安装在一个大铁箱中,箱中注满油,加以密封,外观如图4-1-3所示。(注:图中黑色箱体是主变压器,四周的立柱是吊装用的架子,不属于主变压器。)

从总体的结构上来看,电力机车主变压器由铁芯、绕组、油箱、变压器油、油保护装置、冷却系统、套管等七大部分组成。

1.铁芯

电力机车主变压器铁芯为单相型,由两个支撑绕组的两根芯柱和两个铁轭组成。铁芯采用冷轧取向硅钢片,表面进行绝缘涂层处理。为了尽可能减小铁芯损耗并降低噪声,选用优质硅钢片,对叠片采取了精确冲孔和叠压。

2.绕组

主变压器的绕组分为高压绕组和低压绕组。高压绕组只有一组,低压绕组有多组。按功能不同划分,绕组又分为牵引绕组、辅助绕组、励磁绕组等。

3.油箱

油箱用来承受变压器带电部件的质量、电抗器质量(油箱中集成了电抗器的变压器)以及绝缘液体的质量。油箱盖板采用螺栓连接到油箱箱体,并采用密封圈进行密封。油箱及油箱盖板的材质均为钢材。

卧式变压器油箱全部安装在机车地板下方。立式变压器油箱一般分为上、下两层,分别称为上油箱和下油箱,其中上油箱用以安装电抗器等其他设备,下油箱用以安装主变压器。上油箱和下油箱之间都进行了隔磁处理,以切断漏磁的通路。此外,在油箱上还装有吊环、活门、放油塞、压力释放阀、测温桶等辅助装置,方便变压器的吊装、油样采集等操作。

4.变压器油

变压器油主要起绝缘和冷却的作用,充满整个油箱。变压器油为无色、无味黏稠状液体。变压器油在使用一段时间后会发黄,绝缘系数下降,所以每次检修时,根据采样测试结果,有可能需要更换。

5.油保护装置

(1)储油柜

储油柜的主要作用是防止因变压器油热胀冷缩引起的变压器油箱油压过高或缺油。因此,其容量应可以保证在变压器最高工作温度下,变压器油不会溢出,而在变压器最低工作温度下,储油柜中还有油。

(2)油位表

油位表主要用于显示变压器油箱中的油量。

(3)吸湿器

吸湿器通过管道与储油柜上部相连,对变压器油箱中的空气除湿。另外,在变压器油冷却收缩的时候,保证储油柜吸入的空气是干燥的空气。

(4)温度计

温度计用于测量油温,它由测温桶、金属毛细管、弹簧等部件组成。温度计设有触头装置,可以发出电信号给控制系统,进行预警或相应控制。

(5)油流继电器

油流继电器主要用于检测变压器内油循环是否正常。油流继电器带有触头装置,用于油泵的控制以及油循环故障报警。

(6)压力释放阀

当变压器发生故障,或者外部电路出现短路导致变压器温度过高时,会引起变压器油气化,当气压升高到一定值时,将自动开启压力释放阀,释放过高的压力,避免油箱被膨胀的气体胀破,从而导致变压器油泄漏最终无法工作的情况。

6. 冷却系统

电力机车主变压器大部分采用强迫导向油循环风冷式冷却系统。该系统分为内部油循环和外部风循环两部分。变压器内部,浸在变压器油中的铁芯和绕组的热量通过油循环带走(由油泵推动油循环);变压器外部,热油与冷风在热交换器进行热量交换,风将油的热量带走(由风机促进风循环);冷却后的油再次送回变压器油箱参与循环,如此反复,便把变压器铁芯、绕组等发热部件的热量不断带走,达到冷却的效果。

7. 套管

套管是变压器绕组对外接线端子,根据绝缘材料可以分为两种:采用瓷质材料作为绝缘件的套管和采用胶木板作为绝缘件的套管。以胶木板为绝缘件的套管还可以由接线头的个数分为二联、三联等。

五、要点凝练

主变压器是将接触网 25kV 高压降为电力机车各电路所需的各种低压,以满足电力机车各种电气设备工作需要的重要电气设备。主变压器与普通变压器的工作原理相同,但结构方面有较大不同。

电力机车用主变压器为单相变压器、多绕组变压器、芯式变压器、油浸式变压器、强迫油循环风冷变压器、密封式变压器,其基本结构包括铁芯、绕组、油箱、变压器油、油保护装置、冷却系统、套管等七大部分。

目前电力机车主变压器大部分为卧式结构,铁芯、绕组等主要部件密封安装在一个扁平箱体内,吊挂在机车底架中部。

4-2 HXD1C 型电力机车主变压器

HXD1C 型电力机车采用 TBQ35-8900/25 型主变压器,其外形如图 4-2-1 所示(图中下部的箱体为主变压器,上部是吊装用的架子)。其内除主变压器外,还有两台 100Hz 滤波电抗器,安装在一个油箱内,共用一个冷却系统。TBQ35-8900/25 型主变压器是单相变压器,卧式结构,采取车体悬挂安装方式,吊挂在车体底架中部。

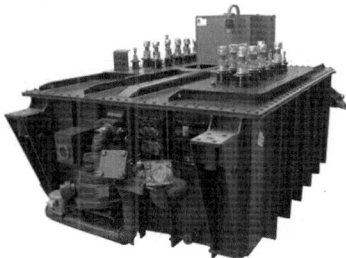

图 4-2-1　HXD1C 型电力机车采用的 TBQ35-8900/25 型主变压器

一、结构解析

HXD1C 型电力机车主变压器结构图如图 4-2-2 所示。变压器吊挂在机车中部地板下，其冷却设备——冷却塔安装在机械间内，它们之间连接有油管，用于变压器与冷却塔之间油的输送。储油柜安装在冷却塔内，与变压器通过快速接头软管连通。除 A 端子安装在油箱端部外，其余套管都在箱盖上。

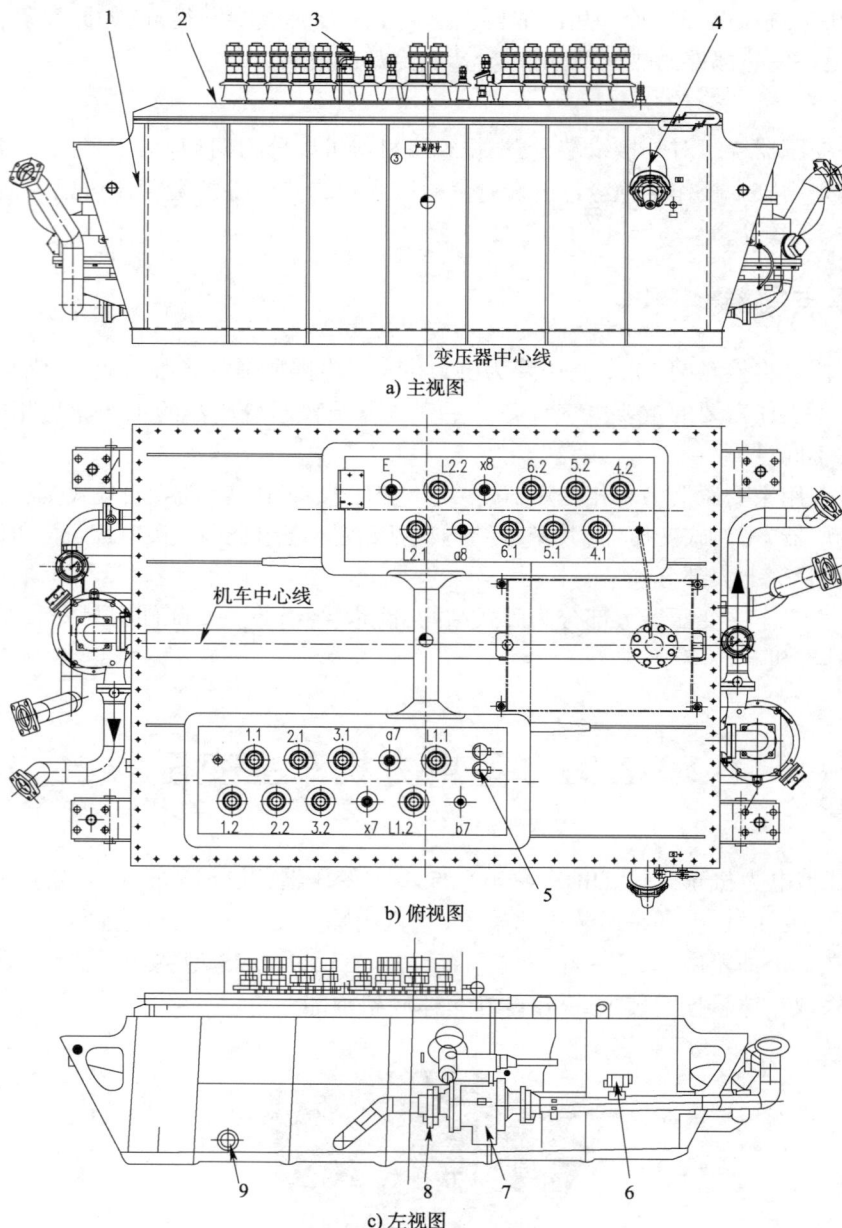

图 4-2-2　HXD1C 型电力机车主变压器结构图

1-油箱；2-油箱盖；3-低压套管；4-高压 A 端子；5-电阻温度计 Pt100；6-油流继电器；7-油泵；8-蝶阀；9-放油阀

下面对各主要部件进行详细的介绍。

1. 铁芯

变压器铁芯的布置和设计适用于电力机车主变流器的特殊要求。

铁芯为单相型,由两根支撑绕组的芯柱和两个铁轭组成。为尽可能减小铁芯损耗并降低噪声,铁芯芯柱采用优质冷轧取向硅钢片,表面进行绝缘涂层处理,冲压成近似圆形,多级叠积而成,采用整体包扎。在铁芯两旁设置钢夹板,芯柱和钢夹板用玻璃纤维带绑扎,然后在干燥炉中进行硬化处理。两根芯柱月铁轭连接,铁轭用不锈钢螺栓连接到夹件上。组装完的芯柱如图 4-2-3 所示。

2. 线圈

变压器设计为两个芯柱,多绕组芯式结构。变压器低压牵引绕组位于芯柱内侧,采用层式线圈结构设计。高压绕组位于牵引绕组外侧,设计为饼式绕组。变压器低压辅助绕组位于芯柱外侧,采用连续线圈结构设计。所有绕组结构紧凑、机械强度高。变压器绕组布置图如图 4-2-4 所示。牵引绕组、辅助绕组线圈由换位导线制成,高压绕组采用扁铜线制成。基本材料采用高等级电解铜。绝缘材料采用绝缘等级高的绝缘纸。

思考: 查阅相关材料,了解什么是换位导线。

对线圈进行预干燥处理,防止绝缘材料在超过储存期变形,即使在短路时施加在轴句方向的收缩力也不会使绕组松弛。绕组块压紧后,通过特殊真空工艺进行干燥,防止回潮,同时增加了机械强度。变压器绕组实物图如图 4-2-5 所示。

图 4-2-3　组装完的芯柱　　图 4-2-4　变压器绕组布置图　图 4-2-5　变压器绕组实物图

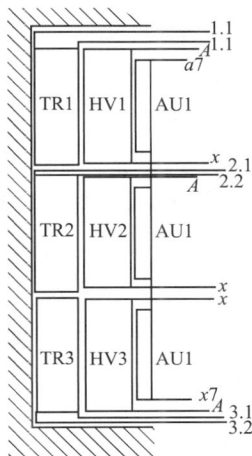

3. 接地

应对铁芯、夹件、箱盖、油箱、滤波电抗器等采取接地措施,避免局部高电位,否则有触电危险及损耗的产生。

4. 油箱

变压器装在充满变压器油的油箱中。油箱壁采用钢板焊接而成。油箱壁上焊有 4 个安装座,每个安装座上有 4 个安装孔,用螺栓把变压器吊在车体上的变压器安装梁上。油箱侧壁装有放油阀,放油阀用于注油、滤油和放油。油箱上装有进、出油管,它们各自通过出油柔性管和回油柔性管与冷却塔相连。箱盖安装套管的部位采用不导磁钢板制成,避免涡流发热。油箱设有接地螺栓,箱盖用接地线与油箱相连。油箱内装有一台主变压器和两台滤波电抗器。变压器油箱实物图如图 4-2-6 所示。

5. 引线

主变压器引线结构很紧凑,采用单侧引线方式,占用空间少(注:单侧是指变压器上方,油箱箱盖上)。引线除高压绕组 A 端子的引线外,其他都集中在油箱箱盖上,一律采用包纸铜棒,电流较大的引线采用多根并联。引线支架采用强度高的层压木板。变压器引线布置图如图 4-2-7 所示。

图 4-2-6　变压器油箱实物图

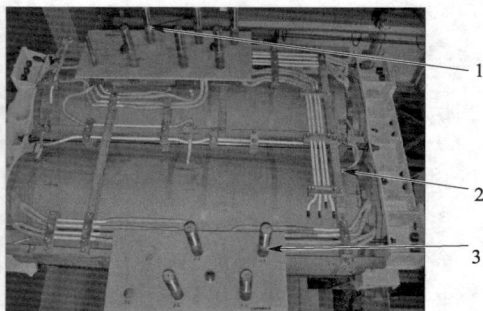

图 4-2-7　变压器引线布置图
1、3-引线;2-引线支架

6. 出线端子

HXD1C 型电力机车主变压器的出线端子有 1 个高压套管、1 个高压绕组接地套管、17 个低压绕组套管、4 个滤波电抗器套管。

(1)高压绕组出线端子

主变压器高压绕组高压端采用电缆插接式连接,由插头和套管组成。其中,插头由高压电缆自带,套管安装在主变压器油箱侧面。

高压绕组 A 端子即高压套管(图 4-2-2 所示电路图上 A 端子),采用的是导电杆和环氧树脂板浇注的结构,如图 4-2-8 所示。额定电流:$I_m = 630A$,额定电压:$U_m = 36kV$。

高压绕组接地端子(电路图上 X 端子)采用瓷套管,额定电流为:$I_m = 630A$,额定电压:$U_m = 3.6kV$。

图 4-2-8　高压绕组 A 端子

（2）低压绕组出线端子

低压绕组出线端子包括：牵引绕组出线端子[图 4-2-2b) 所示电路图上端子 1.1、1.2、2.1、2.2、3.1、3.2、4.1、4.2、5.1、5.2、6.1、6.2]，额定电流：$I_m = 2000A$，额定电压：$U_m = 3.6kV$；辅助绕组出线端子[图 4-2-2b) 所示电路图上端子 a7、x7、a8、x8]，额定电流：$I_m = 630A$，额定电压：$U_m = 3.6kV$；辅助绕组出线端子[图 4-2-2b) 所示电路图上端子 b7]，额定电流：$I_m = 250A$，额定电压：$U_m = 3.6kV$。

低压绕组出线端子即低压套管，结构完全相同，如图 4-2-9 所示。

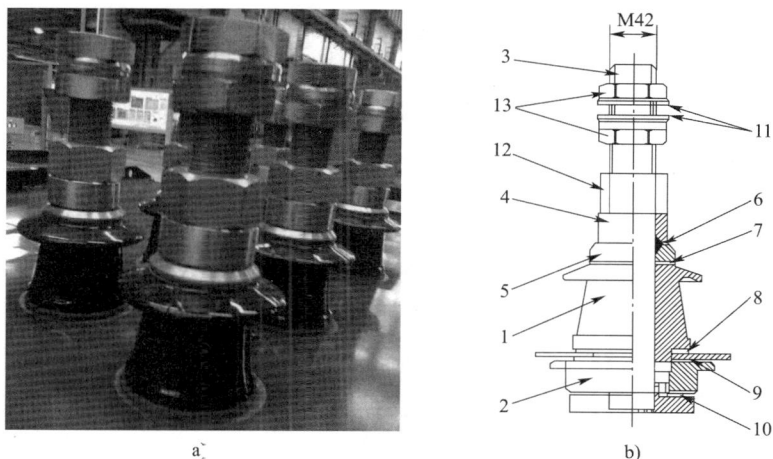

图 4-2-9　低压绕组出线端子

1-上瓷套；2-下瓷套；3-导电杆；4、5、11-垫圈；6、7、8、9、10-密封圈；12、13-六角螺母

（3）滤波电抗器出线端子

滤波电抗器用于牵引变流器中间直流回路，与滤波电容器构成串联谐振电路，滤除四象限整流器整流输出电压中含量最大的 2 次谐波。每台主变压器装有两台滤波电抗器，分别用于两个牵引变流器中间直流回路。滤波电抗器如图 4-2-10 所示。

图 4-2-10　滤波电抗器

滤波电抗器主要由线圈、磁轭、引线等三大部件组成。滤波电抗器采用层式线圈，分左右两柱，两柱并联。线圈总匝数为 78 匝。为降低损耗和提高机械强度，线圈选用了换位导线，分四层绕制。滤波电抗器采用空心电抗器结构，具有良好的线性电感特性。铁芯为上、下磁轭，上、下磁轭分别用夹件焊接成一整体；磁轭截面形状为矩形，用硅钢片叠压成形。线圈位于磁轭之间，由两个拉螺杆将上、下磁轭拉紧。

两个滤波电抗器的端子[图 4-2-2b) 所示电路图上端子 L5.1、L5.2、L6.1、L6.2]采用瓷

167

套管,额定电流:$I_m = 2000\text{A}$,额定电压:$U_m = 3.6\text{kV}$

7.储油柜

HXD1C 型电力机车主变压器的储油柜安装在冷却塔内,用快速接头与变压器油箱相连。储油柜的功能:①减小变压器油与空气接触的面积,减缓变压器油的老化过程。②当油箱中变压器油受热膨胀时,多余的变压器油可储存在储油柜;当油箱中的变压器油变冷收缩时,变压器油箱出现多余空间时,储油柜里的油可通过油管进入油箱,直至填满油箱,使油箱在任何时候都处于充满状态。因此,储油柜的容量要求:在高温($+40℃$)并在主变压器持续运行时,油不溢出储油柜;在低温($-30℃$)且变压器处于不工作时,储油柜中应有油。

（1）油位表

油位表设置在储油柜侧面,油位表旁边有 $+40℃$ 、 $+20℃$ 、 $-30℃$ 等刻度,这些刻度是指主变压器未工作,在环境温度分别为 $+40℃$ 、 $+20℃$ 、 $-30℃$ 时,储油柜里的油位。根据油位指示可调整变压器油量。

（2）吸湿器

硅胶吸湿器安装在储油柜侧面,用金属管与储油柜上部空间相连,用来吸收湿气。当变压器的温度升高时,储油柜油位上升,柜内油位上部空间的部分空气通过硅胶吸湿器排往大气。当储油柜内的油位下降时,柜内油位上部的空气不足,需要吸入空气,以免形成负压,此时空气通过硅胶干燥剂吸入,可吸收掉其中的湿气,再送入储油柜。硅胶在干燥状态下呈蓝色,吸湿后变为红色。

8.电阻温度计

电阻温度计用于测量变压器油箱内油温。大部分电力机车主变压器都采用 Pt100 电阻温度计。Pt100 电阻温度计安装在主变压器油箱箱盖上,共两个,其实物图如图 4-2-11 所示。

图 4-2-11 Pt100 电阻温度计实物图

Pt100 电阻温度计的工作原理:铂(Platinum,Pt)电阻丝的电阻值随温度的变化而变化,不同的温度对应不同的电阻值。按照《工业用标准热电阻》(IEC 751—1983)的规定:Pt100 的基本值为 100Ω 对应 $0℃$,138.5Ω 对应 $100℃$,$0 \sim 100℃$ 范围内的电阻增加平均值为 $0.385\Omega/℃$ 。

主变压器上的 Pt100 电阻温度计测取油箱温度后,将电阻信号传输给机车控制系统,控制系统根据电阻值换算成温度值,判断变压器的工作是否正常。

9.压力释放阀

HXD1C 型电力机车主变压器使压的是 YSF5-70/50J 型压力释放阀,如图 4-2-12 所示。

图 4-2-12　YSF5-70/50J 型压力释放阀

压力释放阀的作用:变压器油箱内部因某种故障可能会导致变压器油箱内压力急剧增大,当油箱内压力超过规定值时,压力释放阀将迅速开启,释放过高的压力,从而防止变压器油箱破裂或爆炸。当压力恢复正常后,压力释放阀自动关闭。压力释放阀开启后,信号杆将弹起且不会自动复位。

压力释放阀主要性能参数:开启压力为 70kPa;关闭压力为 37.5kPa;压力以 10kPa/s 的速度增压时,其打开时间小于 2ms。

10. 油流继电器

HXD1C 型电力机车主变压器采用的是 YJ-80AD 型油流继电器,如图 4-2-13 所示。

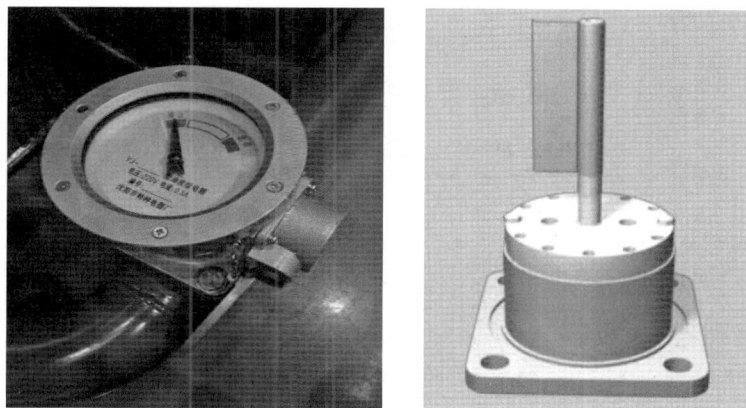

图 4-2-13　油流继电器

油流继电器的作用是检测变压器油箱内的油循环是否正常。油流继电器安装在变压器油管上,油流作用于油流继电器的叶片上,从而使油流继电器的微动开关动作,显示油循环正常。如果在变压器运行时,油流停止或油流反向,油流继电器的微动开关不会动作,此时,机车控制系统则判断变压器油泵异常。

11. 变压器油

主变压器油箱内充满变压器油。变压器油既是绝缘介质,又是冷却介质。根据使用环境要求,应选用具有较低凝固点的变压器油。变压器油既不能受潮,也不能混用,否则绝缘性能就大为降低,因此器身在进箱前须经真空干燥处理,运行中变压器油的耐压值不应低于30kV。

12. 冷却系统

主变压器内部油流循环分布图如图4-2-14所示。

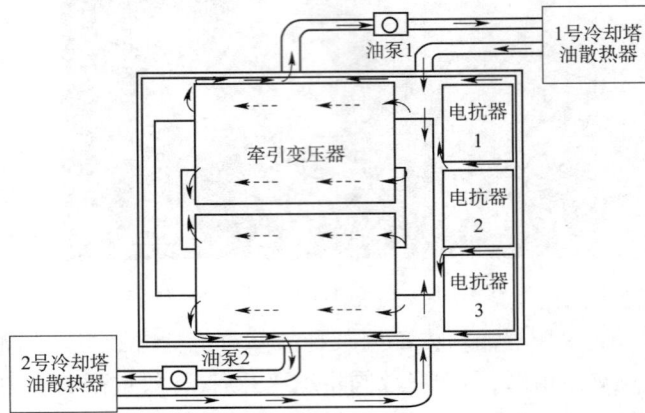

图4-2-14 主变压器内部油流循环分布图

主变压器铁芯、绕组等发热部件的热量通过油循环交换给变压器油。热油由油箱左部(主变压器侧)被抽出,油流经油泵加压后,进入冷却塔。热油在冷却塔中与冷空气进行热交换后,油温降低,从冷却塔出来的冷油沿油道进入主变压器下部,先冷却主变压器的铁芯、线圈,然后经过滤波电抗器,最后回到油箱的出油口,如此循环。

二、特性解析

(1)TBQ35-8900/25型主变压器主要技术参数见表4-2-1。

TBQ35-8900/25型主变压器主要技术参数 表4-2-1

主要技术参数		参数值	主要技术参数	参数值
额定功率	高压(kV·A)	8900	变压器总质量(kg)	11400
	牵引(kV·A)	6×1383	变压器油总质量(kg)	2550
	辅助(kV·A)	2×300	冷却方式	OFAF(强迫油循环风冷)
	外形尺寸(mm)	3040×1950×1320		
额定电压	高压(V)	25000	冷却介质	矿物油(45号变压器油)
	牵引(V)	6×970	网压范围(kV)	17.5~30
	辅助1(V)	3×470	恒功范围(kV)	22.5~29
	辅助2:b7－x7(V)	220	额定频率(Hz)	50

(2)TXL51型滤波电抗器的主要技术参数见表4-2-2。

TXL51 型滤波电抗器主要技术参数　　　　　表 4-2-2

主要技术参数	参数值	主要技术参数	参数值
数量	2	功率	持续制
额定电流（A）	1620	冷却方式	OFAF（强迫油循环风冷）
额定电感（mH）	0.27	冷却介质	矿物油（45 号变压器油）
额定频率（Hz）	100		

三、要点凝练

HXD1C 型电力机车用主变压器结构特点如下：

（1）采用卧式结构，主变压器与两个滤波电抗器共用一个油箱。

（2）采用同心式线圈结构、铁芯整体包扎，从而在相同的容量下，变压器的质量和体积更小。

（3）采用强迫油循环风冷冷却方式，提高变压器的可靠性和使用寿命。

4-3 HXD2 型电力机车主变压器

HXD2 型电力机车主变压器整体设计为组合式变压器，器身内部由主变压器、4 个二次谐振电抗器和 2 个辅助滤波电抗器组成。设计总容量为 6456kV·A，能够满足机车在各种工况下的容量裕度需求。HXD2 型电力机车主变压器具有完善的电气、温度、压力、油流等检测保护功能，能够满足 30 年的使用寿命要求；采用卧式结构设计，吊挂安装在车体下方。

HXD2 型电力机车主变压器电气原理拓扑图如图 4-3-1 所示。

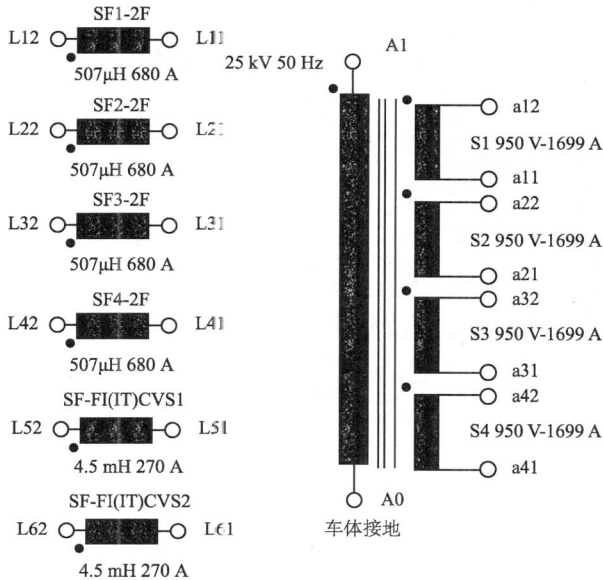

图 4-3-1　HXD2 型电力机车用主变压器电气原理拓扑图

SF1-2F～SF4-2F-4 个二次谐振电抗器；SF-FI（IT）CVS1-辅助回路 1 滤波电抗器；SF-FI（IT）CVS2-辅助回路 2 滤波电抗器；S1～S4-4 套牵引绕组

一、结构解析

HXD2 型电力机车用主变压器外形图如图 4-3-2 所示,内部结构图如图 4-3-3 所示。整个变压器由器身和附件等部件组成。变压器器身是变压器的核心,包括 1 台单相变压器、4个二次谐振电抗器和 2 个辅助滤波电抗器,它们之间相互解耦,被放置在油箱体内,共用一个油冷却系统。变压器附件包括 2 个散热器、1 个储油箱、1 个吸湿器、2 个油泵、1 个防爆阀、2 个油流继电器以及各种阀门、管路、接线端子等部件。

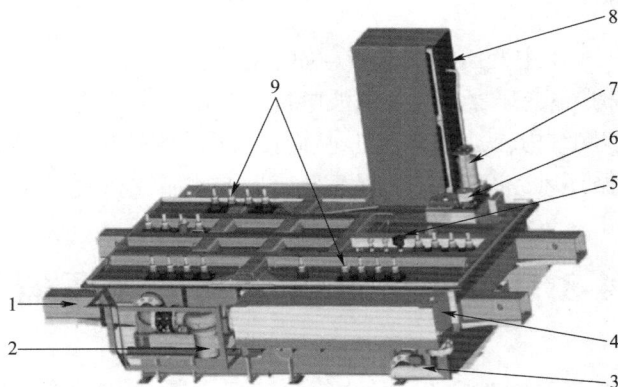

图 4-3-2 HXD2 型电力机车用主变压器外形图

1-箱体;2-油泵;3-油流继电器;4-散热器;5-温度传感器;6-高压端子;7-吸湿器;8-储油柜;9-低压端子

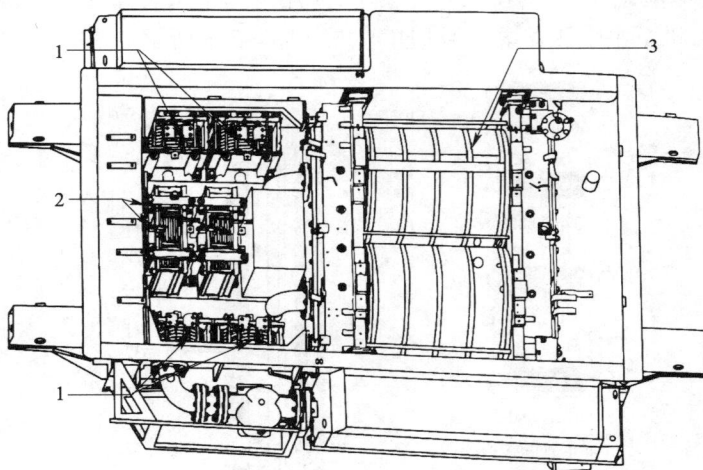

图 4-3-3 HXD2 型电力机车用主变压器内部结构图

1-二次滤波电抗器(4 个);2-辅助滤波电抗器(2 个);3-主变压器(1 个)

1. 铁芯

如图 4-3-4 所示,整个铁芯由两个阶梯式芯柱和两个矩形铁轭组成。采用晶粒取向硅钢片,确保具有良好的导磁性能,叠积结构稳定可靠;在叠积断面涂刷清漆,用苯乙烯聚酯带缠绕芯柱,保证芯柱结构的紧固稳定。铁轭叠积垂直于芯柱,端面刷清漆,但不缠绕苯乙烯聚酯带,而是通过穿心螺杆保证其紧固稳定性。

铁芯同时配有用于线圈夹紧功能的层压木夹件,线圈通过木夹件利用不锈钢拉杆缩紧,木夹件的耐热等级为 A 级。整个铁芯的质量为1920kg。

2. 绕组

绕组外形图如图 4-3-5 所示。主变压器绕组分为两柱四段,每一段绕组上分布有单独的牵引绕组和四分之一段高压绕组。绕组的绝缘部件由层压纸板制成,耐热等级为 B 级。每个绕组带有轴向同心油道,这些油道用于冷却油的油路,实现绕组的冷却。绕组的定位通过端圈完成,这样可以减少轴向短路作用力。主变压器的所有绕组的设计应能够保证承受 3s 短路电流,绕组的质量为 1540kg。

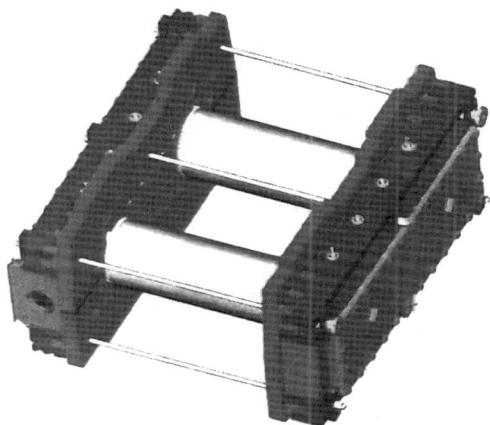

图 4-3-4　铁芯结构图　　　　　　　图 4-3-5　绕组外形图

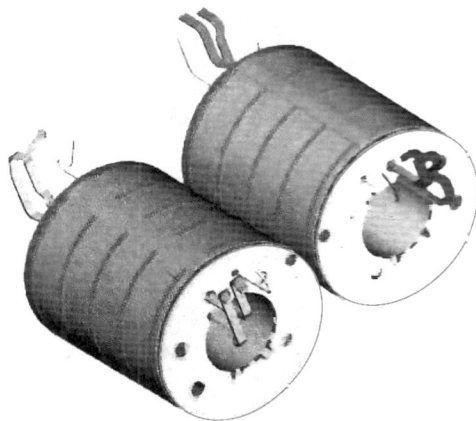

3. 二次谐振电抗器

二次谐振电抗器外形图如图 4-3-6 所示。二次谐振电抗器采用壳式空心结构,4 个二次谐振电抗器是相互独立的个体,其中 2 个安装于油箱的左侧壁上,2 个安装于油箱的右侧壁上。外部的磁屏蔽采用晶粒取向硅钢片叠成。铜导线是连续换位导线,采用连续饼式结构,谐振电抗器中的油处于半导流状态,在线饼间流动。单个二次谐振电抗器的质量为 115kg。

4. 辅助滤波电抗器

辅助滤波电抗器外形图如图 4-3-7 所示。辅助滤波电抗器为壳式空心电抗器。2 个辅助滤波电抗器组装在一起,各有单独的铁芯和绕组,采用侧放形式安装在油箱中部,其结构紧凑、体积小、质量轻、电感值稳定。外部的磁屏蔽是由晶粒取向硅钢片叠成,由两部分构成,底部呈 U 形,顶部呈方形,两部分分别与自身的钢制夹件焊接成一体。组装时,这两部分由 5mm 厚的诺麦克纸板隔开,同时利用 4 根 M12 的不锈钢螺杆锁紧。工作时,绕组中将通过频率为 600Hz 的三角波信号,为了减少谐波损耗,铜导体采用连续换位导线。辅助滤波电抗器中的油处于半导流状态,在线饼间流动。单个辅助滤波电抗器质量为 185kg。

5. 油箱

油箱和箱盖外形图如图 4-3-8 所示。油箱的设计满足《铁路应用　车辆设备　冲击和振动试验》(IEC 61373—2010)中规定的振动冲击试验条件。油箱的下部有 2 个注油/排油阀,油箱箱盖上有 1 个排气孔。箱盖上的出线端子座由不锈钢钢板制成,其作用是切断大电流端子的磁场效应。储油柜直接焊接在箱盖上。

图 4-3-6　二次谐振电抗器外形图

图 4-3-7　辅助滤波电抗器外形图

a) 油箱

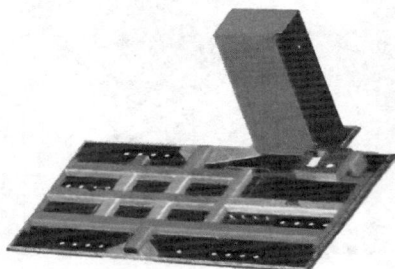

b) 箱盖

图 4-3-8　油箱和箱盖外形图

6. 冷却系统

主变压器的冷却系统由散热器、油泵以及冷却管路组成。

主变压器的两侧装有冷却管道,每根管道上都装有 DN100 蝶阀,允许液压状态下连接到油箱上。蝶阀的另一侧连接油泵,油泵为油浸式,由一个鼠笼式异步电动机和离心泵组成。散热器为板形或条形的油-空气热交换器,设计为强迫空气循环冷却,材质为铝合金。油泵和散热器之间装有一个 DN100 蝶阀,用于隔离。散热器前端管路上装有油流继电器,用于检测油流状态是否正常。

主变压器冷却系统原理图如图 4-3-9 所示。冷却系统的工作原理:油泵启动后油就开始单向循环;油泵提供的冷油通过主变压器、辅助滤波电抗器、二次谐振电抗器、散热器和冷却管路等再回到油泵;冷却风机组装在牵引变流柜里,空气由机车顶端吸入,通过牵引变流器的散热器后,进入变压器的散热器,最后排到车下。

一个油泵发生故障将导致损失 30% 冷却能力,两个油泵同时发生故障会引起主变压器故障。油泵的运转情况通过油流继电器进行检测,继电器动作的门限值为 0.35m/s。

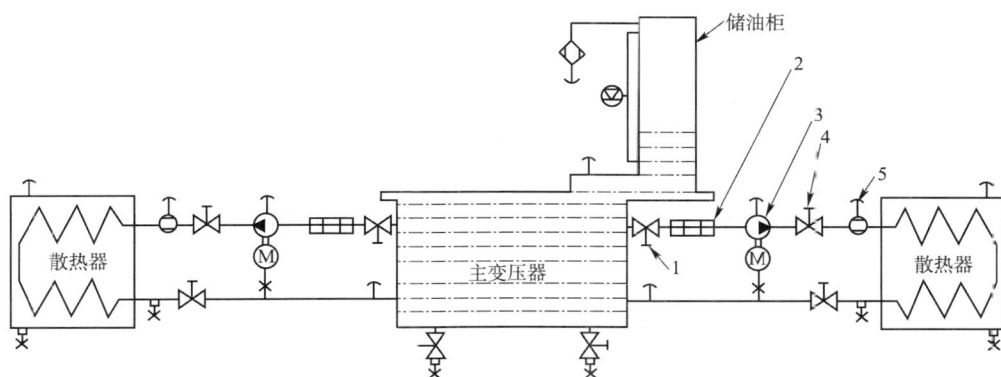

图 4-3-9　主变压器冷却系统原理图
1-蝶阀;2-波纹管;3-油泵;4-蝶阀;5-油流继电器

二、特性解析

1. 主变压器主要技术参数

主变压器主要技术参数见表 4-3-1。

主变压器主要技术参数　　　　　　　　　　表 4-3-1

线圈	端子	功率(kV·A)	电压(V)	电流(A)
原边绕组	A0 - A1	6456	25000	258
牵引绕组	a11-a12 a21-a22 a31-a32 a41-a42	4×1614	4×950	4×1699

2. 电抗器主要技术参数

电抗器主要技术参数见表 4-3-2。

电抗器主要技术参数　　　　　　　　　　表 4-3-2

名称	数量	电感值(mH)	额定电流(A)	额定电压(V)	频率(Hz)
二次谐振电抗器	4	0.507	950	DC 2400	100
辅助滤波电抗器	2	4.5	470	DC 2000	600

3. 其他参数

(1)冷却方式:冷却方式为强迫油循环风冷。

(2)绝缘等级:绝缘等级为 A 级。

(3)总损耗:总损耗为 252kW。

(4)最大外形尺寸:3955mm(长)×2587mm(宽)×2425mm(高)。

三、要点凝练

HXD2 型电力机车主变压器是集 1 台主变压器、4 个二次谐振电抗器和 2 个辅助滤波电抗器于一体的组合式变压器,设计总容量为 6456kV·A,能够满足 HXD2 型机车在各种工况下的容量需求。它具有完善的电气、温度、压力、油流等检测保护功能,能够满足 30 年的使用寿命要求;采用卧式结构设计,吊挂安装在车体下方。

4-4 HXD3 型电力机车主变压器

HXD3 型电力机车采用 JQFP2-9006/25(DL)型主变压器,其外形图如图 4-4-1 所示。JQFP2-9006/25(DL)型主变压器采用下悬式安装,心式卧放结构,强行导向油循环风冷方式,主变与冷却装置分开布置,总重约 13t。

图 4-4-1　JQFP2-9006/25(DL)型主变压器外形图

JQFP2-9006/25(DL)型主变压器技术特点如下:

(1)绕组采用高阻抗绕组结构,使变压器内部空间的漏磁场很强,大量采用了无磁的结构件。

(2)线圈导线采用 Nomex 纸绝缘,A 级绝缘,具有耐热等级高,机械强度大的特点。

(3)高压套管、低压套管都采用了新型结构的出线装置,具有安装拆卸方便,使用寿命长的特点。

(4)将大电流的低压出线装置与牵引变流器按顺序安装,使其连线最短。

(5)油箱采用了钢板加磁屏蔽的结构,避免了漏磁干扰外部信号。

(6)将经常需要检测及保养的部件装配在机车的两侧,以便于进行维修、检查。

(7)全铝板翅式冷却器,两路油循环系统。

(8)变压器油采用氮气密封保护,使油不与外界环境相通,防止其劣化。

(9)考虑到机车的使用环境,该变压器具有良好抗振性能。

一、结构解析

1. 接线图

JQFP2-9006/25(DL)型主变压器有 1 套高压绕组(1U,1V)、6 套牵引绕组[(2U1,2V1)~(2U6,2V6)]和 2 套辅助绕组(3U1,3V1;3U2,3V2),其接线图如图 4-4-2 所示。

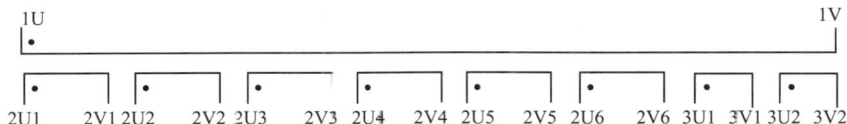

图 4-4-2　JQFP2-9006/25（DL）型主变压器接线图

2. 结构

JQFP2-9006/25（DL）型主变压器由油箱、器身、油保护装置、冷却系统、其他附属装置等组成。其中，器身由铁芯、绕组、绝缘件组成。冷却系统的主要部件（如通风机、冷却器等）安装在车内，车体台架的上方。高压绕组的高压端子 1U 安装在油箱壁上，其余端子都安装在油箱箱盖上。JQFP2-9006/25（DL）型主变压器外部结构图、内部结构图如图 4-4-3、图 4-4-4 所示。

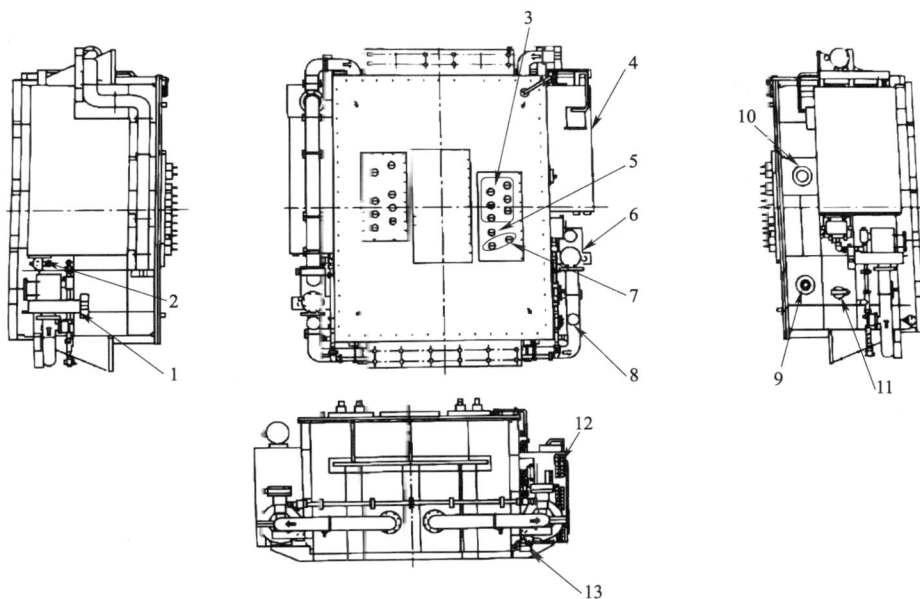

图 4-4-3　JQFP2-9006/25（DL）型主变压器外部结构图

1-蝶阀；2-氮封入阀；3-二次端子；4-氮膨胀室；5-一次接地端子；6-油泵；7-三次端子；8-油流继电器；9-一次高压端子；10-压力释放阀；11-温度继电器；12-油面计；13-排油阀兼油过流阀兼检油阀

（1）铁芯

铁芯为拉螺杆芯式结构，主要由拉螺杆、上夹件、下夹件、硅钢片等组成。上、下夹件由不锈钢板焊接而成。为提高刚度，腹板和肢板之间焊有加强筋。2 个上夹件之间和 2 个下夹件之间除用穿心螺杆连接外，在两头各有构件连接，以提高夹件的刚度，使之不易变形。

（2）绕组

绕组由 3 类线圈构成，即高压线圈、牵引线圈、辅助线圈。为满足高阻抗的要求，变压器线圈采用八分裂形式、芯式结构、层式线圈，导线采用 Nomex 纸绕包。高压线圈被分成 4 个线圈；牵引线圈采用多根导线并联，形成 3 个线圈；再加上 1 个辅助线圈，共 8 个线圈。8 个线圈互相并联，但牵引线圈之间互不相连，相互弱耦合。8 个线圈分别布置在 2 个芯柱上，从铁芯开始，内侧为牵引线圈和辅助线圈，外侧为高压线圈。

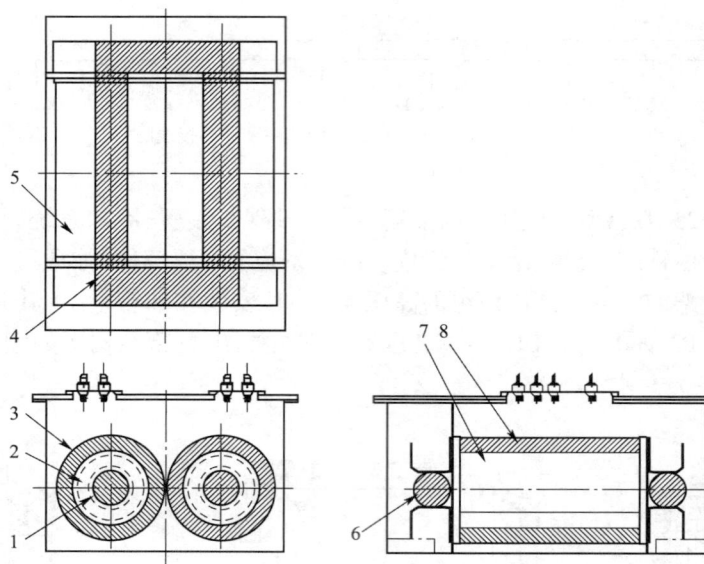

图 4-4-4　JQFP2-9006/25（DL）型主变压器的内部结构图

1、4、6-铁芯;2、7-低压线圈;3、8-高压线圈;5-线圈

主变压器各线圈主要参数见表 4-4-1。

主变压器各线圈主要参数　　　　　　　　　　　　　　表 4-4-1

主要参数	高压线圈	牵引线圈	辅助线圈
额定电压（V）	25000	1450×6	399
额定电流（A）	360	966×6	759
每芯柱上的匝数	1380×3	80×3	22
线圈数	4	3	1
并绕导线数	2	15	15
线圈形式	层式	层式	层式
Nomex（mm）	0.47	0.47	0.47
裸线截面积（mm²）	10.72	180.15	180.15
电流密度（A/mm²）	5.22/3.49	5.36	4.22
平均半径（mm）	208.9	137.6	131.3
导线重	1828.5	1073.4	97.4
直流电阻（Ω,85℃）	5.836/8	0.01344	0.00366

（3）引线

引线设计结构紧凑,采用顶部电缆出线,占用空间少。电缆交叉处用绝缘纸板包扎,电流大的引线采用多根并联。引线与端子之间采用冷压连接,避免了焊接的麻烦。引线固定采用绝缘螺杆和绝缘螺母,拧紧后涂绝缘胶防止松动,因此,不需要弹簧垫圈、备帽。引线支架采用高强度的层压木,强度好,不易变形。

（4）油箱

油箱采用钢板焊接,并采用磁屏蔽的方法使外泄漏磁限制在一定的范围内。通过 2 个吊装挂座与车体底架相连。油箱壁下部有 φ15mm 活塞门,作为注油、滤油和放油用。油箱壁侧面安装了压力释放阀。

油箱的两侧分别是储油柜和氮气膨胀箱,二者之间有管路连接。主变压器采用真空注油,并注入一定压力的氮气,通过不同温度下氮气体积的变化来调节储油柜中的油位高低,以补充油箱中的油量,并且使变压器油不与空气接触,从而减缓变压器油的老化。

3. 冷却系统

（1）冷却系统的油路

主变压器设有两个油路,被隔板分开成两个区:一端为进油区,另一端为出油区。进油区有管路连接,保持两边油压平衡。出油区热油被潜油泵抽出,经蝶阀、油流继电器,被冷却器冷却后经油管和蝶阀由进油侧进入油箱、线圈,在线圈内部流过,由排油侧流出。冷却系统变压器油的循环路径图如图 4-4-5 所示。

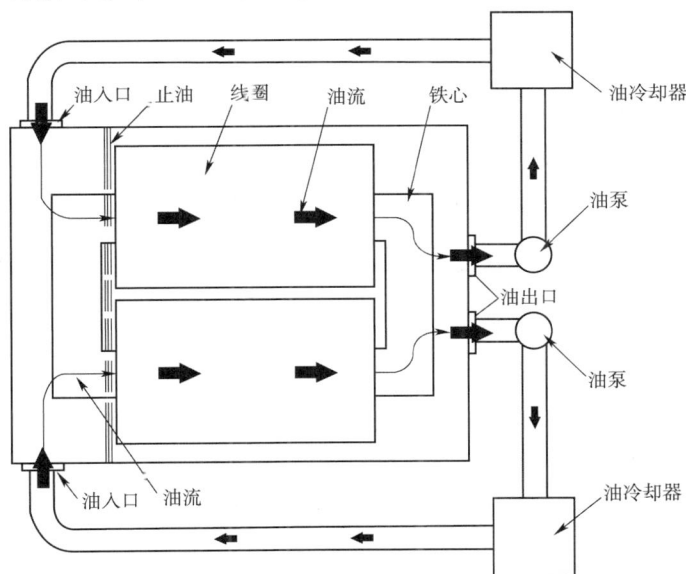

图 4-4-5　冷却系统变压器油的循环路径图

（2）冷却系统的风路

冷却器上部装有通风机,冷却风从车顶吸入后,先进入通风机,再进入复合冷却器,先冷却复合冷却器顶层牵引变流器的冷却水,然后冷却底层的变压器油,最后从车下排出。复合冷却器如图 4-4-6 所示。

二、特性分析

1. 主变压器技术参数

JQFP2-9006/25（DL）型主变压器主要技术参数见表 4-4-2。

图 4-4-6 复合冷却器
1-水冷却器;2-油冷却器

JQFP2-9006/25(DL)型主变压器主要技术参数 表 4-4-2

主要技术参数	参考值	主要技术参数	参考值
机车网压范围(kV)	17.2 ~ 31.3	复合冷却器通风量(m³/h)	2 × 23400
频率(Hz)	50	油流量(m³/h)	2 × 48
联结组	Ⅱ0	空载电流(%)	0.16
外形尺寸(mm)	3060 × 2760 × 1475	空载损耗(W)	2600
安装方式	车体下悬挂式	负载损耗(kW)	224
冷却方式	强迫油循环风冷	总质量(kg)	13000

2. 各绕组的额定值及试验电压

各绕组的额定值及电压见表 4-4-3、表 4-4-4。

各绕组额定值 表 4-4-3

线圈	额定值		
	容量(kV·A)	电压(V)	电流(A)
高压绕组	9006	25000	360
牵引绕组	8400	6 × 1450	966
辅助绕组	606	2 × 399	759

各绕组电压 表 4-4-4

线圈	工频试验电压(kV/min)	感应耐电压(kV/min)	冲击试验电压(kV)
高压线圈(网侧)	—	60	150
高压线圈(接地侧)	2.5	—	—
牵引线圈	5.3	—	—
辅助线圈	2.9	—	—

三、要点凝练

JQFP2-9006/25(DL)型主变压器采用下悬式安装,心式卧放结构,强行导向油循环风冷方式,主变与冷却装置分开布置,外形尺寸为 3060mm(长) × 2760mm(宽) × 1475mm(高),总重约 13t。

4-5 整备员工作页　主变压器整备检查作业

一、工序卡

主变压器整备检查作业工序卡见附录 4。

二、主变压器整备检查记录单

温馨提示

　　本检查记录单不涉及具体参数,基本适用于各车型主变压器日常检查作业,本记录单以 HXD3 型电力机车主变压器为例进行编制。

_____型主变压器整备检查记录单(本地趟检)

车型		车号		牵引电机型号		检查时间	
序号	部位	检查内容及标准				主要工具	检查情况
1	外观	变压器外表面应清洁、漆膜完好,各铭牌、字母牌应清洁、字迹清楚				手电筒	
2	安装螺栓	变压器与车体连接处的安装螺栓应无松动现象				手电筒	
3	连接部件	出线套管、蝶阀及其他连接件不许有松动				手电筒	
4	出线套管	套管外部应清洁,无裂纹及破损,无放电痕迹及其他异常现象				手电筒	
5	接地连接	油箱和车体之间接地应良好				手电筒	
6	密封件	所有密封件、油箱箱体、放油阀及管路不许有渗漏现象				手电筒	
7	压力释放阀	检查压力释放阀是否动作,有无喷油痕迹。如果压力释放阀动作,应观察变压器油箱的外壁是否明显变形,且应测量变压器的绝缘电阻、直流电阻、电压比和对变压器油做简化试验,以便进一步确认变压器有无故障。如果变压器无故障或冷故障修复后,应将压力释放阀的信号杆复位				手电筒	
8	油泵	油泵运作正常,不许有渗(漏)油现象,不许有异常声响				手电筒	
9	油流继电器	油流继电器状态良好,安装牢固,不许有泄漏				手电筒	
10	电阻温度计	电阻温度计性能良好				手电筒	
检查人						审核	

三、整备检查记录单填写样例

1. 参考数据
略。

2. 工具材料清单
主变压器日常检查所需的工具、设备、材料见表4-5-1。

主变压器日常检查所需的工具、设备、材料　　　　　表4-5-1

序号	名称	单位	数量	序号	名称	单位	数量
1	手电筒	个	1	6	安全警示牌/台/灯	套	1
2	手捶、木捶或塑料手捶	个	1	7	防静电手套	双	2
3	扭力扳手	套	1	8	绝缘鞋	双	2
4	记号笔	个	1	9	安全帽	个	2
5	棉纱	块	若干				

3. 工前准备
(1)在检查前要确认机车安全标志已设置。
(2)作业前,须按程序办理接触网断电手续。
(3)穿戴好安全防护用品。
(4)作业完毕后,及时清理现场,严禁遗漏任何工具、材料。

4-6 检修员工作页　主变压器检修

本节以HXD3型电力机车上使用的JQFP2-9006/25(DL)型主变压器为例,介绍主变压器的检修作业内容,包括检修周期、作业流程及具体的作业内容。

说明:根据和谐型电力机车检修技术规程,主变压器在C1-C4修时均不需要做解体检修,检修内容较少。为了让大家了解更多的检修内容,本节将依据C5修修程,给大家介绍主变压器的C5级检修作业内容。

各院校可根据自己的实训条件,有选择性地进行教学实施。

各型号主变压器检修流程基本相同,只是结构不同,会导致具体某个步骤的检修操作和参数有所不同,感兴趣的同学可自主进行对比学习。

一、引用标准及适用范围

(1)引用标准:《HXD3型电力机车检修技术规程(C1-C4修、C5修)》《JQFP2-9006/25(DL)型主变压器使用维护说明书》。

（2）本准则规定了 HXD3 型电力机车主变压器的检查工艺流程、技术要求及质量标准。

（3）本工艺适用于 HXD3 型电力机车 JQFP2-9006/25（DL）型主变压器 C5 修修程。

二、检修计划

主变压器各检修等级检修项目见表 4-6-1。表 4-6-1 规定的走行公里数或间隔期内（以先到为准），应实施相应的检修工作。

主变压器各检修等级检修项目一览表　　　　　　　　　　　　表 4-6-1

修程		日常检查	C1 修	C2 修	C3 修	C4 修	C5 修	C6 修
里程要求			7×(1±10%) 万 km	13×(1±10%) 万 km	25×(1±10%) 万 km	50×(1±10%) 万 km	100×(1±10%) 万 km	200×(1±10%) 万 km
时间要求		不超过 1 个月	不超过 3 个月	不超过 6 个月	不超过 1 年	不超过 3 年	不超过 6 年	不超过 12 年
外观	目视检查各部件有无损伤、变形、渗漏等情况	√	√	√	√	√	√	√
紧固件	检查有无松动	√	√	√	√	√	√	√
接线	目视确认有无污垢、损伤、松动	√	√	√	√	√	√	√
套管	目视确认有无污垢、损伤、裂纹	√	√	√	√	√	√	√
氮压力和绝缘油温度关系	点检氮压力和绝缘油温度的关系，确认氮气有无泄漏						√	√
绝缘电阻	常温状态下测定主变压器、油流继电器、油泵的绝缘电阻，记录测定时的气温、湿度、油温					√	√	√
油箱	检查油箱有无渗漏，检查紧固件有无松动，检查 4 个悬挂安装座焊缝有无裂纹	√	√	√	√	√	√	√
铁芯	各部分应清洁，外观完好，标记清晰，各紧固件应紧固无松动。铁轭螺杆夹件油道、夹板油道绝缘不得有磨损、松散、过热现象						√	√

续上表

修程		日常检查	C1 修	C2 修	C3 修	C4 修	C5 修	C6 修
里程要求			7×(1±10%)万 km	13×(1±10%)万 km	25×(1±10%)万 km	50×(1±10%)万 km	100×(1±10%)万 km	200×(1±10%)万 km
时间要求			不超过1个月	不超过3个月	不超过6个月	不超过1年	不超过3年	不超过6年	不超过12年
绕组	各部分应清洁,外观完好。线圈检查无短路、无断路,外包绝缘不得有磨损、松散现象。线圈相互间及对地绝缘电阻值应符合有关技术条件规定						√	√
储油柜	检查焊缝、各密封部位有无渗漏油,各紧固件应紧固	√	√	√	√	√	√	√
出线套管	引线焊接部分应无裂纹、脱落等非正常情况;各连线间连接完好;套管应无裂纹、脱落等情况	√	√	√	√	√	√	√
压力释放阀	检查压力释放阀是否动作,有无喷油痕迹	√	√	√	√	√	√	√
油流继电器	检查油流继电器,状态良好,安装牢固,不许有漏泄	√	√	√	√	√	√	√
电阻温度计	检查电阻温度计,性能良好	√	√	√	√	√	√	√
油泵	检查轴承是否漏油	√	√	√	√	√	√	√
油样	(1)耐压试验及理化分析;(2)气相色谱分析		√	√	√	√	√	√

三、工具材料

1. 工具

主变压器检修所需要的工具见表4-6-2。

主变压器检修所需要的工具   表4-6-2

序号	名称	规格型号	单位	数量	序号	名称	规格型号	单位	数量
1	手电筒	通用型	把	1	3	扭力扳手	通用	套	1
2	棘轮套筒扳手	通用	套	1	4	普通扳手	通用	套	1

序号	名称	规格型号	单位	数量	序号	名称	规格型号	单位	数量
5	专用吊具	通用	套	1	12	存放架	通用	个	1
6	焊机	通用	台	1	13	线圈架	通用	个	1
7	钢丝钳	通用	套	1	14	主变压器器身垫脚	通用	个	4
8	撬棍	通用	根	4	15	防松标记笔	通用	支	1
9	储油桶	通用	个	1	16	毛刷	通用	把	1
10	油盆	通用	个	1	17	风枪及风管	通用	把	1
11	灭火器	通用	个	1	18	橡胶锤	通用	把	1

2. 设备

主变压器检修所需设备有真空滤油设备、变压器干燥设备、试验变压器、电流表、功率表、摇表、电桥、压力表、卷尺。

3. 材料

主变压器检修所需材料有相同牌号的变压器油、白布带、清洁剂、玻璃丝带、抹布、变压器用各种密封件和绝缘垫圈及需更换的变压器配件。

四、C5 级检修作业

主变压器的 C5 级检修作业包括整体检查和部件检修(包括检修和试验)两部分内容。

1. 整体检查

部件检修前需要对主变压器做如下整体检查:

(1)清洁变压器外部、高压套管及低压陶瓷套管。

(2)检查所有密封件、箱体、储油框及管路,不许有变形、泄漏。

(3)检查冷却系统管路的密封件,不许有损坏和磨损。

(4)变压器箱体、出线套管、管路蝶阀等紧固件必须紧固,所有连接件必须紧固。

(5)更新主变压器油泵轴承。检查油泵,应运转正常,不许有渗油、漏油现象。用 500V 兆欧表测量,绕组对地绝缘电阻不低 10MΩ。

(6)检查清洁油流继电器,应状态良好,安装牢固,不许有泄漏。

(7)检查电阻温度计,应功能正常。

(8)检查主变压器与车体之间的安装螺栓,应安装紧固,不许有松动。

2. 部件检修

(1)油箱

检修要求:检查油箱有无渗漏,检查紧固件有无松动,检查 4 个悬挂安装座焊缝有无裂纹。

检修材料:棉纱布。

检修工具:扳手、螺丝刀、手电筒。

检修内容:

①变压器断电后,用棉纱布将箱体擦拭干净,观察油箱各焊缝处有无渗漏,特别检查4个悬挂安装座及其周边焊缝有无裂纹。

②用扳手查看各紧固件有无松动,特别是接地螺栓。

(2)铁芯

①铁芯解体前检查

各部分应清洁,外观完好,标记清晰,各紧固件应紧固无松动。各接地线接头焊接部分无裂纹、脱落等非正常情况;各连线间连接完好,紧固无松动;连接处无变色、烧痕等现象;接地片接地可靠。铁轭螺杆夹件油道、夹板油道绝缘不得有磨损、松散、过热现象。

②检查试验项目及内容

对铁芯进行检查时,当发现有发黑、褪色、短接和短路的地方,有可能是铁芯发生短接、多点接地甚至短路事故,需进行试验判定。

a.绝缘电阻测定

清除紧固件污垢和残渣后,把铁芯接地片和夹件接地线打开,用兆欧表测量铁芯对地绝缘电阻,看是否达到10MΩ以上。若铁芯对地绝缘电阻为零,则说明夹件有多点接地。测量铁轭螺杆绝缘电阻是否在2~3MΩ范围内,若小于规定值,说明铁芯有短路现象,则应检查绝缘件是否完好。

b.铁芯空载试验

空载损耗显著增大,可能是铁芯片短接或夹紧件短路,有局部过热产生;空载损耗较大,可能是铁芯绝缘不良。

(3)绕组

①检查

各部分应清洁,外观完好。检查线圈,应无短路、断路现象,外包绝缘不得有磨损、松散现象。线圈相互间及对地绝缘电阻值应符合有关技术条件规定。

②试验

a.直流电阻测量

用 QJ44 电桥,测量各绕组的直流电阻,应在允许偏差范围内,否则,检查是否存在匝间短路。

b.绝缘电阻测量

用2500V兆欧表测量线圈相互间及对地绝缘电阻值,须符合表4-6-3的规定。若小于规定值则应重新干燥,再测量。

各绕组相互间及对地绝缘电阻(单位:MΩ)　　　　　　　表4-6-3

序号	测量部位	绝缘电阻	序号	测量部位	绝缘电阻
1	高压绕组高压端对地及其他	≥1000	3	牵引绕组对地及其他	≥500
2	高压绕组低压端对地及其他	≥500	4	辅助绕组对地及其他	≥500

c.耐压试验

绕组对地间施加频率为50Hz的电压,持续1min不击穿为合格。

(4)储油柜

①检查

a. 清除储油柜表面灰尘。

b. 检查储油柜各紧固件有无松动,若有松动,则需重新拧紧。

c. 储油柜焊缝应无渗漏现象。

d. 检查各密封部位是否渗漏油,若有渗漏油现象,则应更换橡胶垫。耐油橡胶压缩量在25%左右,若压缩量过小,则密封不良;若压缩量过大,则橡胶被过量压缩,造成渗漏油。

e. 检查储油柜表面油漆有无脱落,若有掉漆,则应先打磨除锈,再补涂同种型号的油漆。

②试验

用压力表对储油柜进行气压试验:试压 50.7kPa,不得渗漏;试压 76kPa,不得发生永久变形。

(5)出线套管

①检修材料

清洗用酒精、银铜焊条、绝缘皱纹纸、绝缘胶带、1504 绝缘漆、乐泰绝缘 262 号。

②检修工具

扭力扳手、手焊枪、电阻焊机、夹线钳。

③检查作业

a. 各部分应清洁,外观完好,各绝缘件无开裂、分层现象。

b. 各紧固件应紧固,无松动、断裂现象。

c. 引线焊接部分无裂纹、脱落等非工常情况;各连线间连接完好,焊接处无焊渣、炭黑等杂质,无尖角、毛刺、烧痕等现象。

d. 检查引线之间的电气距离,对电气距离小于 25mm 之处,用绝缘皱纹纸、绝缘胶带进行包扎。

④试验测量

a. 引线焊接完后,测量线圈直流电阻。

b. 引线焊接完后,测量线圈各出头之间的绝缘电阻。

(6)油泵

更换油泵轴承。采用 500V 兆欧表测量,油泵电机绕组对地绝缘电阻不低 10MΩ。

(7)油样检测及试验

①油样耐压试验及理化分析

闪点(闭口)、酸值、介质损耗因数(90℃)、击穿电压(间距 2.5mm)、水溶性酸或碱(pH)及水分须满足《运行中变压器油质量》(GB/T 7595—2017)中规定的质量标准。

②油样气相色谱分析

对主变压器油样进行气相色谱分析,须满足《变压器油中溶解气体分析和判断导则》(GB/T 7252—2001)的质量标准。

4-7 乘务员工作页　主变压器应急故障处理

本节是参照《HXD3 型电力机车应急故障处理(试行)》进行编写,给出了主变压器常见故障的应急处理方法。本部分旨在培养机车车辆乘务员应急故障处理能力的重要专业技能。

一、运行途中,跳主断,状态指示屏"原边过流"灯亮

1. 原因分析

(1)在欠压状态下,手柄给定过高,二次侧电流过大或原边保护误动作。

(2)变压器原边短路或接地。

(3)牵引电机、变流器支路过流。

2. 应急处理方案

(1)重新闭合主断路器,进行牵引、电制动操作,若故障消除既恢复运行。

(2)牵引/制动主手柄在级位较高时故障发生,则适当降低手柄级位维持运行。

(3)牵引/制动主手柄离开"0"位就发生原边过流,则查询故障履历栏;若故障发生时原边电流值若不大于 800A,则属 KC1 故障:

①在控制电气柜背面,拆下从上至下第二块盖板。

②将原边过流继电器 KC1 的旋钮调至最大或拆除 435 号线,做好绝缘处理。

③升弓闭合主断路器,维持运行。注意观察 TCMS 显示屏上的原边电流,确保其不超过 400A。

④若故障重新出现,可分别切除次边负载支路(主变流器、辅变流器),查找出故障点,进行切除后维持运行。

(4)经以上处理,故障仍然无法消除时,应尽量维持进站,请求救援。

二、油流继电器、水流流量计故障

油流继电器、水流流量计故障时的应急处理方案如下:

(1)观察主变流器旁的水流流量计显示,确认是否正常(正常值在 170~190kPa 范围内)。

(2)由于变压器的油流继电器在机车下部,只能通过微机显示屏过程数据的驱动界面确认油温是否正常,判断是否影响运行。

(3)不能维持运行,主手柄回"0"位,断开后再重新闭合。

(4)以上处理无效,断开油泵自动开关或者水泵自动开关,再重新闭合。

(5)处理无效时,断开蓄电池自动开关 60s 以上,进行复位处理。

(6)将端子柜 1 的 XT63 对应的 74 号端子上的任意一根 638 号线挑出,并包上绝缘。

(7)将端子柜 2 的 XT63 对应的 36 号端子上的任意一根 538 号线挑出,并包上绝缘。

(8)停车时,观察油泵工作是否正常、油流继电器指针摆动是否正常,油温不超过

100℃,如上述均正常,可维持运行。

三、温度指示控制器动作

温度指示控制器可用于测定变压器油箱内部的油温度。它的感温元件是由螺旋状的双金属片构成,把温度变化转化成轴回转。温度指示控制器刻度为 - 40 ~ + 120℃,当油温超过 100℃时,关闭接点,报告异常。

温度指示控制器动作时的应急处理方案如下:

(1)当温度指示控制器动作,机车无牵引、制动力输出时,在查明原因前,不允许做任何处理。

(2)司机利用巡检、停靠、换端的时间,用手触法检查油温。

(3)确认温度指示控制器本身误动作,打开车下变压器接线盒,将其接线撤除,并做好绝缘包扎,观察维持运行。

四、主变压器油泵不工作,显示屏提示油泵非运用状态

主变压器油泵不工作,显示屏提示油泵非运用状态的应急处理方案如下:

(1)点击过程数据→辅助界面,查看油泵自动开关是否跳开,如跳开,恢复油泵自动开关。

(2)油泵自动开关不能恢复时维持运行,待温度降下后重新恢复油泵自动开关。

(3)牵引动力允许的情况下维持运行。

(4)当油泵故障无法恢复时,应将对应的牵引电机及辅助变流器隔离。

4-8 理论拓展　电器为什么会发热?

一、温升

电器温度升高后,其本身温度与周围环境温度之差,称为温升。

有触点电器由导电材料(如触头)、导磁材料(如铁芯)和绝缘材料(如塑料外壳)等组成。电器工作时由于有电流通过导体和线圈而产生电阻损耗。如果电器工作于交流电路,则由于交变电磁场的作用,在铁磁体内产生涡流和磁滞损耗,在绝缘体内产生介质损耗,所有这些损耗几乎全部都转变为热能。其中,一部分散失到周围介质;另一部分加热电器本身,使其温度升高。

电器的温度超过某一极限值后,其中金属材料的机械强度会明显下降,绝缘材料的绝缘强度会受到破坏。若电器工作时的温度过高,会使其使用寿命降低,甚至遭到破坏。反之,电器工作时的温度也不宜过低,因为电器工作时温度太低,说明材料没有得到充分利用,经济性差,相对体积大、质量大。

为了确保电器的工作性能和使用寿命,各国电器技术标准都规定了电器各部件的发

热温度极限及允许温升。所谓发热温度极限,是指保证电器的机械强度、导电、导磁性以及介质的绝缘性不受危害的极限温度。允许温升是发热温度极限与最高环境温度的差值。

因为电器的工作环境直接影响电器的散热过程,我国国家标准规定最高环境温度为40℃(一般为35℃),即

$$允许温升 = 发热温度极限 - 40℃$$

当海拔 1000m 时,各种不同材料和部件的发热温度极限见表 4-8-1。

各种不同材料和部件的发热温度极限(海拔 1000m)　　　　表 4-8-1

序号	部件名称	材料和形式	发热温度极限(℃)
1	发热温度不影响接触压力的触头	紫铜或铜合金	115
		银或银合金触头	以不损害相邻部件为限
2	发热温度影响接触压力的触头	磷青铜	75
		弹簧负片构成的簧片	75
		夹形触头刀型开关铜质触头	90
3	用螺栓、铆钉紧固的导电连接	紫铜或黄铜	95
		紫铜或黄铜接触处镀锡	100
		紫铜或黄铜接触处镀银	105
		铝质	80
4	单层电流线圈	铜质	145
5	软连接线	铜质镀(搪)锡	130
6	电阻	康铜或类似的电阻带(电阻丝)	390
		铁铬铝电阻带(电阻丝)	640
		镍铬电阻带(电阻丝)	690
7	绝缘线圈及与绝缘材料接触的金属零件	A 级绝缘	120
		E 级绝缘	135
		B 级绝缘	145
		F 级绝缘	170
		H 级绝缘	195

关于表中绝缘等级的说明:由于绝缘材料的品种繁多,耐热性各不相同,为此国家标准规定按耐热性将绝缘材料分为 7 个等级,见表 4-8-2。

绝缘材料的最高允许温度　　　　表 4-8-2

绝缘等级	Y 级	A 级	E 级	B 级	F 级	H 级	C 级
最高允许温度(℃)	90	105	120	130	155	180	>180

有些电器铭牌上有该电器所使用的绝缘材料等级的标识,如电机铭牌中有一项参数,

"绝缘等级:H 级",意味着该电机所采用的绝缘材料的最高允许温升可达 180℃,说明该电机的耐温性能较好。

二、电器的发热从何而来

电器工作时,电流通过导电部分将产生电阻损耗,此损耗将转变为热能。正常状态时,其中一部分热能散发到周围介质中去,另一部分热能使导体的温度升高,形成温升。如果发热时间极短(如短路时的发热),由于来不及散热,可认为损耗功率全部用来加热导体,提高导体的温升。

铁磁体在交变磁场中,磁通的方向和数值变化使铁磁材料反复磁化,产生的磁滞与涡流损耗可以导致铁质零件发热。一般来说,这个损耗不大。但若制造不当,如材料较差、铁片较厚或片间绝缘不好,则涡流损耗就比较大。磁滞与涡流损耗一般与磁通密度、磁通变化率及铁磁材料有关。

在交流电器中,常采用硅钢片叠成导磁铁芯,用以减小磁滞损耗和涡流损耗。

三、电器的工作制与发热的关系

电器在使用过程中,由于工作任务的要求不同,其工作时间也不同。例如,供电系统中的一些开关,只要不出现故障和必要的检修,就会一直处于工作状态;而机车上控制空气压缩机的电器则处于一种断续工作状况,需要补充压缩空气时,便开始工作。若压缩空气充足时便不工作。

由于工作时间不同,电器的发热及冷却状况也不同。从电器发热与冷却的观点来看,一般将电器的工作状况分为长期工作制、间断长期工作制(8h 工作制)、短时工作制、间断工作制(仅复短时工作制)及短路。

1. 长期工作制时电器的发热

长期工作制是指电器通电后连续工作到发热稳定,此时温度达到稳定值。其特点是电器损耗所产生的热量全部散发到周围介质中。当电器的发热未达到稳定前,这个热能一部分用于升高导体的温度,另一部分散发到周围介质中去。因此,长期工作制下的电器,其允许温升应以稳定温升为准。

2. 间断长期工作制(8h 工作制)时电器的发热

间断长期工作制(8h 工作制)也属于长期工作制。在电器规定的工作时间内温升早已达到稳定值,但超过 8h 之后将停止工作。因此,电器触头工作于间断长期工作制时,其允许温升可以比长期工作制时略高一些。

3. 短时工作制时电器的发热及过载系数

电器的短时工作制是指电器通电时间很短,其温升未达到稳定就停止工作,并且下一次工作要等到电器冷却到周围介质温度。因此,短时工作制下的电器,允许超载运行,这样可使电器得到充分作用,其功率(或电流)的过载倍数与发热时间 t_d 及时间常数 T 值有关。T 值越大,t_d 越小,过载倍数则越高。

4.间断工作制(仅复短时工作制)时电器的发热

间断工作制(反复短时工作制)是指电器在通电和断电周期循环下的工作过程。电器通电时间内的温升未达到稳定值,断电后又不能冷却到周围介质温度。多次重复通电后,电器可能达到稳定温升。在电器标准中,常用通电持续率 T_D 来表示间断工作制的负荷轻重程度。通电持续率的定义是:工作时间 t_1 与工作周期 t 之比的百分数。显然,若 T_D 值越大,说明工作时间越长,任务越繁重,过载系数就越小。

5.短路时电器的发热

电路发生短路故障时,其短路电流远大于额定电流;当保护电器还未将故障排除前,电器必须能承受住一定时间内短路电流的发热考验。由于短路电流的时间很短,可以认为是绝热过程,即不考虑散热,全部损耗都用来加热电器。当短路电流引起的发热超过电器中某部分材料所能承受的发热温度极限时,便会发生火灾。

综上所述,电器工作时会因电阻损耗、磁滞损耗、涡流损耗等引起发热,因不同工作制下电器的发热及冷却状况不同,在考虑采用多大额定电流的电器时,可在稳定温升基础上,进行适当调整,以便充分发挥电器的性能。

后文(模块5)将会讲述电器如何散热。

4-9 实践拓展 常用的检修工具——插针

一、功能

插针,又叫别针,是弹簧端子排的压线专用工具,如图4-9-1所示。

图4-9-1 插针

二、使用方法

1.接线

接线(图4-9-2)的具体方法如下:

(1)每个接线端子工具孔只允许接一根导线。

(2)将插针沿端子工具孔的侧壁插入(插针与端子工具孔侧壁的角度呈大约10°)到端子工具孔底部,将压线弹簧完全打开。

(3)将处理后的芯线(扭绞牢固或压接冷压端帽后)插入配线孔中,芯线端头应插到配线孔底部。

(4)保持芯线端头在配线孔底部状态下抽出插针,接线工作完成。

2.拔线

（1）将插针沿端子工具孔的侧壁插入（插针与端子工具孔侧壁的角度呈大约10°）到端子工具孔底部，将压线弹簧完全打开。

（2）保持插针在配线孔底部状态下，将芯线拔出，然后抽出插针，拔线工作完成。

三、注意事项

（1）禁止用插针替代一字螺丝刀，插针不能当作拆卸螺栓的工具。

（2）因插针体积较小，刀头较窄，切勿将插针当锐器使用。

（3）严禁带电插接线缆。

（4）使用时如发现插针有变形、弯曲的现象，切勿继续使用。

（5）插入端子排时，不能硬别、硬撬，不能胡乱晃动。

（6）选择适当的型号，不能用小插针插入大端子排，也不能用大插针硬性插入小端子排。

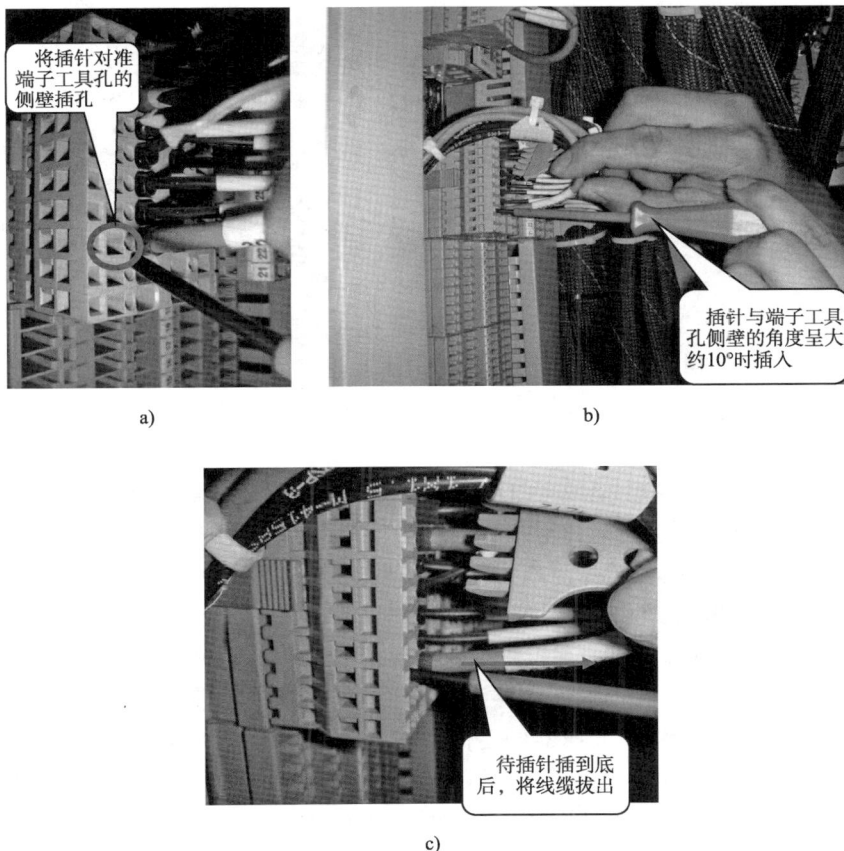

a)

b)

c)

图4-9-2　接线

4-10 新技术 时速 600 公里高速磁浮专用牵引变压器下线

2020 年 6 月 28 日,我国首套时速 600 公里高速磁浮专用牵引变压器在中铁电气化局保定轨道交通产业园下线,标志着我国高速磁浮牵引供电设备研制取得了突破性进展。

时速 600 公里高速磁浮交通系统是科技部国家重点研发计划"先进轨道交通"重点专项课题之一。其牵引供电系统采用"交-直-交"变流电力传动技术。作为高速磁浮牵引供电系统的关键设备,该专用牵引变压器采用了磁屏蔽技术,具有阻抗电压特高、电流大的特点,可以有效降低杂散损耗和涡流损耗,提高供电效率。

高速磁浮专用牵引变压器从研发到下线历经 2 年时间,通过了中国计量认证和中国合格评定国家认可委员会实验室的试验检测。

高速磁浮专用牵引变压器具备自主知识产权和国产化批量生产能力,将为中国高速磁浮发展提供重要技术支撑。

(资料来源:学习强国 > > 国家工程,时速 600 公里高速磁浮专用牵引变压器下线,https://www. xuexi. cn/lgpage/detail/index. html? id = 18267012214207988574&item _ id = 18267012214207988574)

4-11 拓 展 训 练

请根据本节内容,利用智慧职教铁道机车运用与维护专业教学资源库等专业资源平台、智慧职教 MOOC 学院"电力机车电气设备的检查与维护"在线课程等数字化资源及公共网站等途径,完成下面的任务。

任务 1:请收集 CRH380A 型或 CRH380B 型动车组用主变压器的图片及相关资料,并与电力机车使用的主变压器进行对比分析,制作 PPT,并在课堂上进行分享。

PPT 要求:不少于 10 页,图片清晰,配备必要的文字说明。

其他要求:能理解制作的 PPT 内容,能流利地讲解。

任务 2:请收集电力机车或动车组用主变压器的检修和故障处理方面的视频。

要求:每组收集 1 ~ 2 个视频,了解主变压器的工作状态、可能出现的故障及如何检修,从而加深对机车运行过程中主变压器的工作状态、面临的考验等实际工况的理解,进行课上分享。

任务 3:请收集中国标准动车组(CR200 型、CR300 型、CR400 型)用主变压器相关资料,完成下面的表格,并与电力机车使用的主变压器结构和性能进行对比分析。

项目	CR200 型	CR300 型	CR400 型
型号			
额定电压 额定电流			
结构特点			
相对于机车用 设备,在性能 方面的提升			

模块 5

变流器检修与整备

趣味导入

通过前述学习,同学们应具备了一定的独立思考能力,看到本模块标题,你会问什么是变流器,它有什么作用……下面我们采一一揭晓答案。

首先,电有两种,即交流电和直流电。家用电器大部分使用交流电,如冰箱、空调等,也有少数电器使用直流电,如手机等。电力机车的核心部件——牵引电机(驱动机车走行的电机)有的使用直流电,有的使用交流电。**那么问题来了,接触网提供的是交流电,而机车上的牵引电机需要直流电,怎么办呢?** 有了电力电子技术,这些问题就迎刃而解了。电力电子技术为我们提供了一种**将交流电变为直流电的方法,叫作整流**,这样就可以把接触网提供的交流电转换为直流电,供直流牵引电机使用了。当然,通过上一章的学习,我们知道,在整流之前需要先通过主变压器将 25kV 高压降为几百伏的低压。

还有一个问题,**如果电力机车使用的是交流电机,是否可以把接触网的交流电直接提供给牵引电机使用呢?** 答案是否定的。因为电力机车使用的电机是三相交流电机,需要三相交流电源,而接触网提供的是单相交流电,所以无法直接给电机供电。那又怎么办呢? 电力电子技术也有办法:它先通过整流技术把单相交流电变成直流电,再通过三相逆变技术把直流电逆变成三相交流电。一般在整流和逆变中间还有个中间直流环节,该环节将在后面的章节中给大家详细介绍。总之,就是通过**"整流 + 中间直流环节 + 逆变"** 这个过程处理后,就可以把接触网的单相交流电变为三相交流电,供牵引电机使用了。实现这一过程的装置叫**变流器**,也是这一章要给大家介绍的电气设备。

图 5-0-1 简单表述了电力机车牵引系统的主要设备及其功能,接触网的单相交流电由受电弓引入车内,经主变压器降压、变流器整流逆变后,输出三相交流电供牵引电机使用,牵引电机获得电能后开始旋转,进而带动整个机车运行。电流最后由钢轨回流到变电所,以构成一个完整的电流回路。**变流器在其中的作用就是:将单相交流电先整流成直流电,再逆变为三相交流电,为牵引电机提供变压变频的三相交流电源。** 一方面为牵引电机供电,另一方面,还具有调节牵引电机转速的作用,进而调节机车运行速度。

那么具体怎样整流,怎样逆变呢? 变流器是什么样子的? 下面我们就一起走进变流器课堂,一探究竟吧!

设备名称 → 受电弓	主变压器	变流器	牵引电机
接触网 →			→ 钢轨
主要作用 → 受流	降压	整流、逆变	电能转化为机械能

图 5-0-1 电力机车牵引系统关系链

学习目标

能力目标

1. 能正确使用检修作业中所需的设备和工具。
2. 能熟练完成变流器检修前放电、变流器柜检查、主要部件检修、主要参数测量。
3. 能完成零部件更换工作。
4. 能熟悉变流器应急故障处理流程。

知识目标

1. 了解变流器的定义、功能、安装位置及性能要求。
2. 理解变流器主电路工作原理及主要技术参数。
3. 掌握变流器柜内设备布置、各部件功能。

素养目标

在变流器整备检查及检修作业过程中,注意作业安全,以严谨、细致、认真的工作态度进行规范操作,养成精益求精的工作习惯。

建议学时

10 学时。

学习导航

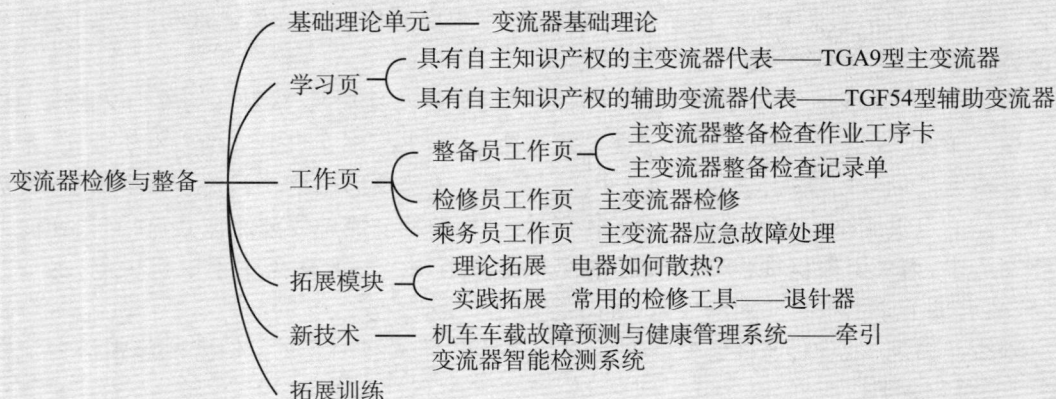

变流器检修与整备
- 基础理论单元 —— 变流器基础理论
- 学习页
  - 具有自主知识产权的主变流器代表——TGA9型主变流器
  - 具有自主知识产权的辅助变流器代表——TGF54型辅助变流器
- 工作页
  - 整备员工作页
    - 主变流器整备检查作业工序卡
    - 主变流器整备检查记录单
  - 检修员工作页 主变流器检修
  - 乘务员工作页 主变流器应急故障处理
- 拓展模块
  - 理论拓展 电器如何散热?
  - 实践拓展 常用的检修工具——退针器
- 新技术 —— 机车车载故障预测与健康管理系统——牵引变流器智能检测系统
- 拓展训练

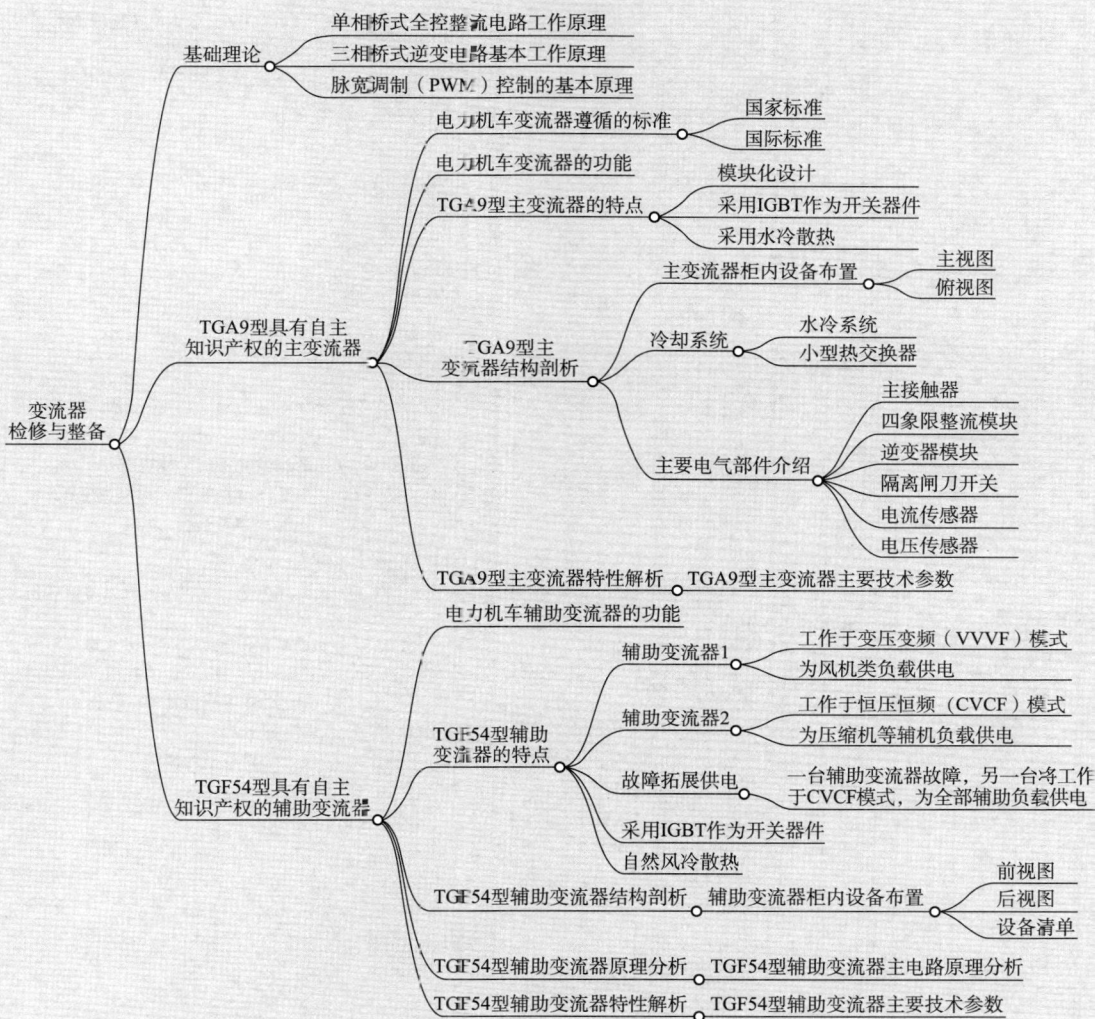

- 变流器检修与整备
  - 基础理论
    - 单相桥式全控整流电路工作原理
    - 三相桥式逆变电路基本工作原理
    - 脉宽调制（PWM）控制的基本原理
  - TGA9型具有自主知识产权的主变流器
    - 电力机车变流器遵循的标准
      - 国家标准
      - 国际标准
    - 电力机车变流器的功能
    - TGA9型主变流器的特点
      - 模块化设计
      - 采用IGBT作为开关器件
      - 采用水冷散热
    - TGA9型主变流器结构剖析
      - 主变流器柜内设备布置
        - 主视图
        - 俯视图
      - 冷却系统
        - 水冷系统
        - 小型热交换器
      - 主要电气部件介绍
        - 主接触器
        - 四象限整流模块
        - 逆变器模块
        - 隔离闸刀开关
        - 电流传感器
        - 电压传感器
    - TGA9型主变流器特性解析　TGA9型主变流器主要技术参数
  - TGF54型具有自主知识产权的辅助变流器
    - 电力机车辅助变流器的功能
    - TGF54型辅助变流器的特点
      - 辅助变流器1
        - 工作于变压变频（VVVF）模式
        - 为风机类负载供电
      - 辅助变流器2
        - 工作于恒压恒频（CVCF）模式
        - 为压缩机等辅机负载供电
      - 故障拓展供电
        - 一台辅助变流器故障，另一台将工作于CVCF模式，为全部辅助负载供电
      - 采用IGBT作为开关器件
      - 自然风冷散热
    - TGF54型辅助变流器结构剖析　辅助变流器柜内设备布置
      - 前视图
      - 后视图
      - 设备清单
    - TGF54型辅助变流器原理分析　TGF54型辅助变流器主电路原理分析
    - TGF54型辅助变流器特性解析　TGF54型辅助变流器主要技术参数

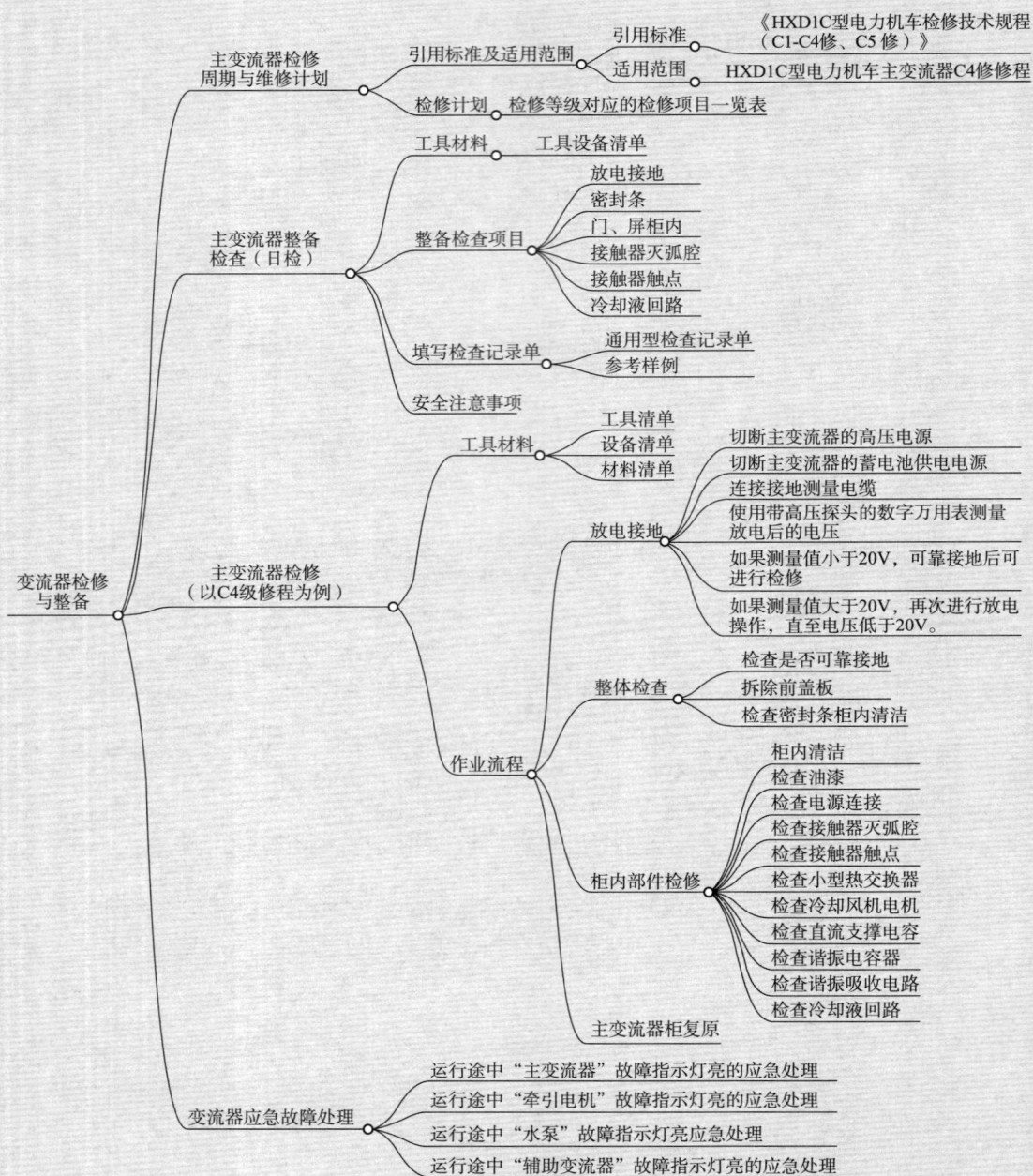

能力图谱

- 变流器检修与整备
  - 主变流器检修周期与维修计划
    - 引用标准及适用范围
      - 引用标准
        - 《HXD1C型电力机车检修技术规程（C1-C4修、C5修）》
      - 适用范围
        - HXD1C型电力机车主变流器C4修修程
    - 检修计划
      - 检修等级对应的检修项目一览表
  - 主变流器整备检查（日检）
    - 工具材料
      - 工具设备清单
    - 整备检查项目
      - 放电接地
      - 密封条
      - 门、屏柜内
      - 接触器灭弧腔
      - 接触器触点
      - 冷却液回路
    - 填写检查记录单
      - 通用型检查记录单
      - 参考样例
    - 安全注意事项
  - 主变流器检修（以C4级修程为例）
    - 工具材料
      - 工具清单
      - 设备清单
      - 材料清单
    - 作业流程
      - 放电接地
        - 切断主变流器的高压电源
        - 切断主变流器的蓄电池供电电源
        - 连接接地测量电缆
        - 使用带高压探头的数字万用表测量放电后的电压
        - 如果测量值小于20V，可靠接地后可进行检修
        - 如果测量值大于20V，再次进行放电操作，直至电压低于20V。
      - 整体检查
        - 检查是否可靠接地
        - 拆除前盖板
        - 检查密封条柜内清洁
      - 柜内部件检修
        - 柜内清洁
        - 检查油漆
        - 检查电源连接
        - 检查接触器灭弧腔
        - 检查接触器触点
        - 检查小型热交换器
        - 检查冷却风机电机
        - 检查直流支撑电容
        - 检查谐振电容器
        - 检查谐振吸收电路
        - 检查冷却液回路
      - 主变流器柜复原
  - 变流器应急故障处理
    - 运行途中"主变流器"故障指示灯亮的应急处理
    - 运行途中"牵引电机"故障指示灯亮的应急处理
    - 运行途中"水泵"故障指示灯亮应急处理
    - 运行途中"辅助变流器"故障指示灯亮的应急处理

5-1 基础理论单元 变流器基础理论

电力机车变流器由"单相整流 + 中间直流环节 + 三相逆变"三个功能电路构成,本节将详细介绍单相整流电路和三相逆变电路的工作原理。

一、单相桥式全控整流电路工作原理

单相桥式全控整流电路由 2 个桥臂、4 只晶闸管构成,每个桥臂由 2 只晶闸管顺向串联而成,2 只晶闸管中间连接点引线接单相交流电源,2 个桥臂共阴极端和共阳极端引线接负载,电路如图 5-1-1 所示。

其工作原理如下:

在 u_2 正半周期,控制角(a 处)给晶闸管 VT_1 和 VT_4 加触发脉冲使其开通,忽略器件的通态压降,则 $U_d = u_2$。u_2 过零变负时,晶闸管 VT_1 和 VT_4 由于承受反向电压而关断,电路中无电流,此时 $U_d = 0$。在 $wt = \pi + a$ 时刻,给 VT_2 和 VT_3 加触发脉冲,因 VT_2 和 VT_3 承受正向电压,故两管导通。因 VT_2 和 VT_3 使负载侧与电源侧交叉相连,故此时 $U_d = -u_2$。下一周期重复上述过程,如此循环下去,U_d 波形如图 5-1-2 所示。

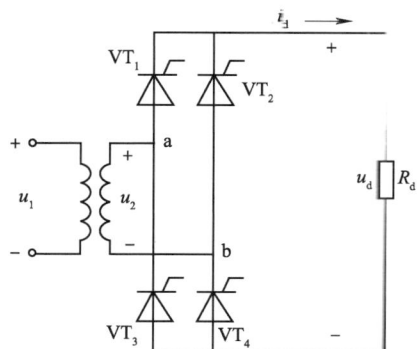

图 5-1-1 单相桥式全控整流电路主电路

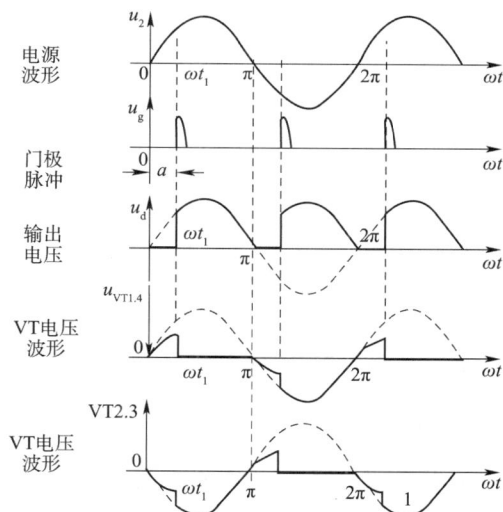

图 5-1-2 单相桥式全控整流电路电压波形

这种带可控器件的整流电路,可通过改变控制角,方便地调节输出电压的大小,这就是相控调压。

变流器中的整流电路是在上述基本的单相桥式全控整流电路基础上进行优化和工程化处理而来,主电路相较于单相桥式全控整流电路主要变化包括:①整流器件由晶闸管换成性能更加优越的绝缘栅双极型晶体管(IGBT)(图 5-1-3 中的 $T_1 \sim T_4$);②每个 IGBT 两端反向并联一个电力二极管（图 5-1-3 中的 $D_1 \sim D_4$），从而使电路具有整流、逆变两种工作状态；③电源侧串有大电感 L_N，可实现升压；④直流输出侧并联大电容，称其为支撑电容，用于减小输出直流电压幅值的脉动。改变后的主电路如图 5-1-3 所示，该电路可在四个象限内工作，整流状态在第一象限和第三象限工作，逆变状态在第二象限和第四象限工作，故称这种整流器为四象限整流器。具体的工作原理比较复杂，这里不再详述，感兴趣的同学可自行查阅资料进行学习。

二、三相桥式逆变电路的基本工作原理

图 5-1-4 为一个由 IGBT 构成的三相桥式逆变电路。该电路可以看作由 IGBT 构成的可控电路与由二极管构成的不可控电路的反并联。其中，可控电路用来实现直流到交流的逆变，不可控电路为感性负载电流提供续流回路，完成无功能量的续流或反馈。因此，与 IGBT 并联的 6 个二极管 $D_1 \sim D_6$ 称为续流二极管或反馈二极管。C 为滤波电容器，也称支撑电容。为了便于说明该电路的工作原理，示意图中给电路接了三相对称的电阻性负载，三相负载 "Y" 形连接，O 为中间连接点。

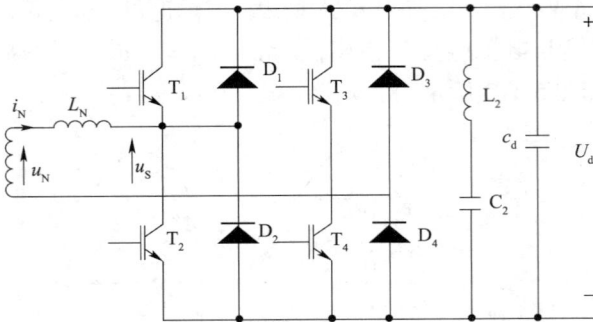

图 5-1-3　四象限整流器主电路　　　　　　　图 5-1-4　三相桥式逆变电路主电路

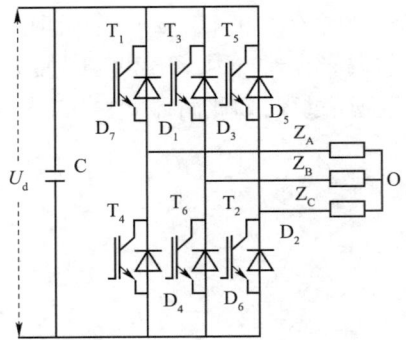

图 5-1-4 所示的三相桥式逆变电路，其各管的导通次序是 $T_1 T_2 T_3 \cdots T_6$，各管的触发信号依次互差 $60°$。根据各管导通时间的长短，可将管子分为 $180°$ 导通型和 $120°$ 导通型两种。对瞬时完成换流的理想情况，$180°$ 导通型的逆变电路在任意瞬间都有 3 只管子导通，各管导通时间为 $180°$。同相中上下两桥臂中的两只管子称为互补管，它们轮流导通，如 A 相中的 T_1 和 T_4 各导通 $180°$，但相位也差 $180°$，不会引起电源经 T_1 和 T_4 的贯穿路。所以 $180°$ 导通型三相桥式逆变电路每隔 $60°$，便依次按 $T_1 T_2 T_3$、$T_2 T_3 T_4$、$T_3 T_4 T_5$、$T_4 T_5 T_6$、$T_5 T_6 T_1$、$T_6 T_1 T_2$ 的次序导通。$120°$ 导通型逆变电路中各管导通 $120°$，任意瞬间只有两只不同相的管子导通，同一桥臂中的两只管子不是瞬时互补导通，而是有 $60°$ 的间隙时间。所以逆变器的各管每隔 $60°$，便依次按 $T_1 T_2$、$T_2 T_3$、$T_3 T_4 \cdots T_6 T_1$ 次序导通。当某相中没有逆变管导通时，该相的感性电流经该相中的二极管流通。

按 $180°$ 导通方式工作的三相桥式逆变电路，每隔 $60°$ 为一个阶段，其等值电路、相电压、线电压、图形及数值见表 5-1-1。表中设三相负载对称，即

$$Z_A = Z_B = Z_C$$

逆变器导通顺序及相电压　　　　　　　　　　　　　表 5-1-1

$\omega_g t$		$0° \sim 60°$	$60° \sim 120°$	$120° \sim 180°$	$180° \sim 240°$	$240° \sim 300°$	$300° \sim 360°$
导通的晶闸管		$T_1、T_2、T_3$	$T_2、T_3、T_4$	$T_3、T_4、T_5$	$T_4、T_5、T_6$	$T_5、T_6、T_1$	$T_6、T_1、T_2$
负载等值电路							
输出相电压值	U_{AO}	$+1/3U_d$	$-1/3U_d$	$-2/3U_d$	$-1/3U_d$	$+1/3U_d$	$+2/3U_d$
	U_{BO}	$+1/3U_d$	$+2/3U_d$	$+1/3U$	$-1/3U_d$	$-2/3U_d$	$-1/3U_d$
	U_{CO}	$-2/3U_d$	$-1/3U_d$	$+1/3U$	$+2/3U_d$	$+1/3U_d$	$-1/3U_d$
输出线电压值	U_{AB}	0	$+U_d$	$+U_d$	0	$-U_d$	$-U_d$
	U_{BC}	$+U_d$	$+U_d$	0	$-U_d$	$-U_d$	0
	U_{AC}	$-U_d$	0	$+U_d$	$+U_d$	0	$-U_d$

在 $0° \sim 60°$ 阶段,$T_1、T_2、T_3$ 同时导通,A 相和 B 相负载 $Z_A、Z_B$ 都与电源的正极连接,C 相负载 Z_C 与电源的负极连接。由于三相负载对称,如取负载中心点 O 为电压的基准点,则 A 相的电压 U_{AO} 和 B 相的电压 U_{BO} 相等,均为 $1/3U_d$,U_d 为直流电源电压。C 相的电压为 $-2/3U_d$。

同理,在 $60° \sim 120°$ 阶段,T_1 关断,$T_2、T_3、T_4$ 导通,Z_B 与电源正极接通,Z_A 与 Z_C 与负载接通,故 $U_{BO} = +2/3U_d$,$U_{AO} = U_{CO} = -1/3U_d$,依次类推。最后得出任何一相的相电压的波形均为六阶梯波,U_{BO} 落后 $U_{AO} 120°$,U_{CO} 落后 $U_{BO} 120°$,如图 5-1-5a)所示。

线电压由相电压相减得出:

$$U_{AB} = U_{AO} - U_{BO}（如 0° \sim 60°阶段其值为零）$$

$$U_{BC} = U_{BO} - U_{CO}（如 0° \sim 60°阶段其值为 U_d）$$

$$U_{CA} = U_{CO} - U_{AO}（如 0° \sim 60°阶段其值为 -U_d）$$

线电压波形如图 5-1-5b)所示。它们是宽为 120° 的矩形波,各线电压波形依次相差 120°。

初相角为零的六阶梯波(图 5-1-5 中的 U_{BO})的基波可用付氏级数求得,相电压中无余弦项、偶次项和 3 的倍数次谐波。电压中最低为五次谐波,含量为基波的 20%;其次为七次谐波,含量为基波的 14.3%。

对于基波无初相角的矩形波线电压,其谐波分量与相电压中的谐波分量相同,只是符号不同,从而使波形产生差异。线电压是相电压幅值的 $\sqrt{3}$ 倍。

根据图 5-1-5 可以算出,六阶梯波的相电压有效值仍是方波线电压有效值的 $\sqrt{3}/3$。实际的电压波形较上面分析的结果会略有误差,这是在分析中忽略了换流过程,也未扣除逆变电路中的电压压降的缘故。

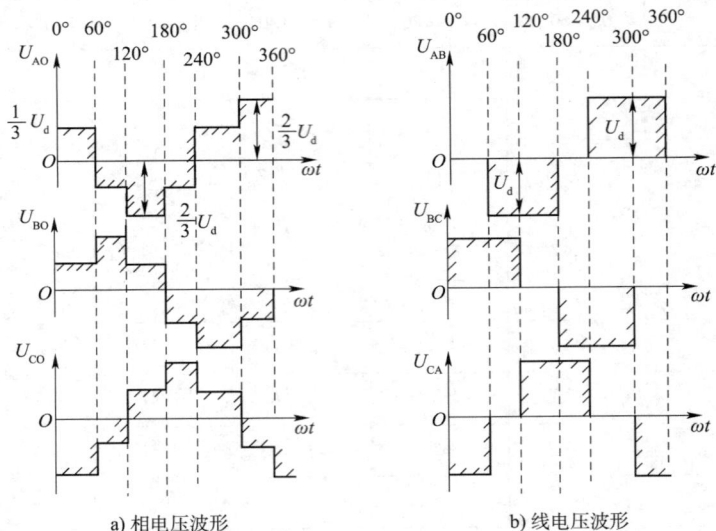

a) 相电压波形　　　　　b) 线电压波形

图 5-1-5　180°导通型三相逆变器的输出波形

当三相逆变器按 120°导通方式工作时,如在 0°~60°阶段,T_6、T_1 导通,则由图 5-1-4 分析可得,Z_A、Z_B 分别接电源正、负极,Z_C 不通电,则 $U_{AO} = 1/2U_d$,$U_{BO} = -1/2U_d$,$U_{CO} = 0$;在 60°~120°阶段,T_1、T_2 导通,Z_A、Z_C 分别接正、负电源,Z_B 不通电,则 $U_{AO} = 1/2U_d$,$U_{BO} = 0$,$U_{CO} = -1/2U_d$。据此类推,获得图 5-1-6 所示的输出电压波形。与图 5-1-5 相反,这里相电压为矩形波,而线电压为六阶梯波。

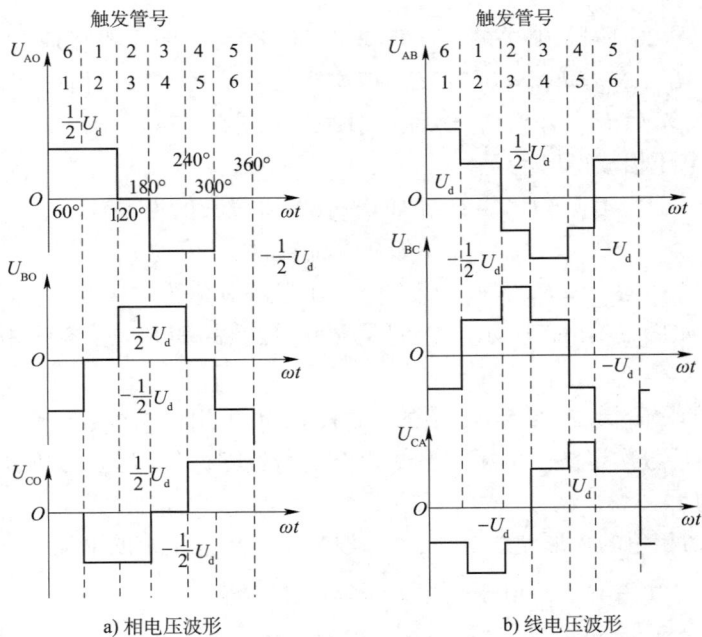

a) 相电压波形　　　　　b) 线电压波形

图 5-1-6　120°导通型三相逆变器的输出波形

由图 5-1-6 可见,逆变器采用 120°导通方式时,由于同一桥臂中上下两管有 60°的导通间隙,对换流的安全有利,但管子的利用率较低,并且若电动机采用星形接法,则始终有一相绕组断开,在换流时该相绕组中会产生较高的感应电势,故应采用过电压保护措施。而对于 180°导通方式,无论电动机采用星形接法还是三角形接法,正常工作时都不会引起过电压。因此,对于电压型逆变器,180°导通方式应用较为普遍。

三、脉宽调制控制的基本原理

在采样控制理论中有一个重要结论:冲量(脉冲的面积)相等而形状不同的窄脉冲(图 5-1-7),分别加在具有惯性环节的输入端,其输出响应波形基本相同,即尽管脉冲形状不同,但只要脉冲的面积相等,其作用效果基本相同。这就是脉宽调制(PWM)控制的重要理论依据。

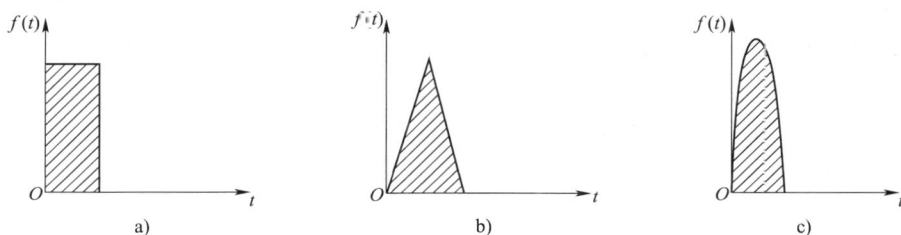

图 5-1-7　形状不同而冲量相同的各种窄脉冲

如图 5-1-8 所示,一个正弦半波完全可以用等幅不等宽的脉冲列来等效替代,但必须做到正弦半波所等分的 6 块阴影面积与相对应的 6 个脉冲列的阴影面积相等。对于正弦波的负半周,用同样方法可得到 PWM 波形来取代正弦负半波。

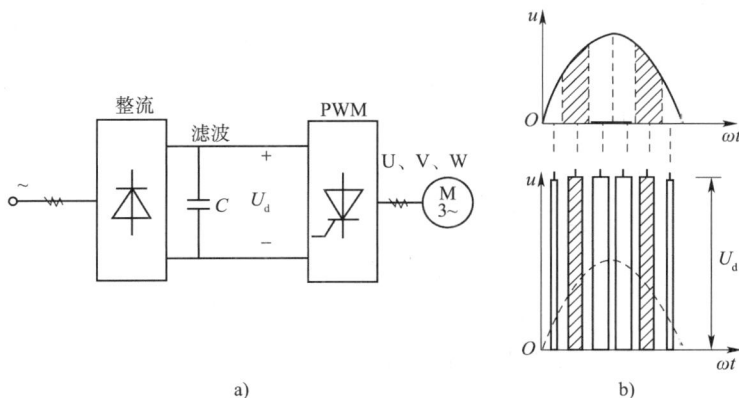

图 5-1-8　PWM 控制的基本原理示意图

在 PWM 波形中,各脉冲的幅值是相等的,若要改变输出电压等效正弦波的幅值,只要按同一比例改变脉冲列中各脉冲的宽度即可。所以 U_d 直流电源采用不可控整流电路获得,不但使电路输入功率因数接近于 1,而且整个装置控制简单,可靠性高。

(1)单相桥式 PWM 变频电路工作原理

图 5-1-9 为单相桥式 PWM 变频电路,设负载为感性负载,则控制方法可以有单极性与

205

双极性两种。

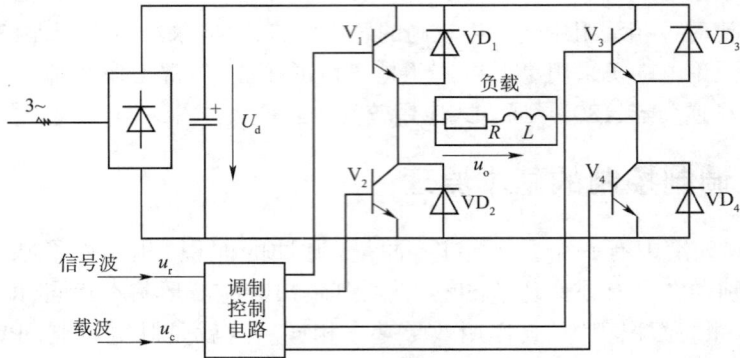

图 5-1-9　单相桥式 PWM 变频电路

①单极性 PWM 控制方式工作原理:按照 PWM 控制的基本原理,如果给定正弦波频率、幅值和半个周期内的脉冲个数,PWM 波形各脉冲的宽度和间隔就可以被准确地计算出来。依据计算结果来控制逆变电路中各开关器件的通断,就可以得到所需要的 PWM 波形。但是这种计算很烦琐,较为实用的方法是采用调制控制(图 5-1-10),把所希望输出的正弦波作为调制信号 u_r,把接受调制的等腰三角形波作为载波信号 u_c。对逆变桥 $V_1 \sim V_4$ 的控制方法如下:

a. 在 u_r 正半周,让 V_1 一直保持通态,V_2 保持断态。在 u_r 与 u_c 正极性三角波交点处控制 V_4 的通断;在 $u_r > u_c$ 的各区间,控制 V_4 为通态,输出负载电压 $u_o = U_d$。在 $u_r < u_c$ 的各区间,控制 V_4 为断态,输出负载电压 $u_o = 0$,此时负载电流可以经过 VD_3 与 V_1 续流。

b. 在 u_r 负半周,让 V_2 一直保持通态,V_1 保持断态。在 u_r 与 u_c 负极性三角波交点处控制 V_3 的通断;在 $u_r < u_c$ 的各区间,控制 V_3 为通态,输出负载电压 $u_o = -U_d$。在 $u_r > u_c$ 的各区间,控制 V_3 为断态,输出负载电压 $u_o = 0$,此时负载电流可以经过 VD_4 与 V_2 续流。

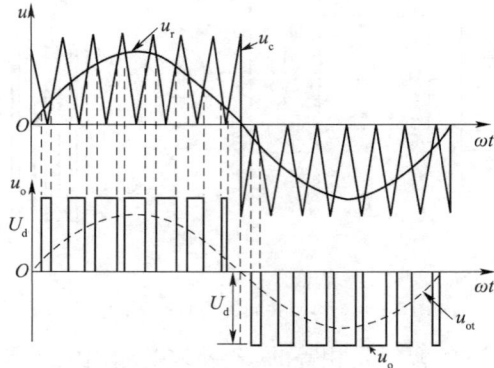

图 5-1-10　单极性 PWM 控制方式原理波形

逆变电路输出的 u_o 为 PWM 波形(图 5-1-10),u_{ot} 为 u_o 的基波分量。由于这种控制方式中的 PWM 波形只能在一个方向变化,故称为单极性 PWM 控制方式。

②双极性 PWM 控制方式工作原理:示例电路仍然如图 5-1-9 所示,调制信号 u_r 仍然是

正弦波,而载波信号 u_c 改为正负两个方向变化的等腰三角形波,如图 5-1-10 所示。对逆变桥 $V_1 \sim V_4$ 的控制方法如下:

a. 在 u_r 正半周,在 $u_r > u_c$ 的各区间,给 V_1 和 V_4 导通信号,而给 V_2 和 V_3 关断信号,输出负载电压 $u_o = U_d$;在 $u_r < u_c$ 的各区间,给 V_2 和 V_3 导通信号,而给 V_1 和 V_4 关断信号,输出负载电压 $u_o = -U_d$。这样逆变电路输出的 u_o 为两个方向变化等幅不等宽的脉冲列。

b. 在 u_r 负半周,在 $u_r < u_c$ 的各区间,给 V_2 和 V_3 导通信号,而给 V_1 和 V_4 关断信号,输出负载电压 $u_o = -U_d$;在 $u_r > u_c$ 的各区间,给 V_1 和 V_4 导通信号,而给 V_2 与 V_3 关断信号,输出负载电压 $u_o = U_d$。

双极性 PWM 控制的输出 u_o 波形(图 5-1-11)为两个方向变化等幅不等宽的脉冲列。这种控制方式的特点如下。

a. 同一半桥上下两个桥臂晶体管的驱动信号极性恰好相反,处于互补工作模式。

b. 接电感性负载时,若 V_1 和 V_4 处于通态,给 V_1 和 V_4 以关断信号,给 V_2 和 V_3 以导通信号时,V_1 和 V_4 将立即关断。但由于感性负载电流不能突变,因此 V_2 和 V_3 不可能立即导通(不能构成续流通路),原电流将通过二极管 VD_2 和 VD_3 续流,如果续流能维持到下一次 V_1 与 V_4 重新导通,负载电流方向将始终保持不变,V_2 和 V_3 始终未导通。只有在负载电流较小,无法连续续流的情况下,

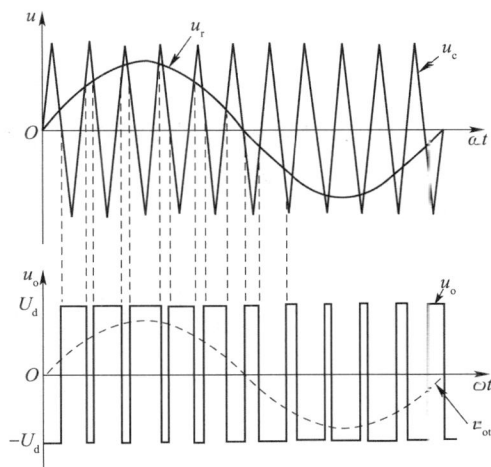

图 5-1-11　双极性 PWM 控制方式原理波形

在负载电流下降到零,VD_2 和 VD_3 续流完毕时,V_2 和 V_3 才能导通,负载电流才反向。但是不论是 VD_2、VD_3 导通还是 V_2、V_3 导通,u_o 均为 $-U_d$。从 V_2、V_3 导通向 V_1、V_4 切换,情况也类似。

(2)三相桥式 PWM 变频电路的工作原理

三相桥式 PWM 变频电路如图 5-1-12 所示。

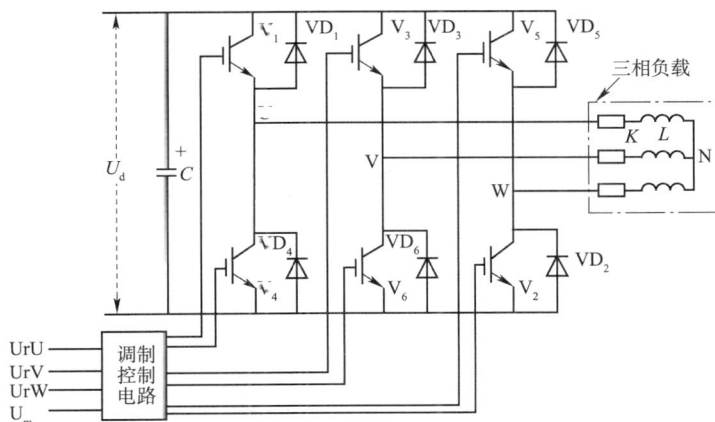

图 5-1-12　三相桥式 PWM 变频电路

三相桥式 PWM 变频电路采用 IGBT 作为电压型三相桥式逆变电路的自关断开关器件,

负载为感性。从电路结构上看,三相桥式 PWM 变频电路只能选用双极性控制方式。其工作原理如下。

三相桥式 PWM 逆变电路由 U 相调制波 ymU(U 相电压指令)、三角载波正侧和负侧的大小关系,得到 PWM 信号 Gsw,取得 +1、0、−1 的信号。为降低谐波,V 相载波 ycV 与 ycU 错开 180°的相位,获得 PWM 控制信号 Gsw 的方法与 U 相相同。表5-1-2 给出了调制波与载波比较生成 PWM 波的规则。

调制波与 PWM 载波的比较(生成 PWM 信号) 表 5-1-2

与载波的大小关系	ym > yc(上) > yc(下)	yc(上) > ym > yc(下)	yc(上) > yc(下) > ym
PWM 信号 Gsw	Gsw = +1	Gsw = 0	Gsw = −1

Gsw 将通过 IGBT 驱动电路产生门极指令。各个 IGBT 由门极指令进行控制,最终获得三相相电压[图 5-1-13b)]。三相相电压矢量相减便得到三相线电压。线电压 $U_{UV} = U_U - U_V$,其波形如图 5-1-13e)所示。

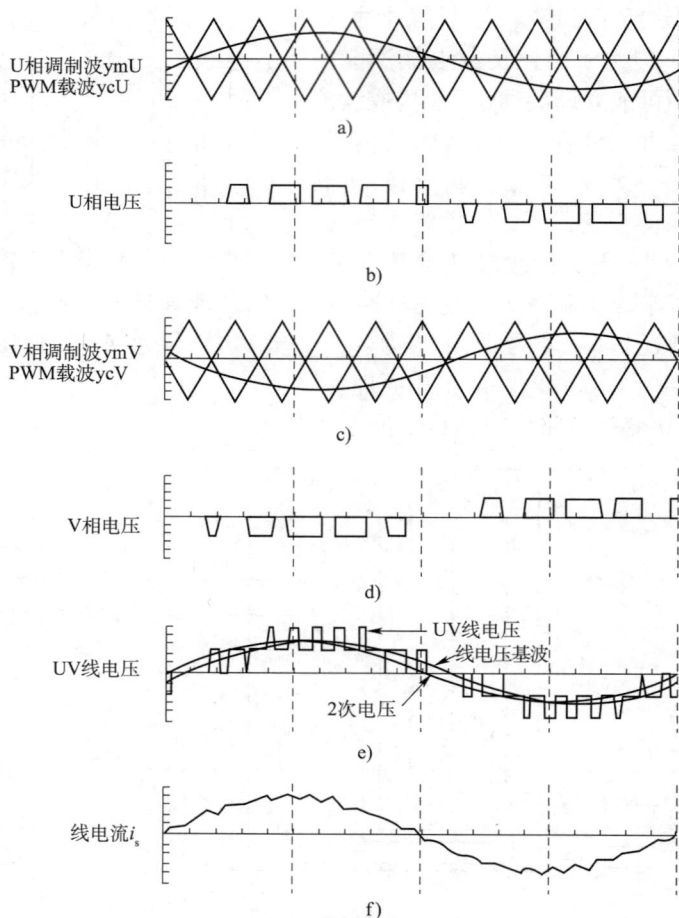

图 5-1-13 三相 PWM 逆变波形

在双极性 PWM 控制方式中,理论上要求同一相上下两个桥臂的开关管驱动信号相反,但实际上,为了防止上下两个桥臂直通造成直流电源短路,通常要求先施加关断信号,经过 Δt 的延时才给另一个桥臂施加导通信号。延时时间的长短主要由自关断功率开关器件的关断时间决定。这个延时将会给输出的 PWM 波形带来偏离正弦波的不利影响,所以在保证安全可靠换流的前提下,延时应尽可能短。

5-2　具有自主知识产权的主变流器代表——TGA9 型主变流器

　　TGA9 型主变流器应用于机车轴式为 $C_0\text{-}C_0$,牵引电机轴功率为 1225kW 的六轴 7200kW 交流传动电力机车,如 HXD1C 型电力机车。每台机车配置两台主变流器。每台变流器作为一台完整的组装设备,装于一个柜体内。TGA9 型主变流器外观如图 5-2-1 所示。

图 5-2-1　TGA9 型主变流器外观

　　每台变流器为一个转向架的三台牵引电机供电,一个四象限整流器和一个逆变器组成一组供电单元,为一台牵引电机供电,所以一个变流器柜内有三组这样的供电单元。TGA9 型主变流器主电路原理图如图 5-2-2 所示。为了控制电动机转矩和转速处于期望状态,变流器根据要求来调节电动机接线端的电流和电压波形,完成电源(主回路)和牵引电动机之间的能量传输,实现对机车牵引、再生制动的连续控制。

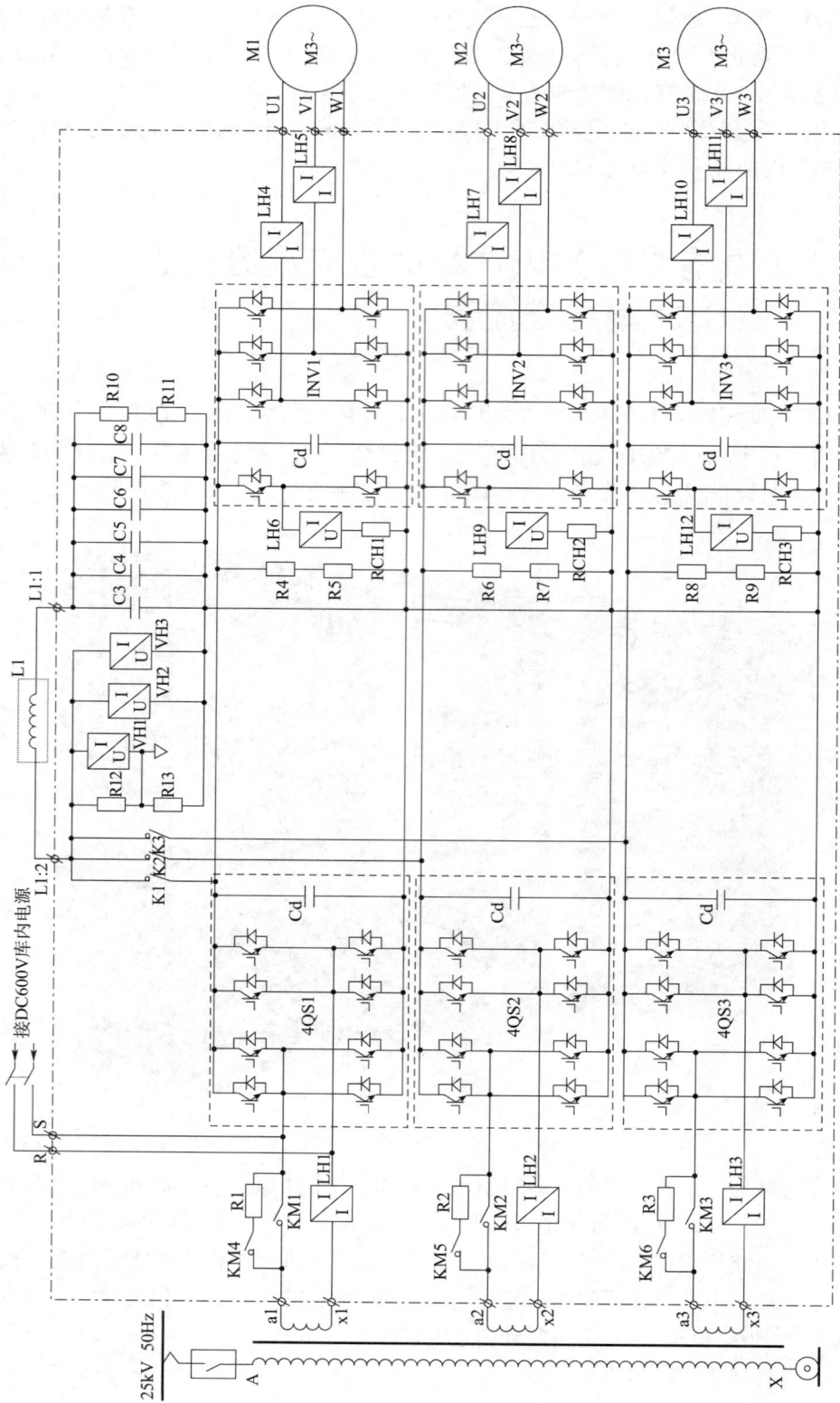

图 5-2-2　TGA9型主变流器主电路原理图

主变流器柜采用模块化设计,四象限整流器和逆变器采用相同的变流模块,模块采用IGBT作为开关器件,采用水冷散热。从主变流器柜的前面可以很容易地检修或拆装各功率模块。高压电气连接端子位于功率模块两侧,可方便地进行拆装、维护。低压连接采用连接器实现,易于更换。功率模块上安装有快速防漏接头,可以快捷简便地完成更换而不需排放冷却回路中的冷却液。

TGA9型主变流器的设计符合以下标准:《轨道交通 机车车辆用电力变流器 第1部分:特性和试验方法》(GB/T 25122.1—2018)、《铁路应用 机车车辆用电力变流器 第1部分:特性和试验方法》(IEC 61287-1:2014)、《铁路应用 机车车辆冲击和振动试验》(IEC 61373:2010)、《铁路应用 电磁兼容性—机车车辆—设备试验及其限值》(EN 50121-3-2:2000)等。

一、结构解析

TGA9型主变流器柜外形尺寸为3100mm(长)×1060mm(宽)×2000mm(高),通过底部的螺孔固定在机车底架的C型轨上。图5-2-3、图5-2-4为变流器柜内部最重要电气部件的位置示意图(主视图和俯视图),其中变流器模块等主要部件位于柜体前部,打开柜门可以方便地对其进行检修,变流器后部主要用于放置不需要维护或很少维护的部件,如二次谐振电容器等,变流器左侧开有边门,用于检修斩波电阻。主电路接线端子位于柜体下方,控制电源和辅助电源插头位于柜体左侧。

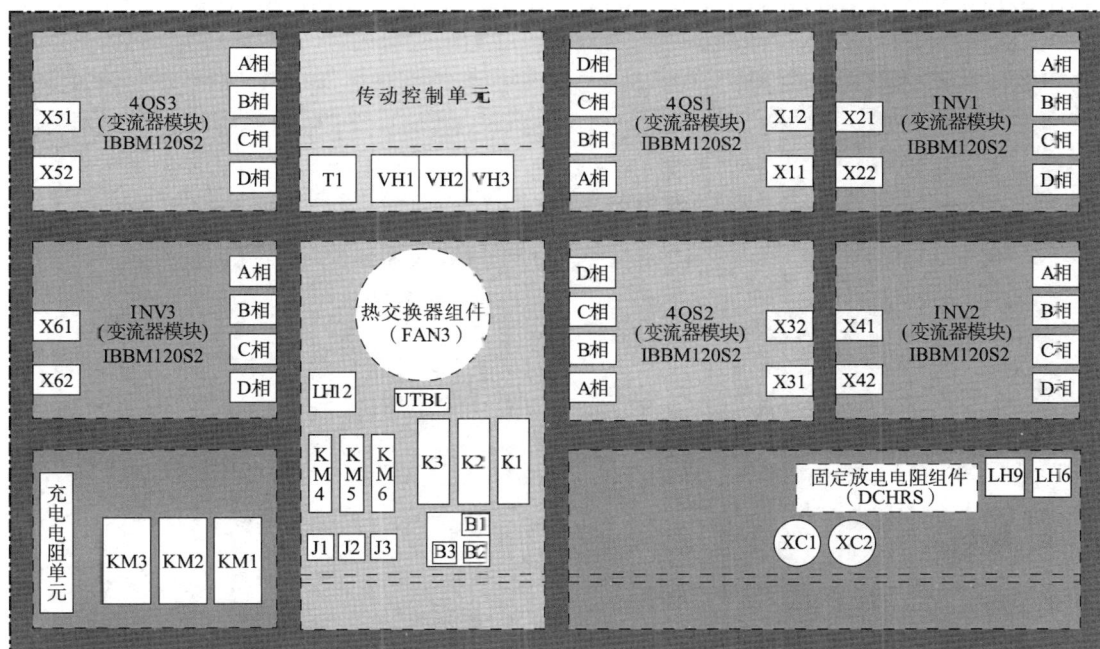

图5-2-3 TGA9型主变流器柜主要电气部件位置示意图(主视图)

4QS1~4QS3-牵引电机1、2、3四象限整流器模块;INV1~INV3-牵引电机1、2、3逆变器模块;KM1~KM3-主接触器;KM4~KM6-充电接触器;K1~K3-隔离闸刀开关;J1~J3-辅助接触器;B1~B3、J1~J3-滤波降压板;VH1~VH3-电压传感器;LH6、LH9、LH12-电流传感器

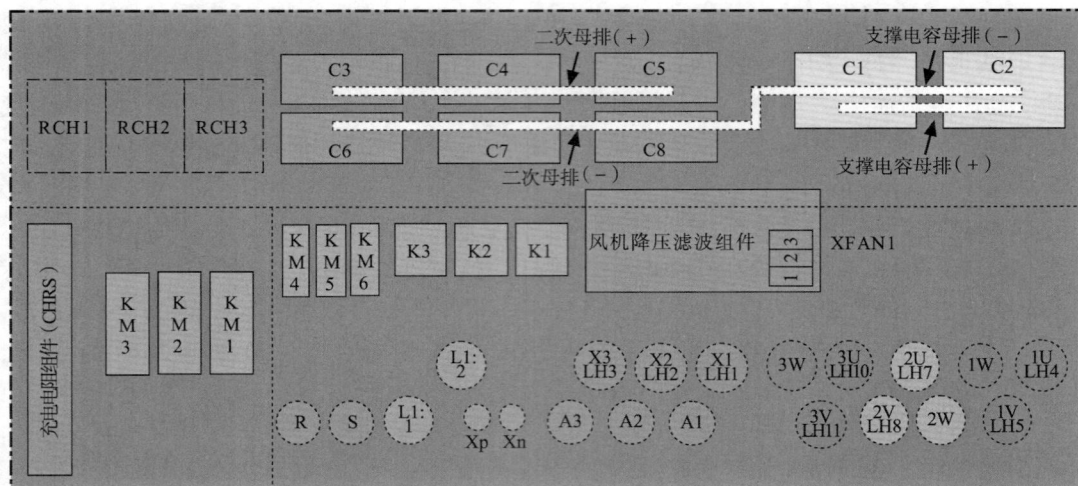

图 5-2-4　TGA9 型主变流器柜主要电气部件位置示意图（俯视图）

C1、C2-支撑电容器（已取消，集成在变流模块内）；C3 ~ C8-二次谐振电容器；RCH1 ~ RCH3-过压斩波电阻；R、S-库用电源接口；L1 :1、L1 :2-电抗器接口；Xp、Xn-电容短接放电端子；X1、A1，X2、A2，X3、A3-三路单相主电源输入；LH1 ~ LH3-输入电流传感器；1U、1V、1W、2U、2V、2W、3U、3V、3W-三相输出端子；LH4、LH5、LH7、LH8、LH10、LH11-电流传感器

　　TGA9 型主变流器功率模块采用水冷散热，图 5-2-5 为水冷系统冷却液循环示意图。冷却液由纯水和乙二醇按一定比例混合而成，通过柜体右下方的阀门输入，对变流器模块进行冷却，最后由柜体右上方的阀门排出。变流器柜旁边有一个冷却塔，里面有热交换器，负责将变流器循环出来的热水冷却降温后再送入变流器柜内进行循环。

图 5-2-5　TGA9 型主变流器柜水冷系统冷却液循环示意图

变流器内部、传动控制单元下方安装有一个小型水－气热交换器,与冷却风机集成在一起,用于变流器柜体内部的空气循环与降温,防止出现局部过热点。此外,在斩波电阻底部安装有两个小风机,从变流器柜体左下方吸风,通过柜体顶部排出,对斩波电阻进行冷却。

下面对主变流器柜内使用的主要电气零部件进行详细介绍。

1. 主接触器

主接触器用于输入电路。输入电路是变压器次边绕组与四象限整流器单相输入之间的电路,由一个主接触器和与其并联的预充电电路构成,预充电电路由充电接触器和充电电阻组成。输入电路(以第一路四象限整流器为例)如图 5-2-6 所示。

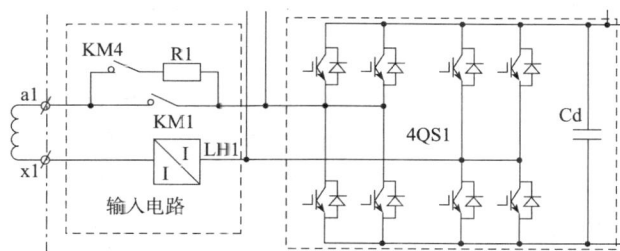

图 5-2-6　输入电路(以第一路四象限整流器为例)

主接触器 KM1～KM3,充电接触器 KM4～KM6 及充电电阻在主变流器柜内的安装位置如图 5-2-3 所示。

主接触器 KM1～KM3 是由电磁驱动的双极断路器开关。包含 2 对断路器,对应一组变压器次边绕组。每对断路器有并联的 2 极。该断路器控制变压器 1 套牵引绕组和 1 个四象限整流器电气连接的通与断,如图 5-2-7 所示。

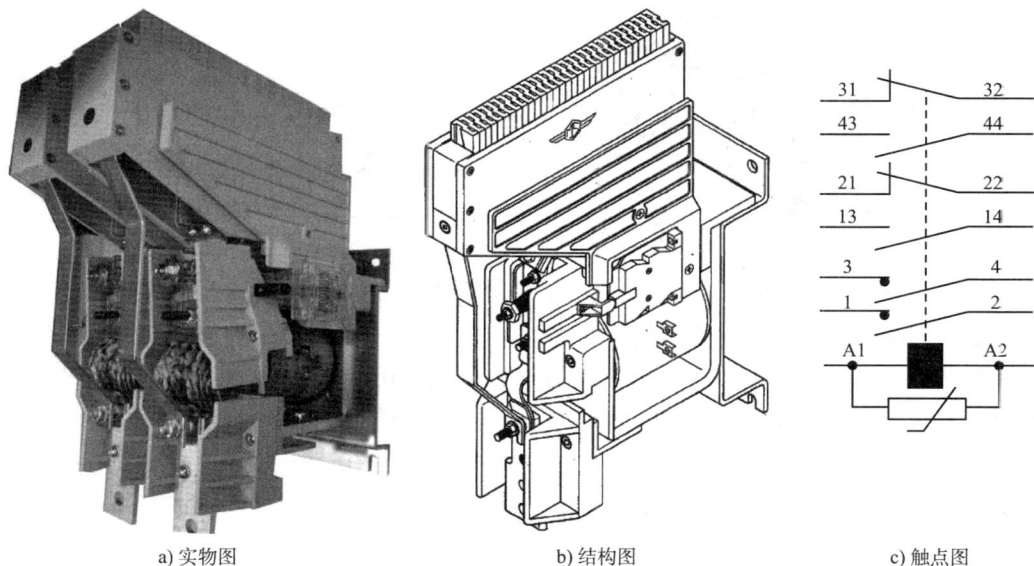

a) 实物图　　　　　　　　　b) 结构图　　　　　　　　　c) 触点图

图 5-2-7　主接触器

该接触器的主要技术参数见表 5-2-1。

主接触器主要技术参数 表 5-2-1

主接触器(LTHS800/2P/NO/V/110V/2)	
最高工作电压(V)	DC 2000
额定电流(A)	1700
机械寿命(次)	5×10^6
线圈电压(V)	DC 110
线圈损耗(W)	70

2.四象限整流器模块(4QS1、4QS2、4QS3)

四象限整流器和逆变器采用相同的变流器模块(以下简称"模块"),可以完全互换,外观如图 5-2-8a)所示。该模块集成了 8 个 3300V/1200A 的 IGBT 元件、水冷散热器、温度传感器、门控单元、门控电源、脉冲分配单元、支撑电容器、低感母排等部件。一个主变流器柜配置有 3 个四象限整流器模块。

四象限整流器中 4 组 IGBT 组成桥式电路,如图 5-2-8b)所示,通过调整 IGBT 通断状态可实现四象限整流逆变工作。其作用是在牵引工况时将主变压器提供的 AC 970V 电压整流到 DC 1800V 电压,供逆变电路使用,电网电压在一定范围内波动时,使中间回路的直流电压保持恒定,确保逆变器正常工作。再生制动工况时是一个反向的工作过程,整流器工作于逆变状态,将中间直流能量逆变后通过主变压器、受电弓反馈回电网。

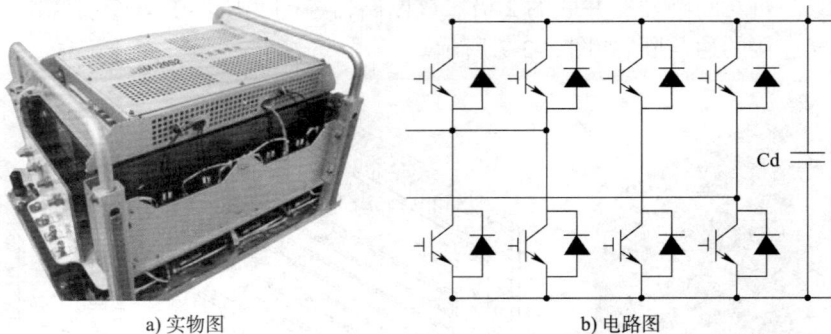

a) 实物图　　　　　　　　　　　　　b) 电路图

图 5-2-8　整流器模块

3.逆变器模块(INV1、INV2、INV3)

同整流器模块一样,每个逆变器模块包含 8 个 3300V/1200A 的 IGBT 功率开关元件,其中 6 个 IGBT 组成三相桥式逆变电路[图 5-2-9b)],通过调整 IGBT 通断状态可实现逆变或整流工作。其作用是牵引工况时将中间直流 DC1800V 能量逆变为 VVVF(变压变频)的三相 AC 1375V 电压供给牵引电机;再生制动工况时是一个反向的工作过程,变流器工作于整流状态,将牵引电机发出的三相电压变换为中间直流能量,最终经逆变反馈回电网。

模块中的两个 IGBT,一个作为斩波管,另一个仅利用其反向二极管部分,IGBT 部分不发挥作用。斩波电路如图 5-2-9c)所示。

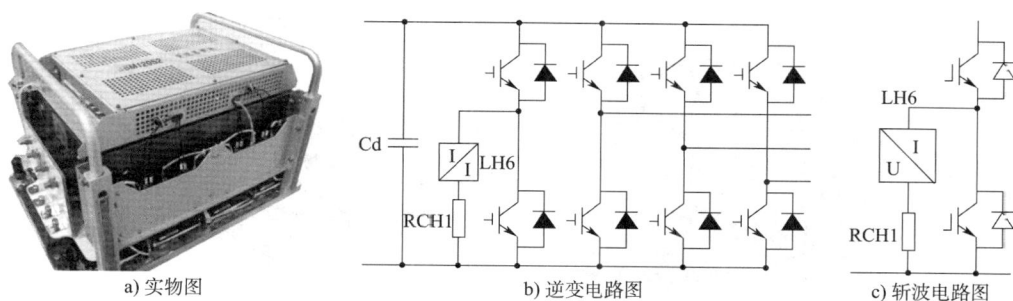

a) 实物图　　b) 逆变电路图　　c) 斩波电路图

图 5-2-9　逆变器模块

一个主变流器柜配置三个逆变器模块。

4. 隔离闸刀开关（K1、K2、K3）

隔离闸刀开关用于切除故障变流器单元，其在主变流器主电路图中的位置如图 5-2-2 所示。隔开闸刀开关的实物图和触点图如图 5-2-10 所示。

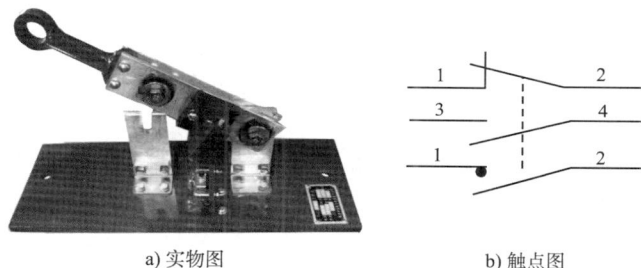

a) 实物图　　b) 触点图

图 5-2-10　隔开闸刀开关

隔离闸刀开关主要技术参数见表 5-2-2。

隔离闸刀开关主要技术参数　　　　表 5-2-2

主要技术参数	参数值	主要技术参数	参数值
工作电压（V）	DC 2000	辅助触头工作电压（V）	DC 110
额定电流（A）	900	耐压	6kV/50Hz/1min
主触头	单刀单掷	质量（kg）	2.7
辅助触头	2NC + 2NC		

5. 电流传感器

电流传感器分输入电流传感器（LH1、LH2、LH3）和输出电流传感器（LH4、LH5、LH7、LH8、LH10、LH11），其在主变流器主电路图中的位置如图 5-2-2 所示。

输入电流传感器用于测量四象限变流器的输入交流电流，输出电流传感器用于测量 PWM 逆变器和斩波器的输出交流电流，其型号不同，变比不同，但原理相同，其输入和输出端电气上是隔离的。电流传感器实物图及所在电路如图 5-2-11 所示。输入/输出电流传感器主要技术参数见表 5-2-3。

输入电流传感器（LH1、LH2、LH3）　　　输出电流传感器（LH4、LH5、LH7～LH11）

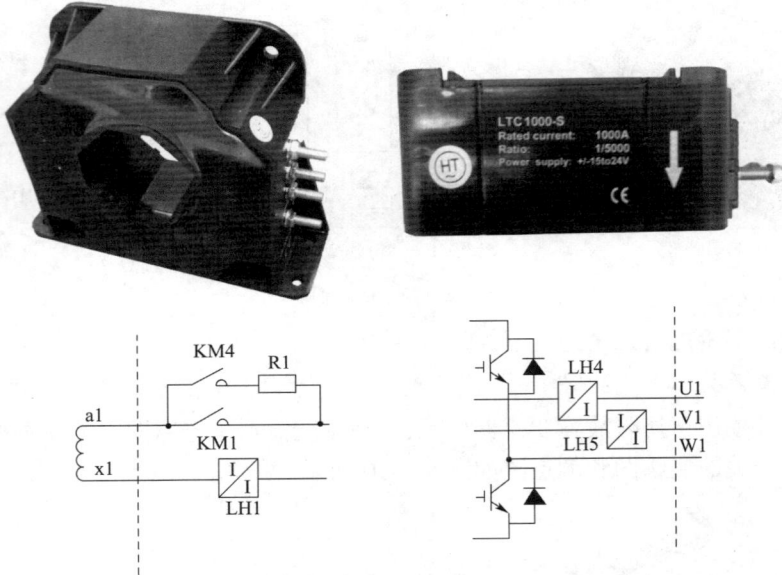

图 5-2-11　电流传感器实物图及所在电路图

输入/输出电流传感器主要技术参数　　　　　　　　　表 5-2-3

四象限变流器输入电流传感器		逆变器、斩波器输出电流传感器	
LF2005-S/SP28		LTC1000-S	
四象限脉冲整流器额定输入电流为1390A，最大输入电流为1544A，		逆变器额定输出电流为598A，最大输出电流为814A，斩波器最大输出电流为800A	
额定测量电流	2000Arms	额定测量电流	1000Arms
测量范围	0～±3500A	测量范围	0～±2400A
额定输出电流	400mA	额定输出电流	200mA
匝比	1:5000	匝比	1:5000
电源电压	DC±15V～±24V	电源电压	DC±15V～±24V
绝缘电压	12kV/50Hz/1min	绝缘电压	13.4kV/50Hz/1min
精度	±0.5%	精度	±0.4%
线性度	<0.1%	线性度	<0.1%
响应时间	<1μs	响应时间	<1μs
环境温度	−40℃～+85℃	环境温度	−40℃～+85℃

6. 电压传感器（VH1、VH2、VH3）

VH2、VH3 电压传感器用于测量中间直流回路电压，VH1 电压传感器检测接地保护电阻中点的电压，实现中点接地保护，其检测值为中间直流回路电压的一半。电压传感器输入和输出端电气上是准隔离的。其在主变流器主电路图中的位置如图 5-2-2 所示。

电压传感器实物如图 5-2-12a)、b)所示，电气接口如图 5-2-12c)所示，图 5-2-12d)为其在主变流器主电路图中的位置。

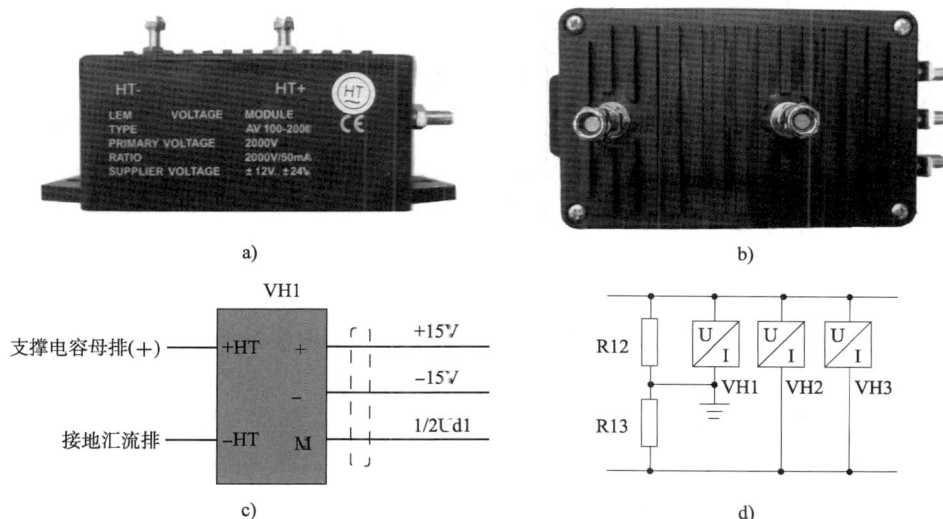

图 5-2-12　电压传感器实物及所在电路图

电压传感器主要技术参数见表 5-2-4。

输入/输出电流传感器主要技术参数 表 5-2-4

主要技术参数	参数值	主要技术参数	参数值
额定测量电压	2000 V	精度	±0.7%
测量范围	0 ~ ±3000 V	线性度	<0.1%
额定输出电流	50mA	响应时间	<12μs
电源电压	DC ＝ 12V ~ ±24 V	环境温度	−40℃ ~ +85℃
绝缘电压	6.5kV/50Hz/1min		

二、原理分析

变流器的电路原理在其他课程中会给大家进行详细讲解,本教材重点是让大家掌握变流器柜的结构与设备布置,因此本部分仅对变流器主电路原理进行简要说明。

变流器主电路采用四象限 PWM 整流器 + VVVF 逆变器模式,包括三重四象限 PWM 整流器和三个 VVVF 逆变器,每重四象限 PWM 整流器和一个逆变器组成一组供电单元,为一台牵引电机供电,三个主电路单元的直流回路通过隔离闸刀开关(K1、K2、K3)并联在一起,正常工作时隔离开关闭合,三个单元共用中间直流回路和二次谐振回路。每个主电路单元有独立的充电短接回路和固定放电回路,当其中任意一个主电路单元故障时(如四象限 PWM 整流器或逆变器),断开相应的隔离闸刀开关和充电接触器(如第一个单元故障时,断开 K1、KM1、KM4),将该故障单元切除,使其余两个单元正常工作,机车只损失 1/6 的动力,从而将故障造成的影响降至最低。三重四象限互相错开一定的相位角度,有利于降低对电

217

网的谐波污染,减弱直流回路的纹波。

以第一个主电路单元为例说明变流器主电路的工作原理。主变压器牵引绕组 a1 – x1 输入电压首先经由 KM4、R1 组成的充电回路对直流回路的支撑电容进行预充电,充电完成后闭合主接触器 KM1,牵引工况时单相工频电网电压经四象限 PWM 整流器整流,成为 1800V 直流电压,再经逆变器逆变为三相 VVVF 电压供给牵引电机。再生制动工况时,四象限整流器和逆变器的工作状态与牵引工况时相反,即整流器工作于逆变状态,逆变器工作于整流状态,这样牵引电机发出的三相交流电经整流、逆变后通过主变压器、受电弓反馈回电网。

电抗器 L1、C3 ~ C8 组成二次谐振回路,用于滤除四象限 PWM 整流器输出的二次谐波电流。RCH1 为过压斩波电阻,用于直流回路的过电压抑制及停机后的快速放电。R4 ~ R11 为固定放电电阻,用于快速放电回路故障后将电容上的电压放至安全电压以下(放电时间小于 10min)。R12、R13 为直流分压电阻,中点接地,用于变流器主电路接地检测。LH1 ~ LH12 为电流传感器,其中 LH1 ~ LH3 用于检测变流器输入电流,LH4、LH5、LH7、LH8、LH10、LH11 用于检测变流器输出电流,LH6、LH9、LH12 用于检测斩波电阻上的电流。VH1 ~ VH3 为电压传感器,分别用于检测变流器直流回路半电压和全电压。

变流器具有库内移车功能,需要库内移车时,外接 DC 600V 库内电源,通过 R、S 端子输入变流器,经二极管整流、逆变后输出三相 VVVF 电压驱动牵引电机。

三、特性解析

TGA9 型主变流器主要技术参数见表 5-2-5。

TGA9 型主变流器主要技术参数　　　　　　　　　　表 5-2-5

主要技术参数	参数值
额定输入电压	AC 970V
额定输入电流	$3 \times 1390A$
额定输入频率	50Hz
中间电压	DC 1800V
额定输出电压	3AC 1375V
额定输出电流	$3 \times 598A$
最大输出电压	3 AC 1420V
最大输出电流	$3 \times 814A$
主变流机组的效率	≥97.5%(额定工况,四象限整流器:98.5%,逆变器:99%)
控制电源	DC $110^{+25\%}_{-30\%}$ V(DC 77 ~ 137.5V)
控制电压功率要求	1kW
主逆变器风机辅助电源电压	3 AC 440V/60Hz

续上表

主要技术参数	参数值
主逆变器风机辅助电源功率	0.6kW
主变流器机组冷却方式	强迫水循环冷却
添加剂主要成份	44%/56%（水/防冻剂）
冷却液进口温度	≤ +55℃
主变流器内的冷却液容量	20L
冷却液散热功率	80kW
50°C 时流速（额定）	286L/min
50°C 时压力损失（额定）	1.2bar
冷却液对环境压力的最大压力	3bar
每个变流器尺寸（长×宽×高）	3100mm×1060mm×2000mm
质量	2495kg

四、要点凝练

TGA9 型主变流器是由中国中车自主研发的、具有自主知识产权的主变流器，主要用于 HXD1C 型电力机车上，每台机车配两个主变流器柜，安装于机车车内中部。

一个主变流器柜为一个转向架的三台牵引电机供电，每个牵引电机有一套独立的整流、逆变系统，故可实现轴控。一套牵引系统由四象限整流器 + 中间直流环节 + 三相逆变器构成，可将主变压器次边绕组输入的 AC 970V 电压变换成电压可在 0 ~ 1375V、频率可在 0 ~ 120Hz 之间调压调频的三相交流电供给牵引电机使用。

主变流器柜采用模块化设计，变流器模块等主要部件位于柜体前部、中上部，打开柜门可以方便地对其进行检修，变流器后部主要放置不需维护或很少维护的部件，如二次谐振电容器等，变流器左侧开有边门，用于检修斩波电阻。主电路接线端子位于柜体下方，控制电源和辅助电源插头位于柜体左侧。

5-3 具有自主知识产权的辅助变流器代表——TGF54 型辅助变流器

TGF54 型辅助变流器适用于 C_0-C_0 轴式、总功率为 7200kW 的电力机车，如 HXD1C 型电力机车，主要功能是将机车单相 AC 470V 电压经整流、逆变后变成三相 AC 440V 电压，为机车压缩机等辅助设备提供电源。每台机车配置两台辅助变流器，每台辅助变流器由机车单独的辅助绕组供电。当两台辅助变流器都正常工作时，一台辅助变流器工作于恒压恒频

CVCF 模式,另一台辅助变流器工作于变压变频 VVVF 模式,它们为各自负责的辅助设备供电。当任意一台辅助变流器出现故障时,剩下的一台只能工作于恒压恒频模式,为全部辅助设备供电。TGF54 型辅助变流器外形如图 5-3-1 所示。

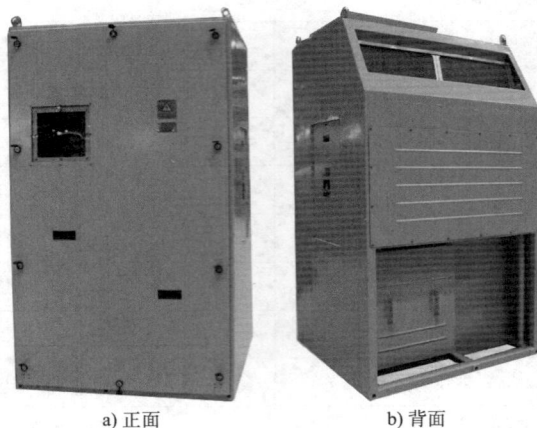

a) 正面　　b) 背面

图 5-3-1　TGF54 型辅助变流器外形

　　TGF54 型辅助变流器的设计符合以下标准:《轨道交通　机车车辆用电力变流器　第 1 部分:特性和试验方法》(GB/T 25122.1—2018)、《铁路应用　机车车辆用电力变流器　第 1 部分:特性和试验方法》(IEC 61287-1:2014)、《铁路应用　机车车辆冲击和振动试验》(IEC 61373:2010)、《铁路应用　电磁兼容性—机车车辆—设备试验及其限值》(EN 50121-3-2:2000)等。

一、结构解析

　　TGF54 型辅助变流器柜外形尺寸为 1200mm × 1050mm × 2000mm(长 × 宽 × 高),柜内整体设备布置如图 5-3-2 所示。各部件的分布规律:右侧为大部件区,左侧为小部件区。右侧上部为逆变模块 UA1 和整流模块 UR1,下面是风机组装板;左侧上部为辅助控制单元 ACU,下面是输入电路元件安装板,最下面是接线端子和滤波电容组件,如图 5-3-3 所示。

图 5-3-2　TGF54 型辅助变流器柜设备布置实物图

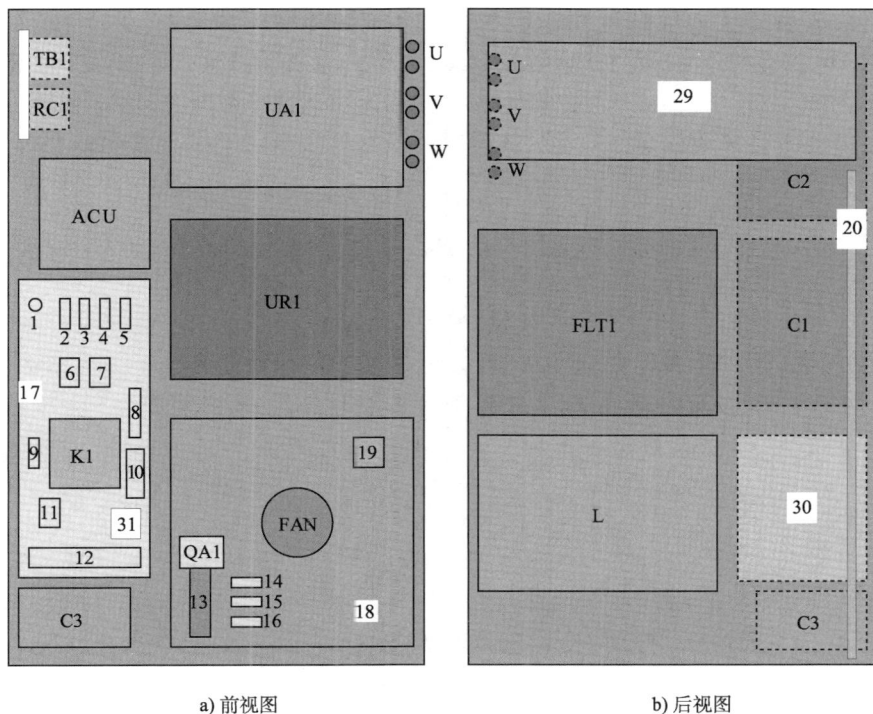

| a) 前视图 | b) 后视图 |

图 5-3-3　TGF54 型辅助变流器柜设备布置示意图

TB1-同步变压器;RC1-电源滤波组件;ACU-辅变控制箱;1(XT7)-接线端子;2(SV2)-中间电压传感器;3(SV3)-接地检测电压传感器;4(SV7)-中间电压传感器;5(SV8)-中间电压传感器;6(K2)-充电接触器;7(KM1)-中间接触器;8(R2)-充电电阻单元;9(SV1)-输入检测电压传感器;10(R1)-充电电阻单元;11(FU1)-快熔;12(T3)-电源端子排;17-电器板;31(SC1)-输入电流传感器;K1-主接触器;C3-滤波电容组件;UA1-逆变模块;UR1-整流模块;FAN-风机;QA1-风机自动开关;13-风机电源端子排;14(SV4)-输出电压传感器;15(SV5)-输出电压传感器;16(SV6)-输出电压传感器;18-风机盖;19-风机观察孔;29-滤网;20-排污管;C2-中间支撑电容;C1-中间支撑电容;FLT1-滤波电感;L-输入电抗器;30(R5-R10)-均压电阻单元;30(R3、R4)-接地保护电阻

二、原理分析

　　TGF54 型辅助变流器主电路如图 5-3-4 所示。电力变换思路同主变流器类似:单相 AC 470V 电压经整流器整流为直流电压,再经中间直流环节处理后形成稳定的直流电压,输入三相逆变器,由三相逆变器输出三相交流电供辅助设备使用。

　　TGF54 型辅助变流器的输入电路为图 5-3-4 中单相 AC 470V 到整流器之间的电路,主要包括:①熔断器 FU1;②充电接触器 K2;③主接触器 K1;④充电电阻 R1,R2;⑤输入电压传感器 SV1;⑥电流传感器等。来自列车主变压器的基波 AC 470V 从动力线输入端子进入辅助变流器柜体,作为辅助变流器的输入电压。输入电路部件如图 5-3-5 所示。输入电路具有以下作用:

　　(1)当辅助变流器输入端发生某种短路故障,或者输入端过流而接触器故障时,FU1 快速熔断,保证列车主变压器不会损坏,以保障牵引系统在此时仍可正常运行。

　　(2)输入隔离:当变流器不工作时,接触器断开,切断输入电压。

　　(3)限流充电:在变流器工作前,对辅助变流器中间直流电容限流充电,避免对电容的冲击。通过输入电压传感器 SV1,实现对输入电压的监视。

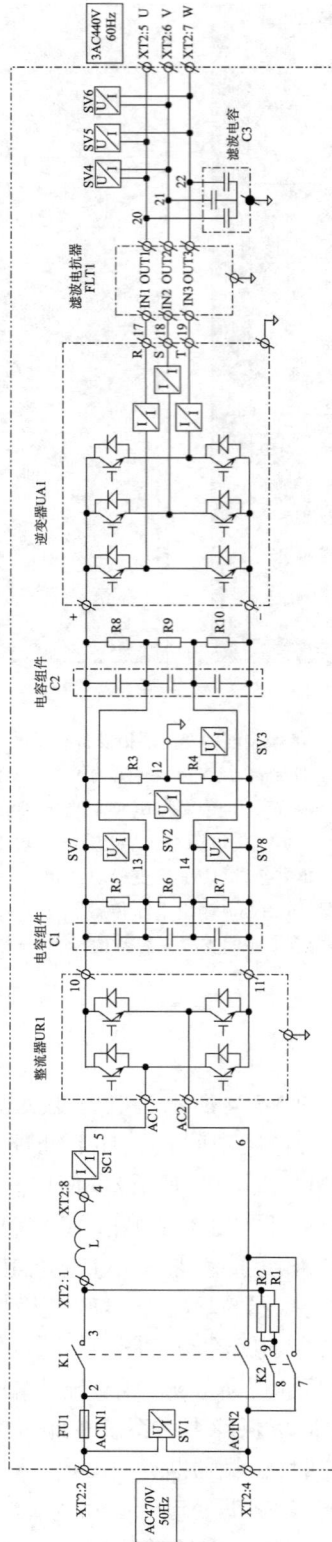

图 5-3-4 TGF54型辅助变流器主电路

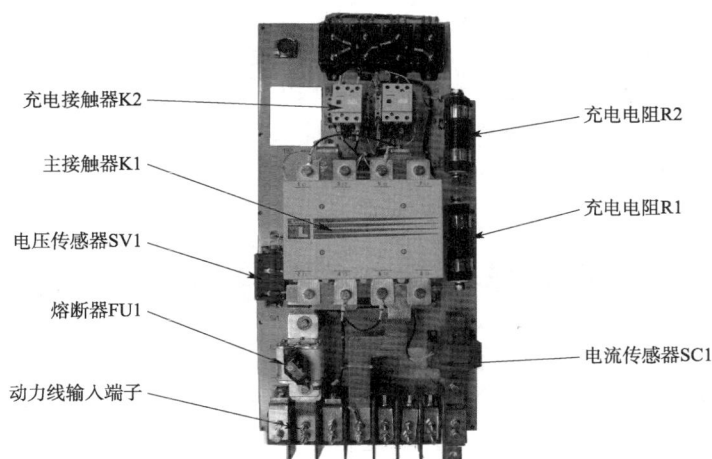

图 5-3-5　TGF54 型辅助变流器输入电路部分

三、特性解析

TGF54 型辅助变流器主要技术参数见表 5-3-1。

TGF54 型辅助变流器主要技术参数　　　　　　　表 5-3-1

主要技术参数	参数值
额定容量	248kV · A
额定输入电压	AC 470V $^{+24\%}_{-30\%}$
额定输入电流	326A
额定输出电压	CVCF:440V(+ 10% ~ － 10%) VVVF:80 ~ 440V(+ 10% ~ － 10%)
输出频率	CVCF:60Hz(－ 1 ~ + 1Hz) VVVF:10 ~ 60Hz(－ 1 ~ + 1Hz)
额定输出电流	326A
电压波形	脉宽调制波,带正弦波滤波器
电压谐波含量(THD)	≤5%
控制电压	DC 110V $^{+25\%}_{-30\%}$ (DC 77 ~ 137.5V)
冷却方式	自然风冷
振动和冲击	IEC61373:2010,1 类 A 级
每个变流器尺寸(长 × 宽 × 高)	1200mm × 1050mm × 2000mm
质量	1300kg

四、要点凝练

TGF54 型辅助变流器是由中国中车自主研发的、具有自主知识产权的用辅助变流器,主要用于 HXD1C 型电力机车上,每台机车配两个辅助变流器柜,安装于机车机械间内。

每台辅助变流器由机车单独的辅助绕组供电。当两台辅助变流器都正常工作时,一台工作于恒压恒频 CVCF 模式,输出 440V,60Hz 三相交流电,为压缩机、空调等负载供电;另一台工作于变压变频 VVVF 模式,输出电压在 80～440V,频率在 10～60Hz 范围内可调,为风机类负载供电;当任意一台辅助变流器出现故障时,剩下的一台只能工作于恒压恒频模式,为全部辅助设备供电。

5-4 整备员工作页 主变流器整备检查作业

一、工序卡

主变流器整备检查作业工序卡见附录5。

二、主变流器整备检查记录单

温馨提示

考虑到各院校实训设备的差异,所用主变流器型号不尽相同,所以本记录单设计为通用型,对于主变流器的型号及检查标准里的具体参数以空白形式留出来,大家可根据具体情况进行填写。TGA9 型主变流器的检查标准可参见本节后面附的答案。

TGA9 型主变流器整备检查记录单

车型		车号		主变流器型号		检查时间	
部位			检查内容及标准			主要工具	检查情况
1	放电接地		已完成降弓、断主断、断蓄电池电源等安全操作,打开变流器柜门,进行固定接地点电压测试,步骤如下: (1)使用高压探头检测固定接地点。 ①将电压探头接地端连接到地 – XN1,然后将高压探头连接到直流支撑回路 1 的 – XP1、直流支撑回路 2 的 – XP2 和直流支撑回路 3 的 – XP3。 ②将电压探头接地端连接到地 – XSN,然后将高压探头连接到谐振吸收回路的 – XSP。 设定值:<20V。 如果电压低于 20V,可将一根接地导线连接到接地点,以确保可靠接地。 (2)如果电压大于 20V,执行如下操作: ①使用主变流器内的固定放电电阻和用于接地故障检测的电阻对直流支撑回路放电(放电过程的时间常数 >10min)。 ②经过大约 2h 后,柜内电压下降至安全电压(<50V)。(按照上述步骤重复检测过程)。 ③如果经过 2h 后,电压还没有降至安全值,那么可以判断:主变流器内的放电电阻和用于接地故障检测的电阻出现故障,必须尽快维修。 注意:佩戴手套和防护眼镜			手电筒、数字万用表、高压探头	

续上表

	部位	检查内容及标准	主要工具	检查情况
2	密封条	目视检查前盖板及插头的密封条,保证密封条放置正确无损坏。如有损坏,更换密封条	手电筒	
3	门、屏柜内	检查油漆表面有无裂纹、剥落和锈蚀,如果必要的话,需补漆	手电筒	
4	接触器灭弧腔	目视检查接触器灭弧腔中有无机械损坏或金属物堆积	手电筒	
5	接触器触点	目视检查接触器触点是否有机械磨损或电磨损	手电筒	
6	冷却液回路	从冷却系统加水处抽取冷却剂样品进行检查。 注意: (1)不能从主变流器中抽取冷却剂。如果必需的话,更换冷却剂。 (2)使用防冻试验设备检查 Antifrogrn N 的浓度是否达到规定的比例(56% 冷却剂,44% 水)	手电筒、取样工具	
	检查人		审核	

三、整备检查记录单填写样例

1. 参考数据

略。

2. 工具材料

主变流器日常检查需要的工具、材料见表 5-4-1。

主变流器检修工具设备清单 表 5-4-1

序号	名称	单位	数量	序号	名称	单位	数量
1	手电筒	个	1	6	安全警示牌/台/灯	套	二
2	手捶、木捶或塑料手捶	个	1	7	防静电手套	双	2
3	扭力扳手	套	1	8	绝缘鞋	双	2
4	记号笔	个	1	9	安全帽	个	2
5	棉纱	夹	若干				

3. 安全注意事项

危险提示

在主变流器的内部安装有几个大电容值的电容器,主变流器工作时和工作后储存有很多电能,即使断开主变流器、断开电源后,这些电容器在很长时间(几天)内仍然有危险的高电压! 因此,在针对主变流器执行任何工作前,必须绝对保证直流支撑回路完全放电。

在对主变流器进行检修工作之前,请严格遵守下列安全规则:

(1)降下受电弓、断开主断路器、切断库内外部电源,确保主变流器没有电源输入。

(2)采取必要的预防措施以防止隔离开关再次闭合,确保主变流器不能自动导入电源。

(3)关闭主变流器的所有蓄电池供电电源。

(4)按经核准的方法进行无电压测试。

(5)按经核准的方法确保接地和短路。

(6)用盖板和屏蔽物保护邻近带电部件,并确保其符合相关警告注意事项。

(7)佩戴手套和防护眼镜。

5-5 检修员工作页 主变流器检修

本节以 HXD1C 型电力机车上使用的 TGA9 型主变流器为例,介绍主变流器的检修作业内容,包括检修周期、作业流程及具体的作业内容。各院校可根据自己的实训条件,有选择性地进行教学实施。

各型号主变流器检修流程基本相同,只是结构和设备布置不同,这会导致具体某个步骤的检修操作和参数有所不同,感兴趣的同学可自主进行对比学习。

一、引用标准及适用范围

①引用标准:《HXD1C 型电力机车检修技术规程(C1-C4 修、C5 修)》(TG/JW 196—2019)、《TGA9 型主变流器使用维护说明书》。

②本准则规定了 HXD1C 型电力机车主变流器的检查工艺流程、技术要求及质量标准。

③本工艺适用于 HXD1C 型电力机车 TGA9 型主变流器 C4 修修程。

二、检修计划

主变流器各检修等级检修项目见表 5-5-1。表 5-5-1 中规定的走行公里数或间隔期内(以先到为准),应实施相应的检修工作。

主变流器各检修等级检修项目一览表   表 5-5-1

修程		日常检查	C1	C2	C3	C4	C5	C6
里程要求			$7 \times (1 \pm 10\%)$ 万 km	$13 \times (1 \pm 10\%)$ 万 km	$25 \times (1 \pm 10\%)$ 万 km	$50 \times (1 \pm 10\%)$ 万 km	$100 \times (1 \pm 10\%)$ 万 km	$200 \times (1 \pm 10\%)$ 万 km
时间要求		2 周	不超过 3 个月	不超过 6 个月	不超过 1 年	不超过 3 年	不超过 6 年	不超过 12 年
放电接地	主变流器放电和接地	√	√	√	√	√	√	√

续上表

修程		日常检查	C1	C2	C3	C4	C5	C6
里程要求			7×(1±10%)万 km	13×(1±10%)万 km	25×(1±10%)万 km	50×(1±10%)万 km	100×(1±10%)万 km	200×(1±10%)万 km
时间要求		2 厝	不超过3个月	不超过6个月	不超过1年	不超过3年	不超过6年	不超过12年
密封条	目视检查密封条		√	√	√	√	√	√
门、屏柜内部	检查主变流器内部区域					√	√	√
	检查油漆表面		√	√	√	√	√	√
	目视检查接触器灭弧腔		√	√	√		√	√
电源连接	目视检查电源连接					√	√	√
断路器	目视检查断路器触点		√	√	√		√	√
交换器	目视检查空气-水冷交换器					√	√	√
风机电机	检查电机轴承和电缆					√	√	√
电容器组	测量直流支撑回路的总电容值				√	√	√	√
	测量每个谐振吸收回路电容器的电容值					√		√
谐振吸收电路	测量谐振吸收电路的谐振频率			√	√		√	√
冷却液回路	目视检查冷却回路是否存在泄漏现象			√	√	√	√	√
	检查冷却剂	√	√	√	√	√	√	√

三、工具材料

1. 工具

主变流器检修所需的工具见表 5-5-2。

工具清单　　　　　　　　　　　　　　表 5-5-2

序号	名称	规格型号	单位	数量
1	特殊扳手	专用	套	1
2	扭力扳手	通用	套	1

续上表

序号	名称	规格型号	单位	数量
3	普通扳手	通用	套	1
4	防松标记笔	通用	支	1
5	毛刷	通用	个	1
6	风枪及风管	通用	套	1
7	手电筒	通用	个	1

2. 设备

主变流器检修所需设备有接地设备、数字万用表、高压探头、防冻试验仪器、示波器、谐波分析仪。

3. 材料

主变流器检修所需材料有润滑油脂、化学清洗剂、组装胶、硅胶垫、乐泰粘合剂 242 冷却水、防冻剂。

四、C4 级检修作业

主变流器的 C4 级检修作业基本流程放电接地→打开主变流器柜→柜内部件检修→主变流器柜复原。

1. 放电接地

危险提示

主变流器的内部安装有几个大容量的电容器,主变流器工作时和工作后储存有很多电能,即使主变流器停止工作、断开电源后,这些电容器在很长时间(几天)内仍然有危险的高电压!

主变流器放电接地的操作步骤如下:

(1)降下受电弓、断开主断路器、切断库内外部电源,确保主变流器没有电源输入。

(2)采取必要的预防措施以防止隔离开关再次闭合,确保主变流器不能自动导入电源。

(3)如果可能,接通 TCU 和 IGBT 门极驱动单元的电源,然后再关闭,这样可以启动主变流器的保护系统。

(4)关闭主变流器的所有蓄电池供电电源(先关闭接触器等开关设备的电源,再关闭 IGBT 门极驱动单元和 TCU 的供电电源)。

(5)准备好一个具有高压探头的数字万用表。

(6)开启变流器前面的横向门闩和盖板。

(7)将接地测量电缆连接到变流器接地点。直流支撑回路的测量和接地点位于盖板的后面。

(8)使用高压探头检测固定接地点。

①将电压探头接地端连接到地 – XN1,然后将高压探头连接到直流支撑回路 1 的 – XP1、直流支撑回路 2 的 – XP2 和直流支撑回路 3 的 – XP3。

②将电压探头接地端连接到地－XSN,然后将高压探头连接到谐振吸收回路的－XSP。设定值:<20V。如果电压低于20V,可将一根接地导线连接到接地点,以确保可靠接地。

(9)如果电压大于20V,执行如下操作:

①使用主变流器内的固定放电电阻和用于接地故障检测的电阻对直流支撑回路放电(放电过程的时间常数>10min)。

②经过大约2h后,柜内电压下降至安全电压(<50V)。按照步骤(7)和步骤(8)重复检测过程。

③如果经过2h后,电压还没有降至安全值,那么可以判断:主变流器内的放电电阻和用于接地故障检测的电阻出现故障,必须尽快进行维修。

在这种特殊情况下,直流支撑回路必须通过主变流器中的集成电阻进行放电。因为这些集成电阻值非常高,因而放电过程可能会持续2天时间。

注意:佩戴手套和防护眼镜。

2. 整体检查

打开主变流器柜,进行以下检查:

(1)检查主变流器是否可靠地放电。

(2)拆除前盖板(保留部件:旋转门扣,接地螺栓和接地联锁)。

(3)目视检查密封条。目视检查前盖板及插头的密封条,保证密封条放置正确无损坏。如有损坏,更换密封条。

注意:主变流器盖板只有在需要的时候才能拆开,工作完成后必须尽快重新装好。

3. 柜内部件检修

(1)门、柜子、内部

①检查主变流器内部区域。

检查主变流器内部区域是否有污垢和灰尘,如果必要的话,用真空吸尘器和干燥的抗静电布清扫内部区域。

注意:不能使用任何溶剂清洁内部区域。

②检查油漆表面。

检查油漆表面有无裂纹、剥落和锈蚀,如果必要的话,需补漆。

③目视检查接触器灭弧腔。

目视检查接触器灭弧腔中有无机械损坏或金属物堆积。

(2)电源连接

目视检查电源连接部位是否有颜色变化和过热现象。

判断标准:铜导体变黑,镀锡母排变蓝。

处理措施:更换电缆,或母排,或连接元件,如螺栓、螺母。

注意:如果对持久过热存有疑问,应联系供应商,由相关人员处理。

(3)接触器触点

目视检查接触器触点是否有机械磨损或电磨损。

(4)水-风冷交换器

目视检查水交换器,检查去离子水管是否有泄漏现象及其柔韧性情况。如果必要的话,更换或维修。

（5）风机电机

检查电机轴承和电缆，步骤如下：

①拆除水接头。为了防止冷却液滴入主变流器，在拆除接头的时候，需用一块干净的抹布将接头包裹起来。

②拆除电气连接器。

③拆除安装螺栓。

④小心取出风机电机，测量电流消耗。规定值：Irms = 1.53 ~ 1.87A

⑤检查柜内是否有任何从风机吸入的颗粒状异物。

⑥检查风机电机是否有间隙和噪声。

⑦测量两个 Pt100 电阻温度计的电阻值。（说明：两个电阻温度计分别用于测量水温和环境温度，它们集成在冷却系统中。）

设定值：$R(T) = 100\Omega \times (1 + 3.85 \times 10^{-3} \times T \times 1/℃)$，例如 T = 20℃时，$R = 107.7\Omega$

⑧小心把风机电机安装回原位。

⑨拧紧固定螺栓。

⑩接好电气连接器。

⑪插入水接头。

（6）直流支撑回路电容器

测量直流支撑回路电容器的总电容值。

将数字万用表连接到 Xp 和 Xn 处，测量总电容值。设定值：6 × 4.3mF（ + 5%／ − 1%）。

注意：①为了单独测量直流支撑回路电容值，必须将谐振吸收电抗器从直流支撑回路中断开。②在一个变流器柜中，电容器不允许混装，只能安装同一个制造厂商的电容器。

（7）谐振吸收回路电容器

①用数字万用表检查变流器 1 中的电容值。

a. 检查谐振吸收电容器的制造厂商，并按照参数表检查电容值。

b. 电容值的调节。可以通过连接部分可调电容 C2、C3 和 C4 的电缆到 DC + 或 DC − 来完成。

②用数字万用表检查变流器 2 中的电容值。

注意：①必须定期重复调节工作，并且在更换了任何单个电容器后，整个电容器组，包括固定和可调电容器都必须再次调节。②为了单独测量谐振回路电容值，必须将谐振吸收回路电抗器从直流支撑回路中断开。

特别注意：在一个变流器柜中，谐振吸收回路电容器不允许混装，只能安装同一个制造厂商的电容器。

（8）谐振吸收电路

测量谐振吸收电路的谐振频率，检查谐振频率是否在给定公差带宽内。

（9）冷却液回路

①目视检查冷却回路是否存在泄漏现象

目视检查冷却回路是否存在泄漏现象。如果冷却液回路的重要部件清洁状况较差，必须将冷却液回路排干净后,再更换这些部件。

②检查冷却剂

从冷却系统加水处抽取冷却剂样品。

注意:①不能从主变流器中抽取冷却剂。若必须抽取,则更换冷却剂。②使用防冻试验设备检查 Antifrogrn N 的浓度是否达到规定的比例(56% 冷却剂,44% 水)。

4. 主变流器柜复原

注意:每个对主变流器或在主变流器附近区域执行任务的人员,必须注意自身及同事的人身安全。

断开主变流器的接地:

①在重新调试主变流器之前,移开主变流器柜内所有接地连线、工具、测量设备和其他物品。调试工作完成之后,所有盖板都必须再次正确关闭。

②在试验完成和接地点安装好之后,关闭每台主变流器的盖板。

③在任何维护操作之后,都必须恢复部件、系统和车辆上的原始条件,特别是保护设备(如锁、引导线等)。

5-6 乘务员工作页　主变流器应急故障处理

本部分参照《HXD3 型电力机车应急故障处理(试行)》进行编写,给出了变流器常见应急故障处理方法。本部分是培养机车车辆乘务员应急故障处理技能的重要模块。

一、运行途中,状态指示屏"主变流器"灯亮时的处理

(1)运行途中,状态指示屏"主变流器"灯亮时,若大部分牵引电机仍有扭矩输出,可暂不处理,继续维持运行。若牵引电机均无扭矩输出,则检查控制电器柜"主变流器"自动开关,如果跳闸,则重新闭合一次,将司机控制器调速手柄回"0"位,按下司机台上"复位"按钮进行复位操作后,再进行牵引或电制动操作,若故障消除即恢复正常运行;若主断路器不能闭合或调速手柄离开"0"位后,主断路器就随之断开,此时应根据微机显示屏的提示,切除故障的主变流器以维持运行。

(2)状态指示屏"主变流器""牵引电机"灯均亮时,其故障原因多为牵引电机故障,遇此故障应按下一条:"运行途中,状态指示屏'牵引电机'灯亮时的处理"方法进行处理。

(3)状态指示屏"主变流器""水泵"灯均亮时,其故障原因多为水泵故障,遇此故障应按本节第三条:"运行途中,状态指示屏'水泵'灯亮时的处理"方法进行处理。

(4)经以上处理,仍无法维持运行时,可在断电、降弓、停车状态下,断开再闭合控制电器柜"蓄电池"自动开关,以使微机复位、重启,从而消除故障。

二、运行途中,状态指示屏"牵引电机"灯亮时的处理

(1)若微机控制系统已将故障的牵引电机切除,且其他牵引电机仍有扭矩输出时,可暂

不处理,继续维持运行。

(2)司机控制器调速手柄回"0"位,按下司机台上"复位"按钮进行复位操作后,重新闭合主断路器,恢复运行。

(3)微机显示屏触摸开关切除故障,牵引电机对应的主变流器单元维持运行。

(4)在断电、降弓、停车状态下断开再闭合控制电器柜"蓄电池"自动开关,使微机复位、重启,从而消除故障。

三、运行途中状态指示屏"水泵"灯亮时的处理

(1)查看微机显示屏显示(微机显示屏显示"水泵1故障"或"水泵2故障"),并根据无扭矩输出对应架(水泵1对应Ⅰ架、水泵2对应Ⅱ架),确定发生故障的水泵。

(2)打开故障水泵三相自动开关,打开对应架变流柜右上角带合页小门即可看见此开关(Ⅰ架为Ⅰ端非司机侧,Ⅱ端司机侧;Ⅱ架为Ⅱ端非司机侧,Ⅰ端司机侧),检查水泵三相自动开关状态(左侧为辅变流器APU通风机三相自动开关,右侧为水泵三相自动开关)。若水泵三相自动开关断开,则手动闭合后继续运行。

(3)若人为闭合水泵三相自动开关后其又自动断开,即可判断为水泵故障。在此情况下,则应按照规定程序反馈信息,并尽可能维持运行到终点站或前方站;若无法维持运行时,按列车调度员的指示办理。

四、运行途中,状态指示屏"辅变流器"灯亮时的处理

1.故障分析

可能的故障类型包括辅助变流器输入过流、辅助回路过载、中间回路过电压、辅助回路接地、辅助变流器通风机自动开关断开、控制电器柜"辅变流器"自动开关断开。

2.应急处理方案

(1)辅变流器均停止工作时

检查控制电器柜"辅变流器"自动开关,如果跳闸,则重新闭合一次,将调速手柄回"0"位,按下司机台上"复位"按钮进行复位操作后,重新闭合主断路器,若故障消除则继续运行。

(2)某一辅助变流器故障时

①某一辅助变流器出现故障后,微机控制系统会自动进行切除、转换。此时进入微机显示屏"开关状态"画面第二页,确认辅变流隔离接触器KM20闭合(KM20底色变为绿色)后,暂不处理,继续维持运行。

②若微机转换异常,可在主断路器断开的情况下,人为切除故障辅变流器后,再闭合主断路器,使另一辅变流器启动以维持运行。

③若微机转换异常,也可在主断路器断开的情况下,设法使故障辅变流器恢复工作。其方法如下:

a.断开再闭合控制电器柜上的"辅助变流器"自动开关QA47,对已锁定的辅助变流器进行解锁,使其恢复正常工作。

b. 检查、闭合辅助变流器通风机自动开关后,仍须断开再闭合控制电器柜"辅助变流器"自动开关 QA47,才能使辅变流器恢复工作。

经以上处理,若仍不能使任意一组辅变流器投入工作,则停车、断电、降弓,断开再闭合控制电器柜"蓄电池"自动开关,使机车计算机控制系统复位、重启,从而消除故障。

说明:当切除一组辅助变流器后,牵引风机将在恒压、恒频状态下运行,且仅有一台空气压缩机投入工作。

5-7 理论拓展　电器如何散热?

一、电器的三种基本散热方式

电器工作时,只要温度高于周围介质及接触零件的温度,它便向周围介质散热。所以,发热和散热同时存在于电器发热过程中。

当电器产生的热量与散失的热量相平衡时,电器的温升维持不变,这时称电器处于热稳定状态,此时的温升称为稳定温升。若温升随着时间而变化,则称为不稳定发热状态。

电器的散热以热传导、对流与热辐射 3 种基本方式进行,其传热过程如下。

1. 热传导

热传导的方向是由较热部分向较冷部分传递,或由发热体向与它接触的物体传递。热传导是固体传热的主要方式,但也可在气体和液体中进行。

2. 对流

对流是指通过流体(液体与气体)的运动而传递热量。热量的转移和流体本身的转移结合在一起。根据流体流动的原因分类,对流分为自然对流和强迫对流。城市轨道交通车辆的电器较多采用强迫对流(通风机冷却)的方式,加强散热,缩小体积。

3. 热辐射

热辐射是发热体的热量以电磁波形式传播能量的过程。热辐射可穿越真空和气体而传播,但不能透过固体和液体物质传播。

二、机车车辆电器的散热方式

机车车辆的电器大部分采用空气对流的方式进行散热,对于散热条件好、能满足自身散热需求的设备,一般采用自然通风方式进行散热,如牵引电机。它工作时会发热,但它悬挂在车下,机车车辆行驶过程中,车下会产生较强的空气对流,这种对流可促进流动的冷空气与发热的牵引电机之间的热交换,满足牵引电机的散热需求。对于发热严重、结构比较紧凑、散热条件较差的设备,较多采用强迫对流散热,一般需用通风机促进电器周围空气的流动,形成强对流,从而达到较好的冷却效果,如主变流器、主变压器。在主变流器柜内有 IG-BT 等很多大功率器件,其工作时发热严重,另外,整个变流器柜内设备很多,受安装空间的限制,结构非常紧凑,所以整个柜体都需要配备专用的冷却设备,老式机车的变流器(以前称整流柜)是采用通风机进行风冷,新型机车一般配备冷却塔,专门冷却主变流器和主变压器。主变流器的冷却过程:柜内大功率器件采用水循环冷却,循环出来的热水送入冷却塔,在热交换器处与冷却塔里的通风机吸入的冷风进行热交换,把热水变为冷水,再送入主变流器内进行循环,从而达到较好的散热效果。图 5-7-1 为 HXD1C 型电力机车主变流器通风支路的气流路径图。

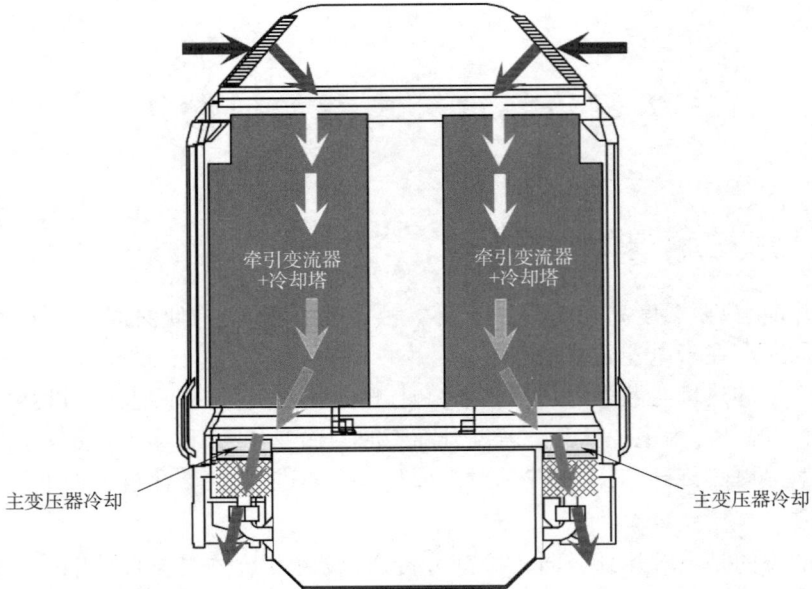

图 5-7-1　HXD1C 型电力机车主变流器通风支路的气流路径图

5-8 实践拓展　常用检修工具——退针器

一、种类

退针器种类繁多,图 5-8-1 给出了几种常用的退针器。

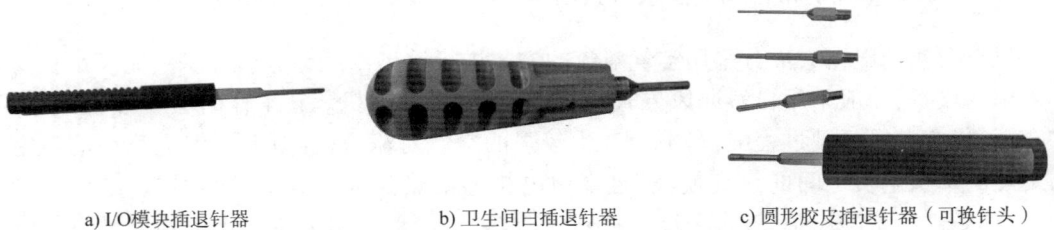

a) I/O 模块插退针器　　　b) 卫生间白插退针器　　　c) 圆形胶皮插退针器(可换针头)

图　5-8-1

d) 圆形针孔插退针器　　　　　　　　　　e) HARDING插退针器

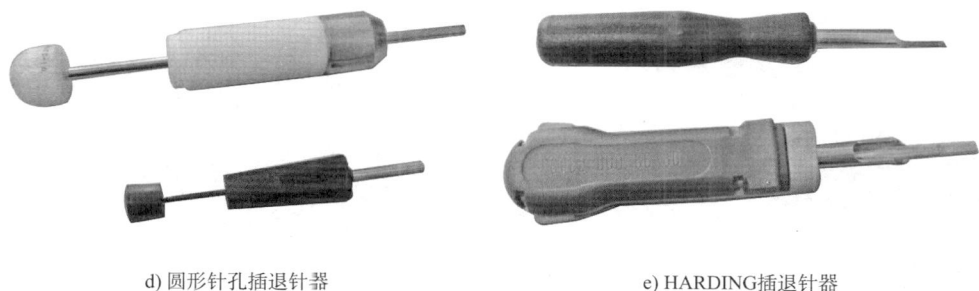

图 5-3-1　各种各样的退针器

二、使用方法

1. I/O 模块插退针器使用方法

I/O 模块插退针器使用方法如图 5-8-2 所示。

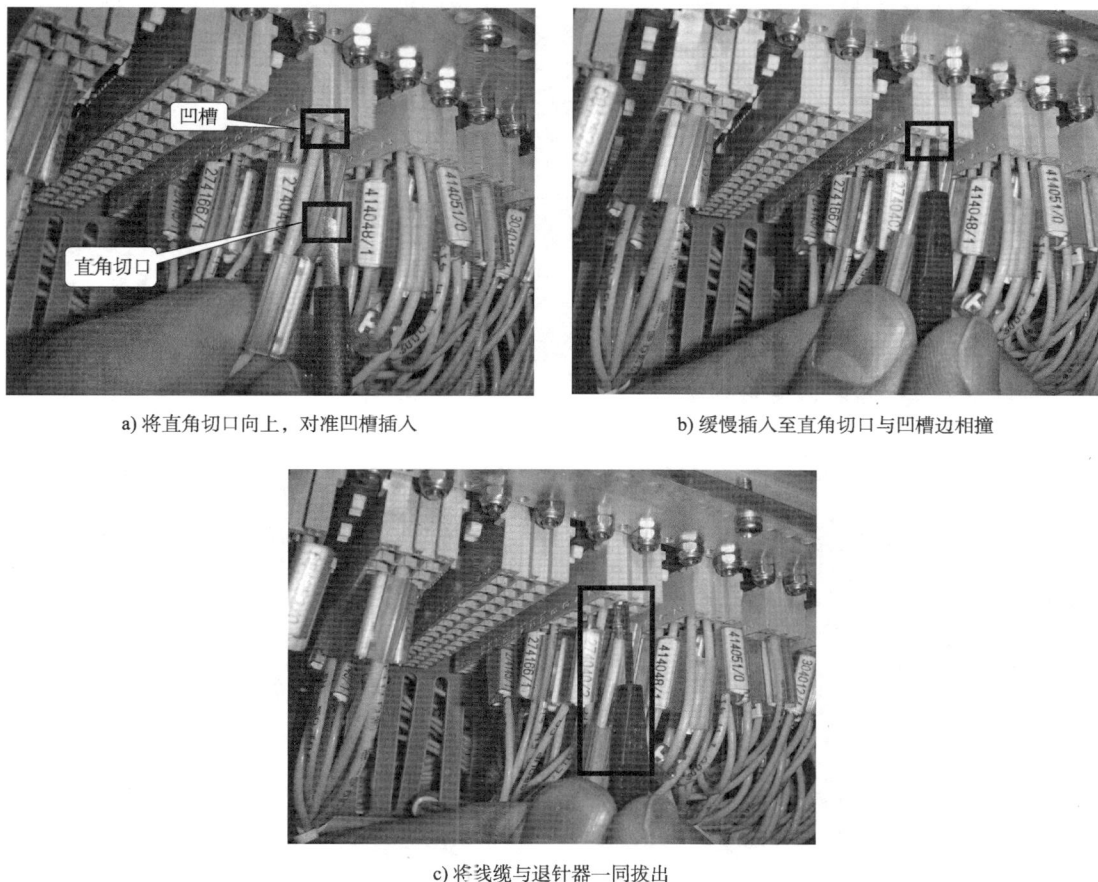

a) 将直角切口向上，对准凹槽插入

b) 缓慢插入至直角切口与凹槽边相撞

c) 将线缆与退针器一同拔出

图 5-8-2　I/O 模块插退针器使用方法

2.卫生间白插退针器使用方法

卫生间白插退针器使用方法如图 5-8-3 所示。

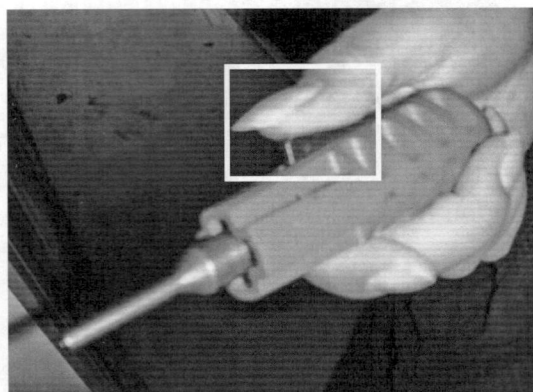

a) 将退针器上的黑色按键按下

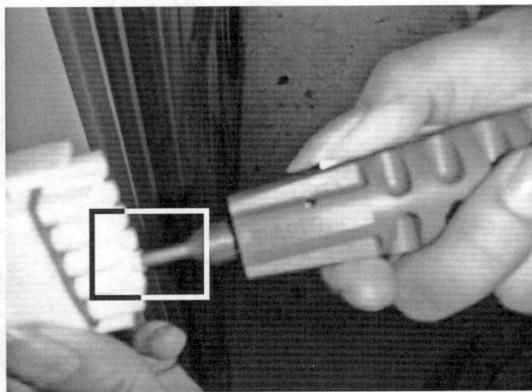

b) 将退针器插入插头针孔，直至顶住不动

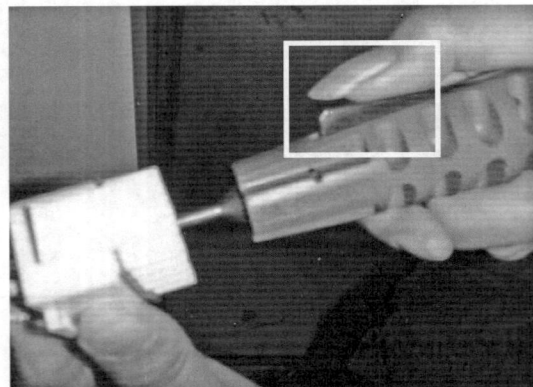

c) 松开黑色按键

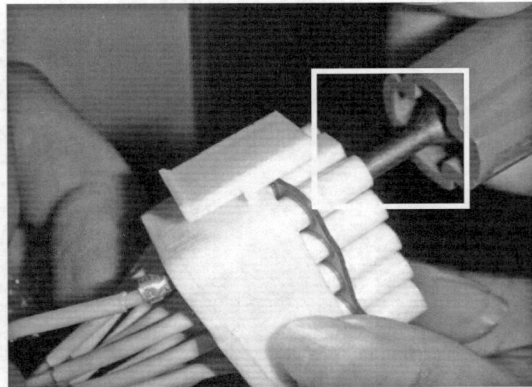

d) 再次缓慢向前推动便可退针

图 5-8-3　卫生间白插退针器使用方法

3.圆形胶皮插退针器使用方法

圆形胶皮插退针器使用方法如图 5-8-4 所示。

a) 将退针器对准插头针孔

b) 缓慢向前推动便可退针

图 5-8-4　圆形胶皮插退针器使用方法

4. 圆形针孔插退针器使用方法

圆形针孔插退针器使用方法如图 5-8-5 所示。

a) 握住退针器前端，对准插头针孔缓慢插入　　　　　　b) 推动退针器后方推杆便可退针

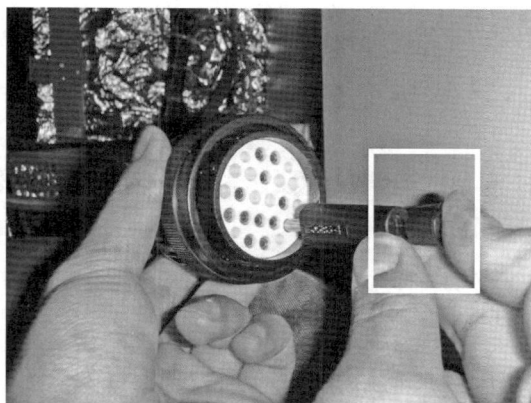

图 5-8-5　圆形针孔插退针器使用方法

5. HARDING 插退针器使用方法

HARDING 插退针器使用方法如图 5-8-6 所示。

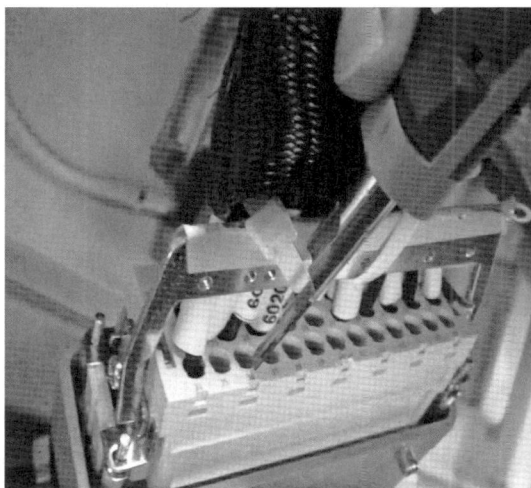

a) 将退针器对准HARDING插后面针孔插槽，缓慢插入　　　　b) 插至底部后，将线缆与退针器一同拔出

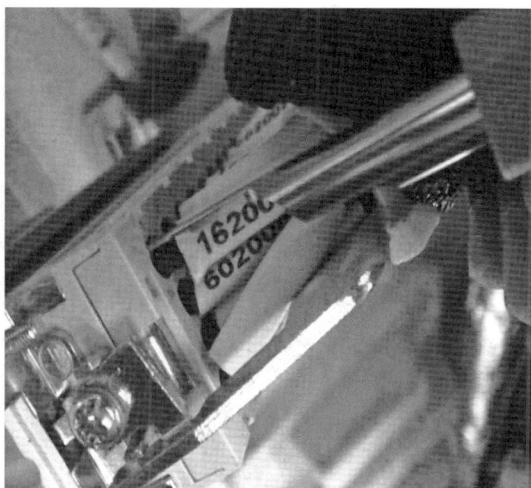

图 5-8-6　HARDING 插退针器使用方法

三、注意事项

（1）所用退针器的型号应与被退插头或针孔的型号配套。

（2）使用退针器时要缓慢推入，禁止用力硬推、硬撬，以避免损坏线缆或线槽，避免退针器被折断。

（3）退针器插入针孔或线槽时，要垂直插入，防止戳破线缆或线槽。

(4)退针器推入到底后,应先轻微晃动线缆,检查线缆是否松动,确定松动后,再将线缆缓慢拔出或将线缆与退针器一同拔出,禁止用力扯拽线缆。

(5)禁止使用变形或断裂的退针器。

(6)退针器要妥善保管,防止生锈或变形。

(7)任何插头需要退针时,都必须确认其是否断电。

5-9 新技术 机车车载故障预测与健康管理系统——牵引变流器智能检测系统

牵引变流器,即主变流器智能检测系统通过检测牵引系统的温度、电压、电流、转速、牵引力、电气谐波等信号,提取信号特征,实现牵引系统的故障诊断与预警,提高机车故障诊断维修效率,同时也可以降低机车故障率。

牵引变流器智能检测系统主要实现几大部件的故障诊断预警功能,包括接触器、传感器、电容、牵引电机、辅变、撒砂、轮径和传动机械。

牵引变流器智能检测系统与外部对象的关联关系图如图 5-9-1 所示。

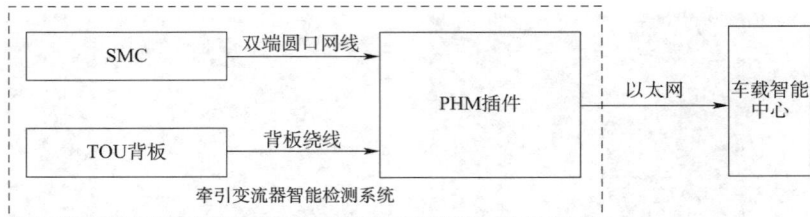

图 5-9-1 牵引变流器智能检测系统与外部对象的关联关系图

PHM 插件在线故障预警系统的总体构成包含以下四部分:

(1)PHM 插件:负责数据采集、在线故障预警算法实现、状态监视、实时故障报警、波形记录。

(2)TCU 背板高速数据:采用背板绕线将 TCU 背板的高速实时数据传输至 PHM 插件,具体包括 AIO、DIO 数据。

(3)SMC 快速数据:通过双端圆口网线采集快速实时数据。

(4)车载智能中心:用于接收 PHM 插件传输过来的数据,并传输至地面。

牵引变流器智能检测系统采用基于传感器失效机理模型、基于牵引变流器电气模型的状态估计/诊断算法、基于专家经验规则等多种传感器故障诊断方法进行传感器故障预警,可综合监测牵引变流器内部接触器的退化过程,实现对充电接触器和短接接触器辅助触头反馈异常、动作迟缓和真实卡分/卡合故障的诊断;可实现牵引电机轴承磨损、匝间短路、电流谐波过大等预警;可实现联轴节啮合不紧、联轴节脱落/断轴及锁轴等传动机械的故障预警,实现机车牵引系统故障的在线诊断及健康管理,确保机车安全可靠运行。

5-10 拓 展 训 练

请根据本节内容,利用智慧职教铁道机车运用与维护专业教学资源库等专业资源平台、智慧职教 MOOC 学院《电力机车电气设备的检查与维护》在线课程等数字化资源及公共网站等途径,完成下面的任务。

任务 1:请收集 HXD1 型电力机车用主变流器、辅助变流器的图片及相关资料,并与 HXD1C 型电力机车用主变流器、辅助变流器进行对比分析,了解在国产化进程中技术的进步。制作 PPT,课上分享。

PPT 要求:不少于 15 页,图片清晰,配备必要的文字说明。

其他要求:能理解制作的 PPT 内容,能进行流利的讲解。

任务 2:请收集电力机车或动车组用主变流器、辅助变流器的检修和故障处理方面的视频。

要求:每组收集 1~2 个视频,了解主变流器和辅助变流器的工作状态、可能出现的故障及如何检修,从而加深对机车或动车组运行过程中变流器的工作状态、面临的考验等实际工况的理解,进行课上分享。

任务 3:请收集 HXD2C、HXD3C 型电力机车及 CRH380B 型动车组用主变流器相关资料,完成下面的表格,并与 HXD1C 型电力机车用主变流器的结构和性能进行对比分析。

项目	HXD2C	HXD3C	CRH380A	CRH380B
型号				
额定输入电压 额定输入电流 额定输出电压 额定输出电流				
结构特点				
相对于 HXD2、HXD3、CRH2 型电力机车用主变流器,性能方面的提升				

模块 6

牵引电机检修与整备

趣味导入

说到电机大家可能觉得陌生，但是我们几乎每天都会用到它。小到家里的冰箱、空调、电风扇，大到宇宙飞船、船舶、大型工程机械等，这些要想正常工作都离不开电机。

高速动车组、地铁车辆、磁浮列车、电力机车等轨道交通车辆要跑起来，更离不开电机。高铁上的电机位置如图 6-0-1 所示。

图 6-0-1　高铁上的电机位置

轨道交通车辆上使用的电机有专用名称，叫作牵引电机。牵引电机取代蒸汽机用于轨道交通车辆已有 100 多年的历史。就其类型而言，不外乎有两大类，即直流牵引电机和交流牵引电机（包括直线牵引电机）。最先用在轨道交通车辆上的是直流牵引电机，它具有优良的牵引和制动性能，通过调节端电压和励磁，就可以方便地进行调速等。但是，它也存在换向困难、结构复杂、工作可靠性较差、制造成本高、维修工作量大等很多缺点。随着大功率晶闸管，特别是近年来全控型电力电子器件的迅速发展，可调压调频的变流装置已经成功解决了交流电动机的调速问题，因此在轨道交通领域，交流牵引电机正在迅速取代直流牵引电机。交流牵引电机没有换向器，也就消除了由此引起的一连串问题，而且交流牵引电机具有结构简单、维修方便、体积小、质量小、转速高、功率大、能自动防滑等一系列优点，所以是一种较理想的牵引电机。

本部分将主要介绍交流异步牵引电机的一系列知识。

学习目标

能力目标

1. 能正确使用检修作业中所需的设备和工具。

2. 能熟练完成牵引电机外观检查、主要部件检修、主要参数的测量、空载试验、振动试验、速度传感器试验。

3. 能完成零部件更换工作。

4. 能熟悉牵引电机应急故障处理流程。

知识目标

1. 了解牵引电机的定义、功能、安装方式及性能要求。

2. 理解牵引电机主要技术参数。

3. 掌握牵引电机结构、各部件功能、工作原理。

素养目标

在牵引电机整备检查及检修作业过程中,注意作业安全,以严谨-细致-认真的工作态度进行规范操作,养成精益求精的工作习惯。

建议学时

8 学时。

学习导航

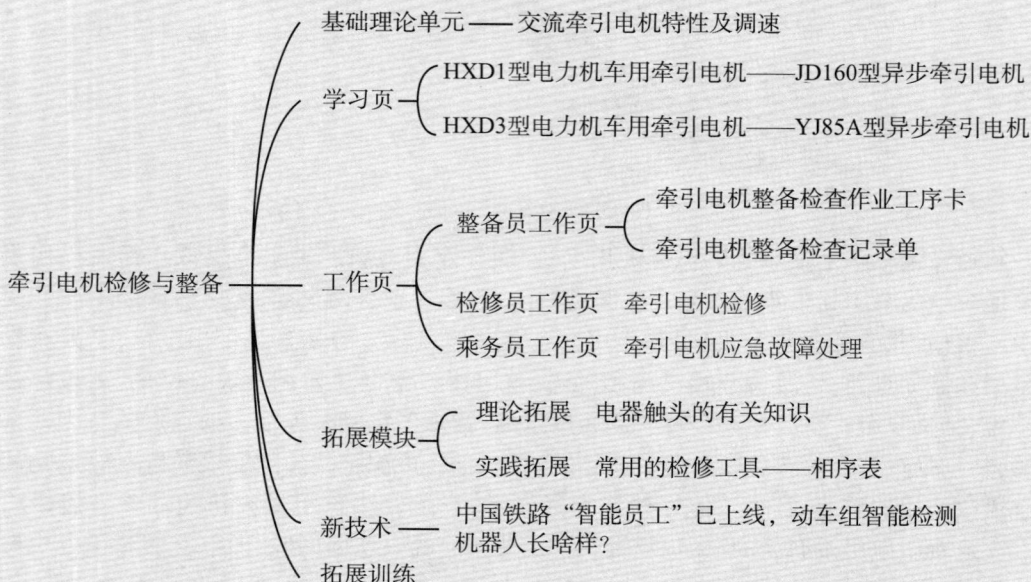

牵引电机检修与整备

- 基础理论单元——交流牵引电机特性及调速
- 学习页
  - HXD1型电力机车用牵引电机——JD160型异步牵引电机
  - HXD3型电力机车用牵引电机——YJ85A型异步牵引电机
- 工作页
  - 整备员工作页
    - 牵引电机整备检查作业工序卡
    - 牵引电机整备检查记录单
  - 检修员工作页 牵引电机检修
  - 乘务员工作页 牵引电机应急故障处理
- 拓展模块
  - 理论拓展 电器触头的有关知识
  - 实践拓展 常用的检修工具——相序表
- 新技术 中国铁路"智能员工"已上线,动车组智能检测机器人长啥样?
- 拓展训练

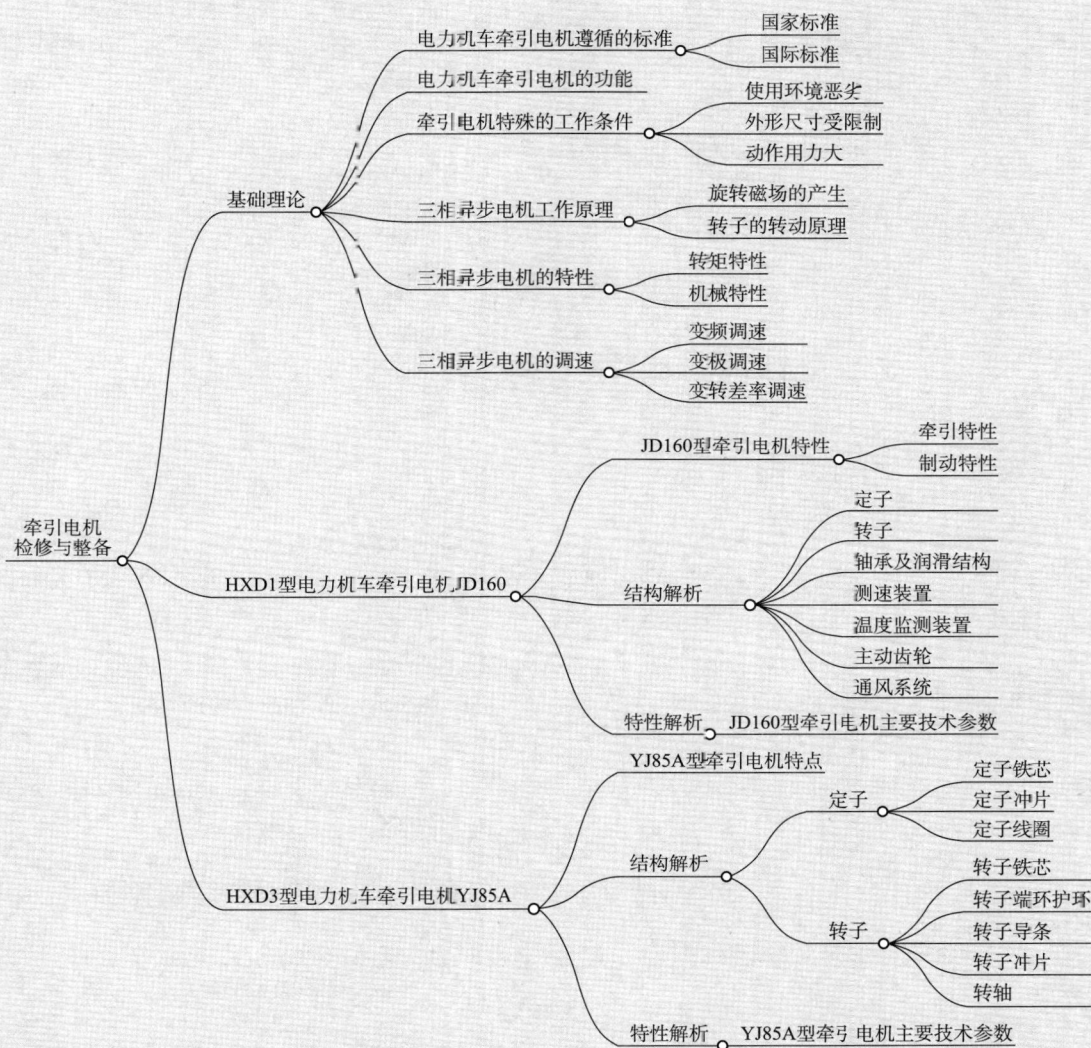

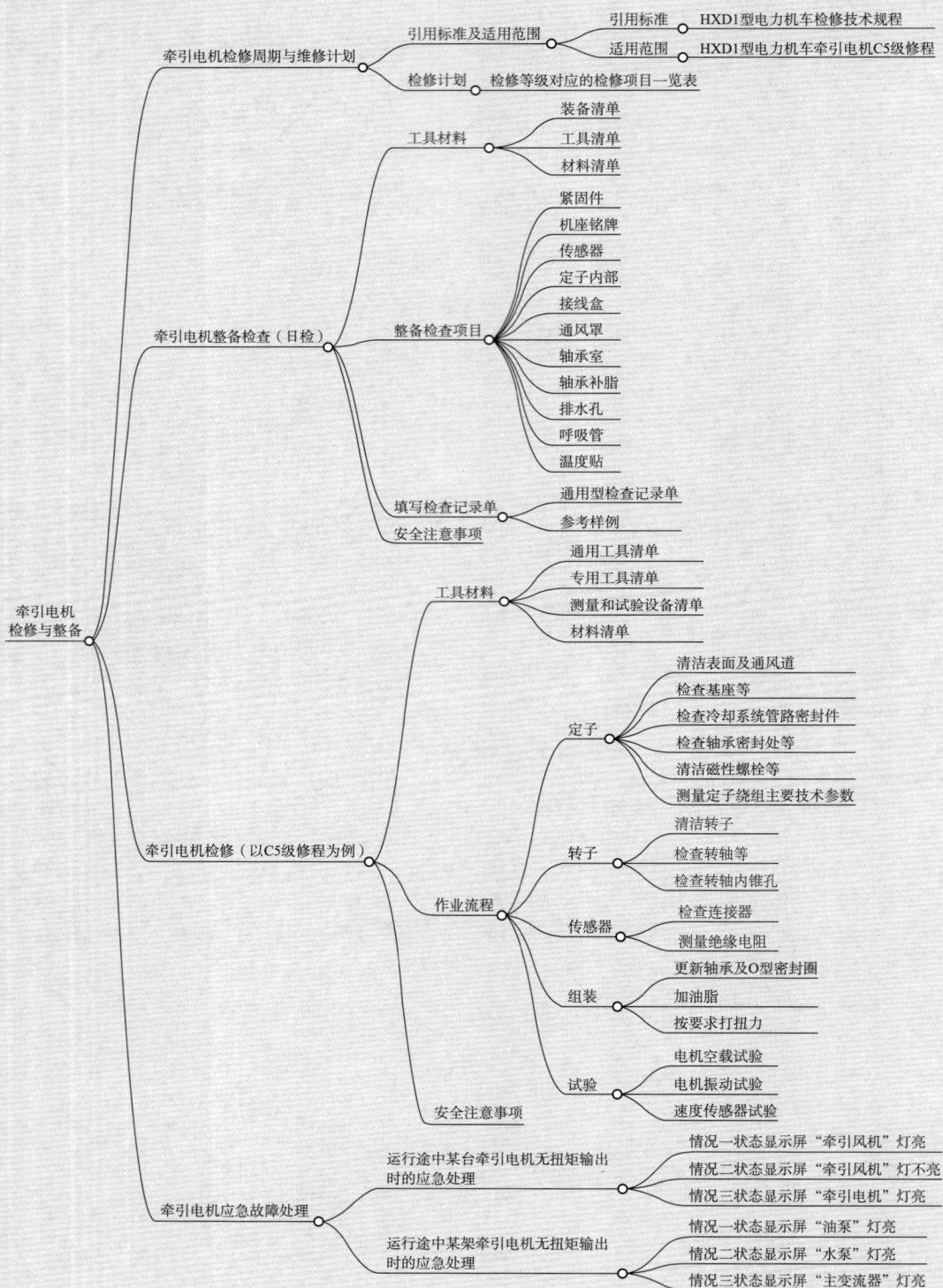

▌▌能力图谱▌▌

- 牵引电机检修与整备
  - 牵引电机检修周期与维修计划
    - 引用标准及适用范围
      - 引用标准 —— HXD1型电力机车检修技术规程
      - 适用范围 —— HXD1型电力机车牵引电机C5级修程
    - 检修计划 —— 检修等级对应的检修项目一览表
  - 牵引电机整备检查（日检）
    - 工具材料
      - 装备清单
      - 工具清单
      - 材料清单
    - 整备检查项目
      - 紧固件
      - 机座铭牌
      - 传感器
      - 定子内部
      - 接线盒
      - 通风罩
      - 轴承室
      - 轴承补脂
      - 排水孔
      - 呼吸管
      - 温度贴
    - 填写检查记录单
      - 通用型检查记录单
      - 参考样例
    - 安全注意事项
  - 牵引电机检修（以C5级修程为例）
    - 工具材料
      - 通用工具清单
      - 专用工具清单
      - 测量和试验设备清单
      - 材料清单
    - 作业流程
      - 定子
        - 清洁表面及通风道
        - 检查基座等
        - 检查冷却系统管路密封件
        - 检查轴承密封处等
        - 清洁磁性螺栓等
        - 测量定子绕组主要技术参数
      - 转子
        - 清洁转子
        - 检查转轴等
        - 检查转轴内锥孔
      - 传感器
        - 检查连接器
        - 测量绝缘电阻
      - 组装
        - 更新轴承及O型密封圈
        - 加油脂
        - 按要求打扭力
      - 试验
        - 电机空载试验
        - 电机振动试验
        - 速度传感器试验
    - 安全注意事项
  - 牵引电机应急故障处理
    - 运行途中某台牵引电机无扭矩输出时的应急处理
      - 情况一状态显示屏"牵引风机"灯亮
      - 情况二状态显示屏"牵引风机"灯不亮
      - 情况三状态显示屏"牵引电机"灯亮
    - 运行途中某架牵引电机无扭矩输出时的应急处理
      - 情况一状态显示屏"油泵"灯亮
      - 情况二状态显示屏"水泵"灯亮
      - 情况三状态显示屏"主变流器"灯亮

6-1 基础理论单元　交流牵引电机特性及调速

牵引电机是轨道交通车辆得以实现牵引及电制动的动力设备。在起动、牵引及制动等各种工况下,都是通过电气传动控制系统改变牵引电机的转速以达到车辆调速的目的。牵引电机既可将电能转变为机械能,产生牵引力驱动列车;又可将机械能转变为电能,实现再生制动。所以,牵引电机是轨道交通车辆电气设备中最主要的构成部分,其性能和可靠性直接关系到轨道交通车辆的安全稳定运行。

一、牵引电机特殊的工作条件

牵引电机与普通电机相比,具有如下工作特点。

1. 使用环境恶劣

由于牵引电机安装在车体下面,直接受雨、雪、潮气的影响,车辆运行中掀起的尘土也容易侵入电机内部。此外,由于季节和负载的变化,还经常受温度和湿度变化的影响。因此,电机绝缘容易受潮、受污,对其性能和寿命产生极为不良的影响。所以,牵引电机的绝缘材料和绝缘结构应具有较好的防潮、防尘性能,处于有良好的通风、散热条件的位置。

2. 外形尺寸受限制

牵引电机悬挂在车体下面,其安装空间受到很大的限制,轴向尺寸受轨距的限制,径向尺寸受动轮直径的限制。为了获得尽可能大的功率,要求牵引电机结构必须紧凑,并采用较高等级的绝缘材料和性能较好的导电、导磁材料。

3. 动作用力大

车辆运行通过钢轨不平顺处时,因撞击而产生的动作用力会传递给牵引电机,使牵引电机承受很大的冲击和振动。因此,牵引电机的基本结构与普通电机相同,但某些部件具有特殊的形式,以适应上述工作特点的要求。

本节重点介绍交流牵引电机。交流牵引电机可分为交流异步牵引电机和交流同步牵引电机。轨道交通车辆普遍采用的是三相交流异步牵引电机(简称三相异步电机),这是因为交流同步牵引电机需要集电环和电刷或者在转子上安装旋转整流器,不适用于频繁起动和停止的工作需要,并且交流异步牵引电机在空间利用和重量上都优于交流同步牵引电机。因此,交流异步牵引电机被广泛应用。

二、三相异步电机工作原理

三相异步电机由定子和转子两部分组成,按转子绕组形式不同,可分为绕线式和鼠笼式两种。三相异步电机工作时,定子通入三相交流电流之后,在定子绕组中将产生旋转磁场,此旋转磁场将在闭合的转子绕组中感应出电流,从而使转子受到旋转电磁力矩的作用而转动起来,如图 6-1-1 所示。

1. 旋转磁场的产生

三相异步电机定子绕组是空间对称的三相绕组,即 $U_1 - U_2$、$V_1 - V_2$ 和 $W_1 - W_2$,空间位置相隔 $120°$。若将它们做星形连接,如图 6-1-1a)所示,将 U_2、V_2、W_2 连在一起,U_1、V_1、W_1 分别接三相对称电源的 U、V、W 三个端子,就有三相对称电流流入对应的定子绕组,其波形如图 6-1-1b)所示。

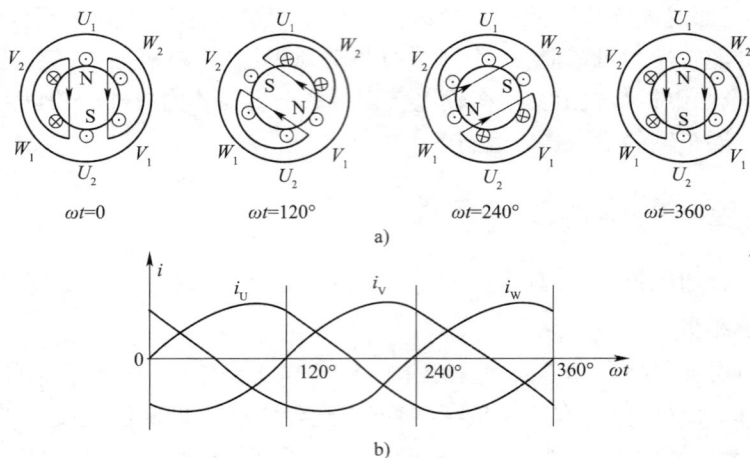

$\omega t=0$　　　　$\omega t=120°$　　　　$\omega t=240°$　　　　$\omega t=360°$

a)

b)

图 6-1-1　一对磁极的旋转磁场及对应波形

由图 6-1-1 波形图可看出:

(1)$\omega t = 0$ 时刻,$i_U = 0$,i_V 为负值,即 V 相电流从 V_2 流入(用 $\otimes$ 表示),从 V_1 流出(用 $\odot$ 表示);i_W 为正值,即 W 相电流从 W_1 流入(用 $\otimes$ 表示),从 W_2 流出(用 $\odot$ 表示)。根据右手螺旋法则,可判断出转子铁芯中磁力线的方向是自上而下,相当于定子内部是 N 极在上、S 极在下的一对磁极在工作。

(2)当 $\omega t = 120°$ 时,根据该时刻 i_U、i_V、i_W 的情况,可以判断合成磁场的方向,合成磁场在空间上沿顺时针方向转过了 $120°$。

(3)当 $\omega t = 240°$ 时,同理,合成磁场又沿顺时针方向转过了 $120°$。

(4)当 $\omega t = 360°$ 时,其磁场与 $\omega t = 0$ 时的相同,合成磁场沿顺时针方向又转过了 $120°$,N、S 磁极回到 $\omega t = 0$ 时刻的位置。

综上所述,当三相交流电变化一周时,合成磁场在空间上正好转过一周。若三相交流电不断变化,则产生的合成磁场在空间上不断转动,形成旋转磁场。

2. 转子的转动原理

图 6-1-2 所示为三相异步电机工作原理。为简单起见,图中用一对磁极来进行分析。

三相定子绕组中通入交流电后,便在空间中产生旋转磁场,在旋转磁场的作用下,转子将做切割磁力线的运动,从而在其两端产生感应电动势。感应电动势的方向可根据右手螺旋法则来判断。由于转子本身为一闭合电路,所以在转子绕组中将产生感应电流,称为转子电流。电流方向与电动势的方向一

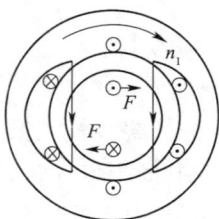

图 6-1-2　三相异步电机工作原理

致,即上面流出,下面流入。

带电的转子导体在旋转磁场中受到电磁力的作用,其方向可由左手定则来判断,上面的转子导条受到向右的力的作用,下面的转子导条受到向左的力的作用,这对电磁力作用在转子上,具有使转子绕其轴旋转的作用,因此称为电磁转矩。在电磁转矩的作用下,转子沿着顺时针方向转动起来。显然,转子的转动方向与旋转磁场的转动方向一致。

值得注意的是,虽然转子的转动方向与旋转磁场的转动方向一致,但是转子的转速 n 永远达不到旋转磁场的转速 n_1,即 $n < n_1$。这是因为,若转子的转速等于旋转磁场的转速,则转子与磁场间将不存在相对运动,即转子绕组不再切割磁力线,转子电流、电磁转矩都将为零,转子将不发生转动。因此,转子的转速总是低于旋转磁场转速。正是由于转子的转速与旋转磁场的转速之间存在一定的差值,故将这种电机称为异步电机。

三、三相异步电机的特性

1. 转矩特性

经过理论推导,三相异步电机的转矩公式如下:

$$T = C \cdot \left(\frac{U_1^2}{f_1}\right) \cdot \frac{sR_2}{R_2^2 + (sX_{20})^2} \tag{6-1-1}$$

由于三相异步电机在正常工作时,转子转速与旋转磁场的旋转速度很接近,即转差率 s 很小,故 R_2/s 比 R_1、$(X_1 + X_2)$ 都大得多,因此,异步牵引电机的转矩可近似用式(6-1-2)表示:

$$T = K\left(\frac{U_1}{f_1}\right)^2 f_s \tag{6-1-2}$$

式中:T——电磁转矩;

U_1——电源电压;

f_1——电源频率;

f_s——转差频率;

K——系数。

转子每相的电阻和静止时的感抗通常也是常数。因此,当电源电压一定时,电磁转矩为转差率的函数,即 $T = f(s)$。其曲线称为异步牵引电机的转矩特性曲线,如图 6-1-3 所示。

T_{st} 为牵引电机的起动转矩,T_N 为额定转矩,n_N 为额定转速,T_m 为最大转矩,n_m 为产生最大转矩时的转速(该转速并不是最高转速)。由图 6-1-3 可以看出,当牵引电机起动时,$s = 1$,对应的电磁转矩为起动转矩。随着牵引电机的转速加大,转差率不断减小,电磁转矩不断上升,但电磁转矩达到最大值后,随转差率的减小,电磁转矩也减小。当转差率为零时,转速等于同步转速,电磁转矩等于零,这是一种理想情况。最大电磁转矩 T_m 又称为临界转矩,对应的转差率为临界转差率 s_m。

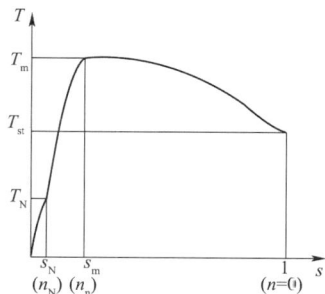

图 6-1-3 三相异步电机的转矩特性

2. 机械特性

将图 6-1-3 顺时针转过 90°，并把转差率 s 变换成转速 n，便可得到图 6-1-4 所示的 n 和 T 的关系曲线，称为异步牵引电机的机械特性曲线。

（1）稳定区和不稳定区

由图 6-1-4 可知，以临界转差率 s_m 对应的临界转速 n_m 为界，曲线分为两个不同特征的区域，上边为稳定区，下边为不稳定区。

在稳定区（$n_m < n < n_1$），电磁转矩与电机轴上的负载转矩保持平衡，因此牵引电机匀速运行。若负载转矩发生变化，则电磁转矩自动调整，最后达到新的平衡状态使电机稳定运行。例如，图 6-1-5 为一个自适应过程的曲线图。

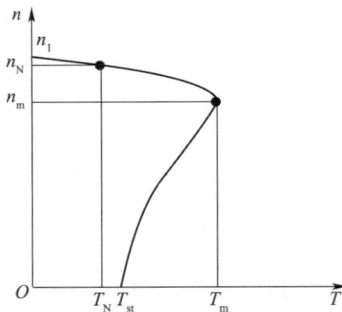

图 6-1-4　三相异步电机的机械特性

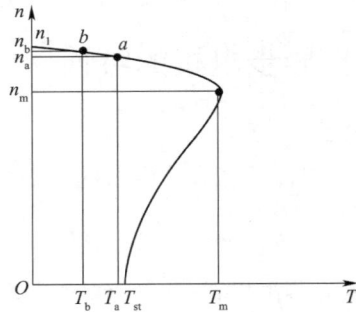

图 6-1-5　自适应过程曲线图

设当负载转矩为 T_a 时，电机稳定运行于 a 点，此时电磁转矩也等于 T_a，转速为 n_a；若负载转矩改变为 T_b，由于惯性，速度不能突变，负载改变后初始电磁转矩仍为 T_a，则由于 $T_a > T_b$，即牵引电机的电磁转矩大于负载转矩，牵引电机加速，电机运行状态在图中对应点位沿曲线上移，电磁转矩减小，直到过渡过程到达 b 点，电磁转矩等于 T_b，转速不再上升，电动机便运行于 b 点，牵引电机在新的转速下开始稳定运行，完成一次自适应调节过程。同理，当负载转矩增大时，其过程相反，牵引电机也可以自动调节达到新的稳定运行状态。

在不稳定区（$0 < n < n_m$），恒转矩负载的电动机在任意点上均无法稳定运行，因为如果负载有所增加，电磁转矩会立即小于负载转矩，引起转速急剧下降，又进一步使电磁转矩变小，即转速进一步下降，造成电动机停转（堵转）；而假如负载减小，牵引电机会因电磁转矩大于负载转矩而升速，升速继续造成电磁转矩增大，进一步升速的结果是使牵引电机进入稳定工作区。

由图 6-1-5 可以看出，牵引电机在稳定区的转速随电磁转矩的变化较小，曲线较平稳。该段曲线越平稳，则负载变化对稳态转速的影响越小，这种机械特征称为硬特性。

（2）特性曲线的变化

变流异步牵引电机的力矩随电源的频率、电压的变化而相应变化的曲线如图 6-1-6 所示。

最大力矩随频率的增大而减小，故特性曲线被拉长，如图 6-1-6b）所示；相反，最大力矩随着电压的增大而增大，因此特性曲线被纵向拉高，如图 6-1-6c）所示；如果同时增大电压和频率，特性曲线将同时被"拉高"和"拉长"，如图 6-1-6d）所示。

当等比例地改变电源的频率和电压，即电源的电压与频率之比保持恒定时，感应牵引电机的力矩变化曲线如图 6-1-7 所示。

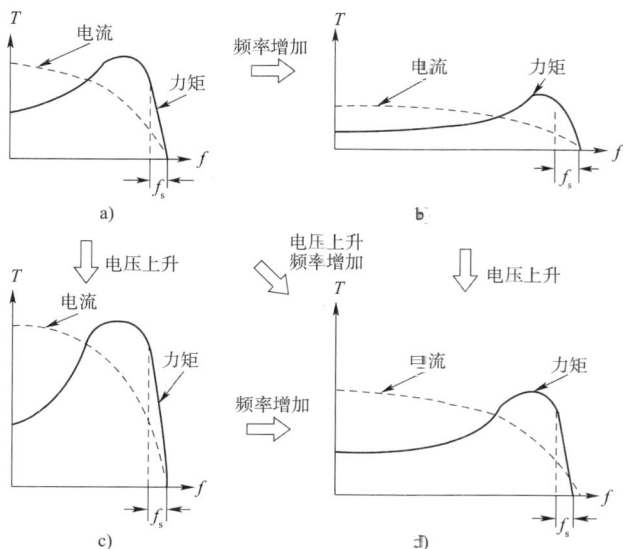

图 6-1-6 异步牵引电机基本特性曲线的变化
f_s-转差频率

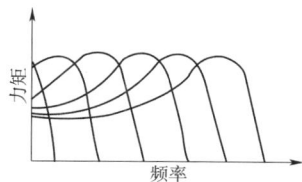

图 6-1-7 U/f 恒定时异步牵引电机基本特性曲线的变化

四、三相异步电机转速控制

异步牵引电机的转速公式为

$$n = n_1(1 - s) = \frac{60f_1}{p}(1 - s) \tag{6-1-3}$$

由式(6-1-3)可知,可从以下三个方面入手,进行三相异步电机的调速:

(1)改变定子绕组的磁极对数 p——变极调速。

(2)改变电动机的转差率 s。

(3)改变供电源频率 f_1——变频调速。

早期,异步牵引电机的转速控制采用的方法有 U/f 恒定控制、恒转差频率控制、恒功率控制和恒电压控制。这些方法只适用于开环控制系统,而轨道交通车辆一般采用闭环控制系统。目前,用于轨道交通车辆的闭环控制系统一般采用转差-电流控制、矢量控制及直接转矩控制等控制方法。由于篇幅有限,这部分内容不再详述,有兴趣的同学可以查阅相关专业书籍进行学习。

五、要点凝练

因诸多因素,我国在 2000 年以后生产的轨道交通车辆基本不使用直流牵引电机,因此在本部分仅介绍交流牵引电机。

交流牵引电机包括三相异步电机、三相同步电机和直线电机,其中三相异步电机是目前高铁、地铁、电力机车中普遍使用的牵引电机,因此本节在回顾三相异步电机工作原理的基础上,详细介绍了该类型牵引电机的特性及调速方法,为本模块后续章节及变流器模块的学习奠定基础。

6-2 HXD1 型电力机车用牵引电机——
JD160 型异步牵引电机

HXD1 型电力机车采用 JD160 型交流异步牵引电机。

JD160 型异步牵引电机牵引特性如下:

(1)起动点:转矩为 9717N·m,转速为 0,恒转矩起动至 132r/min。

(2)恒转矩转折点:电机的转矩为 9717N·m,转速为 132r/min。

(3)恒功起始点:电机的转矩为 6800N·m,转速为 1719.1t/min,电机功率为 1224kW。

(4)恒功结束点(全磨耗):电机的转矩为 3386N·m,转速为 3452r/min,电机功率为 224kW。

JD160 型异步牵引电机制动特性如下:

(1)电制动起始点即最高制动速度点、制动恒功起始点(全磨耗):电机的制动转矩为 3254.5N·m,转速为 3452r/min,电机制动功率为 1176.4kW。

(2)电制动恒功结束点、恒转矩的起始点:电机的制动转矩 5660N·m,转速为 1985r/min,电机制动功率为 1176.4kW,进入恒转矩制动区。

(3)电制动恒转矩的结束点:电机的制动转矩为 5660N·m,转速为 132r/min。转速为 132r/min 到 0r/min 时,机车逐步施加空气制动,电机制动转矩成比例下降至 0。

一、结构解析

JD160 型异步牵引电机主要由定子、转子、端盖、轴承、测速装置和主动齿轮等部分组成。JD160 型异步牵引电机外形图和剖视图如图 6-2-1 所示。

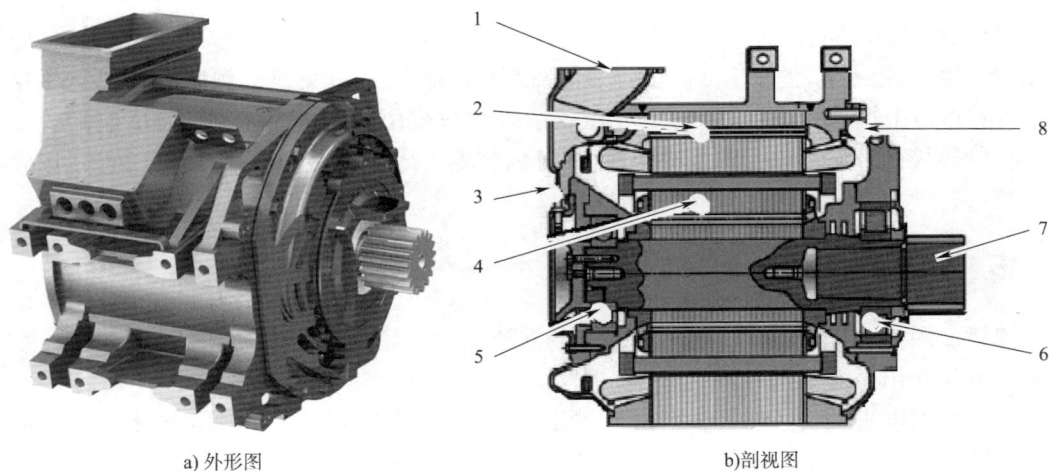

a) 外形图   b)剖视图

图 6-2-1 JD160 型异步牵引电机的外形图和剖视图

1-N 端端盖;2-定子;3-转速传感器;4-转子;5-N 端轴承;6-D 端轴承;7-主动齿轮;8-D 端端盖

1. 定子

定子由定子铁芯、定子绕组等零部件组成,如图6-2-2所示。

(1)定子铁芯

定子铁芯采用焊接结构,即用4块筋板将带有轴向通风孔的定子冲片、定子端板和两端的压圈在施压状态下焊接成一个整体。

定子压圈和筋板等主结构部件采用优质铸钢件,结构强度高、耐振动冲击性能好。

定子冲片采用0.5mm无取向冷轧硅钢片冲制而成,结构如图6-2-3所示。

图6-2-2　定子结构图

1-接线盒;2-定子铁芯;3-支撑架;4-端箍;5-定子绕组;6-槽楔

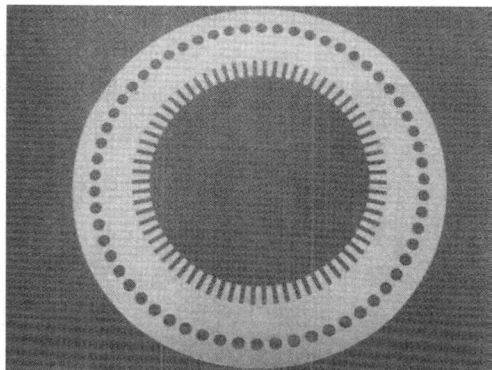

图6-2-3　定子冲片

(2)定子绕组

定子绕组由72个线圈组成,每线圈匝数为6匝,并联路数4路,每极每相6个线圈,线圈跨距15槽。定子线圈采用FCR KAPTON耐电晕薄膜导线,可以承受6kV/μs以上的匝间冲击电压。

说明:关于绕组和线圈的区别,本教材中的绕组是指由多个线圈组合而成的结构体。

定子线圈采用的导体高度较小、宽度大(高×宽:2.42mm×3.48mm),有效减小了集肤效应导致的电阻增大、铜耗增加。为了降低导体刚度,利于绕组成型尺寸的稳定性和便于嵌装,在宽度方向采用两根并绕的方式。

(3)接线盒

接线盒位于定子铁芯斜上方,电机的内部引出线和外部电缆线在接线盒内通过接线柱相连固定。

2. 转子

转子主要由导条、端环、压圈、铁芯和转轴等部件组成,如图6-2-4所示。

转子采用铜条鼠笼结构,适用于变流器供电。为获得更大的额定功率和减少损耗,转子铁芯进行了优化设计,采用宽而浅的导条,克服集肤效应,减小损耗,增大最大转矩,以获得宽的恒功运行区。转子槽形设计合理,槽漏抗大,谐波漏抗也大,总漏抗大,有效地抑制了谐波电流,降低谐波损耗。

转子铁芯由转子冲片和两端压圈叠压后,热套至转轴上,铁芯冲片采用与定子冲片相同的材料,冲片如图 6-2-5 所示。

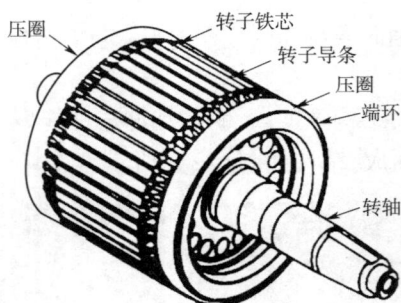

图 6-2-4　牵引电机转子

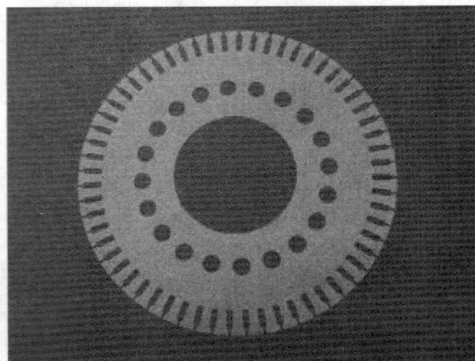

图 6-2-5　转子冲片

转轴采用锻造的优质合金钢材料,具有高的机械强度、抗疲劳性能和耐冲击性能。

为了降低转子发热,导条采用低电阻率的无氧铜。为使鼠笼结构具有高可靠性,端环采用高强度的铬锆铜。

3. 轴承及润滑结构

轴承是电机的一个重要部件,它的性能优劣关系到电机能否安全运行。电机两端均采用绝缘轴承,以防止电腐蚀损伤轴承。电腐蚀电流在电机中有两种通路:第一种通路是转轴→非传动端轴承→定子→传动端轴承;第二种是定子中的电流通过两端轴承后,经转轴和齿轮流向机车接地处。对于第一种情况,电机采用一端绝缘轴承即可隔断腐蚀电流的通路,从而防止轴承电腐蚀。由于非传动端轴承较小,制成绝缘轴承的成本相对较低,所以一般非传动端轴承采用绝缘轴承。一端轴承绝缘的结构仅适用于由开关频率较低的 GTO 变流器供电的电机和小功率电机,对于由开关频率较高的采用 IGBT 等元件变流器供电的大功率电机,还存在第二种通路,而且腐蚀电流更大,电机必须两端都采用绝缘轴承。

传动端轴承采用循环油润滑,在进油室的上部和下部各设一个进油孔,上部进油孔是主进油通道,下部进油口作为紧急润滑进油通道。非传动端轴承采用无接触式迷宫密封结构,设有油杯,方便补充润滑脂。

4. 测速装置

为了检测电机的转速,在非传动端安装了测速装置。测速装置由测速齿盘和产生信号的速度传感器组成。测速齿盘采用球墨铸铁,有 118 个矩形齿。传感器为双通道,两个通道信号相位差 90°。控制系统通过两路信号的相位差识别电机的正、反转向及转速,进而对电机进行控制。

5. 温度检测装置

在定子铁芯齿部安装有温度传感器 Pt100,用于检测电机的温度。Pt100 检测的信号传送给控制系统,确保控制系统对电机定子铁芯温度的监控,防止电机过热烧损。

6. 主动齿轮

主动齿轮有 17 个斜齿,外形如图 6-2-6 所示。

主动齿轮压装在电机转轴传动端的内锥孔中,如图 6-2-7 所示。

图6-2-6 主动齿轮

图6-2-7 主动齿轮压装在电机转轴传动端的内锥孔中

7. 通风系统

JD160型异步牵引电机采用强迫通风冷却,冷却空气从非传动端盖上部进风口进入电机,然后分三路(图6-2-8):第一路经过定子铁芯和转子铁芯之间的间隙,到传动端;第二路经过非传动端线圈端部缝隙进入定子铁芯通风道,通过传动端线圈端部缝隙,汇入传动端;第三路经转子铁芯通风道,汇入传动端。最后三路汇总后由传动端端盖出风口排出。冷却风量为$1.35m^3/s$时,电机进风口静压为3000Pa。

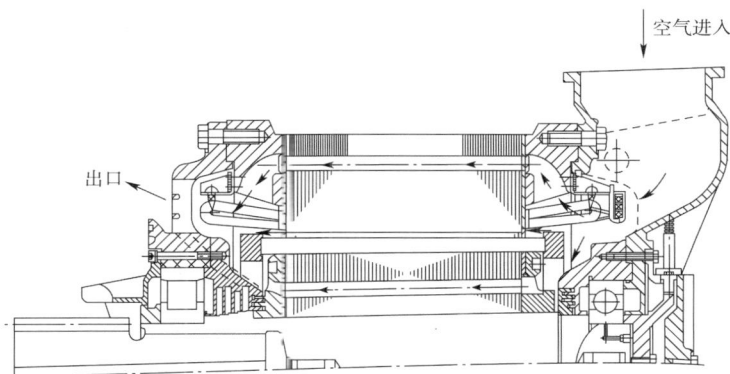

图6-2-8 通风系统

二、原理分析

JD160型异步牵引电机工作原理与交流电机一致,这里不再赘述。

三、特性解析

JD160型异步牵引电机主要技术参数见表6-2-1。

JD160型异步牵引电机的主要技术参数   表6-2-1

主要技术参数	参数值	主要技术参数	参数值
电枢电压范围(V)	3AC 0～1419	起动转矩(N·m)	≥9717
供电方式	逆变器供电	定子外径(mm)	780

主要技术参数	参数值	主要技术参数	参数值
逆变器型式	VVVF 电压型	定子内径(mm)	450
中间直流回路电压(V)	1820	定子槽数	72
控制方式	矢量控制	转子外径(mm)	680
工作制	S1	转子内径(mm)	170
额定功率(kW)	1224	转子槽数	60
额定电压(V)	1375	铁芯长度(mm)	400
额定电流(A)	598	冷却方式	强迫通风空气冷却
额定频率(Hz)	58.1	冷却风量(m²/s)	1.35
额定转速(r/min)	1719.1	风压(Pa)	3000
额定效率(%)	95.15	绝缘等级	200 级
额定功率因数	0.903	极数	4 极
额定转矩(N·m)	6800	悬挂方式	抱轴式
最大转速(全磨耗)(r/min)	3452	重量(kg)	≤2580

四、要点凝练

JD160 型异步牵引电机用于 HXD1 型电力机车上,是技术较成熟的一款交流牵引电机,其采用内锥齿轮传动系统、高抗挠度鼠笼转子、无机壳焊接复合结构等新技术、新装备,派生出一系列产品,其外形尺寸、安装尺寸和电气性能方面均可完全互换。

6-3 HXD3 型电力机车用牵引电机——
YJ85A 型异步牵引电机

YJ85A 型异步牵引电机用于 HXD3 型电力机车上。**该电机设计中,采用了外锥斜齿轮输出、无机座化定子铁芯、转子整体感应焊接、进口绝缘轴承等新技术和新材料。**

由于电机的扭矩较大,采用锥柄齿轮将使转轴的内锥孔加工困难,本电机采用外锥斜齿轮输出,经过对轴与齿轮的配合核算,证明轴与齿轮的强度是安全可靠的。

无机座化定子铁芯的设计过程中,对其结构强度进行了仿真分析。在制造中容易出现的问题是定子铁芯变形问题。为防止焊接变形,采用特定的焊接工艺将工件夹装在专门的焊接工装上,并且在焊接后采用真空退火工艺,更进一步消除了焊接应力造成的变形。通过上述一系列措施,电机的无机座化定子铁芯结构的刚度和强度均可满足机车使用要求,且定子铁芯在制造过程中的变形被完全控制在许可范围内。

采用耐电晕绝缘材料,是针对 PWM 脉宽调制的供电电源下工作的交流变频调速异步电机,防止绝缘失效所采取的一项措施。经过实验和多年应用验证,证明这项措施是有效的。但由于 HXD3 型电力机车的 PWM 脉宽调制的电源开关频率较低,供电电源的谐波和尖峰脉冲含量较小,电机的主绝缘系统未采用耐电晕绝缘材料,但在绕组嵌放前,在定子铁芯的槽底喷有一层耐电晕的绝缘漆。

采用绝缘轴承,是为了防止轴电流对轴承的电蚀。轴电流的产生是由于非正弦波电源供电和制造中电机内部结构误差引起磁场的不对称所致。国内外生产的该种类型的电机均采用绝缘轴承,本次设计采用了这一成熟结构。

一、结构解析

YJ85A 型异步牵引电机结构如图 6-3-1 所示。

图 6-3-1　YJ85A 型异步牵引电机

1.定子

定子无传统的框架式机座,直接用硅钢片叠压而成,定子采用开口式槽型。定子槽内垫有槽绝缘,绕组为双层硬绕组,根据接线需要,绕组的引出线做成五种长度形式,因此无需过渡连线,定子的槽楔用绝缘材料制成且很薄。定子的三相引出线接成 Y 形,绕组与三相引出电缆线间有一过渡连线,此过渡连线可以减少连线间截面积的过大变化和电流密度的过大变化,三相引出线采用机车专用电缆。电机设有接地线,接地线也采用机车专用电缆。针对变频电机需在较高频率下运行的特点,绕组采用聚酰亚胺薄膜带熔敷的导线两根并绕而成。为了得到足够的机械强度、良好的电气性能与优良的热稳定性,定子绕组用端箍固定。定子整体经过真空压力浸漆(VPI),电机的绝缘耐热等级为 200 级。

(1)定子铁芯

定子铁芯由冷轧硅钢片冲制的定子冲片叠压,通过上吊挂组件、下吊挂组件、小吊挂组件三部分组件及两个通风道与两端定子压圈焊接而成。定子铁芯既无螺杆也无拉板,定子冲片与两端压圈间各有一个点焊而成的定子端板以防冲片齿胀。为防电机在运行中因小吊挂螺栓故障而脱落,在定子铁芯的两个压圈间焊有一块安全托板。定子铁芯结构图如图 6-3-2 所示。

a) 主视图   b) 剖视图

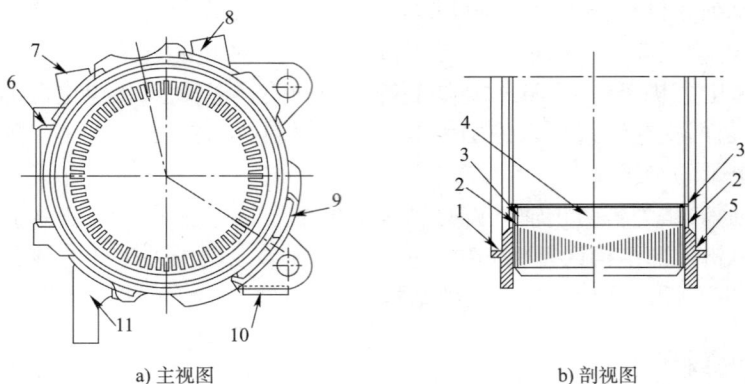

图 6-3-2　定子铁芯结构图

1-传动端压圈;2-定子端板;3-定子大槽冲片;4-定子冲片;5-非传动端压圈;6-下通风道板;7-下吊挂组件;8-上吊挂组件;9-上通风道板;10-安全托板;11-小吊挂组件

（2）定子冲片

定子冲片用50W470硅钢片冲制而成,冲片内圆冲有72个开口槽,冲片上既没有轴向通孔也没有焊接用定位槽。定子冲片如图6-3-3所示,槽形放大图如图6-3-4所示。

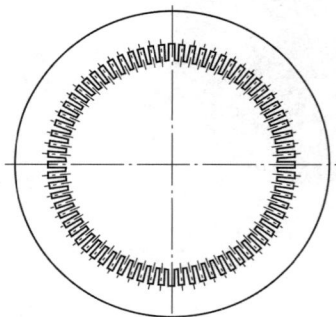

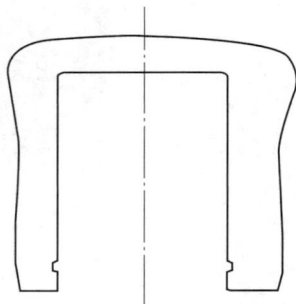

图 6-3-3　定子冲片　　　　　　　　　图 6-3-4　槽型放大图

（3）定子线圈

线圈用薄膜绕包的电磁线两根并绕绕成,线圈匝间垫有云母绝缘,对地用聚酰亚胺复合云母作为主绝缘,外包绝缘采用无碱玻璃丝带。定子线圈及线圈端部分别如图6-3-5、图6-3-6所示。

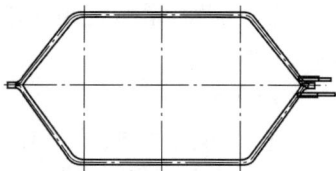

图 6-3-5　定子线圈　　　　　　　　　图 6-3-6　线圈端部

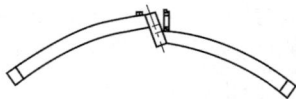

2. 转子

转子为鼠笼式结构,鼠笼由专用铜合金导条与锻纯铜的端环用感应焊焊接而成。端环一侧有一较浅的环槽,导条与端环进行对接焊接,称为对接式结构。为防止导条在铁芯槽内出现窜动,导条打入槽后,用专用滚压机将导条滚压胀紧。为提高端环抗高速旋转时产生的离心力,鼠笼焊成后,端环的外圆需要在经过加工后再套一个护环。护环用高强度的专用护环钢制成。转子还需要进行动平衡检验,以确保其高速旋转时不会使整机振动。转子结构如图6-3-7所示。

图 6-3-7 转子结构

1-端环;2-转子铁芯;3-导条

(1)转子铁芯

由冷轧硅钢片叠压而成,转轴材质为高强度合金钢,铁芯两端为铸钢结构的压圈。与定子一样,冲片与两端压圈间各有一个端板冲片点焊而成的转子端板以防冲片齿胀。转子铁芯结构图如图6-3-8所示。

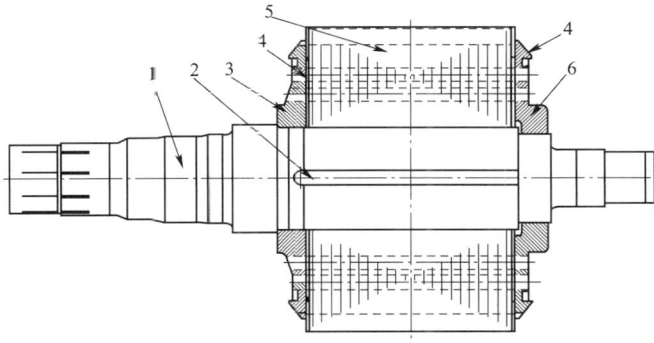

图 6-3-8 转子铁芯结构图

1-转轴;2-键;3-转子传动端压板;4-转子端板;5-转子冲片;6-转子非传动端压板

(2)转子端环、护环

转子端环用锻纯铜制成,转子护环用高强度的专用护环钢(特种不锈钢)制成。它们均用整体锻出,不得拼焊。为防止护环带磁性而使电机运行时产生涡流发热,护环加工后除需对其进行超声波探伤外,还需进行剩余残磁量的检查。

转子护环的作用是对端环及端环与导条的焊接面进行保护,所以护环材料机械性能的稳定、化学成分的稳定、内部晶格结构的均匀、加工尺寸的严格达标都至关重要。

转子端环与护环间过盈量的选取也是一个很重要的问题,由于不同的材料有不同的弹性模量和线胀系数,所以在选取过盈量时应考虑电机运行中温度变化带来的影响。

(3)转子导条

转子导条的材料选用电阻温度系数较小的专用铜合金拉制或轧制。转子导条形状如

图 6-3-9 所示。

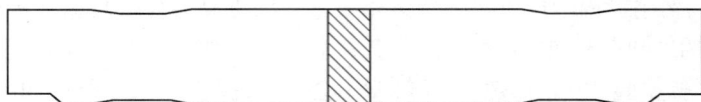

图 6-3-9　转子导条形状

（4）转子冲片

转子冲片与定子冲片由同一张硅钢片复冲而成。定子冲片内孔落下的材料,去除电机的气隙所在部分的材料后,即为转子冲片的原料。

转子冲片上有两排轴向通风孔,不设径向通风槽。冲片上冲有 58 个半闭口槽。转子冲片及槽形如图 6-3-10、图 6-3-11 所示。

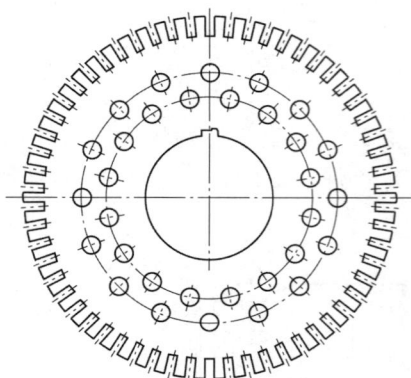

图 6-3-10　转子冲片

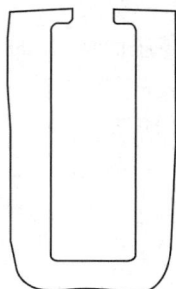

图 6-3-11　半闭口槽型

（5）转轴

电机的转轴用优质合金钢锻造,锻造后进行粗加工、调质、精加工和磨削加工。锻造、调质保证转轴既有高的强度又有好的抗冲击韧性;精加工和磨削加工保证转轴有好的组装性能和高的回转精度。转轴为外轴锥,锥度 1:50,锥度大端直径 125mm。转轴全长 1106mm;由于锥度面较长,为方便拆卸齿轮,轴锥上均勾划了 9 条油槽。转轴外形如图 6-3-12 所示。

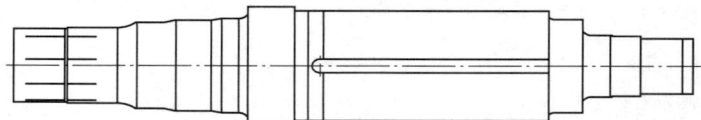

图 6-3-12　转轴外形

二、原理分析

YJ85A 型异步牵引电机工作原理与三相交流异步牵引电机一致,不再赘述。

三、特性解析

YJ85A 型异步牵引电机主要技术参数见表 6-3-1。

YJ85A 型异步牵引电机的主要技术参数　　　　　　表 6-3-1

主要技术参数	参数值	主要技术参数	参数值
额定功率（KW）	1250	最高转速（r/min）	2662
额定电压（V）	2150	极数	4
额定电流（A）	390	绝缘等级（定/转）（级）	200
额定转速（r/min）	1365	接线方式	Y
额定频率（HZ）	46	冷却空气量（m³/s）（m³/min）	1.53（92）
额定效率（%）	95	质量（kg）	2600
功率因数	0.91		

四、要点凝练

YJ85A 型异步牵引电机用于 HXD3 型电力机车上。该电机设计中,采用了外锥斜齿轮输出、无机座化定子铁芯、转子整体感应焊接、进口绝缘轴承等新技术和新材料。

YJ85A 型异步牵引电机具有如下特点:

(1)电机与机车的连接为滚动抱轴承结构,单端外锥轴斜齿轮输出,输出面锥度为 1：50。

(2)电机带有一个磁电式速度传感器,测速是通过装在非输出端轴头的测速齿盘来完成的。

(3)电机采用三轴承结构,传动端装用 NU 型绝缘圆柱滚子轴承,非传动端用一个 NU 型绝缘圆柱滚子轴承和一个 QJ 型绝缘四点接触球轴承。

6-4 整备员工作页　牵引电机整备检查作业

一、工序卡

牵引电机整备检查作业工序卡见附录 6。

二、牵引电机整备检查记录单

📢 **温馨提示**

　　考虑到各院校实训设备的差异,所用牵引电机型号不尽相同,因此本记录单设计为通用型,对于牵引电机的型号及检查标准里的具体参数以空白形式留出来,大家可根据具体情况进行填写。JD160 型牵引电机的检查标准可参见本节后面附的答案。

_____型牵引电机整备检查记录单（本地趋检）

车型		车号		牵引电机型号		检查时间	
序号	部位	检查内容及标准				主要工具	检查情况
1	紧固件	各紧固件状态及其防松标记状态良好				手电筒	
2	机座铭牌	(1)外观检查:机座不许有裂纹、损伤。 (2)电机铭牌完好、清晰、牢固				手电筒	
3	传感器、电缆	(1)传感器插座紧固牢靠。 (2)电缆不许有破损,电缆护套不许有裂纹,电缆固定夹齐全,固定可靠				手电筒	
4	定子内部	从传动端出风口检查,定子内不许有灰尘、水和油脂的侵入				手电筒	
5	出线引线夹接线盒	电机出线、引线夹紧固,接线盒盖密封良好				手电筒	
6	通风罩	通风罩安装牢固,无破损、歪斜、变形				手电筒	
7	轴承室附近	外观检查:两端轴承附近区域不许有漏油;机车车载安全防护系统(6A系统)检查:地面专家诊断分析中,轴承不许有异常				手电筒	
8	轴承补脂	非传动端轴承补充润滑脂量为_____ g/次,使用专用润滑脂、专用设备压油。补脂时,检查油嘴,不许有松动及破损,油道畅通				润滑脂、润滑脂加注枪	
9	排水孔检查	电机下部排水孔检查:不得有堵塞现象				手电筒	
10	呼吸管检查	电机下部呼吸管检查:安装状态良好,不得有破损、堵塞现象				手电筒	
11	温度贴	温度贴粘贴牢固,表面清晰,温度变化符合技术要求				手电筒	
检查人						审核	

三、整备检查记录单填写样例

1. 参考数据

下面以 JD160 型牵引电机为例,给出上表各空白处的参考数据:

轴承补脂:非传动端轴承补充润滑脂量为<u>100g</u>/次。

2. 工具材料

整备检查工作所需工具材料如下。

（1）装备

电机空转试验台、高频脉冲试验乩、TY 型绝缘介损测试仪、1000V 兆欧表、电机卧装工装、液压装置、三爪拔出器、润滑脂加注枪、烘箱。

（2）工具

棘轮套筒扳手、扭矩扳手（3.7N·m、7N·m、8.2N·m、10N·m、20N·m、28N·m、30N·m、57N·m、）一字螺丝刀（通用）、防松标记笔、毛刷、橡胶锤、风枪及风管、手电筒。

（3）材料

化学清洗剂（甲基化酒精、石油溶剂 155/185、煤油、丙酮）、MOBILITH SHC 220 润滑脂、密封剂、抹布。

3. 安全注意事项

（1）确认接触网已断电，高压电路已可靠接地。

（2）车辆必须处于静止、停稳状态，应做好防溜措施。

（3）已断开所有电源和压缩空气气源。

（4）在车下检查时，戴好防护用具（如安全帽等）。

（5）严禁将手伸进夹钳与制动盘间、踏面与研磨块间。

6-5 检修员工作页　牵引电机检修

本节以 HXD1 型电力机车上使用的 JD160 型牵引电机为例，介绍牵引电机的检修作业内容，包括检修周期、作业流程及具体的作业内容。根据和谐型电力机车检修技术规程，牵引电机在 C1-C4 修时均不需要做解体检修，检修内容较少。为了让大家了解更多的教学内容，本节将依据 C5 修修程，给大家介绍牵引电机的 C5 级检修作业内容。各校可根据自己的实训条件，有选择性地实施教学。

各型号牵引电机检修流程基本相同，只是结构不同，这会导致具体某个步骤的检修操作和参数有所不同，感兴趣的同学可自主进行对比学习。

一、引用标准及适用范围

（1）引用标准：《HXD1 型电力机车检修技术规程（C1-C4 修、C5 修）》、《JD160 型异步牵引电机使用维护说明书》。

（2）本准则规定了 HXD1 型电力机车牵引电机的检查工艺流程、技术要求及质量标准。

（3）本工艺适用于 HXD1 型电力机车 JD160 型牵引电机 C5 修修程。

二、检修计划

牵引电机各检修等级检修项目见表 6-5-1。表 6-5-1 规定的走行公里数或间隔期内（以先到为准），应实施相应的检修工作。

牵引电机各检修等级检修项目一览表 表 6-5-1

修程			日常检查	C1	C2	C3	C4	C5	C6
里程要求				$7 \times (1 \pm 10\%)$ 万 km	$13 \times (1 \pm 10\%)$ 万 km	$25 \times (1 \pm 10\%)$ 万 km	$50 \times (1 \pm 10\%)$ 万 km	$100 \times (1 \pm 10\%)$ 万 km	$200 \times (1 \pm 10\%)$ 万 km
时间要求			不超过 1 个月	不超过 3 个月	不超过 6 个月	不超过 1 年	不超过 3 年	不超过 6 年	不超过 12 年
1. 外观检查	(1) 表面及通风道清洁						√	√	√
	(2) 机座、端盖不许有裂纹,螺纹不许有损坏,表面油漆良好,更换 O 形密封圈		√	√	√	√	√	√	√
	(3) 检查电机出线、引线夹、线端标志及铭牌		√	√	√	√	√	√	√
	(4) 检查接线盒盖板不许有变形、破损,安装牢固		√	√	√	√	√	√	√
	(5) 检查接线盒:开盖检查接线座、引出线,接线盒盖板重新涂胶,紧固固定螺栓					√	√	√	√
	(6) 检查螺栓、弹簧垫圈是否松动		√	√	√	√	√	√	√
	(7) 检查有无灰尘和积水		√	√	√	√	√	√	√
	(8) 检查轴承是否漏油			√	√	√	√	√	√
	(9) 清洁磁性螺栓			√	√	√	√	√	√
2. 解体前的检查	(1) 测量绕组对地绝缘电阻						√	√	√
	(2) 检查轴承运行状态						√	√	√
	(3) 检查电机振动情况						√	√	√
3. 转子	3.1 一般检查	(1) 检查转子端环、导条表面状况						√	√
		(2) 检查转子导条与端环焊接情况					√	√	√
		(3) 检查平衡块紧固状态					√	√	√
		(4) 转子进行清洗烘干					√	√	√

续上表

修程			日常检查	C1	C2	C3	C4	C5	C6
里程要求				7×(1±10%)万km	13×(1±10%)万km	25×(1±10%)万km	50×(1±10%)万km	100×(1±10%)万km	200×(1±10%)万km
时间要求			不超过1个月	不超过3个月	不超过6个月	不超过1年	不超过3年	不超过6年	不超过12年
3.转子	3.2 轴、轴承	(1)轴承挡的直径					√	√	√
		(2)轴伸端锥面跳动量					√	√	√
		(3)轴承的拆卸、清洗、检查和注油					√	√	√
		(4)轴承径向间隙					√	√	√
		(5)轴的超声波和磁粉探伤					√	√	√
		(6)检查有无异常声响			√	√	√	√	√
		(7)有无漏油	√	√	√	√	√	√	√
		(8)轴承保持架有无异常磨损,铆钉有无松动					√	√	√
		(9)检查轴承有无过热					√	√	√
		(10)电机轴承(N端)补充润滑脂	√	√	√	√	√	√	√
		(11)更换轴承					√	√	√
4.定子		(1)定子清洗、烘干					√	√	√
		(2)定子绕组接头部位的状态					√	√	√
		(3)定子绕组外部绝缘状态					√	√	√
		(4)联接线的绝缘或接头如损坏则应更换					√	√	√
		(5)测量定子绕组对地绝缘电阻					√	√	√
		(6)测量定子绕组冷态直流电阻					√	√	√

修程		日常检查	C1	C2	C3	C4	C5	C6
里程要求			7×(1±10%)万km	13×(1±10%)万km	25×(1±10%)万km	50×(1±10%)万km	100×(1±10%)万km	200×(1±10%)万km
时间要求		不超过1个月	不超过3个月	不超过6个月	不超过1年	不超过3年	不超过6年	不超过12年
4.定子	(7)耐压试验 新品:6200V、1min(工频) 维修品:4650V、1min(工频)					√	√	√
	(8)整体浸漆					√	√	√
5.速度传感器	(1)连接器状态检查	√	√	√	√	√	√	√
	(2)探头检查				√	√	√	√
	(3)绝缘强度检查				√	√	√	√
	(4)每转发送脉冲数检查				√	√	√	√
6.温度传感器	(1)连接器状态检查	√	√	√	√	√	√	√
	(2)对地绝缘检查				√	√	√	√
	(3)电阻值测量					√	√	√
7.试验	(1)绝缘耐压试验 新品:6200V、1min(工频) 修理品:4650V、1min(工频)						√	√
	(2)绝缘电阻试验						√	√
	(3)直流电阻测量						√	√
	(4)空载试验,检查异常振动或异音及轴承温升					√	√	√
	(5)振动试验						√	√
	(6)测量轴承装配游隙					√	√	√
	(7)检查轴伸径跳					√		

三、工具材料

1.工具

牵引电机检修所需的通用工具见表6-5-2。

通用工具清单 表 6-5-2

序号	名称	规格型号	单位	数量
1	手电筒	通用型	把	1
2	棘轮套筒扳手	通用型（M5、M6、M8、M12）	套	1
3	扭矩扳手		把	8
4	防松标记笔	通用	支	1
5	一字螺丝刀	通用	支	1
6	毛刷	通用	把	1
7	风枪及风管	通用	把	1
8	橡胶锤	通用	把	1

牵引电机检修所需的专用工具见表 6-5-3。

专用工具清单 表 6-5-3

序号	专用工具	用途
1	液压装置	用于取小齿轮
2	三爪拔出器	用于拉出轴承内套、内封环、挡圈
3	烘箱	用于封环、挡圈的装配
4	电机卧装工装	用于电机装配

牵引电机检修所需的测量和试验设备见表 6-5-4。

测量和试验设备清单 表 6-5-4

序号	测量和试验设备	用途
1	高频脉冲试验机	耐压试验
2	TY 型绝缘介损测试仪	测量绝缘介质损耗
3	1000V 兆欧表	测量绝缘电阻
4	电机空转试验台	空转试验

2. 材料

牵引电机检修所需物料有化学清洗剂、润滑脂、密封剂、抹布等。化学清洗剂的种类及使用场合见表 6-5-5。

化学清洗剂及适用场合 表 6-5-5

序号	化学清洗剂	用途
1	甲基化酒精	清洁机械部件、绕组
2	石油溶剂 155/185	清洁机械部件、绕组
3	煤油	清洁磁性螺栓等零部件
4	丙酮	清洁机械部件

四、C5 级检修作业

本节按照部件介绍 JD160 型牵引电机的 C5 级检修作业内容。

1. 定子

（1）表面及通风道清洁。

（2）机座、端盖不许有裂纹，螺纹不许有损坏，表面油漆良好。

（3）各配件齐全；电机内部不许有灰尘和积水；检修后轴承密封结构外部以及邻近部件不许有积油或大片油渍；油嘴及铭牌须牢固，不许有松动或破损；油道畅通。

（4）磁性螺栓清洁。

（5）定子绕组清洁：

①定子绕组外表面清洁。

②测量定子绕组三相线电阻，折算到 20℃，换算成相电阻，相电阻值为 $0.0177 \times (1 \pm 5\%)\Omega$，且不超过三相平均值的 $\pm 2\%$。

③用 1000V 兆欧表测量，定子绕组对地冷态绝缘电阻不低于 20MΩ。

④定子绕组对地进行 4650V、历时 1min 工频耐电压试验，不许有击穿、闪络现象。

（6）接线盒清洁：

①接线盒盖板不许有变形、破损，内部接线不许有放电、灼伤；接线柱不许有损坏。

②内部及出水口清洁；接线盒盖表面密封胶须清除，安装接线盒盖前涂新胶。

2. 转子

（1）转子清洁，不许有破损。

（2）转轴、导条、端环、封环不许有裂纹、变形。

（3）转轴内锥孔不许有裂纹；允许对压痕进行轻微打磨，油槽对应位置压痕不许有裂纹，打磨后检查转轴内锥接触面不低于 85%。

3. 传感器

（1）插座紧固牢靠，不许有缩针、断针现象；连接器橡胶密封圈齐全、完好，连接芯与锁紧件之间具有良好弹性；电缆护套不许有裂纹，与探头和连接器连接可靠；固定夹齐全，固定可靠。

（2）用 500V 兆欧表测量，导线与外壳的绝缘电阻不低于 10MΩ。

（3）速度传感器探头不许有磕碰伤痕，橡胶密封圈不许有损坏，探头表面须清洁；传感器探头外壳与电机外壳接地良好。

（4）用 500V 兆欧表测量，温度传感器引脚对外壳和屏蔽层绝缘电阻不低于 10MΩ。温度传感器当前温度直流电阻须符合《工业铂热电阻技术条件及分度表》（JB/T 8622—1997）相应条目要求。

4. 组装

（1）更新 O 形密封圈，更新轴承，轴承游隙须符合限度要求。

（2）按《JD160 型异步牵引电机使用维护说明书》规定的要求加油脂。

（3）紧固螺栓符合扭力要求，不许有失效紧固件。

5.试验

（1）电机空载试验

电机转动灵活，运转平稳，不许有异音，转子与定子间不许有摩擦，运行 30min，然后测量 50Hz、1210V 时空载电流 I_0，空载电流与典型值（116A）偏差不大于 ±10%。轴承温升不超过 40K。

（2）电机振动试验

在 1000～3452r/min 范围内（每增加 500r/min，测量一次）测量振动速度，振动值不大于 3.5mm/s。

（3）速度传感器试验

传感器与测速盘的安装间隙为 0.5～1.5mm。试验转速 1000r/min 条件下，正转和反转时测试信号 A 和 B 的相位关系、高电平、低电平和占空比。相差为 90°±45°；输出高电平高于 U_B（15）－3V；输出低电平低于 1.5V；占空比为 50%±25%；电机旋转方向从非传动端看为顺时针方向旋转时，信号 A（通道 A）超前信号 B（通道 B）90°±45°。

6-6 乘务员工作页　牵引电机应急故障处理

本部分参照《HXD3C 型电力机车应急故障处理（试行）》进行编写，给出了牵引电机常见故障的应急处理方法。本部分是培养机车车辆乘务员应急故障处理技能的重要模块。

一、运行途中，某台牵引电机无扭矩输出时的处理

（1）某台牵引电机无扭矩输出，而其他牵引电机扭矩输出正常时，可维持运行到前方停车站或回段后再进行处理。

（2）若某台牵引电机故障，引起主断路器断开时，可利用微机显示屏触摸开关将故障牵引电机切除后维持运行。

（3）前方停车站停车后，应按状态显示屏及微机显示屏的显示或提示信息分别进行处理。

情况一：状态显示屏"牵引风机"灯亮。

原因分析：说明此故障是由于牵引风机故障引起的牵引电机无扭矩输出。

处理方案：

（1）机车正在牵引或电制动状态运行时，可暂不处理，在微机控制系统切除故障牵引风机对应牵引电机的状态下维持运行。

（2）机车正在惰行或在车站停车时，则按以下方法进行处理：

①司机控制器调速手柄回 '0' 位，断开主断路器。

②进入微机显示屏"开关状态"界面第二页，确定故障的牵引风机，即自动开关断开的风机。

③恢复牵引风机自动开关后，再闭合主断路器，进行牵引风机工作试验，若牵引风机工

作正常,则恢复正常运行;若牵引风机自动开关随即断开,由微机控制系统自动或利用微机显示屏触摸开关,切除故障牵引风机对应的主变流器单元以维持运行,回段报修。

注意事项:一台牵引风机故障,即可造成其对应的主变流器单元被切除,机车牵引、电制动力均会出现不同程度的下降,因此在维持运行时,机车乘务员应提前预想,合理操纵列车,谨防坡停。

情况二:状态显示屏"牵引风机"灯不亮,微机显示屏显示"牵引风机 * 故障",对应牵引电机无扭矩输出。

原因分析:查阅微机显示屏故障履历记录,显示"风机 * 通风不良",则可确定为牵引风速继电器故障。

处理方案:

(1)可在高压状态,换向手柄置"前"位,确认牵引风机工作状态,若故障履历记录显示"风机 M * 通风不良"的牵引风机工作正常,则可确定该牵引风机风速继电器故障。

(2)若切除该台牵引风机能够维持运行,立即切除该台牵引风机以维持运行。

(3)若切除该台牵引风机无法维持运行时,可短接该风速继电器两根引出线以维持运行。

注意:短接牵引风速继电器引出线以维持运行时,应随时注意观察其对应的牵引风机工作状态,防止因其故障而使牵引电机过热烧损。

情况三:状态显示屏"牵引电机"灯亮。

处理方案:

(1)若微机控制系统已将故障的牵引电机切除,且其他牵引电机仍有扭矩输出时,可暂不处理,继续维持运行。

(2)司机控制器调速手柄回"0"位,按下司机台"复位"按钮进行复位操作后,重新闭合主断路器,恢复运行。

(3)利用微机显示屏触摸开关切除故障牵引电机对应的主变流器单元以维持运行。

(4)在断电、降弓、停车状态下断开再闭合控制电器柜"蓄电池"自动开关使微机复位、重启,从而消除故障。

二、运行途中某架牵引电机无扭矩输出时的处理

(1)运行途中,某架牵引电机无扭矩输出,应尽可能维持运行到前方停车场再进行处理。

(2)停车后,应按状态显示屏及微机显示屏的显示或提示信息分别进行处理。

情况一:状态显示屏"油泵"灯亮。

处理方案:

(1)查看微机显示屏显示(微机显示屏显示"油泵 1 故障"或"油泵 2 故障")及根据无扭矩输出对应架(油泵 1 对应 Ⅰ 架、油泵 2 对应 Ⅱ 架),确定已断开的油泵三相自动开关。

(2)在控制电器柜闭合断开的油泵三相自动开关后,若故障随之消除,即可恢复正常运行。

(3)在控制电器柜闭合断开的油泵三相自动开关后,若该三相自动开关又随之断开,则按以下方法进行处理。

①若一架牵引电机无扭矩输出仍能够满足运行需要时,不再进行处理,维持运行到本次牵引区段的终点站报修。

②若一架牵引电机无扭矩输出无法满足运行需要时:

a.维持运行到车站后按列车调度员的指示办理。

b.若在区间因牵引力不足无法维持运行到前方站或需要通过高坡地段时,则停车、断电降弓,断开控制电器柜"主变流器"自动开关 QA46,在Ⅰ端油泵电机上方(Ⅰ端司机侧车体下部)将车下电器接线盒(上标有变压器接线图)打开,将对应故障油泵的油流继电器接线(油泵 1:538 号线;油泵 2:638 号线)拆除后用绝缘胶带包扎好。然后闭合"主变流器"自动开关 QA46,进行升弓试验,确认机车牵引电机均有扭矩输出后维持运行。

注意:

(1)方案 b 适用于区间因油泵故障导致牵引力不足时的应急,一旦维持到车站或通过高坡区段后,需立即切除故障油泵对应架三台牵引电机以维持运行。

(2)采用方案 b 维持运行过程中,若有站停机会,应及时检查变压器油温[油温保护动作值:(100±3)℃],确保主变压器油温在 90℃ 以下维持运行。

情况二:状态显示屏"水泵"灯亮。

处理方案:

(1)查看微机显示屏显示(微机显示屏显示"水泵 1 故障"或"水泵 2 故障")及根据无扭矩输出的对应架(水泵 1 对应Ⅰ架、水泵 2 对应Ⅱ架)确定发生故障的水泵。

(2)打开故障水泵三相自动开关对应架变流柜右上角小门(Ⅰ架为Ⅰ端非司机侧、Ⅱ端司机侧;Ⅱ架为Ⅱ端非司机侧、Ⅰ端司机侧),检查水泵三相自动开关状态(左侧为辅变流器 APU 通风机三相自动开关,右侧为水泵三相自动开关)。若水泵三相自动开关断开,则手动闭合后继续运行。

(3)若人为闭合水泵三相自动开关后又自动断开,即可判断为水泵故障。在此情况下则应按照规定程序反馈信息,并尽可能维持运行到终点站或前方站;若无法维持运行时,按列车调度员的指示办理。

情况三:状态显示屏"主变流器"灯亮、微机显示屏显示"CI1～CI3(CI4～CI6)故障",对应架三台牵引电机无扭矩输出。

原因分析:查看微机显示屏故障履历记录,显示"CI1～CI3(CI4～CI6)水流下降"时,则可判定该架对应的水流量计故障。

处理方案:高压状态下检查故障对应架水流量计(Ⅰ架为Ⅰ端非司机侧、Ⅱ端司机侧;Ⅱ架为Ⅱ端非司机侧、Ⅰ端司机侧):

(1)若流量计黑针显示高于红针指示刻度之上(正常时流量黑针指示在 200L/min 左右),即可判定为该流量计联锁不良。此时应断电、降弓,断开控制电器柜"主变流器"自动开关 QA46,打开故障流量计侧面联锁盒,将流量计低压联锁左侧两根线短接在一起,然后闭合"主变流器"自动开关 QA46 维持运行。

(2)若流量计黑针指示低于红针,说明流量计内部有堵塞现象,可关闭流量计下方 VL3 折断塞门,断电后再合闸,待水泵启动后瞬间打开 VL3 折断塞门,以此对流量计内部管路进行冲击(可反复几次),若流量计黑针指示显示恢复正常,即可恢复正常运行。

(3)若经以上处理,流量计黑针仍指示在红针刻度之下,应立即在微机显示屏利用触摸开关切除故障架对应的三组主交流器,维持运行到终点站或前方停车站,再按列车调度员的指示办理。

情况四:按以上方法进行处理后,若故障仍无法消除且某架牵引电机无扭矩输出,即无法维持运行。

处理方案:

(1)在停车状态下,断电、降弓。

(2)断开再闭合控制电器柜"微机控制1、2"自动开关后,重新进行牵引、电制动操作。

(3)断开再闭合控制电器柜"蓄电池"自动开关,使微机复位、重启后,再进行牵引、电制动操作。

6-7 理论拓展 电器触头的有关知识

知识一:电器对触头的基本要求

为了保证电器可靠工作和有足够的寿命,对触头有如下要求:

(1)工作可靠,接触电阻要小。

(2)有足够的机械强度。

(3)长期通过额定电流时,温升不超过规定值。

(4)通过短路电流时,有足够的电动稳定性与热稳定性。

(5)有足够抵抗外界腐蚀(如氧化、化学气体腐蚀等)的能力。

(6)寿命长。

(7)触头所用的材料要少,质量小,价格便宜,便于制造和维修。

知识二:触头的分类

触头可按以下方法分类。

(1)触头按其工作情况可分为有载开闭和无载开闭两种。前者在触头开断或闭合过程中,允许触头中有电流通过;后者在触头开断或闭合过程中,不允许触头中有电流通过,而在闭合后才允许触头中通过电流,如转换开关等。无载开闭触头,由于触头开断时无载,故无电弧产生,对触头的工作十分有利。

(2)触头按其开断点数目可分为单断点式触头和双断点式触头。

(3)触头按其正常工作位置可分为常开触头和常闭触头。

(4)触头按其结构和形状可分为指形触头和桥式触头等。

(5)触头按其相互运动状态可分为滑动式触头和滚动式触头。后者比前者的机械磨损小,传动力也小。

(6)触头按其接触方式可分为点接触、线接触和面接触3种。

知识三:触头接触面的形式

触头接触面形式可分为点接触、线接触和面接触,如图6-7-1所示。触头对电路电流的接通是通过其接触面来实现的,所以接触面形式对触头的工作性能起着重要的作用。在设计电器时,对触头接触面形式应有合理的选择。点、线、面3种接触形式的特点和适用场合如下。

a) 点接触　　　　　　b) 线接触　　　　　　c) 面接触

图 6-7-1　触头的接触形式

1. 点接触

点接触触头是指两个导体只在一点或者很小的面积上发生接触的触头(如球面对球面、球面对平面)。触头间是"点"与"点"的接触。在同样的触头压力下,点接触的单位压力大,因此,可得到较小的接触电阻。但其散热条件差,机械强度小,只适用于做小负荷的触头,多用于电流强度10A以下的继电器、接触器和自动开关的联锁触头等,一般控制电路的触头多采用点接触式。

2. 线接触

线接触是指两个导体沿着线或较窄的面积发生的接触,如圆柱对圆柱、圆柱对平面等。在相同接触压力作用下,线接触方式触头的接触电阻比另外两种都小,其原因是触头的压力强度和实际接触面形成了很好的配合。面接触的接触点多,压强小;点接触的压强大,接触点少,因此它们的接触电阻都比线接触的大。另外,线接触容易做到触头间有滑动和滚动,从而使触头的工作条件得到改善。同时,线接触触头的制造、调整、装配均比较方便,因而被广泛采用。线接触常用于通过电流强度在几十安至几百安之间的中等容量的电器,如接触器、自动开关及高压开关电器的主触头。

3. 面接触

面接触是指两个导体有着较大的表面接触(如平面对平面)面积,其接触面积和触头压力均较大。因为其触头在开闭过程中接触面间无相对滑动,不能清除氧化膜等高电阻物质,所以在此种触头表面须嵌上贵重的银片。另外,面接触的接触电阻很不稳定,当接触面稍有破坏或者装配不当时,都会使接触电阻大大增加,所以此种形式应用较少,仅用于大电流、接触压力大的场合,如固定母线接触、大容量的接触器和断路器的主触头,闸刀开关也常采用面接触的形式。考虑到装配检修的方便和工作的可靠性,点接触或线接触的形式更常被采用。在低压自动开关等电气设备中,有的采用多个线接触或多个点接触并联使用的设计方式,以减小接触电阻,保证工作可靠,降低制造成本,减小检修工作量。

知识四:触头的参数

触头的参数主要有触头的结构尺寸、开距、超程、研距、初压力和终压力等。

1. 触头的结构尺寸

触头的结构尺寸主要是根据触头工作时的发热条件确定,同时要考虑它的机械强度与工作寿命等条件。

2. 触头的开距

触头处于断开位置时,动、静触头之间的最小距离 s 称为触头的开距(或行程),如

图 6-7-2a) 所示。

a) 断开状态　　　　b) 刚接触时　　　　c) 闭合状态

图 6-7-2　触头三种工作状态图示

开距是触头的一个主要参数。它不仅要保证触头在开断正常电流时能可靠地熄弧,要能使触头间具有足够的绝缘能力,使触头在电源出现不正常的过电压时不致被击穿。它不仅影响触头与灭弧系统的尺寸,而且影响电磁传动机构的尺寸。

从减小电器的尺寸和减少触头闭合时振动的角度出发,在保证可靠开断电路的前提下,触头开距越小越好。触头开距的大小与开断电流大小、线路电压、线路参数及灭弧装置等有关。

3. 触头的超程

触头的超程是指触头对完全闭合后,若将静触头移开,动触头在触头弹簧的作用下继续前移的距离 r,如图 6-7-2c) 所示。

触头超程是用来保证触头在允许磨损的范围内仍能可靠地接触。一般在计算时选取超程 $r = (0.6 \sim 0.8)t$,式中 t 为新触头的厚度。但需要注意的是,超程不宜取得过大,因为当超程大时,在一定的电磁吸力情况下,触头的初压力相应要小些。而初压力小对减小触头振动是不利的。

4. 触头的研距

动触头和静触头接触过程中,触头接触表面既有滚动,又有滑动,这种滚动和滑动称为触头的研磨过程。由研磨所产生的距离称为研距。

为了保证触头工作时有良好的电接触,一般线接触触头开闭过程的起止点不重合,且有一定距离。研距是触头开闭过程中动、静触头间滚动量与滑动量之和。

如图 6-7-3 所示,动、静触头开始接触时,其接触线在 a 点处。在触头闭合过程中,接触线逐渐移动,最后停在 b 点处接触,以导通工作电流。由于存在研磨过程,在动触头上的 ab 和静触头上的 $a'b'$ 长度不一样。

开始接触线　　　　最终接触线　　　　$\left.\begin{array}{l} ab \\ a'b' \end{array}\right\}$ 触头研距

图 6-7-3　触头的研磨过程及研距

触头表面有滑动,可以擦除触头表面的氧化层及脏污,减小接触电阻,使触头有良好的电接触。触头表面有滚动,可以使触头在闭合时的撞击处与最后闭合位置的工作点,以及开断电路时产生电弧处与闭合位置的工作点分开,保证正常工作的接触线不受机械撞击与电弧的破坏作用影响,保证触头接触良好。

5. 触头的初压力

触头闭合后,其接触处有一定的互压力,称为触头压力。触头压力是由触头弹簧产生的。触头弹簧有一预压缩,使得动触头刚与静触头接触时就有一互压力 F_0,称为触头初压力,它是由调节触头弹簧预压缩量来保证的。触头初压力可以降低触头闭合过程的振动。

6. 触头的终压力

动、静触头闭合终了时,触头间的接触压力称为终压力 F_z。它是由触头弹簧最终压缩量来决定的。它使触头闭合时的实际接触面积增加,使闭合状态时的接触电阻小而稳定。

触头的开距、超程、初压力和终压力都是必须进行检测的重要参数。在电器的使用和维修中常用这些参数来反映触头的工作情况及检验电器的工作状态。

知识五:触头的 4 种工作状态

触头有以下 4 种工作状态。

1. 触头处于闭合状态

触头处于闭合状态时的主要任务:保证能通过规定的电流,且触头温升不超过允许值。这个状态的主要问题是触头的发热及热稳定性和电动稳定性,触头的发热是由接触电阻引起的,故应设法减小接触电阻。

2. 触头闭合过程

从动、静触头刚开始接触到触头完全闭合,由于会发生振动,所以它不是在第一次接触时就能闭合,而是有一个过程,这个过程称为触头的闭合过程。由于触头在闭合过程中会因碰撞而产生机械振动,因此这个过程的主要需解决的问题是如何减小机械振动,从而减小触头的磨损,避免触头熔焊。

3. 触头处于断开状态

触头处于断开状态时,必须有足够的开距,以保证其能可靠地熄灭且弧和开断电路。

4. 触头的开断过程

触头开断过程是触头最繁重的工作过程,一般可分为 3 个阶段:

(1)从触头完全闭合时起,到触头将开始分开为止。

(2)触头开始分开以后的一段时间。

(3)电路完全切断的过程。

由于在触头开断电路时,一般会在触头间产生电弧,因此这个过程需解决的主要问题是如何尽快熄灭电弧,减小由电弧产生的触头电磨损。

6-8 实践拓展　常用的检修工具——相序表

一、种类及功能介绍

我们常用的相序表有机械式相序表和电子式相序表,如图 6-8-1 所示。它们用于测试三相正弦交流电路的相序。

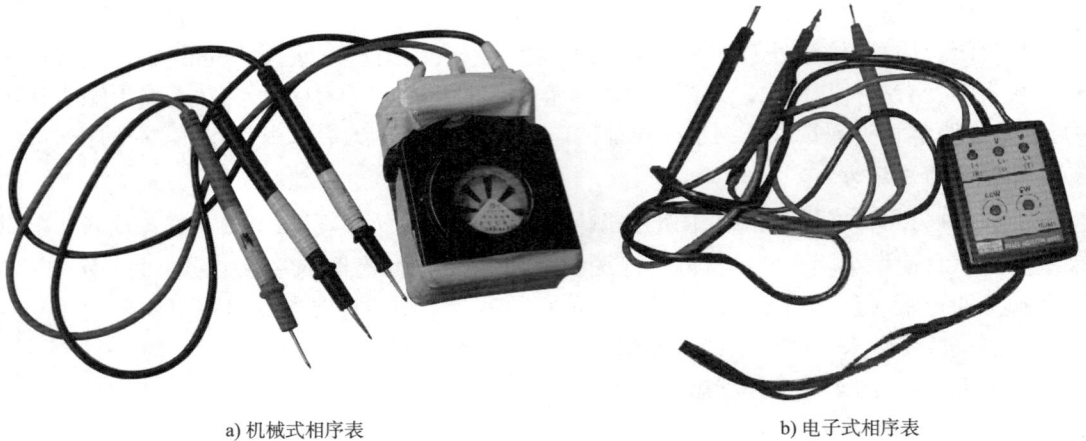

a) 机械式相序表   b) 电子式相序表

图 6-8-1   相序表种类

二、使用方法

1. 机械式相序表的使用

使用时先将相序表的 3 个表笔和待测的三相电源导线相连(表笔之间不能短路),按下黑色按钮,圆盘旋转的方向与相序表上的箭头所指方向一致(顺时针旋转),则表示三相交流电的相序与相序表上所标识的相序一致,即从左到右的相序为 R、S、T(U、V、W);反之(逆时针旋转),则表示三相交流电的相序不正确。机械式相序表的使用如图 6-8-2 所示。

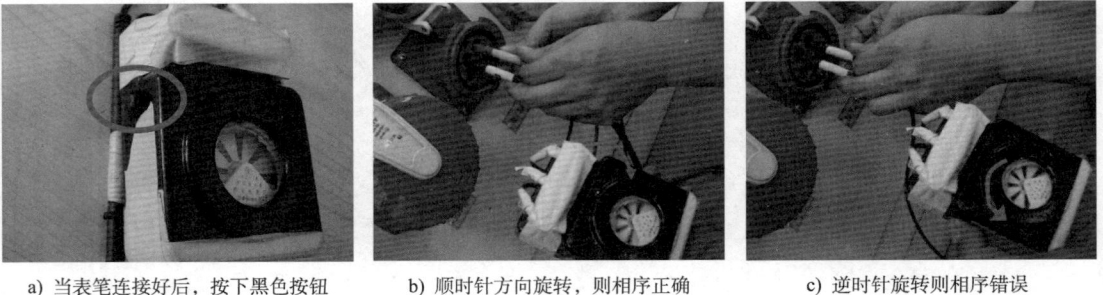

a) 当表笔连接好后,按下黑色按钮   b) 顺时针方向旋转,则相序正确   c) 逆时针旋转则相序错误

图 6-8-2   机械式相序表的使用

2. 电子式相序表的使用

使用时先将相序表的 3 个表笔和待测的三相电源导线相连(表笔之间不能短路),若三相电源无缺相现象,则 3 个黄灯全亮如图 6-8-3 所示;若有缺相现象存在,则所缺相的对应黄灯不亮。如果相序正确,则绿灯亮;若相序不正确,则红灯亮。

三、注意事项

(1)使用前先确认相序表是否有电,3 个表笔是否接触正常。
(2)磁场的干扰会对电子式相序表的准确性产生影响,故测量时相序表周围应避免有磁场干扰。

（3）使用机械式相序表时相序表必须水平放置，不可倾斜，若倾斜角度过大（超过30度时），相序表的转盘会碰坏或卡住。

（4）使用机械式相序表时应瞬间按压，按压时间不得过长，否则会烧毁相序表。

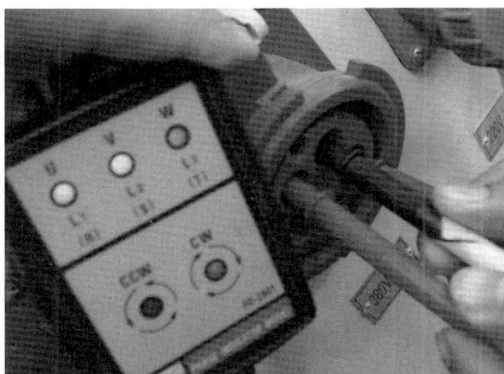

a）将相序表的3个表笔和待测的三相电源导线相连　　b）3个黄灯全亮，表示无缺相现象；红灯亮表示相序错误；绿灯亮表示相序正确

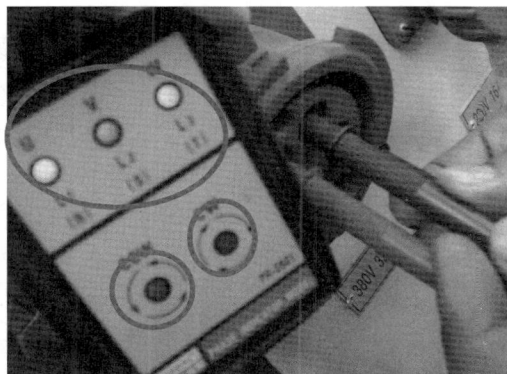

图6-3-3　电子式相序表的使用

6-9 新技术　中国铁路"智能员工"已上线，动车组智能检测机器人长啥样？

我国每天有数千列动车组奔驰在高速铁路线路上，动车组结构精密、零件多，在高速铁路"零误差、零缺陷、零故障"的理念下，风驰电掣般的运行速度背后，有着无数的运营检修人员为乘客保驾护航。

据了解，动车组每跑完7200km或者运营48h，都要来到动车运用所进行一次检修，因此动车运用所也被称为"动车4S店"。

在原先，检测一般需要2名一级作业人员下到地沟，用眼睛看、用手摸、用手电筒照、用尺子量，重点对走行部、制动系统进行检查、修理或更换。

一列标准8编组动车，长208m，检修往往需要4个人进入昏暗的地沟里，花150min才能完成检修。规模较大的动车所，每日需检修60列动车组。

日常检修作业时，仅一节车厢的车底就有3000多颗螺栓要检查，一列8编组的动车组，零部件超过1万个，完成一次一级检修，需要工作人员弯腰300多次，敲击5000多次。

如今，该类动车组检修作业已经逐步由"人检"向"机检"转变。在上海虹桥动车运用所、京张高铁动车所、三亚动车运用所等动车所，动车智能检测机器人已经得到应用，动车组车底检测可以初步实现无人化工作。

动车组智能检测机器人如何工作？

一般而言，动车组智能检测机器人（图6-9-1）由车底机器人、360度综合检测系统、控制单元、多视觉图像采集单元、数据处理中心等系统组成,主要用于对动车车底及关键部件进行全方位检查、信息采集和数据分析,以保证动车行驶安全。

用机器人进行动车智能检测并没有想象中那么简单,首先,在车型上,需要能匹配包括复兴号在内的多种型号动车组,并实现对动车组的自动扫描、检测和数据分析。其次,智能检测机器人需要能匹配并检查、判断动车组车底走行部位的设备和配件情况。最后,机器人需要能在动车所检修库的股道里进行移动作业,需要能够完成长距离的直线运动以及高精确度作业。

智能检测机器人采用激光雷达(LiDAR)导航及定位技术,全自动地对动车组车底及关键部件进行全景快速扫描、精扫检测、远程数据分析和3D图像处理,最终实现例如动车组外观可视部件的松脱、断、渗油以及磨耗件到限检测。

由于需要具备复杂空间作业能力,一般而言,动车组智能检测机器人系统还配有六轴工业机器人和机器人升降装置,从而可以进入人手臂无法到达的地方,实现多角度、近至20cm的距离观察检修(图6-9-2)。不断挥舞的动车组智能检测机械臂可以360°旋转,轻松地以任意姿态实现对车底关键部件的多角度拍摄检测和无死角检查。

图6-9-1 动车组智能检测机器人　　　　图6-9-2 智能检测机器人在车底工作

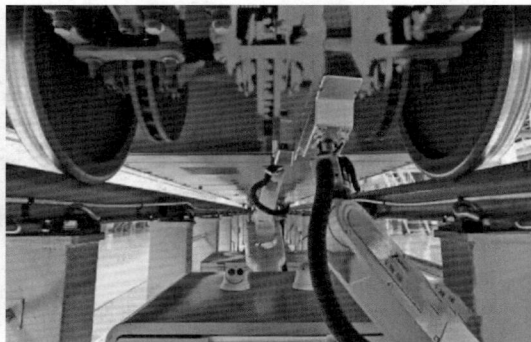

从智能动车组列车到智能检测机器人,从智慧检修平台到智能钢轨减磨装置,如今,依托于大数据、人工智能等新技术,智能化设备设施和平台系统已经越来越多地运用在铁路系统的运营、管理、维修、服务的各个环节。检修自动化、智能化进程是铁路整体化提升的一个缩影,传统铁路已经开始朝着智慧铁路进化。

(资料来源:网易大数据文摘——中国铁路"智能员工"已上线,动车组智能检测机器人长啥样? https://m. 163. com/dy/article/H6C4B0V00511831M. htmlhttps://m. 163. com/dy/article/H6C4B0V00511831M. html)

6-10 拓 展 训 练

请根据本模块内容,利用智慧职教铁道机车运用与维护专业教学资源库等专业资源平台、智慧职教 MOOC 学院《电力机车电气设备的检查与维护》在线课程等数字化资源及公共网站等途径,完成下面的任务。

任务 1:请收集 HXD2 型电力机车用牵引电机的图片及相关资料,并与本模块介绍的 HXD1、HXD3 型电力机车用牵引电机进行对比分析,制作 PPT,课上分享。

PPT 要求:不少于 10 页,图片清晰,配备必要的文字说明。

其他要求:能理解制作的 PPT 内容,能进行流利的讲解。

任务 2:请收集电力机车或动车组月牵引电机的检修和故障处理方面的视频。

要求:每组收集 1~2 个视频,了解牵引电机的工作状态、可能出现的故障及如何检修,从而加深对机车运行过程中牵引电机的工作状态、面临的考验等实际工况的理解,进行课上分享。

任务 3:请收集高速动车组用牵引电机相关资料,完成下面的表格,并与电力机车用牵引电机的结构和性能进行对比分析。

项目	CRH380A	CRH380B	CR200J
额定功率 额定电压 额定电流			
结构特点			
相对于机车用设备,性能方面的提升			

模块 7

司机控制器检修与整备

‖‖ 趣味导入 ‖‖

想想你每天回家是如何开灯的？是不是按下灯开关，灯就亮了？也就是说，在灯的这个控制电路中，开关就是你发出"开灯"指令的电器。大多数的控制系统都有图 7-0-1 所示的开关、按钮之类的指令电器。

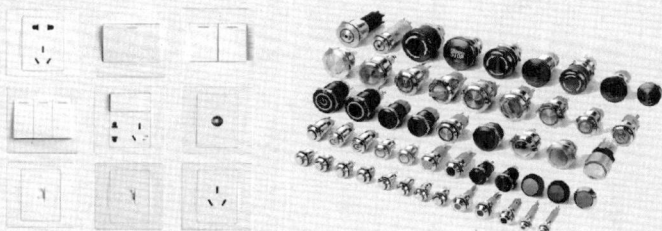

图 7-0-1　开关、按钮实物图

电力机车也有这样一个"指令电器"，只是它的指令更复杂，有向前、向后、加速、减速、以 100km/h 速度行驶等很多指令，能发这些指令的电器是一种特殊的指令电器。例如，司机用它向机车发出各种控制指令。它被叫作司机控制器。司机控制器装于司机右手可以方便操作的位置，如图 7-0-2 所示。

因特殊的指令需求，电力机车用司机控制器的外形和结构具有特殊性，每种型号的电力机车，用司机控制器的结构和外形也有所不同。图 7-0-3 为 SS9G 型电力机车用司机控制器。本模块将介绍两种车型上使用的司机控制器的具体结构、工作原理等内容。

图 7-0-2　司机操纵台上的司机控制器

1-司机操纵台；2-司机控制器

图 7-0-3　SS9G 型电力机车用司机控制器

学习目标

能力目标

1. 能正确使用检修作业中所需的设备和工具。

2. 能熟练完成司机控制器外观检查、主要参数测量、手柄扭力测试、绝缘电阻测试、互锁关系试验、电性能试验、功能试验。

3. 能完成零部件更换工作。

4. 能熟悉司机控制器应急故障处理流程。

知识目标

1. 了解司机控制器的定义、功能、配置情况及性能要求。

2. 理解司机控制器主要技术参数。

3. 掌握司机控制器结构、各部件功能、指令产生的原理。

素养目标

在司机控制器整备检查及检修作业过程中,注意作业安全,以严谨-细致-认真的工作态度进行规范操作,养成精益求精的工作习惯。

建议学时

4 学时。

学习导航

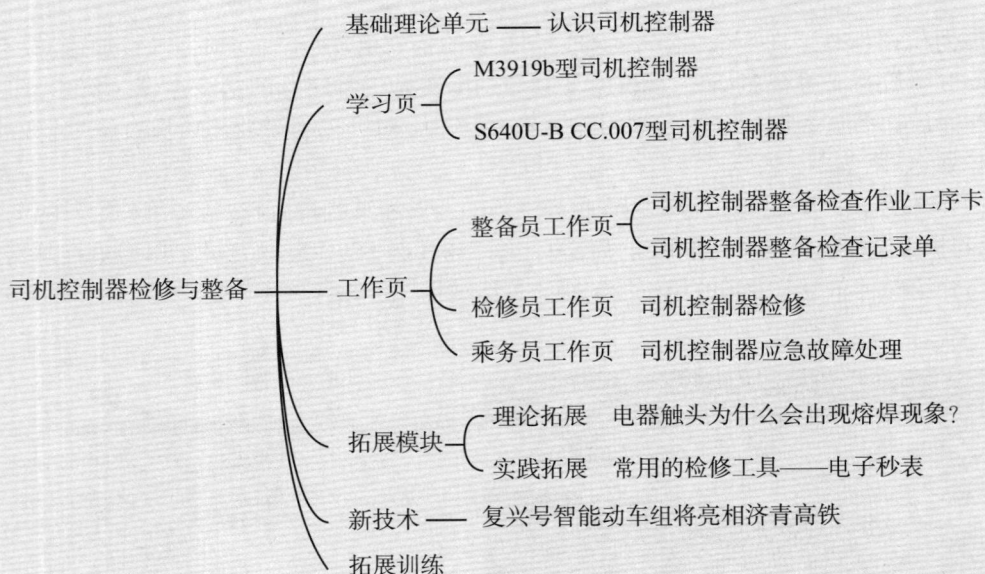

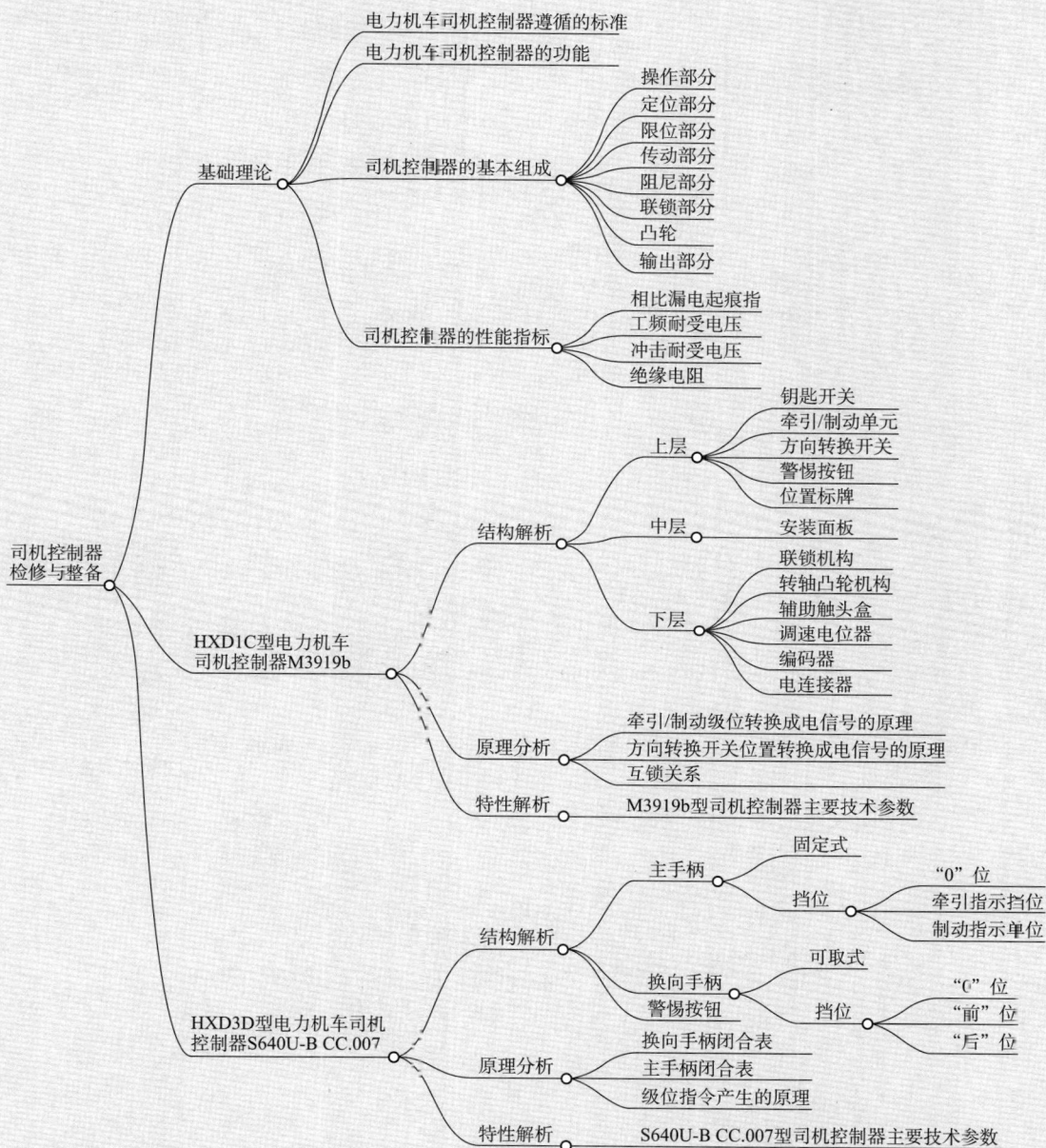

司机控制器检修与整备

- 基础理论
  - 电力机车司机控制器遵循的标准
  - 电力机车司机控制器的功能
  - 司机控制器的基本组成
    - 操作部分
    - 定位部分
    - 限位部分
    - 传动部分
    - 阻尼部分
    - 联锁部分
    - 凸轮
    - 输出部分
  - 司机控制器的性能指标
    - 相比漏电起痕指
    - 工频耐受电压
    - 冲击耐受电压
    - 绝缘电阻

- HXD1C型电力机车司机控制器M3919b
  - 结构解析
    - 上层
      - 钥匙开关
      - 牵引/制动单元
      - 方向转换开关
      - 警惕按钮
      - 位置标牌
    - 中层
      - 安装面板
    - 下层
      - 联锁机构
      - 转轴凸轮机构
      - 辅助触头盒
      - 调速电位器
      - 编码器
      - 电连接器
  - 原理分析
    - 牵引/制动级位转换成电信号的原理
    - 方向转换开关位置转换成电信号的原理
    - 互锁关系
  - 特性解析
    - M3919b型司机控制器主要技术参数

- HXD3D型电力机车司机控制器S640U-B CC.007
  - 结构解析
    - 主手柄
      - 固定式
      - 挡位
        - "0"位
        - 牵引指示挡位
        - 制动指示单位
    - 换向手柄
      - 可取式
      - 挡位
        - "0"位
        - "前"位
        - "后"位
    - 警惕按钮
  - 原理分析
    - 换向手柄闭合表
    - 主手柄闭合表
    - 级位指令产生的原理
  - 特性解析
    - S640U-B CC.007型司机控制器主要技术参数

能力图谱

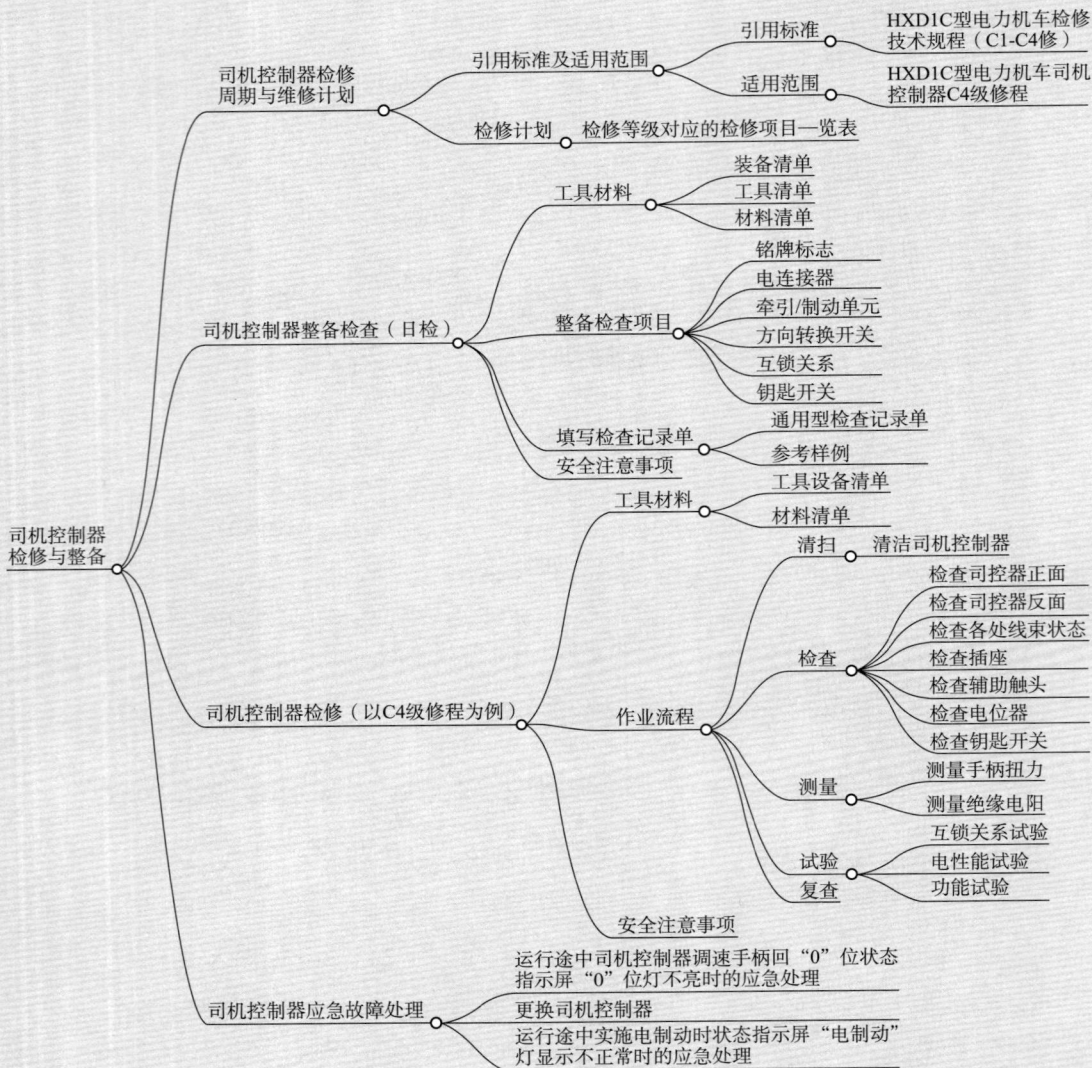

司机控制器
检修与整备

- 司机控制器检修
  周期与维修计划
  - 引用标准及适用范围
    - 引用标准 —— HXD1C型电力机车检修技术规程（C1-C4修）
    - 适用范围 —— HXD1C型电力机车司机控制器C4级修程
  - 检修计划 —— 检修等级对应的检修项目一览表

- 司机控制器整备检查（日检）
  - 工具材料
    - 装备清单
    - 工具清单
    - 材料清单
  - 整备检查项目
    - 铭牌标志
    - 电连接器
    - 牵引/制动单元
    - 方向转换开关
    - 互锁关系
    - 钥匙开关
  - 填写检查记录单
    - 通用型检查记录单
    - 参考样例
  - 安全注意事项

- 司机控制器检修（以C4级修程为例）
  - 工具材料
    - 工具设备清单
    - 材料清单
  - 作业流程
    - 清扫 —— 清洁司机控制器
    - 检查
      - 检查司控器正面
      - 检查司控器反面
      - 检查各处线束状态
      - 检查插座
      - 检查辅助触头
      - 检查电位器
      - 检查钥匙开关
    - 测量
      - 测量手柄扭力
      - 测量绝缘电阻
    - 试验
      - 互锁关系试验
      - 电性能试验
    - 复查 —— 功能试验
  - 安全注意事项

- 司机控制器应急故障处理
  - 运行途中司机控制器调速手柄回"0"位状态指示屏"0"位灯不亮时的应急处理
  - 更换司机控制器
  - 运行途中实施电制动时状态指示屏"电制动"灯显示不正常时的应急处理

7-1 基础理论单元　认识司机控制器

《轨道交通 司机控制器》(GB/T 34573—2017)对**司机控制器**的定义是:输出机车车辆工况(如牵引、制动、方向和速度等)控制指令的可操作设备。司机控制器是司机用来操纵机车运行的主令电器,是利用控制电路间接控制主电路的电气设备,它能够给变流器提供可识别的电机转向信号及转速信号,进而对牵引电机进行控制,从而实现对整个机车运行工况的控制。因此,其动作的好坏直接影响到机车能否平稳操纵以及各种工况的实现。

一、司机控制器的组成

图 7-1-1 所示为目前使用较多的两种型号的电力机车用司机控制器。

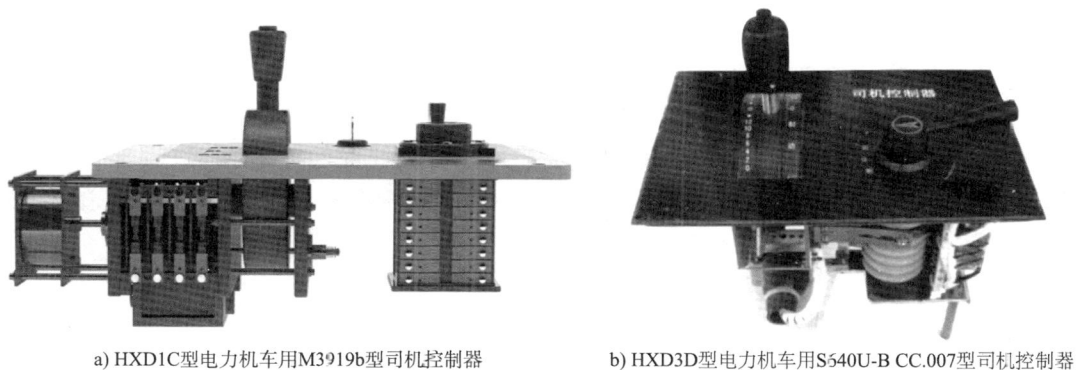

a) HXD1C型电力机车用M3919b型司机控制器　　b) HXD3D型电力机车用S540U-B CC.007型司机控制器

图 7-1-1　电力机车用司机控制器

从结构及功能的角度来看,司机控制器可分为操作部分、定位部分、限位部分、传动部分、阻尼部分(输出为模拟量的司机控制器才有)、联锁部分、凸轮及输出部分等。各部分的作用如下。

1. 操作部分

操作部分是指司机控制器上提供给司机操作的部分,一般包括手柄、手轮、旋钮及钥匙等,在司机控制器的手柄上还设有警惕按钮。

2. 定位部分

定位部分是指司机控制器中可为操作部分提供定位的部分,保证司机控制器的手柄或手轮可以稳定地停留在某一个位置,并且通过传动部分,使凸轮和相应的输出部分保持一个稳定的状态。同时,司机控制器手柄的操作力是由定位部分提供的;对一台司机控制器来说,定位部分是非常关键的部分,定位的准确程度,不仅会直接影响司机控制器的输出是否正确,还会影响到司机控制器各个操作元件之间的联锁关系。

3. 限位部分

限位部分是指司机控制器上提供手柄极限位置限位的部分,保证司机控制器手柄或手轮在极限位置时能可靠地限制手柄或手轮的转动,保证输出部分不会出现不必要输出信号。限位部分应该符合司机控制器操作元件操作力大小的要求。司机控制器限位部分的可靠性要求非常高,不仅应该考虑正常操作时的操作力,还应该考虑紧急情况或其他非正常情况时操作力的大小,因此限位部分各个零件应该在尺寸允许的情况下尽可能增加其可靠性。

4. 传动部分

传动部分是指司机控制器上将手柄或手轮的转动传递到凸轮的部分,它一般包括齿轮、齿条、连杆或其他的联轴器等。传动部分主要应该考虑因传动间隙造成的误差对司机控制器输出的影响,尤其在有模拟量输出时,模拟量输出值的计算必须考虑。由于传动间隙造成的误差属于系统误差,只能通过提高零件加工、组装的精度来减小,无法消除。

5. 阻尼部分

阻尼部分一般用于有模拟量输出的司机控制器,用于增加操作部分的操作力,保证司机控制器的手柄或手轮在无级调节区域能稳定地停留在某一个位置;同时,通过传动部分,使模拟量的输出值保持稳定。阻尼部分一般包括两个摩擦元件和一个弹性元件。

6. 联锁部分

联锁部分是保证司机控制器多个操作部分之间逻辑关系的部分,从机械结构上保证多个操作部分的操作顺序,对其他控制电器或主电路的设备起到保护作用。联锁部分一般情况下根据几个操作部分的位置及操作顺序的不同要求,结构形式有很多种,这也是造成司机控制器种类繁多的主要原因。

7. 凸轮

凸轮是指司机控制器上控制开关元件的部分。通过传动部分将操作部分的转动传递到凸轮,使凸轮转动或移动,从而控制开关元件的接通或分断。一般司机控制器中凸轮数量较多。

8. 输出部分

输出部分是司机控制器中的主要部分。司机控制器的主要电气性能一般由输出部分决定。输出部分根据输出的不同分为开关量输出和模拟量输出。一般情况下通过凸轮、开关来实现开关量输出,通过电位器、编码器或其他角位移传感器来实现模拟量输出。

当司机控制器的输出为开关量时,开关模块的容量应该满足整个牵引系统的要求,当开关量用于微机信号时,开关模块触头必须有自净功能,保证在低电压、小电流时的可靠接通。

当司机控制器的输出为模拟量时,根据输出模拟量的不同种类,如电压、电流、编码等,输出值的计算方法也不相同。

二、司机控制器的主要技术参数

1. 主要技术参数

以 S640U-B CC.007 型司机控制器为例,电力机车用司机控制器的主要技术参数如下:
(1)触头额定工作电压(Ue):DC 110V。
(2)触头额定工作电流(Ie):DC 1A。

（3）触头额定发热电流（I_{th}）：DC 10A。

（4）质量：≤10kg。

（5）防护等级：触头部分 IP60，整机 IP60。

（6）寿命：机械寿命 2×10^5 次；电寿命 2×10^5 次。

2. 性能指标

（1）相比漏电起痕指数

司机控制器使用的绝缘材料相比漏电起痕指数（CTI 值）应不小于 175V。

（2）工频耐受电压

①除电位器外，相互绝缘的带电部位之间及带电部位对地之间应能承受 1500V 工频试验电压（有效值）1min，无击穿、闪络等现象。

②电位器对地之间应能承受 500V 工频试验电压（有效值）1min，无击穿、闪络等现象。

（3）冲击耐受电压

司机控制器应能耐受标准冲击电压试验值（峰值）2500V，试验时应无击穿、闪络等现象。

（4）绝缘电阻

司机控制器在周围空气温度为 10～30℃，相对湿度为 50%～80%，使用 500V 兆欧表进行测量，带电部分与地之间的绝缘电阻不小于 10MΩ。

三、要点凝练

司机控制器是输出机车车辆工况（如牵引、制动、方向和速度等）控制指令的可操作设备，是司机用来操纵机车运行的主令电器。司机控制器的结构可分为操作部分、定位部分、限位部分、传动部分、阻尼部分（输出为模拟量的司机控制器才有）、联锁部分、凸轮及输出部分等。

7-2 M3919b 型司机控制器

司机控制器是机车的主令控制电器，用于转换机车的牵引与制动工况，改变机车的运行方向，实现机车的起动和调速等控制。

HXD1C 型电力机车采用 M3919b 型司机控制器，如图 7-2-1 所示。

一、结构解析

M3919b 型司机控制器属于凸轮和辅助触头配合实现触点开闭控制的有触点电器。该司机控制器由上、中、下三层组成，其中上层（面板上）主要是操作部分，由钥匙开关、牵引/制动单元、方向转换开关、警惕按钮和位置标牌等组成；中层由安装面板组成；下层主要由连锁机构、转轴凸轮机构（传动部分）、辅助触头盒、调速电位器、编码器（输出部分）和电连接器等组成。

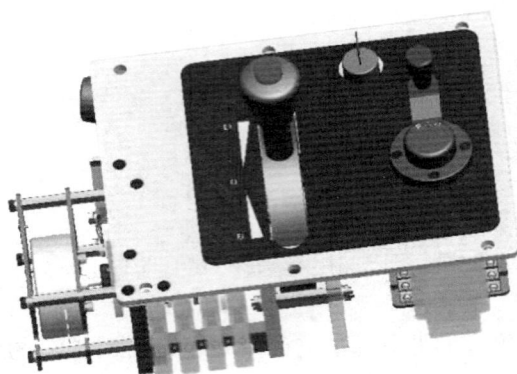

图 7-2-1　M3919b 型司机控制器

因牵引/制动单元的操作部件是一个推拉式手柄(以下简称控制手柄)。控制手柄和方向转换开关各配置一套转轴、凸轮和辅助触头装置,分别称它们为控制轴机构和方向轴机构。控制轴机构包括与控制手柄连接的控制轴及安装在该轴上的控制凸轮、控制辅助触头组等,方向轴机构包括与方向转换开关连接的方向轴、方向凸轮、方向辅助触头组等。M3919b 型司机控制器的俯视图和主视图如图 7-2-2、图 7-2-3 所示。

图 7-2-2　M3919b 型司机控制器俯视图

1-有机玻璃标志牌;2-牵引/制动单元;3-面板;4-方向转换开关;5-钥匙开关;6-警惕按钮

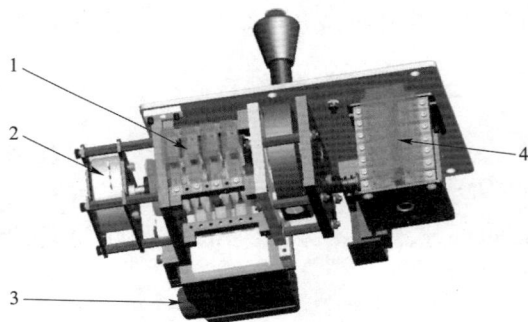

图 7-2-3　M3919b 型司机控制器主视图

1-控制轴、控制凸轮及控制辅助触头组;2-油浸电位器;3-电连接器和电缆;4-方向轴、方向凸轮及方向辅助触头组

二、原理分析

1. 牵引/制动级位转换成电信号的原理

牵引/制动单元位于司机控制器左侧,用于调节机车牵引工况或制动工况的转速。牵引/制动单元可向前、向后推动,具有"牵引""0""制动"三个区。牵引/制动单元手柄垂直时为"0"位,向前推进入"牵引"区,拉动 55° 后到达"牵引"最大位;向后拉进入"制动"区,拉动 55° 后到达"制动"最大位。

牵引/制动单元手柄的推动,将带动电位器滑动端的移动,从而改变电位器输出电压大小的变化。电位器电阻分布示意图如图 7-2-4 所示。图 7-2-4 中,135° 区域为有效电气角度,30° 区域的出线端子为"3"端,60° 区域的出线端子为"1"端,135° 区域为"2"端。电位器电气原理图如图 7-2-5 所示。图 7-2-5 中的电阻代表的是"牵引"区或"制动"区的单边电阻,两边的结构以"0"位为中心对称。电位器"3"端接地,"1"端加 DC 15V 电压,然后测量"1""2"端电压。当移动控制手柄时,电位器"2"端位置随之移动,从而"1""2"端电压随之改变。控制单元便可根据该电压值换算出司机的级位指令。

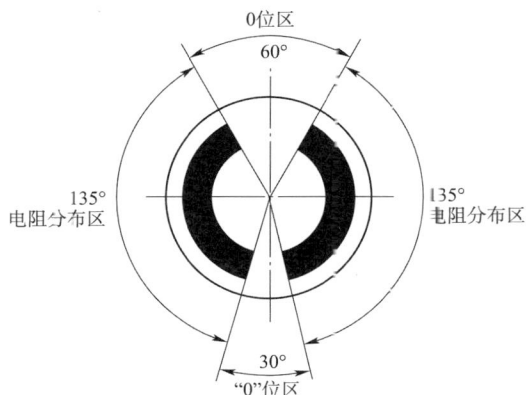

图 7-2-4 电位器电阻分布示意图

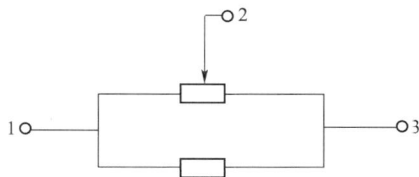

图 7-2-5 电位器电气原理图

牵引/制动单元手柄在各位置的手柄角度及油浸电位器输出值的对应关系见表 7-2-1。

牵引/制动手柄角度及电位器输出   表 7-2-1

牵引/制动单元手柄位置	手柄角度(°)	电位器值(V)
制动最大位	+55	8.8~9
制动最小位	+7.5	≤0.1
0 位	0	0
牵引小零位	−7.5	≤0.1
牵引最大位	−55	8.8~9

2.方向转换开关位置转换成电信号的原理

方向转换开关有"向前""0""向后"三个位置,每个位置之间的转动角度为30°。方向转换开关转到不同位置时,其转轴将带动凸轮一起转动,从而引起凸轮对应的辅助触头开、闭状态的变化,从而形成相应的电信号,控制系统就可依据这些电信号识别方向转换开关的位置。

3.互锁关系

钥匙开关与牵引/制动单元、方向转换开关之间有机械联锁装置,形成钥匙开关与两手柄之间的互锁关系:当钥匙开关在"OFF"位时,两个手柄无法转动;只有当钥匙开关打到"ON"位时,两个手柄才能转动。

牵引/制动单元手柄与方向转换开关之间也有机械联锁装置,它们之间的互锁关系如下:

方向转换开关的手柄是可拔取的,只有转换开关在"0"位时,手柄才能插入或取出。

(1)方向转换开关对牵引/制动单元手柄的制约:

①当方向转换开关在"0"位时,牵引/制动单元手柄被锁在"0"位。

②当方向转换开关在"向前"位或"向后"位时:

a.牵引/制动单元手柄可从"0"位向前推动,进入牵引区,此时**须**按下该手柄头部的红色警惕按钮。

b.牵引制动单元手柄可从"0"位向后拉动,进入制动区,此时**无须**按下红色警惕按钮。

(2)牵引/制动单元手柄对方向转换开关的制约:

①牵引/制动单元手柄在"0"位时,方向转换开关可在"向前""0""向后"三个位置之间转换。

②牵引/制动单元手柄不在"0"位,在"牵引"区或"制动"区时,方向转换开关被锁定在"向前"位或"向后"位,即牵引/制动单元手柄不在"0"位,方向转换开关就被锁定在原位置,不能转换位置,所以如果想换向,必须先将牵引/制动单元手柄扳回"0"位。

三、特性解析

M3919b 型司机控制器主要技术参数见表 7-2-2。

M3919b 型司机控制器主要技术参数　　　　表 7-2-2

主要技术参数	参数值	主要技术参数	参数值
辅助触头盒标称电压(V)	DC 110	最小爬电距离(mm)	>4
辅助触头盒的防护等级	IP40	司机控制器的质量(kg)	≤9
辅助触头盒约定发热电流(A)	5	司机控制器的机械寿命(次)	$\geqslant 2 \times 10^6$
辅助触头盒电寿命	$\geqslant 2 \times 10^5$	油浸电位器机械寿命(次)	$\geqslant 1 \times 10^7$
最小电气间隙(mm)	>3		

四、要点凝练

M3919b 型司机控制器用于 HXD1C 型电力机车,是机车的主令控制电器,用来转换机车的牵引与制动工况,改变机车的运行方向,实现机车的起动和调速等控制。

M3919b 型司机控制器由钥匙开关、牵引/制动单元、方向转换开关、警惕按钮等部件组成。由电位器将级位指令转换为电压信号,由凸轮、辅助触头及编码器配合,将位置指令转换为数字编码信息。控制系统通过电压信号和数字编码信息识别司机的控制指令。

7-3 S640U-B CC.007 型司机控制器

HXD3D 型电力机车采用 S640U-B CC.007 型司机控制器,如图 7-3-1 所示。

一、结构解析

司机控制器的面板上部有主手柄和换向手柄两种可操作机构,如图 7-3-2 所示。其中,主手柄有"0"位、牵引指示挡位" * ～17'和制动指示挡位" * ～10";换向手柄有"后""0""前"三个挡位。

图 7-3-1　S640U-B CC.007 型司机控制器

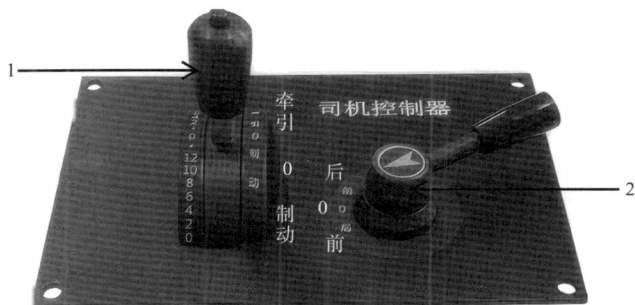

图 7-3-2　手柄挡位
1-主手柄;2-换向手柄

司机控制器的主手柄在牵引指示的"0""*"位有定位;在其他挡位之间为无级调节。在牵引工况下,主手柄向前推;在制动工况下,主手柄向后拉,通过齿轮传动带动电位器滑动端移动,调节输入到电子柜的电压指令,从而达到调节机车牵引力和再生制动力的目的。

换向手柄在每个挡位均有定位,可稳定停留在任意挡位。主手柄和换向手柄之间相互机械联锁,互锁关系同 M3919b 型司机控制器,这里不再赘述。

主手柄是固定式,换向手柄是可取式,只能在"0"位插入或取出。整台机车的 2 个司机控制器合用一只活动手柄,从而保证机车在运行过程中只能操作一台司机控制器,另外一台司机控制器被锁在"0"位,不致引起电路指令发生混乱。

在使用时,先由换向手柄选定机车的行车方向和工况,再操作主手柄来控制机车的速度。主手柄从"0"位往"牵引"区转动时必须按下手柄头部的警惕按钮。在行车过程中,如需要改变机车的工况时,必须将主手柄转回"0"位后,才可进行换向手柄的操作。如司机需要进行异端操作时,必须将本端主司机控制器的主手柄置"0"位,换向手柄置"0"位,取出钥匙手柄,方可进行异端操作。

该司机控制器具有夜间挡位显示功能。夜间显示用"仪表照明"按钮开关控制。夜间行车时,打开"仪表照明"按钮开关,司机控制器的挡位和机车仪表同时发光。

S640U-B CC.007 型司机控制器结构图如图 7-3-3 所示。

二、原理分析

司机控制器辅助触头的闭合状态与手柄位置的对应关系称为闭合表。S640U-B CC.007 型司机控制器主手柄和换向手柄闭合表如图 7-3-4 所示。

由图 7-3-4 可知,当换向手柄在"前"位时,3 号、6 号触点闭合,Ⅰ端司机控制器内,353 线与 502 线、353 线与 505 线接通,Ⅱ端司机控制器内,354 线与 602 线、354 线与 605 接通。同理,当换向手柄在"0"位时,4 号触点闭合,353 线与 503 线、354 线与 603 线接通;当换向手柄在"后"位时,5 号、6 号触点闭合,353 线与 504 线、353 线与 505 线、354 线与 604 线、354 线与 605 线接通。

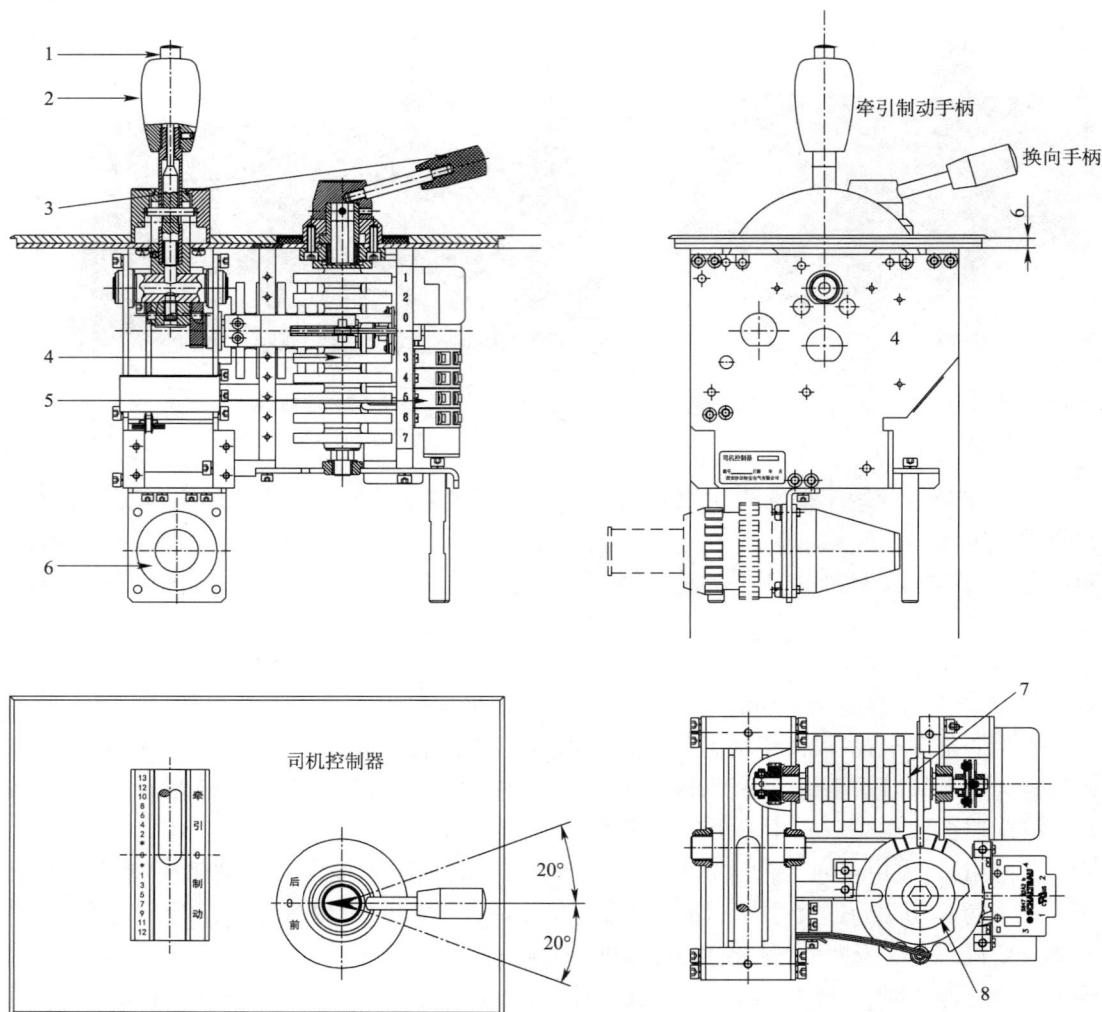

图 7-3-3　S640U-B CC.007 型司机控制器结构图

1-警惕按钮;2-主手柄;3-换向手柄;4-换向轴、换向凸轮;5-辅助触头盒;6-插座;7-主轴、主控制凸轮;8-定位装置

主手柄的闭合关系:当主手柄在"制动"区时,主手柄辅助触点组的 2 号触点闭合,353 线与 506 线、354 线与 606 线接通;当主手柄在"牵引"区时,3 号触点闭合,353 线与 508 线、354 线与 608 线接通;当主手柄在"0"位时,4 号触点闭合,353 线与 507 线、354 线与 607 线接通。

触点的接通将会给电子柜提供相应的方向及工况信息,电子柜根据这些信息执行相应的控制功能。

级位指令是由电位器的电压信号产生,原理与 M3919b 型司机控制器类似,电位器接线图如图 7-3-5 所示。11 号触点和 13 号触点接 DV 24V 电源正极 599a(599c)线,"0"点接 DV 24V 电源负极 500a(500c)线,12 号触点连电位器滑动端,输出线号为 509(609)线。电子柜通过 509 与 599a 或 609 与 599c 之间的电压识别级位指令。

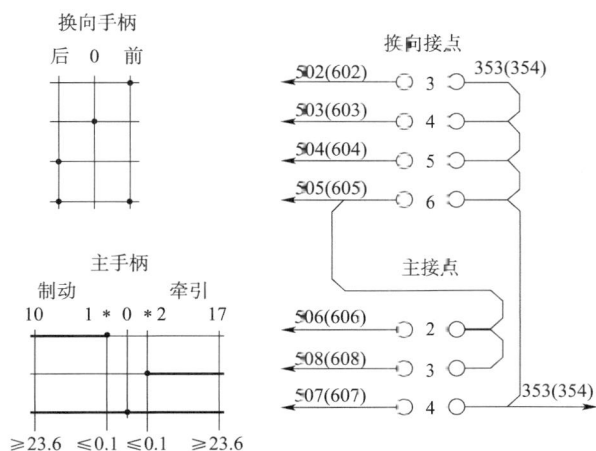

图 7-3-4 HXD3D 型电力机车司机控制器闭合表

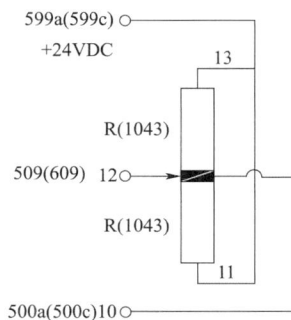

图 7-3-5 电位器接线图

三、特性解析

S640U-B CC.007 型司机控制器主要技术参数见表 7-3-1。

S640U-B CC.007 型司机控制器主要技术参数   表 7-3-1

触头 S847W2A2b 额定参数		电位器特性	
额定电压(Ue)	DC 110V	电阻值	$2 \times 1043\Omega$
约定发热电流(Ith)	10A	独立线性度	1.0%
额定电流(Ie)	1.0A	额定功耗	6W
特点	接点为速动型,具有自净功能;整体密封式结构	使用环境温度	$-40℃ \sim +70℃$
手柄操作力		绝缘电压	AC 500V,50Hz
主手柄操作力	≤49N	电位器输入电压	DC 24V
换向手柄操作力	≤49N	电位器输出电压	当控制手柄在"0"位转到"*"位时,输出电压≤0.1V DC
防护等级(污染等级3)			当控制手柄在"牵引17"位和"制动10"时,输出电压值≥23.6V DC,对称误差≤0.3V
整机	IP00	寿命	
触头	IP00(接线部分) IP60(触点部分)	机械寿命	$>1 \times 10^6$ 次
电位器	IP60	电寿命	$>1 \times 10^5$ 次

四、要点凝练

S640U-B CC.007 型司机控制器用于 HXD3D 型电力机车,与 M3919b 型司机控制器相比,其不同之处如下:

(1)司机控制器面板上没有钥匙开关。钥匙开关在扳键开关组上。两个司机控制器的警惕按钮都安装在主手柄头部。

(2)未采用编码器,仍采用凸轮+辅助触头盒的结构,单根线得电的方式提供方向、工况指令(图 7-3-4 闭合表),级位指令产生的原理相同(图 7-3-5)。

7-4 整备员工作页 司机控制器整备检查作业

一、工序卡

司机控制器整备检查作业工序卡见附录 7。

二、司机控制器整备检查记录单

温馨提示

考虑到各院校实训设备的差异,所用司机控制器型号不尽相同,因此本记录单做成了通用型,对于司机控制器的型号及检查标准里的具体参数以空白形式留出来,大家可根据具体情况进行填写。M3919b 型司机控制器的检查标准可参见本节后面附的答案。

_____型司机控制器整备检查记录单(本地趟检)

车型		车号		司机控制器型号		检查时间	
序号	部位	检查内容及标准				主要工具	检查情况
1	铭牌标志	司机控制器的铭牌及标志符号应齐全、完整、清晰、正确				手电筒	
2	各部件电连接	司机控制器各部件应清扫干净,绝缘性能良好,对外连接插座连接正确,零部件齐全、完整				手电筒	
3	控制手柄	控制手柄在各个挡位之间应转动灵活,无机械卡阻,相邻两挡位之间不应出现停滞现象				手电筒	
4	换向手柄	换向手柄在各个挡位之间应转动灵活,无机械卡阻,相邻两挡位之间不应出现停滞现象。换向手柄在"0"位时,应能顺利拔出				手电筒	
5	互锁关系	司机控制器控制手柄与换向手柄之间的联锁关系应正确无误				手电筒	
6	钥匙开关	钥匙开关与控制、换向手柄之间的机械连锁作用正常				手电筒	
检查人						审核	

三、整备检查记录单填写样例

1.参考数据
略。

2.工具材料
整备检查工作所需工具材料如下。

（1）装备

司机控制器检修工作台、司机控制器试验台。

（2）工具

六角头起子（专用工具）、一字螺丝刀（通用）、防松标记笔、毛刷、橡胶锤、风枪及风管、手电筒。

（3）材料

酒精、乐泰胶242、AB复合胶、环氧树脂胶、抹布。

3.安全注意事项
（1）穿戴好工装、手套。

（2）小心触电、气压危险。

7-5 检修员工作页　司机控制器检修

本节以 HXD1C 型电力机车上使用的 M3919b 型司机控制器为例,介绍司机控制器 C4 级检修的作业内容,包括检修周期、作业流程及具体的作业内容。各院校可根据自己的实训条件,有选择性地进行教学实施。

各型号司机控制器检修流程基本相同,但因结构不同,导致具体某个步骤的检修操作和参数也有所不同,感兴趣的同学可自主进行对比学习。

一、引用标准及适用范围

（1）引用标准:《HXD1C 型电力机车检修技术规程（C1-C4 修）》《M3919b 型司机控制器使用维护说明书》。

（2）本准则规定了 HXD1C 型电力机车司机控制器的检修工艺流程、技术要求及质量标准。

（3）本工艺适用于 HXD1C 型电力机车 M3919b 型司机控制器 C4 修修程。

二、检修计划

司机控制器各检修等级检修项目一览表见表 7-5-1。表 7-5-1 规定的走行公里数或间隔期内（以先到为准）,应实施相应的检修工作。

司机控制器各检修等级检修项目一览表 表 7-5-1

修程		日常检查	C1	C2	C3	C4
里程要求			7×(1±10%)万 km	13×(1±10%)万 km	25×(1±10%)万 km	50×(1±10%)万 km
时间要求		不超过1个月	不超过3个月	不超过6个月	不超过1年	不超过3年
1.外观检查	(1)检查司机控制器正面。正面铭牌标志应清晰、齐全、干净。司机控制器面板上各螺钉紧固	√	√	√	√	√
	(2)检查司机控制器反面。各辅助触头接线紧固,线号正确,线束无过热、无变色	√	√	√	√	√
	(3)检查司机控制器各处线束状态,无过热、无变色、无破皮,线号齐全,绑扎良好		√	√	√	√
	(4)外观检查插座。打开防护胶纸,检查各插针无缩针、无过热、无变色、无氧化。内部清洁状态良好					√
	(5)检查辅助触头。触头外观透明度良好,无开裂、拉弧现象					√
	(6)检查电位器。检查电位器安装牢固,各线焊接良好,无变色					√
	(7)检查各手柄及转换开关是否动作良好					√
	(8)检查机械联锁机构的联锁关系是否满足要求					√
	(9)对司机控制器钥匙开关检查。钥匙开关转动力度适中,不紧、不松					√
2.测量	(1)测量手柄扭力					√
	(2)绝缘电阻测试					√
3.试验	(1)互锁关系测试					√
	(2)电性能试验					√
	(3)通电试验					√

三、工具材料

1.工具设备

司机控制器检修所需的工具设备见表 7-5-2。

序号	名称	规格型号	单位	数量
1	司机控制器试验台	专用	台	1
2	500V 兆欧表	通用	个	1
3	测力计	通用	个	1
4	一字螺丝刀	通用	个	1
5	十字螺丝刀	通用	个	1
6	斜口钳	通用	个	1
7	尖嘴钳	通用	个	1
8	毛刷	通用	把	1
9	风枪及风管	通用	把	1
10	手电筒	通用型	把	1

2. 材料

司机控制器检修所需物料有酒精、乐泰胶 242、AB 复合胶、环氧树脂胶、抹布。

四、C4 级检修作业

司机控制器 C4 级检修作业流程：清扫（5min）→外观检查（25min）→测量（15min）→试验（25min）→复查（5min）。

1. 清扫

用毛刷或 0.2～0.3MPa 的压缩空气对司机控制器进行清扫。

2. 外观检查

（1）司机控制器正面检查

正面铭牌标志清晰、齐全、干净。面板上各螺钉紧固。

（2）司机控制器反面检查

各辅助触头接线紧固，线号正确，线束无过热、无变色。

（3）司机控制器各处线束状态检查

检查司机控制器各处线束状态，无过热、无变色、无破皮，线号齐全，绑扎良好。

（4）插座检查

打开防护胶纸，检查插座各插针无缩针，无过热、无变色、无氧化。内部清洁状态良好。

（5）辅助触头检查

外观检查辅助触头，对辅助触头逐个进行检查：

①触头外观透明度良好，无拉弧现象。

②触头无开裂现象，吸弧磁铁齐全。

③辅助触头与扳键之间螺栓紧固。

（6）电位器检查

检查电位器安装牢固，各线焊接良好，无变色。

（7）钥匙开关检查

钥匙开关转动力度适中，不紧、不松。转动钥匙时，钥匙开关配套辅助触头作用正常。

3. 测量

（1）测量手柄扭力

松开牵引/制动单元手柄上方手柄帽，对司机控制器牵引/制动单元手柄扭力进行测量。方向转换开关在"前"位或"后"位，向前推动手柄至"牵引"区，然后使用测力计拖动手柄螺帽处，使手柄移转，记录显示值。然后再拉回"制动"区，进行测试。测量值不应小于50N。

注意：手柄在"0"位、1/3级、2/3级位处，因需带动联锁触头，这几个点位的力度不计。

（2）测量绝缘电阻

用500V兆欧表测量触头、插座导线对地绝缘电阻值，应不小于10MΩ。

4. 试验

（1）互锁关系测试

检查机械联锁机构的联锁关系是否满足钥匙开关、牵引/制动单元及方向转换开关之间的互锁关系。

（2）电性能检查

①操作手柄、手轮，利用试验台的电阻测试仪对司机控制器辅助触头的接触电阻进行测，并且辅助触头的开闭状态应与图纸中所给的闭合表相符。

②电位器的检查，在电位器的1、3端加直流15V，测量2、3端的电压应满足：

a. "0"位、牵引"0"位、制动"0"位，辅助司机控制到"向前"和"向后"起始位时，电压≤0.1V。

b. 从牵引"0"位到牵引区的最大级位及制动"0"位到制动区的最大级位时，电压变化应相同，输出电压在8.8~9V范围内。调整好电位器后，拧紧紧固螺栓，并做好防松标记。

（3）功能试验

将司机控制器安装在试验台上，接通DC 110V电源，对司机控制器进行操作，检测司机控制器功能，包括钥匙开关、换向功能、手柄级位功能等试验。

5. 复查

恢复司机控制器外插头的防护，同时再次检查辅助触头组各处接线是否正常，安装螺栓是否紧固。

说明：各线走向应不超过安装螺栓孔位，不会出现接磨其他部件的现象。

7-6 乘务员工作页　司机控制器应急故障处理

本部分参照《HXD3型电力机车应急故障处理（试行）》进行编写，给出了司机控制器常见故障的应急处理方法。本部分是培养机车车辆乘务员应急故障处理技能的重要模块。

一、运行途中，调速手柄回"0"位，状态指示屏"零位"灯不亮时的处理

（1）活动调速手柄，重新置"0"位。

（2）点击状态指示屏"自检"按钮，若"0"灯不亮，则为"0"灯故障，其不影响机车的牵引与电制动，可继续运行。但在退回调速手柄时，注意确认手柄回到"0"位。

（3）若司机控制器故障，造成调速手柄回不到"0"位时，应尽量维持运行到前方站停车，再按"更换司机控制器"的方法（详见下一条）更换司机控制器后维持运行。

二、更换司机控制器

1. 拆除

（1）断开控制电器柜上"蓄电池"自动开关 QA61。

（2）拔下换向手柄、电缆插头。

（3）利用面板背后的螺栓将面板顶起，取下面板。

（4）拆下司机控制器安装板上的安装螺钉，取下司机控制器。

2. 安装

（1）安放司机控制器，安装、紧固司机控制器安装板上的安装螺钉。

（2）安装面板。

（3）安装、紧固插头，插入换向手柄。

（4）闭合控制电器柜上"蓄电池"自动开关 QA61。

三、运行途中，实施电制动时，状态指示屏"电制动"灯显示不正常时的处理

（1）准备实施电制动，调速手柄进入"制动"区，状态指示屏"电制动"灯不亮时：

①调速手柄回"0"位，再重新进入"制动"区。

②采用固定重联运行方式时，通过微机显示屏确认，若另一机车正常时，则电、空配合，维持运行。

③使用空气制动，维持运行。

（2）在电制动过程中，状态指示屏"电制动"灯由亮变灭时：

①根据列车速度、线路纵断面、牵引质量等情况，准备或立即实施空气制动，谨防列车超速。

②调速手柄回"0"位，重新缓慢进行电制动操作。

③若电制动作用正常，仅状态指示屏"电制动"灯由亮变灭时，立即点击状态指示屏"自检"按钮，若"电制动"灯仍不亮，则判定为电制动灯故障，可继续维持运行，回段报修。

7-7 理论拓展　电器触头为什么会出现熔焊现象？

触头在多次接通或断开有载电路后，其接触表面将产生磨耗和损坏，这种现象称为触头的磨损。熔焊是触头磨损的一种表现形式。触头磨损达到一定程度后，其工作性能便不能保证，此时，触头的寿命即告终结。继电器和接触器的电寿命主要取决于触头的寿命。

一、触头磨损的原因

触头磨损包括机械磨损、化学磨损和电磨损。

机械磨损是在触头闭合和打开时由研磨、机械碰撞所造成的,它使得触头接触面产生压皱、裂痕或塑性变形和磨损。

化学磨损是由周围介质中的腐蚀性气体或蒸汽对触头材料侵蚀所造成的。它使得触头表面形成非导电性薄膜,致使接触电阻变大,且不稳定,甚至完全破坏了触头的导电性能。这种非导电性薄膜在触头相互碰撞及触头压力作用下,逐渐剥落,形成金属材料的损耗。机械磨损和化学磨损一般很小,约占全部磨损的10%。

触头的磨损主要取决于电磨损。电磨损主要发生在触头的闭合和开断过程中,尤其以触头开断过程中产生的电磨损为主。触头在闭合电流时产生的电磨损,主要是由触头碰撞引起的振动所产生的。触头在开断电流时产生的电磨损,主要是由高温电弧造成的。

二、触头的电磨损

触头在开断与闭合电路的过程中,在触头间隙中会产生金属液桥、电弧和火花放电等各种现象,引起触头材料的金属转移、喷溅和汽化,使触头材料发生损耗和变形,这种现象称为触头的电磨损。触头的电磨损直接影响电器的寿命。

触头的电磨损形式主要有以下两种。

1. 液桥的形成和金属转移

触头开断时,在从触头完全闭合到触头刚开始分离的时间内,先是触头的接触压力和接触点数目逐渐减小,接触电阻越来越大,这样就使接触点的电流密度急剧增加,由此产生的热量促使接触处的金属熔化,形成所谓的金属液体滴。触头继续开断时,将金属液体滴拉长,形成液态金属桥(简称液桥)。由于温度沿液桥的长度分布不对称,且其最大值是发生在靠近阳极的地方,因此,使金属熔液由阳极转移到阴极。实践证明,由于液桥的金属转移作用,经过很多次的操作后,触头的阳极会因金属损耗而形成凹坑,阴极则因金属增多而形成针刺,凸出于接触表面。

在弱电流电器(如继电器)中,液桥对触头的电磨损有着重要的影响。

2. 电弧对触头的腐蚀

电弧对触头的腐蚀十分严重,电弧磨损要比液桥引起的金属转移高出5~10倍。

当负荷电流超过20A,甚至达到几百安或上千安时,电弧的温度极高,触头间距离又较大,一般都有电动力吹弧,再加上强烈的金属蒸气热浪冲击,往往把液态金属从触头表面吹出,向四周飞溅。这种磨损与小功率电弧的磨损是不同的,金属蒸气再度沉积于触头接触表面上的概率已大大减小,使触头阴极、阳极都遭到严重磨损,由于触头阳极温度高于阴极温度,所以阳极磨损更为严重。

在较大电流电路触头闭合过程中,触头刚刚接触时会存在振动过程,在反复开合的振动过程中,会产生电弧,很高的弧温会使触头表面金属熔化。当触头完全闭合,静止不动时,熔化的金属便会将两个触头粘连在一起,形成熔焊现象。

三、减小触头的电磨损的方法

减小触头的电磨损,提高触头的寿命,一般从两方面着手,即减小触头在开断过程中的磨损和减小触头在闭合过程中的磨损。

1.减小触头在开断过程中的磨损

减小触头在开断过程中的磨损,即减小触头在开断时的电弧。其方法如下:

(1)合理选择灭弧系统的参数,如磁吹的磁感应强度 B。若 B 值过小,吹弧电动力过小,电弧在触头上停留时间较长,触头的电磨损增加;若 B 值过大,吹弧电动力过大,会把触头间熔化的金属液桥吹走,触头的电磨损也增加。因此,有一个最佳的 B 值,在该值下触头的电磨损最小。

(2)对于交流电器(如交流接触器)宜采用去离子栅灭弧系统,利用交流电流通过自然零点时不再重燃而熄弧,减小触头的电磨损。

(3)采用熄灭电弧的电路,以减小触头的电磨损。这种方法就是在弱电流触头电路中,在触头上并联电阻、电容,以熄灭触头上的电弧。这种熄弧电路对开断小功率直流电路很有效。

(4)正确选用触头材料。例如,钨、钼的熔点和汽化点高,因此,钨、钼及其合金具有良好的抗磨损特性;银、铜的熔点与汽化点低,其抗磨损性较差。

2.减小触头在闭合过程中的磨损

触头在闭合过程中的磨损,主要是由触头在闭合过程中的机械振动所引起的。因此,为了减小触头的电磨损,必须减小触头的机械振动。

7-8 实践拓展　常用的检修工具——电子秒表

一、功能

电子秒表(图 7-8-1)是一种常用的测时仪器。电子秒表一般具有秒表、定时器、步速器、时钟、定闹钟等功能。

图 7-8-1　电子秒表外观

二、使用说明

1. 秒表功能

按 S2, 置于秒表功能状态, 如图 7-8-2 所示。

(1) 基本秒表功能

①按 S1, 秒表开始计时; 再按 S1, 秒表停止计时, 如图 7-8-3 所示。按 S4, 复零。

图 7-8-2 秒表功能状态

图 7-8-3 按 S1 停止计时

②再按 S1, 累加计时; 再按 S1, 停止计时。如此反复, 实现累加计时。

③按 S4, 复零。

(2) 标准分段计时

①按 S3, 置于标准分段计时状态, 如图 7-8-4 所示。按 S1, 开始计时。

②按 S4, 第一段计时结束, 第二段计时开始, 显示第一段时间, 如图 7-8-5 所示。

图 7-8-4 标准分段计时状态

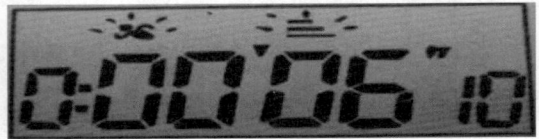

图 7-8-5 第一段计时结束

③按 S1, 第二段计时结束, 仍显示第一段时间, 如图 7-8-6 所示。

④按 S4, 显示第二段时间, 如图 7-8-7 所示。

图 7-8-6 仍显示第一段时间

图 7-8-7 显示第二段时间

⑤按 S4, 复零。

2. 定时器

按 S2, 置秒表于定时状态, 如图 7-8-8 所示。

(1) 定时设置

①按 S4 3s, 使秒表处于调整秒状态, 如图 7-8-9 所示。

图 7-8-8 秒表定时状态

图 7-8-9 调整秒状态

②按 S1,设置秒定时,如图 7-8-10 所示。

③按 S4,使秒表处于调整分状态,如图 7-8-11 所示。

图 7-8-10 设置秒定时

图 7-8-11 调整分状态

④按 S1,设置分定时,如图 7-8-12 所示。

⑤按 S4,使秒表处于调整小时状态,如图 7-8-13 所示。

图 7-8-12 设置分定时

图 7-8-13 调整小时状态

⑥按 S1,设置小时定时,如图 7-8-14 所示。

⑦按 S4,定时设置完成。

(2)反复倒计时

①按 S3,使秒表处于反复倒计时状态,如图 7-8-15 所示。

图 7-8-14 设置小时定时

图 7-8-15 反复倒计时状态

②按 S1,以设定时间为起点,反复倒计时。

③按 S1,停止倒计时;按 S4,恢复到原位。

三、注意事项

（1）使用电子秒表时要轻拿轻放，妥善保管。
（2）按秒表按键时不要用力过猛，以防损坏机件。

7-9 新技术　复兴号智能动车组将亮相济青高铁

自 2023 年 4 月 26 日起，复兴号智能动车组首次亮相胶济客运专线、济青高速铁路。复兴号智能动车组如图 7-9-1、图 7-9-2 所示。

图 7-9-1　复兴号智能动车组外观

图 7-9-2　车厢顶部的宽屏电视

本次投入运营的 CR400AF-Z 型复兴号智能动车组采用标准的 8 节车厢编组形式，定员578 人。车身外观以"瑞龙智行"为主题，"复兴号" 3 个金色大字苍劲而醒目，红色、橙色、黄色的三色"飘带"贯穿全车，整体给人飘逸灵动的感觉。在拥有华丽的外表同时，复兴号智能动车组的车厢内更是充满了"科技感"。全车空调采用智能温度调节系统，车内温度控制在最佳体感温度；车厢顶部设有 29 寸宽屏电视，能够左右分屏，同时显示列车运行信息和视频节目；卫生间可实现光亮自动调节，并增加"禁止吸烟"语音提示。

图 7-9-3　复兴号智能动车组商务座椅

车厢座椅均基于人体工程学进行优化，二等座椅靠背上增加方便旅客使用的 USB 充电接口；加深小桌板杯托凹槽深度，提高水杯放置的稳定性。一等座椅增加电动腿靠、可调节头靠，座椅间设置双 USB 口插座，方便旅客使用。商务车厢采用"鱼骨式"布局，一人一舱，保证了乘坐私密性；座椅（图 7-9-3）增加无线充电、手机投屏、在线观影等功能，满足商务旅客的需求。4 号车厢为无障碍车厢，配备更宽的通过门、无障碍卫生间、轮椅及大件行李放置区等，所有服务设施均增加盲文标识,更好地满足了特殊旅客的出行需求。

复兴号智能动车组全列设有 3300 多个监测点,对列车的走行部状态、轴承温度与振动、牵引制动系统等进行"全息化"监测。全车采用以太网控车、车载安全监测等 9 项智能运维和监控系统,列车网络和车厢视频实现联动,在列车运行途中遇有突发应急事件报警时,可快速反应,提高突发事件的处置效率。

(资料来源:学习强国 > > 国家工程,复兴号智能动车组将亮相济青高铁 带您先睹为快,https://www. xuexi. cn/lgpage/detail/index. html? id = 13032709487192397858&item_id = 13032709487192397858)

7-10 拓 展 训 练

请根据本模块内容,利用智慧职教铁道机车运用与维护专业教学资源库等专业资源平台、智慧职教 MOOC 学院"电力机车电气设备的检查与维护"在线课程等数字化资源及公共网站等途径,完成下面的任务。

任务 1:请收集 HXD2C 型电力机车用司机控制器的图片及相关资料,并与本模块介绍的 HXD1C 型、HXD3D 型电力机车用司机控制器进行对比分析,制作 PPT,课堂上进行分享。

PPT 要求:不少于 5 页,图片清晰,配备必要的文字说明。

其他要求:能理解制作的 PPT 内容,能流利地讲解。

任务 2:请收集电力机车用司机控制器的检修和故障处理方面的视频。

要求:每组收集 1 ~ 2 个视频,了解司机控制器的工作状态、可能出现的故障及如何检修,从而加深对机车运行过程中司机控制器的工作状态、面临的考验等实际工况的理解,进行课上分享。

任务 3:请收集动车组、城轨车辆用司机控制器相关资料,完成下面的表格,并与电力机车用司机控制器的结构和性能进行对比分析。

项目	CRH380A 型	CRH380B 型	CR200 型	城市轨道交通车辆
结构特点				
方向指令、级位指令产生的原理				

模块 8

电气屏柜检修与整备

趣味导入

电力机车需要将来自接触网的 25 kV 高压进行一系列变换和控制后,供牵引电机、压缩机、冷却风机、空调、加热装置等电气设备使用。因此,电力机车具有一个庞大的电气系统。这套电气系统中,除了要用到我们前面介绍的受电弓、主断路器、主变压器、变流器、牵引电机、司机控制器等单独成套的电气设备之外,还要用到继电器、接触器、转换开关等数量众多的小电器。为了方便制造、检修、查找故障等,电力机车上通常把这些小电器按功能分别集中安装在几个屏柜中,我们把这些屏柜统称为电气屏柜。

电力机车因车型不同,电气屏柜的功能、分类也有较大不同。比如,HXD1C 型电力机车有 4个电气屏柜,分别是低压电器柜、蓄电池柜、第三方设备柜、控制电源柜;HXD3D 型电力机车有 10个电气屏柜,分别是控制电器柜、第三方设备柜、列车供电柜、微机柜、110V 电源柜、6A 系统柜、辅助滤波柜、蓄电池柜、蓄电池充电器柜、高压柜等。由此可见,各车型电气屏柜有很大区别。因此,本模块将按车型,分别介绍 HXD1C 型、HXD2C 型、HDX3D 型三种典型电力机车的电气屏柜。

学习目标

能力目标

1. 能正确使用检修作业中所需的设备和工具。

2. 能熟练完成 HXD1C 型、HXD2C 型、HXD3D 型电力机车各电气屏柜检查、检修及各项试验。

3. 能完成零部件更换工作。

4. 能熟悉各电气屏柜应急故障处理流程。

知识目标

1. 了解各电气屏柜的功能、安装位置及性能要求。

2. 理解各电气屏柜主要技术参数。

3. 掌握各电气屏柜内部设备布置及各部件功能。

素养目标

在电气屏柜整备检查及检修作业过程中,注意作业安全,以严谨、细致、认真的工作态度进行规范操作,养成精益求精的工作习惯。

┃┃┃ 建议学时 ┃┃┃

4 学时。

┃┃┃ 学习导航 ┃┃┃

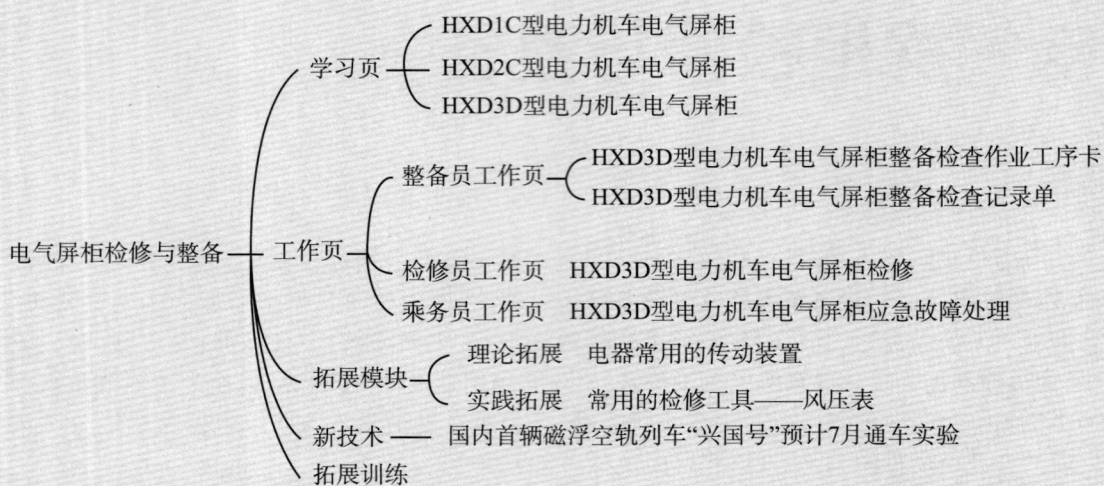

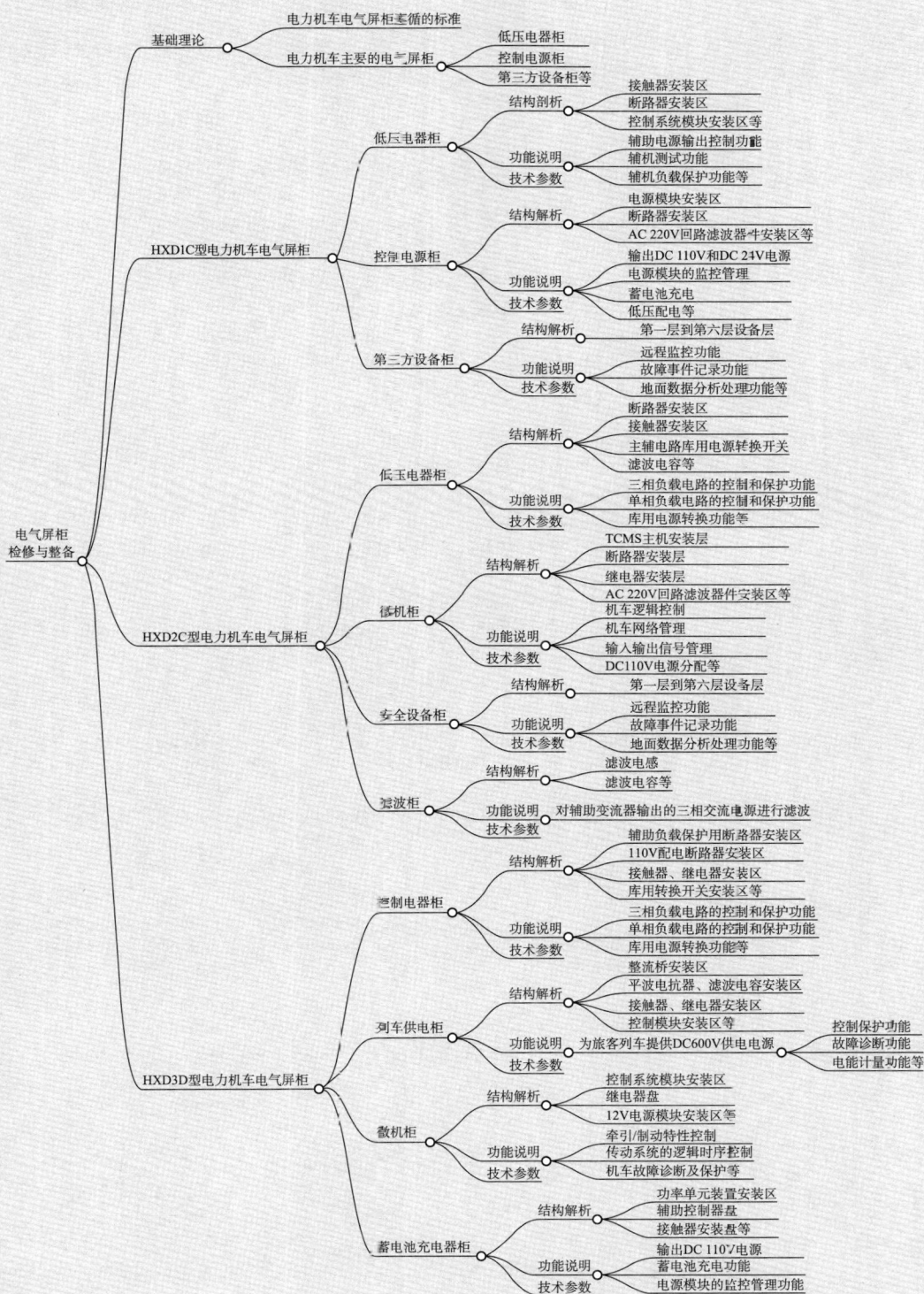

电气屏柜检修与整备

- 基础理论
  - 电力机车电气屏柜遵循的标准
  - 电力机车主要的电气屏柜
    - 低压电器柜
    - 控制电源柜
    - 第三方设备柜等

- HXD1C型电力机车电气屏柜
  - 低压电器柜
    - 结构剖析
      - 接触器安装区
      - 断路器安装区
      - 控制系统模块安装区等
    - 功能说明 / 技术参数
      - 辅助电源输出控制功能
      - 辅机测试功能
      - 辅机负载保护功能等
  - 控制电源柜
    - 结构解析
      - 电源模块安装区
      - 断路器安装区
      - AC 220V回路滤波器件安装区等
    - 功能说明 / 技术参数
      - 输出DC 110V和DC 24V电源
      - 电源模块的监控管理
      - 蓄电池充电
      - 低压配电等
  - 第三方设备柜
    - 结构解析
      - 第一层到第六层设备层
    - 功能说明 / 技术参数
      - 远程监控功能
      - 故障事件记录功能
      - 地面数据分析处理功能等

- HXD2C型电力机车电气屏柜
  - 低压电器柜
    - 结构解析
      - 断路器安装区
      - 接触器安装区
      - 主辅电路库用电源转换开关
      - 滤波电容等
    - 功能说明 / 技术参数
      - 三相负载电路的控制和保护功能
      - 单相负载电路的控制和保护功能
      - 库用电源转换功能等
  - 微机柜
    - 结构解析
      - TCMS主机安装层
      - 断路器安装层
      - 继电器安装层
      - AC 220V回路滤波器件安装区等
    - 功能说明 / 技术参数
      - 机车逻辑控制
      - 机车网络管理
      - 输入输出信号管理
      - DC110V电源分配等
  - 安全设备柜
    - 结构解析
      - 第一层到第六层设备层
    - 功能说明 / 技术参数
      - 远程监控功能
      - 故障事件记录功能
      - 地面数据分析处理功能等
  - 滤波柜
    - 结构解析
      - 滤波电感
      - 滤波电容等
    - 功能说明 / 技术参数
      - 对辅助变流器输出的三相交流电源进行滤波

- HXD3D型电力机车电气屏柜
  - 控制电器柜
    - 结构解析
      - 辅助负载保护用断路器安装区
      - 110V配电断路器安装区
      - 接触器、继电器安装区
      - 库用转换开关安装区等
    - 功能说明 / 技术参数
      - 三相负载电路的控制和保护功能
      - 单相负载电路的控制和保护功能
      - 库用电源转换功能等
  - 列车供电柜
    - 结构解析
      - 整流桥安装区
      - 平波电抗器、滤波电容安装区
      - 接触器、继电器安装区
      - 控制模块安装区等
    - 功能说明 / 技术参数
      - 为旅客列车提供DC600V供电电源
        - 控制保护功能
        - 故障诊断功能
        - 电能计量功能等
  - 微机柜
    - 结构解析
      - 控制系统模块安装区
      - 继电器盘
      - 12V电源模块安装区等
    - 功能说明 / 技术参数
      - 牵引/制动特性控制
      - 传动系统的逻辑时序控制
      - 机车故障诊断及保护等
  - 蓄电池充电器柜
    - 结构解析
      - 功率单元装置安装区
      - 辅助控制器盘
      - 接触器安装盘等
    - 功能说明 / 技术参数
      - 输出DC 110V电源
      - 蓄电池充电功能
      - 电源模块的监控管理功能

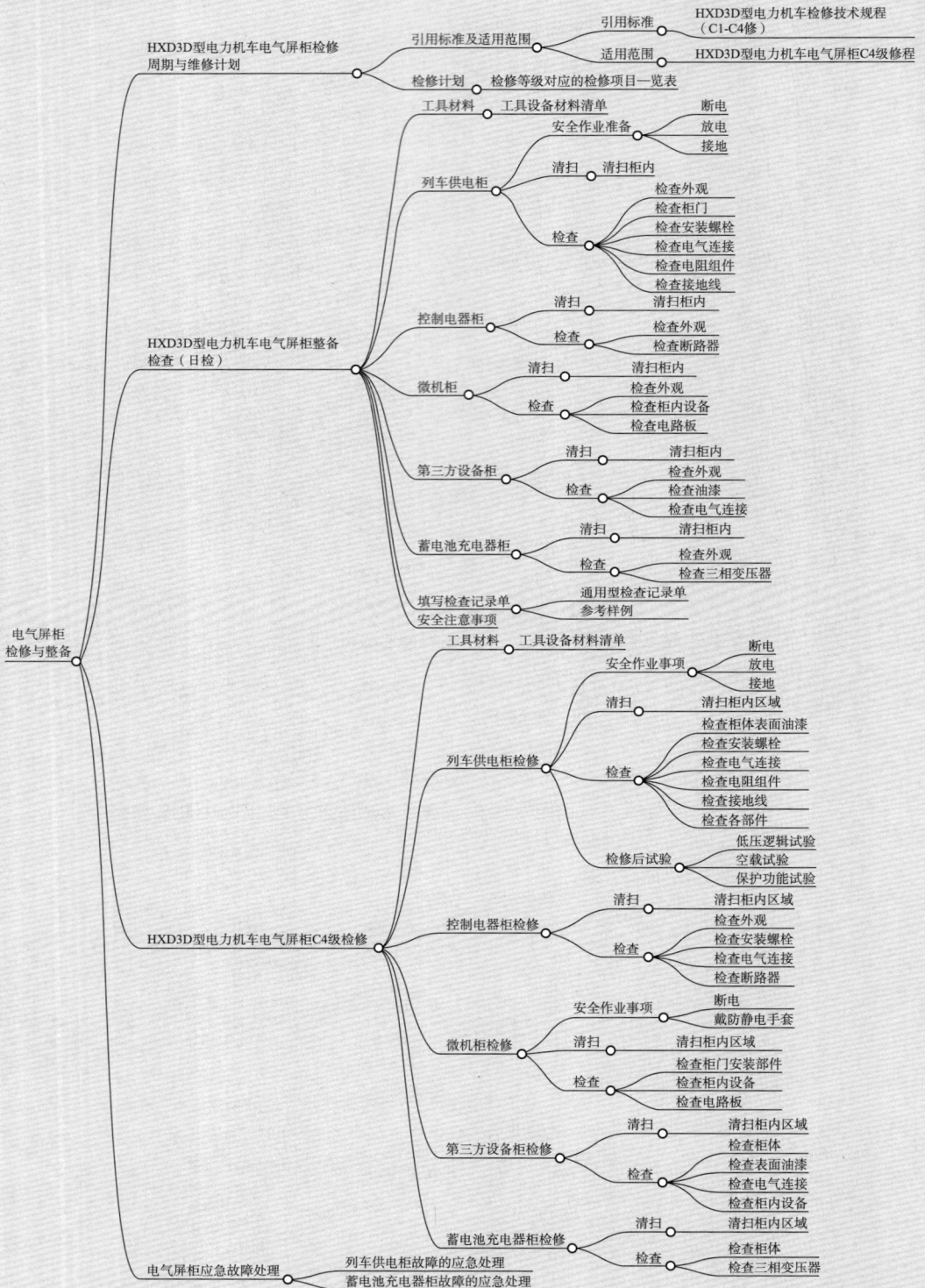

能力图谱

- 电气屏柜检修与整备
  - HXD3D型电力机车电气屏柜检修周期与维修计划
    - 引用标准及适用范围
      - 引用标准 — HXD3D型电力机车检修技术规程（C1-C4修）
      - 适用范围 — HXD3D型电力机车电气屏柜C4级修程
    - 检修计划 — 检修等级对应的检修项目一览表
  - HXD3D型电力机车电气屏柜整备检查（日检）
    - 工具材料 — 工具设备材料清单
    - 列车供电柜
      - 安全作业准备
        - 断电
        - 放电
        - 接地
      - 清扫 — 清扫柜内
      - 检查
        - 检查外观
        - 检查柜门
        - 检查安装螺栓
        - 检查电气连接
        - 检查电阻组件
        - 检查接地线
    - 控制电器柜
      - 清扫 — 清扫柜内
      - 检查
        - 检查外观
        - 检查断路器
    - 微机柜
      - 清扫 — 清扫柜内
      - 检查
        - 检查外观
        - 检查柜内设备
        - 检查电路板
    - 第三方设备柜
      - 清扫 — 清扫柜内
      - 检查
        - 检查外观
        - 检查油漆
        - 检查电气连接
    - 蓄电池充电器柜
      - 清扫 — 清扫柜内
      - 检查
        - 检查外观
        - 检查三相变压器
    - 填写检查记录单
      - 通用型检查记录单
      - 参考样例
    - 安全注意事项
  - HXD3D型电力机车电气屏柜C4级检修
    - 工具材料 — 工具设备材料清单
    - 列车供电柜检修
      - 安全作业事项
        - 断电
        - 放电
        - 接地
      - 清扫 — 清扫柜内区域
      - 检查
        - 检查柜体表面油漆
        - 检查安装螺栓
        - 检查电气连接
        - 检查电阻组件
        - 检查接地线
        - 检查各部件
      - 检修后试验
        - 低压逻辑试验
        - 空载试验
        - 保护功能试验
    - 控制电器柜检修
      - 清扫 — 清扫柜内区域
      - 检查
        - 检查外观
        - 检查安装螺栓
        - 检查电气连接
        - 检查断路器
    - 微机柜检修
      - 安全作业事项
        - 断电
        - 戴防静电手套
      - 清扫 — 清扫柜内区域
      - 检查
        - 检查柜门安装部件
        - 检查柜内设备
        - 检查电路板
    - 第三方设备柜检修
      - 清扫 — 清扫柜内区域
      - 检查
        - 检查柜体
        - 检查表面油漆
        - 检查电气连接
        - 检查柜内设备
    - 蓄电池充电器柜检修
      - 清扫 — 清扫柜内区域
      - 检查
        - 检查柜体
        - 检查三相变压器
  - 电气屏柜应急故障处理
    - 列车供电柜故障的应急处理
    - 蓄电池充电器柜故障的应急处理

8-1 HXD1C 型电力机车电气屏柜

　　铁路电力机车上使用的电气屏柜依据的总准则是《机车电气屏柜》(TB/T 15C8—2016)。另外,各类型电气屏柜丕需遵循相关领域相关标准,如列车供电柜还需遵循现行《轨道交通　机车车辆用电力变流器　第 1 部分:特性和试验方法》(GB/T 25122.1—2018)中的相关规定。

　　本节介绍 HXD1C 型电力机车电气屏柜。HXD1C 型电力机车有 4 个电气屏柜,分别是低压电器柜、控制电源柜、蓄电池柜、第三方设备柜。

　　HXD1C 型电力机车电气屏柜在车上的安装位置如图 8-1-1 所示。

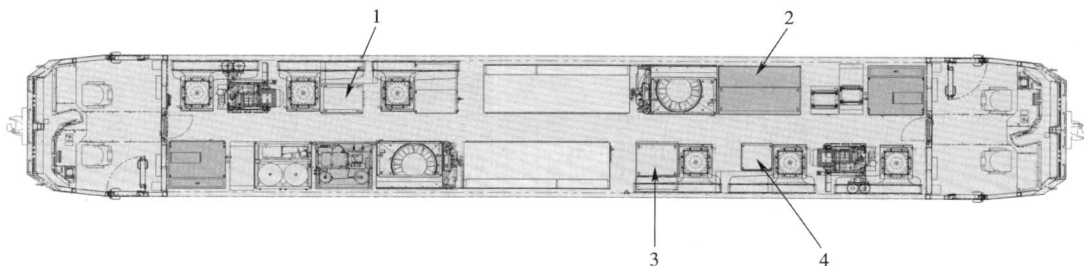

图 8-1-1　HXD1C 型电力机车电气屏柜在车上的安装位置图
1-第三方设备柜;2-低压电器柜;3-蓄电池柜;4-控制电源柜

一、低压电器柜

1.结构解析

HXD1C 型电力机车低压电器柜外形如图 8-1-2 所示。

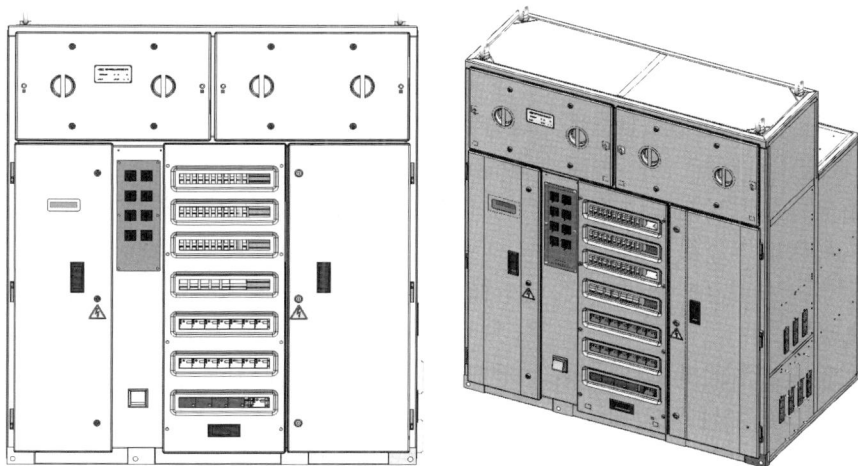

图 8-1-2　HXD1C 型电力机车低压电器柜外形图

HXD1C 型电力机车低压电器柜内部主要安装如下功能电路的电器元件：

（1）辅助回路1、辅助回路2的电源接触器、拓展供电接触器（也称为故障联络接触器）、库内辅机试验接触器、压缩机接触器等。

（2）DC 110V 配电用的单极断路器。

（3）牵引风机、冷却塔风机、压缩机、水泵、油泵等辅助电机（以下简称辅机）过流、短路保护用的三极断路器。

（4）机车控制系统的 GWM、VCM、ERM、DXM、DIM 模块、电度表。

（5）屏柜对内、对外电气连接用的接线端子和连接器等。

图 8-1-3 所示为低压电器柜柜内设备布置图。低压电器柜上部柜体安装机车网络控制系统的 GWM、VCM、ERM、DXM、DIM 模块。下部柜体分为左柜、中柜和右柜。中柜柜门安装断路器、转换开关、DC 110V 插座等，中间安装接触器等器件，下部安装辅助回路进线端子。左柜上部安装数字式电度表，中、下部安装库内动车转换装置；后部安装继电器等器件。右柜柜体上安装控制回路连接器。

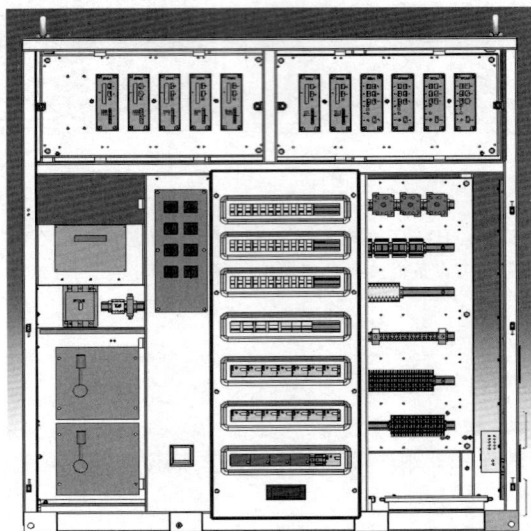

图 8-1-3　低压电器柜柜内设备布图

低压电器柜的底架用3个长T形螺杆和3个短T形螺杆固定；顶架有4个 M20×35 吊环，用于吊装低压电器柜，吊环高度为 69mm。

柜体底架有接地线与车体连接，柜内所有的电器安装板均有接地线与柜体连接，所有柜门也有接地线与柜体连接。

低压电器柜采用自然通风方式，与机械间同温，模块下面的金属隔板开 $\phi8$ 的通风孔。

2. 功能说明

低压电器柜承担辅助电源（定频和变频）输出控制、辅机测试、辅机负载保护等功能。

（1）辅助电源输出控制功能

机车正常情况下，辅助接触器1（=31－K10）、辅助接触器2（=31－K20）闭合，拓展供电接触器（=31－K02）断开，辅助电源1提供变频 AC 440V 电源给牵引通风机、冷却塔风机等变频类辅机负载,辅助电源 2 提供定频 AC 440V 电源给压缩机、油泵、水泵、牵引变流器风机、空调等定频类辅机负载。在辅助电源 1 或辅助电源 2 出现故障时,辅助接触器 1 或辅助接触器 2 断开,拓展供电接触器(=31 – K02)闭合,由 1 组辅助电源为所有辅机负载提供定频 AC 440V 电源。

　　(2)辅机测试功能

　　由地面提供 AC 380V 电源,电源经过保护断路器、控制接触器(=31 – K47),至辅机负载,进行辅机功能测试。

　　(3)辅机负载保护功能

　　辅助变流器输出的三相交流电源,经过各辅机负载保护断路器和控制接触器至各辅机负载。由于不同电力机车的辅机负载保护断路器的数量和型号不尽相同,这里仅提出思路,具体结构可在此基础上进行扩展。

3.技术参数

HXD1C 型电力机车低压电器柜主要技术参数见表 8-1-1。

低压电器柜主要技术参数　　　　　　　　　　　　　　表 8-1-1

主要技术参数	参数值
柜体尺寸(长×宽×高)(mm)	1750×1050×2000
防护等级	柜体的防护等级为 IP20

二、控制电源柜

1.结构解析

控制电源柜主要安装如下功能电路的电器元件:

(1)4 个 110V 电源模块,将单相 AC 220V 转换成 DC 110V,为机车提供 DC 110V 电源。

(2)1 个 24V 电源模块,将 DC 110V 直流转换成 DC 24V,为机车提供 DC 24V 电源。

(3)1 个监控单元模块,对机车蓄电池进行充电管理,如均充、浮充、恒流充电,并且显示、记录模块的运行状态。

(4)用于 AC 220V 回路滤波的滤波器等元件。

(5)与蓄电池有关的重载断路器,用于控制蓄电池的接通与断开。

(6)微型断路器,用于 220V、110V、24V 电路的配电。

(7)电气屏柜对内、对外电气连接用的接线端子和连接器等。

注意:由于电源柜空间有限,这些微型断路器大部分安装在低压电器柜柜门上,如图 8-1-3 所示。

控制电源柜外形图如图 8-1-4 所示。控制电源柜柜体设备布置分三个区:上部、中部、下部。柜体上部为模块安装区,安装有 4 个 110V 电源模块、1 个 24V 电源模块和 1 个监控单元模块。柜体中部后面为充电机自用电器等电器元件安装区;前面为断路器安装区。柜体下部接线端子安装区。控制电源柜顶部有 4 个 M16×35 吊环,用于吊装电源柜。整柜在中、下部设有一扇门,为左右打开,断路器直接安装在门上,便于操作;模块安装区不设门,可直

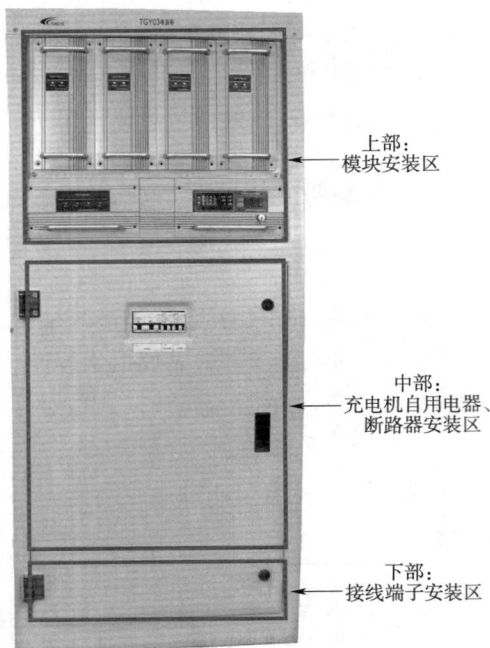

上部：
模块安装区

中部：
充电机自用电器、
断路器安装区

下部：
接线端子安装区

图 8-1-4　控制电源柜外形图

接观察和更换模块。

控制电源柜的 110V 电源模块、24V 电源模块、监控单元模块均采取了模块化、抽屉式、插拔式设计，每个模块都采用了标准热插拔连接器，形成一套相对独立的电气系统。

控制电源柜分为通风区和非通风区。发热量较大的 110V 电源模块在通风区，从前面板进风，柜后排风，110V 电源模块采用 IP54 防尘、防水设计；24V 电源模块采用强迫通风，柜内循环；监控单元采用自然冷却。

2.功能说明

控制电源柜电气系统可以按其实现功能分为充电机部分和低压配电部分。

（1）充电机部分

充电机部分由 4 个 110V 电源模块（AC/DC 模块）、1 个 24V 电源模块（DC/DC 模块）和 1 个监控单元组成。

①4 个 110V 电源模块（AC/DC 模块）采用了并联输出模式，一方面为机车提供 DC 110V 控制电源，另一方面为蓄电池充电。每个 110V 电源模块（AC/DC 模块）的容量为 DC 110V/22.5A，即充电模块的总容量为 DC 110V/90A。模块采用高频开关，电压、电流闭环控制系统，可输出稳定的 110V 直流电源。110V 电源模块（AC/DC 模块）将单相 AC 220V 输入电压变换成的 DC 110V 输出电压，以满足蓄电池充电、机车控制电路的使用。AC/DC 模块的核心部件是主控板。通过主控板，AC/DC 模块内部可实现以下保护功能：交流输入过/欠压保护（可恢复）、直流输出过压（120V，可恢复）、短路（可恢复）、22.5 A 限流/过流保护（可恢复）、85℃模块超温保护（可恢复）。

②单个 24V 电源模块（DC/DC 模块）功率为 350W，DC/DC 模块将输入的 110V 经过高频开关稳压方式输出 DC 24V，内部有两个相对独立的转换系统，这两个系统同样是并联输出，两个转换系统互为热备份，提高了系统的可靠性。DC/DC 模块可实现以下保护功能：输入欠压保护、30V 直流输出过压保护（可恢复）、短路保护（可恢复）、过流保护、模块 85℃超温保护（可恢复）。

③监控单元主要负责对 AC/DC 模块、DC/DC 模块进行监控和管理，提供状态显示、故障记录、故障查询、充电管理等功能，详述如下：

a.模拟量采集：包括 AC 220V 输入电压、DC 110V 输出电压（蓄电池电压）、总输出电流、蓄电池电流和每个 AC/DC 模块输出电流。

b.输出电压调节：通过 TRIM 端口调节 AC/DC 模块输出电压。

c.故障指示：可以指示 AC/DC 模块故障、DC/DC 模块故障、输出过流、88V 欠压、77V 欠压等故障。

d. 充电方式管理:可实现均充方式和浮充方式转换,并且限定充电电流。

e. 故障报警和记录:可以记录 256 条故障信息,包括故障发生时间和消失时间等信息。

f. 状态指示:绿色运行灯指示运行正常,红色报警灯指示故障。

g. 状态信息显示:液晶屏可显示输出电压、输出电流、充电电流、每个 AC/DC 模块输出电流、交流输入电压、环境温度、限流状态和充电状态等信息。

（2）低压配电部分

控制电源柜的低压配电部分提供车内充电转换、110V 输出电压配电、24V 输出电压配电等功能,包括安装在柜门上对外输出断路器(安装在低压电器柜柜门上,如图 1-8-3 所示)、安装在柜内电器装配组件(图 8-1-5)。控制电源柜最下方安装有专对外接线所用的接线端子。

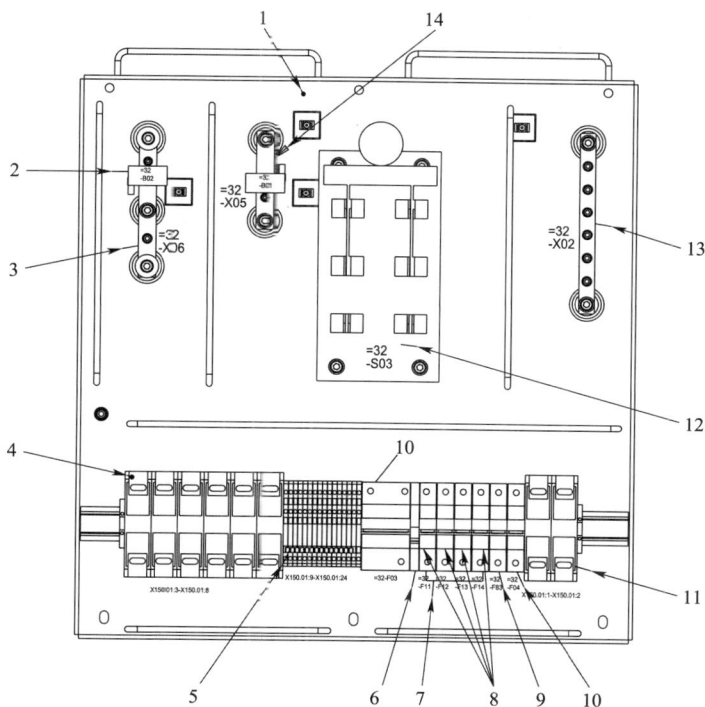

图 8-1-5　电器安装板布置图

1-电器安装板(1 个);2-电流传感器(2 个);3-X06 铜母排(1 个);4、11-接线端子(8 个);5-接线端子(16 个);6-空开辅助触头(5 个);7-X01 铜母排(1 个);8-小型断路器(4 个);9-小型断路器(1 个);10-过压保护器(1 个);11-重载断路器(2 个);12-双刀双掷开关(1 个);13-X02 铜母排(1 个);14-X05 铜母排(1 个)

3. 技术参数

HXD1C 型电力机车控制电源柜主要技术参数见表 8-1-2。

HXD1C 型电力机车控制电源柜主要技术参数　　　　　　　　　表 8-1-2

主要技术参数	参数值
柜体尺寸(长×宽×高)(mm)	670×600×1500
防护等级	柜体的防护等级为 IP20

三、蓄电池柜

1.结构解析

HXD1C 型交流传动电力机车蓄电池柜用于安装蓄电池。蓄电池柜装有 48 节 DM170 型蓄电池,为机车提供 DC 96V 控制电源,为升弓前无接触网电源输入时,机车控制系统启动、升弓等操作提供电源。蓄电池柜外形图如图 8-1-6 所示。

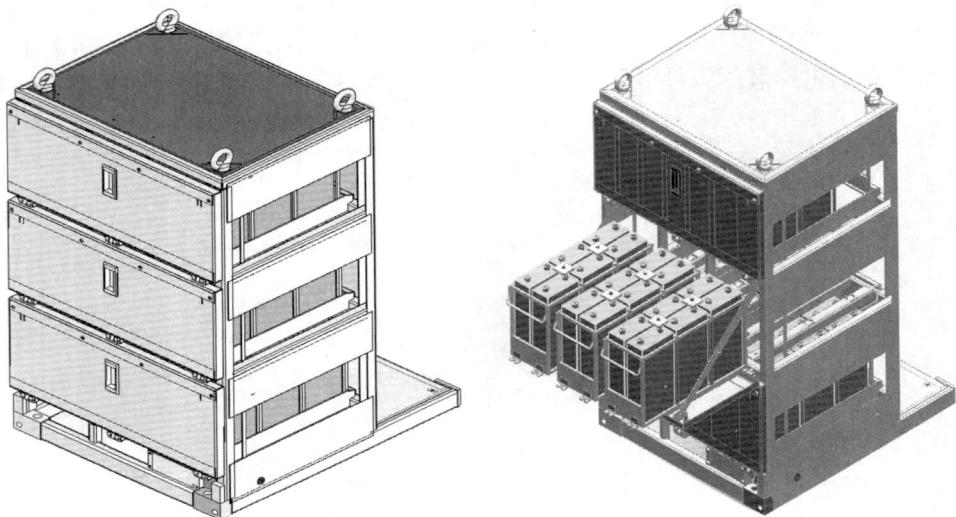

图 8-1-6 蓄电池柜外形图

蓄电池柜为三层结构,每层摆放三组蓄电池组。第一、第二层摆放 6 节一组的蓄电池组(图 8-1-7),第三层摆放 4 节一组的蓄电池组(图 8-1-8)。每层都是类似抽屉式的结构,有门,打开时,随着蓄电池组的抽出门会退到抽屉架底部,这种结构方便在车上对蓄电池进行维护。

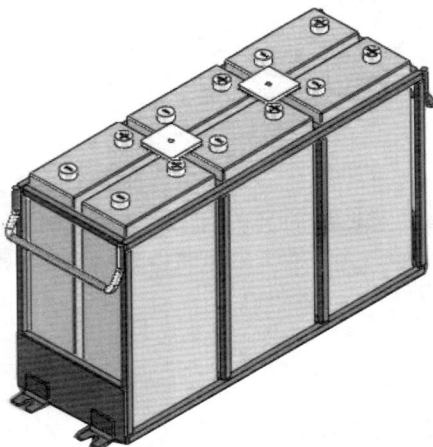

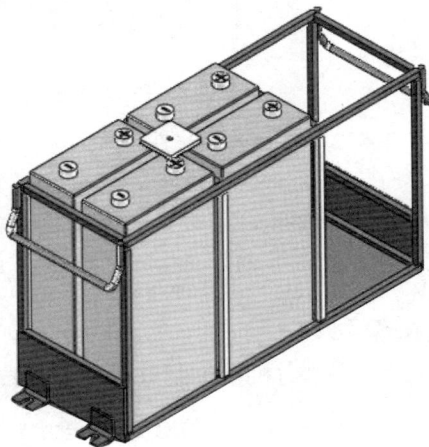

图 8-1-7 蓄电池柜第一、第二层蓄电池组(6 节一组)   图 8-1-8 蓄电池柜第三层蓄电池组(4 节一组)

蓄电池柜通过柜体底部和柜后板、侧板上的开口自然通风,和机械间同温,以防止柜内氢气浓度超过安全限度。接线端子布置在柜底右下角,如图 8-1-9 所示。

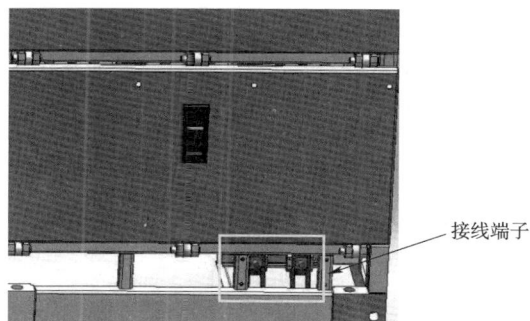

接线端子

图 8-1-9　接线端子位置图

2. 技术参数

HXD1C 型电力机车蓄电池柜主要技术参数见表 8-1-3。

HXD1C 型电力机车蓄电池柜主要技术参数　　　　表 8-1-3

主要技术参数	参数值
柜体尺寸(长×宽×高)(mm)	900×770(底架深 1050)×1580
防护等级	柜体的防护等级为 IP20

四、第三方设备柜

1. 结构解析

第三方设备柜共 6 层,各层设备布置图如图 8-1-10 所示。电气屏柜正面是两扇平开门,可开闭,打开平开门可以方便地检查和维修各设备。最下面一层有 XT7 接线端子排、2 个对外接线用插座 XP311、XP312 及外接电缆进线口。柜子背面是用螺栓固定的后罩,打开这个后罩,可以方便地插拔各设备的电缆连接器。第三方设备柜柜体直接安装在安装架上,顶部有吊环;柜体散热采用自然通风散热方式,底部设有通风口。

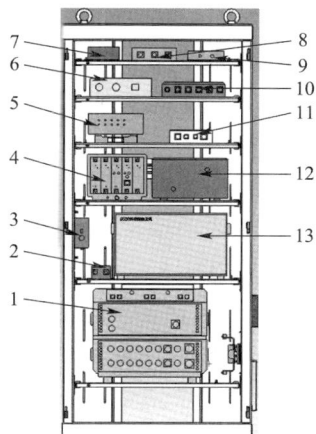

图 8-1-10　第三方设备柜布置图

1-CIR 主机;2-TAL93 接线盒;3-调车灯显接线盒　4-机车信号主机;5-TSC1 主机;6-本/补切换装置;7-GPS-2000 控制盒;8-数模转换盒;9-事故状态记录仪;10-鸣笛记录接口装置;11-总线扩展盒;12-TAX 箱;13-监控主机

第三方设备柜所安装设备名称及功能明细表见表 8-1-4。

第三方设备柜所安装设备名称及功能明细表 　　　　　表 8-1-4

位置	设备名称	功能
第一层	机车综合无线通信主机 （包括多频段合路器）	列车无线调度电台（CIR）
第二层	LKJ2000 型监控主机	LKJ2000 列车运行监控记录装置
	TAL93 型通信接线盒	—
	调车灯显接线盒	—
第三层	JT-C 型机车信号主机	JT-C 系列机车信号车载系统设备
	TAX 箱	TAX2 型机车安全信息综合监测 装置（含 TMIS 车号识别系统）
第四层	TSC1 型列车运行数据 无线传输跟踪查询系统主机	远程监控发送装置
	总线拓展盒	—
第五层	本/补切换装置	—
	机车鸣笛记录接口装置	—
第六层	GPS-2000 控制盒	—
	数模转换盒	—
	事故状态记录器	—

2. 功能说明

第三方设备柜主要安装如下用途的部件：

（1）用于远程监控的 TSC1 型列车运行数据无线传输跟踪查询系统主机、TAL93 型通信接线盒等。

（2）用于机车信号车载系统设备 JT-C 型机车信号主机。

（3）用于列车无线调度电台（CIR）的机车综合无线通信主机（预留多频段合路器空间）。

（4）用于机车安全信息综合监测（含 TMIS 车号识别系统）的 TAX 箱。

（5）用于 LKJ2000 列车运行监控记录装置的 LKJ2000 型监控主机、数模转换盒等。

（6）机车鸣笛记录接口装置、GPS-2000 控制盒、总线扩展盒、事故状态记录仪。

（7）调车灯显接口盒、本/补切换装置。

（8）接线端子排，插座等。

3. 技术参数

HXD1C 型电力机车第三方设备柜主要技术参数见表 8-1-5。

HXD1C 型电力机车第三方设备柜主要技术参数 表 8-1-5

主要技术参数	参数值
柜体尺寸(宽×深×高)(nm)	900×600×2000
防护等级	柜体的防护等级为 IP20

五、要点凝练

HXD1C 型电力机车有低压电器柜、控制电源柜、蓄电池柜、第三方设备柜 4 个电气屏柜。

低压电器柜装有机车网络控制系统模块、辅机控制用接触器、继电器、辅机保护用三极断路器自动开关、DC 110V 配电用单极断路器等部件。低压电器柜的主要功能是承担电力机车的辅助电源(定频和变频)输出控制、库内辅机测试、辅机负载的保护。

控制电源柜的主要功能是为机车提供 110V 直流电源和 24V 直流电源,并对机车蓄电池进行充电管理。

蓄电池柜安装有 48 节蓄电池,为机车提供升弓前所需的电源。

第三方设备柜集中安装了通信、信号、监控等功能,包括 TAX2 型机车安全信息综合监测装置、LKJ2000 列车运行监控记录装置、机车综合无线通信设备(CIR)主机、JT-C 系列机车信号车载系统设备主机等。

8-2 HXD2C 型电力机车电气屏柜

HXD2C 型电力机车配备有低压电器柜、微机柜、安全设备柜、滤波柜等电气屏柜,其设备布置图如图 8-2-1 所示。下面分别进行详细介绍。

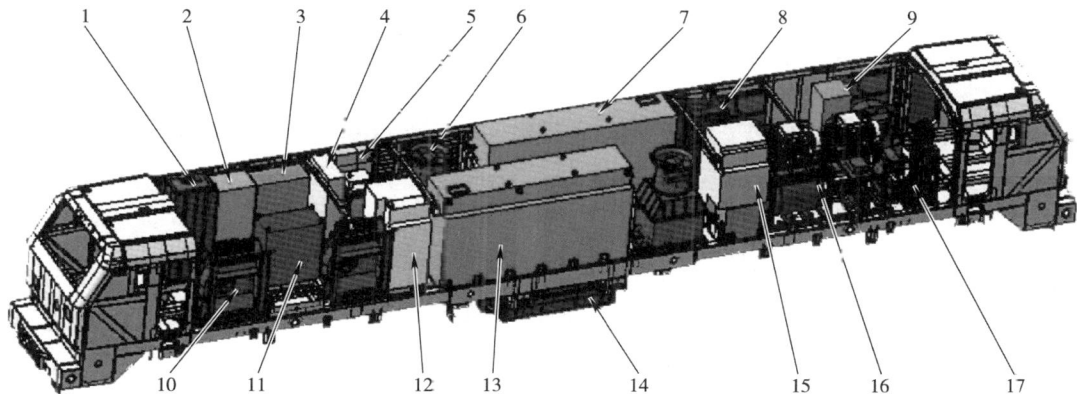

图 8-2-1 HXD2C 型电力机车设备布置图

1-安全设备柜;2-微机柜;3-低压电器柜;4-工具柜;5-储油柜;6-复合冷却器;7-主变流柜;8-1 号气动柜;9-充电机柜;10-通风机;11-滤波柜;12-卫生间;13-主变流柜;14-底架下设备布置;15-制动柜;16-风源柜;17-2 号气动柜

一、低压电器柜

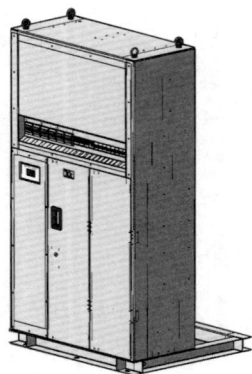

图 8-2-2 低压电器柜
外形图

每台 HXD2C 型电力机车上装有 1 个低压电器柜。低压电器柜所装部件主要是实现对三相负载电路、单相负载电路中的部件进行故障保护和相应的逻辑控制,除此之外,还实现库内动车、库内试验时的转换、原边过流反馈及电能损耗计量等功能。

低压电器柜设备包括主/辅电路库内转换开关、380/220V 单相变压器、滤波电容、负载保护断路器、电度表、56 芯插座、故障转换接触器、输出接触器、压缩机接触器、原边过流继电器、熔断器和端子排。

低压电器柜外形图如图 8-2-2 所示,设备布置图如图 8-2-3 所示,图中各箭号代表的是低压电器柜设备名称、型号及数量等信息见表 8-2-1。

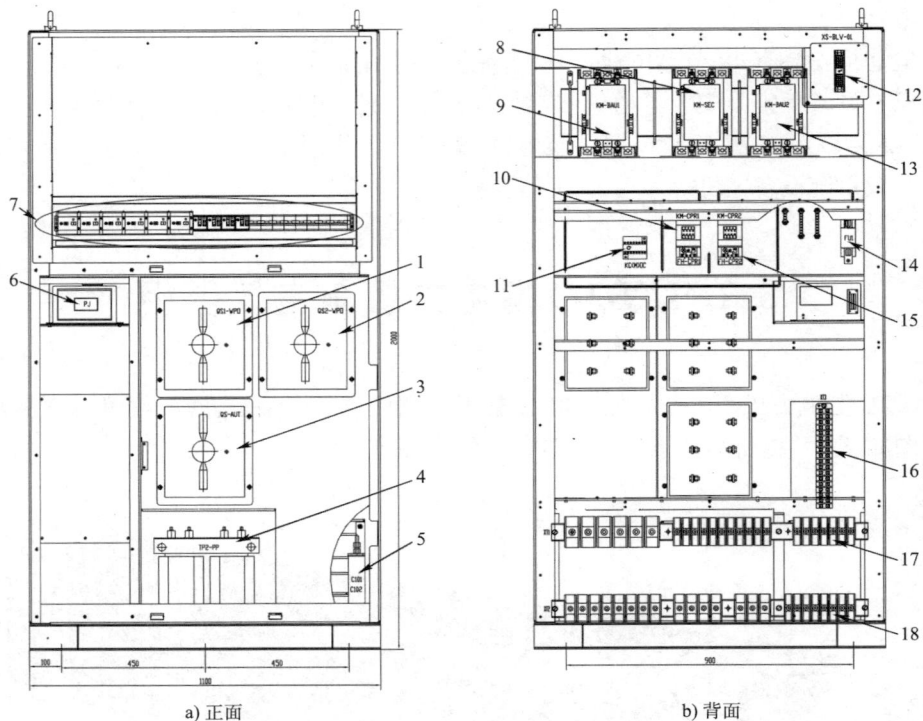

a) 正面

b) 背面

图 8-2-3 低压电器柜设备布置图

低压电器柜设备

表 8-2-1

箭号	设备标识	设备名称	数量	规格/型号
1	QS1-WPO	主电路入库转换开关 1	1	SF-1A-03 2000V-500A
2	QS2-WPO	主电路入库转换开关 2	1	SF-1A-03 2000V-500A
3	QS-AUT	辅助电路库内试验转换开关	1	SF-1A-03A 2000V-500A
4	TP2-PP	380/220V 单相变压器	1	—

续上表

箭号	设备标识	设备名称	数量	规格/型号
5	C101/C102	滤波电容	2	124UF AC 500V
6	PJ	电度表	1组	单极/三极断路器
7	QA	负载保护断路器	1	AC 100V 5A
8	KM-SEC	故障转换接触器	1	AF400-30-22
9	KM-BAU1	输出接触器1	1	AF400-30-22
10	KM-CPR1	压缩机1接触器	1	LRD-3357A66
11	KC(M)OC	原边过流继电器	1	CMP4-12A
12	XS-BLV-01	56芯插座	2	FXBF/61120
13	KM-BAU2	输出接触器2	1	AF400-30-22
14	FU1	熔断器	1	F201853
15	KM-CPR2	压缩机2接触器	1	LRD-3357A66
16	XT3	端子排3	1	—
17	XT1	端子排1	1组	—
18	XT2	端子排2	1组	—

二、微机柜

微机柜外形图如图8-2-4所示。微机柜安装有微机网络控制系统,主要包括TCMS主机、网关、RIOM模块、继电器、断路器、自动过分相装置、24V电源模块、12V电源模块、开关、按钮、电压表等器件,可实现整车逻辑控制、输入输出信号管理、机车网络管理、110V电源分配等功能。

微机柜内部设备布置如图8-2-5(正面)和图8-2-6(背面)所示。

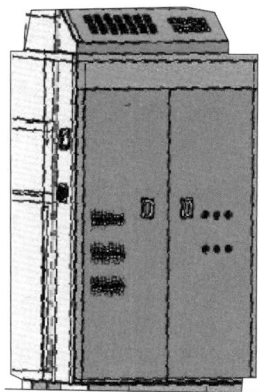

图3-2-4 微机柜外形图

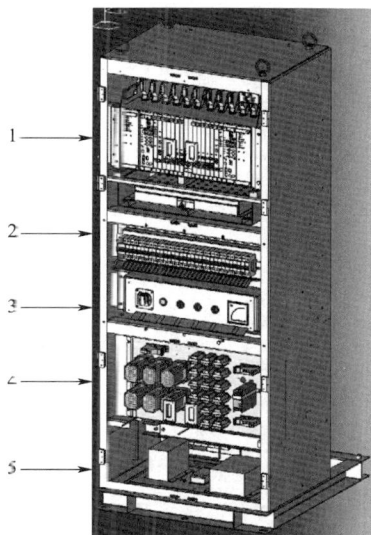

图8-2-5 微机柜设备布置图(正面)
1-TCMS主机;2-断路器;3-开关、按钮、电压表;4-继电器板;5-网关、自动过分相装置、12V电源

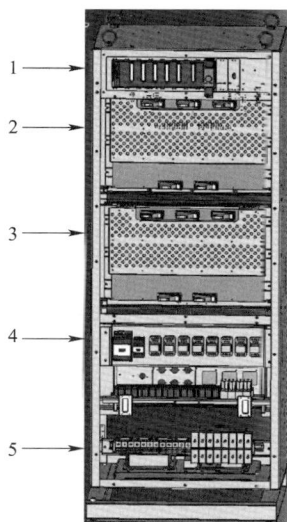

图8-2-6 微机柜设备布置图(背面)
1-低压连接器;2-INF板1;3-INF板2;4-继电器板2;5-低压端子

微机柜直接从蓄电池柜和辅助变流柜获得 110V 电源。对于 110V 电源的输入,微机柜有控制和保护器件,包括接触器、熔断器、浪涌吸收器等部件。微机柜上部安装了一个 110V 电压表,用于监测控制电源电压。柜门中部有 110V 配电用微型断路器,为各控制电路输入侧提供过流保护。微机柜断路器规格有 0.1A、0.5A、1A、5A、8A、10A、16A、20A 等电流等级。微机柜安装有 3 个电源模块:2 个 24V 电源模块,每个功率为 1kW,为机车前照灯照明、副前灯照明、后视镜除霜、空调控制、操纵台照明等提供电源;一个 12V 电源模块,为机车无人警惕和火灾报警提供电源。微机柜安装有微机网络控制系统主要设备,包括 TCMS 主机、网关、RIOM 模块等。各模块采用抽屉式安装方式,可以直接推进相应的机箱架内,方便检修。

微机柜主要技术参数见表 8-2-2。

微机柜主要技术参数

表 8-2-2

主要技术参数	参数值
输入电压	DC 110V
输出电压	DC 110V、DC 24V、DC 12V
防护等级	IP20
外形尺寸(长×宽×高)	950mm×800mm×1800mm

三、安全设备柜

HXD2C 型电力机车行车安全设备主要有 JT1-C 型机车信号装置、LKJ2000 型监控装置、机车综合无线通信设备 CIR 装置及其他按要求加装的设备,这些设备主要安装于安全设备柜、操纵台、司机室等位置。安全设备柜设备布置图如图 8-2-7 所示。

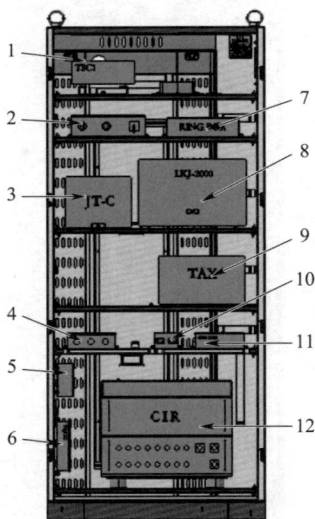

图 8-2-7 安全设备柜设备布置图

1-LAIS 车载主机;2-本/补切换装置;3-JT-C 系列机车信号主机;4-总线扩展盒;5-调车灯显接口装置;6-数模转换盒;7-监控装置功能扩展盒;8-LKJ2000 监控主机;9-TAX2 安全信息综合监测装置;10-TAL93 通信接线盒;11-GPS 信息接收装置;12-机车综合无线通信设备 CIR

四、滤波柜

滤波柜与变流柜内的辅助变流器 APU 的整流和逆变装置配合使用，APU 输出的 PWM 电压波形通过滤波柜内的电感、电容构成的滤波电路处理后，可形成近似正弦波的波形，以提高三相交流电供电品质。

滤波柜内安装交流电抗器、交流电容器以及连接导线、接线端子等，其设备布置图如图 8-2-8 所示。

五、要点凝练

HXD2C 型电力机车配备有低压电器柜、微机柜、安全设备柜、滤波柜等电气屏柜。

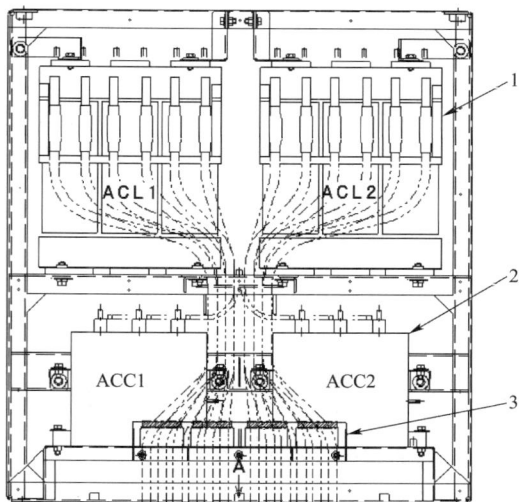

图 8-2-8　滤波柜设备布置图
1-交流电抗器；2-交流电容器；3-接线端子

低压电器柜所装部件不仅能实现对三相负载电路、单相负载电路中的部件进行故障保护和相应的逻辑控制，还能实现库内动车、库内试验时的转换、原边过流反馈及电能损耗计量等功能。

微机柜主要安装微机网络控制系统主要设备，包括 TCMS 主机、网关、RIOM 模块、继电器、断路器、自动过分相装置、24V 电源模块、12V 电源模块等器件，可实现整车逻辑控制、输入输出信号管理、机车网络管理、110V 电源分配等功能。

安全设备柜主要安装机车信号装置、LKJ2000 型监控装置、机车综合无线通信设备及其他按要求加装的通信、信号、行车安全设备。

滤波柜主要安装辅助变流器 APU 输出滤波用滤波电抗器、滤波电容器，用以滤除 APU 输出的电压波形中的高次谐波，以提高三相交流电压品质。

8-3 HXD3D 型电力机车电气屏柜

HXD3D 型电力机车配备有控制电器柜、列车供电柜、微机柜、第三方设备柜、DV·110V 电源柜等电气屏柜，其设备布置图如图 3-3-1 所示。下面选择几个重要屏柜进行详细介绍。

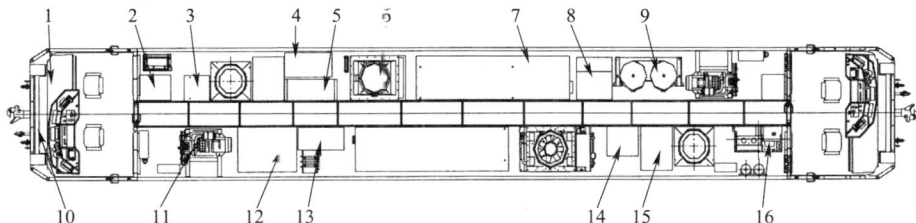

图 8-3-1　HXD3D 型电力机车设备布置图
1-操纵台；2-微机柜；3-6A 系统柜；4-辅助滤波柜；5-蓄电池充电器；6-复合冷却器；7-牵引变流器；8-卫生间；9-总风缸；
10-空调；11-空气压缩机；12-高压柜；13-控制电器柜；14-第三方设备柜；15-列车供电柜；16-制动柜

一、控制电器柜

控制电器柜主要安装了机车大部分的辅助电路用接触器、断路器、控制电路 110V 配电用断路器、逻辑控制用继电器、主库用转换开关、辅助库用转换开关及其他器件。控制电器柜不仅可以实现机车三相辅助回路、库用回路、单相交流 AC 220V/110V 回路及直流 DC 110V 电源等回路的供电及短路过载保护,还可以实现原边过流保护及电能计量等功能。

控制电器柜设备布置图(正面)如图 8-3-2 所示。

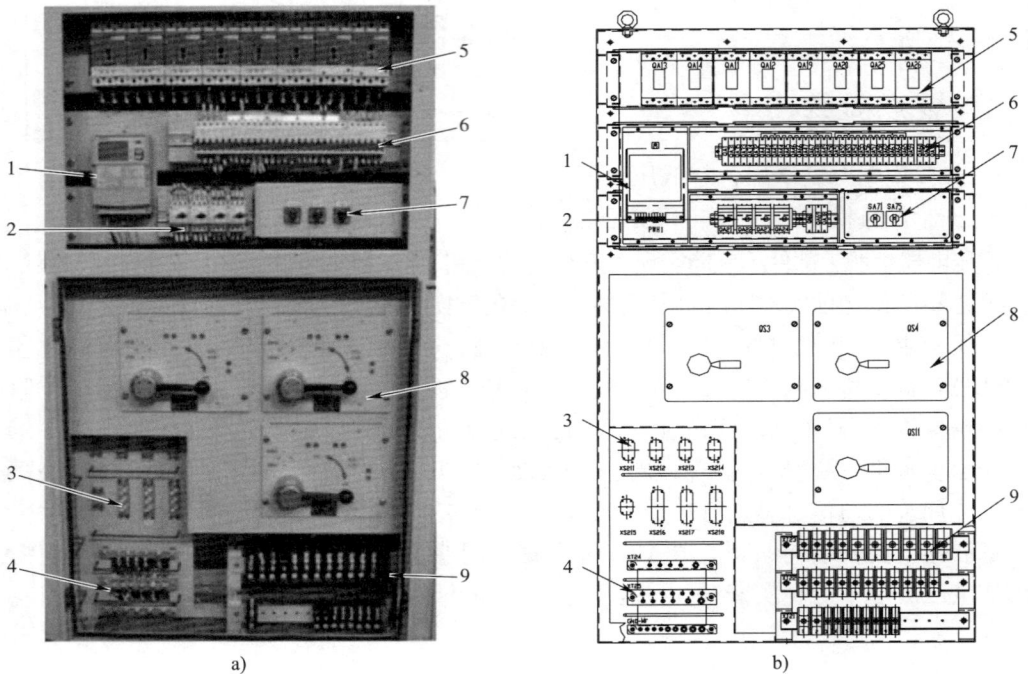

图 8-3-2　控制电器柜设备布置图(正面)

1-电度表;2-3VU 断路器;3-辅助连接器;4-汇流母排;5-3VL 断路器;6-5SJ 断路器;7-万能转换开关;8-库用转换开关;9-端子排

控制电器柜正面上部布置的设备有断路器、辅助压缩机起动按钮、万能转换开关及电压表。断路器的排列规律如下:第一排为牵引电机通风机、冷却塔通风机等辅机用断路器;第二排为 DC 110V 配电用微型断路器;第三排为空调等辅助负载用断路器。

控制电器柜正面下部配置的设备主电路库用转换开关 QS3、QS4、辅助电路库用转换开关 QS11、主电路和辅助电路接地开关 GS1 ~ GS8。

控制电器柜设备布置图(背面)如图 8-3-3 所示。控制电器柜背面上部排列了辅助电路用接触器、原边过流继电器、接地电阻等器件。屏柜背面和侧面的上部,配置了 6 个控制电路用单手柄式 27 芯接头。

为保证人身安全,控制电器柜柜门设置了联锁装置。只有从高压接地开关(QS10)钥匙箱上取来黄色钥匙,才能打开柜门。

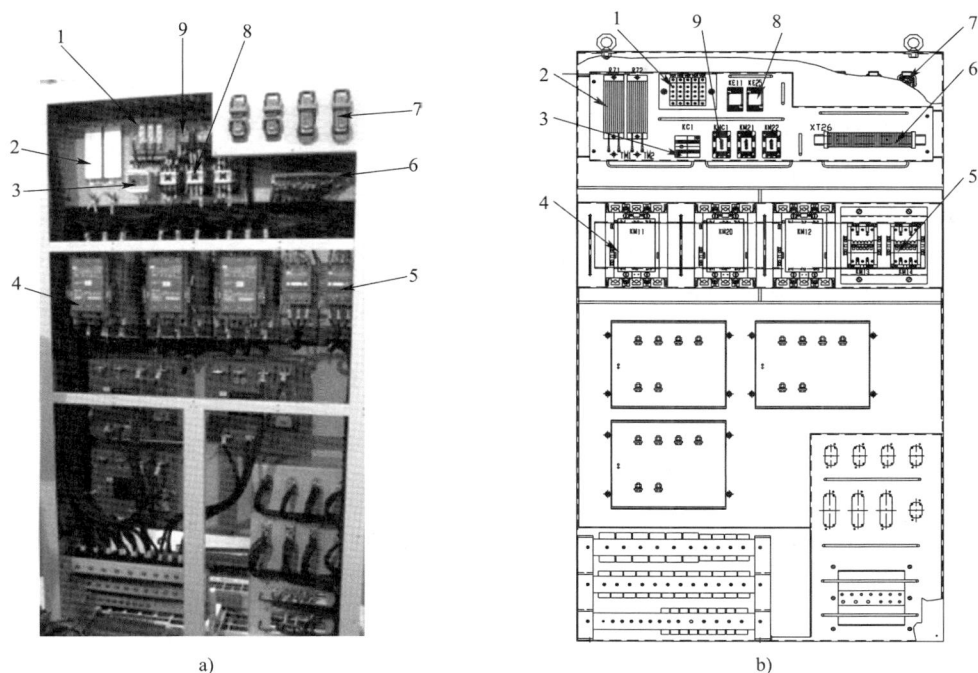

a)　　　　　　　　　　　　　　　　　　b)

图 8-3-3　控制电器柜设备布置图(背面)

1-二极管;2-接地电阻;3-原边过流继电器;4-接触器;5-接触器;6-端子排;7-控制电路连接器;8-继电器;9-接触器

二、列车供电柜

HXD3D 型电力机车设有 2 组完全相同的 TGF76 型列车供电柜。列车供电柜将来自主变压器列车供电绕组的单相交流电通过相控整流变换为稳定的 DC 600V 电源供给旅客列车使用,供电功率为 2×400kW。列车供电柜的电路分为主电路、辅助电路、控制电路和电子电路四个部分。当一组列车供电柜故障时,另一组列车供电柜可以维持供电,以提高供电可靠性。

列车供电柜的功能包括如下:

(1)相控整流功能。列车供电柜可将输入的单相 AC 860V 经过相控整流,输出稳定的 DC 600V。

(2)保护功能。列车供电柜具有交流侧短路保护、直流侧过载保护、直流侧过压保护、接地保护等保护功能。

(3)集中控制功能。列车供电柜具备机车向客车安全供电的集中控制功能,即供电系统在确认客车电源工作正常、已发出供电申请信号的情况下,向客车发送供电允许信号,同时延时启动 DC 600V 输出;集中控制功能可隔离,隔离开关设置在供电柜上。

(4)通信功能。列车供电柜具备与机车微机控制系统进行通信的功能,两者之间通过约定的通信协议进行数据交换;通信内容包括供电柜主要设备状态、供电柜输入、输出相关数据及故障信息。

（5）控制系统冗余备份。列车供电柜的微机控制系统具有冗余备份功能,转换开关设置在供电柜上。

（6）故障自诊断及故障存储功能。

（7）故障隔离功能。

（8）电能计量功能等。

1. 结构解析

TGF76 型列车供电柜的电路分为主电路、辅助电路、控制电路和电子电路。

（1）主电路:由全波半控整流桥、平波电抗器、滤波电容、快速熔断器、交流接触器等器件构成整流电路。

（2）辅助电路:列车供电柜采用风机对主电路中发热量器件进行强迫风冷,辅助电路完成对冷却风机等辅助电机的供电。

（3）控制电路:完成交流接触器、中间继电器的控制。

（4）电子电路:由供电控制箱、SHCM 模块和电度表构成。供电控制箱完成供电控制的调节运算、逻辑判断和故障处理等功能,SHCM 模块完成对外 HDLC 通信功能,电度表负责电能的计量。

TGF76 型列车供电柜实物图如图 8-3-4 所示,TGF76 型列车供电柜内部设备布置图如图 8-3-5 所示。

图 8-3-4　TGF76 型列车供电柜实物图

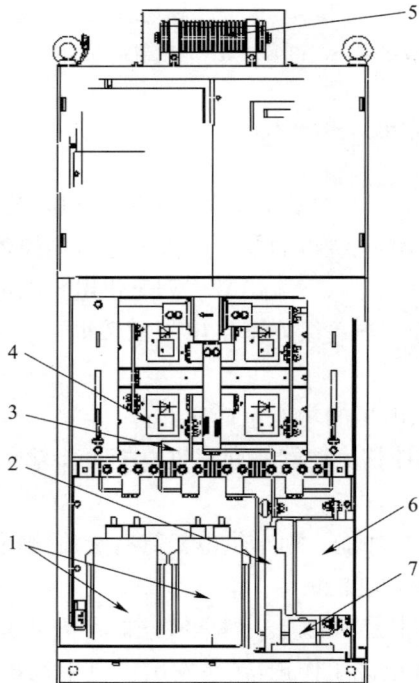

图 8-3-5　TGF76 型供电柜内部设备布置图
1-直流环节滤波电容 19C;2-交流输入侧过压吸收电容
17C;3-快速熔断器 11FU;4-整流桥功率元件(4 个);
5-电阻;6-真空接触器 13KM;7-压敏电阻 13RV

2. 技术参数

TGF76 型列车供电柜主要技术参数见表 8-3-1。

TGF76 型列车供电柜主要技术参数　　　　　　　　　　表 8-3-1

主要技术参数		参数值
主电路输入电源	额定交流输入电压	860V
	电压范围	602~1066V （对应网压 17.5~31kV）
	额定输入容量	580kVA
主电路输出电源	额定输出直流电压	600V
	电压允许变化范围	520~630V
	额定输出直流电流	670A
	最大直流电流	750A
	额定输出功率	400kW
	控制精度	±5%
	额定点功率因数	0.8（全输入电压范围 0.7~0.9）

三、微机柜

HXD3D 型电力机车微机控制监视系统(TCMS)主要功能包括:根据司机指令完成对主变流器及异步电动机的实时控制;辅助变流器的实时控制;牵引/制动特性控制;传动系统的时序逻辑控制;显示机车运行状态;具备完整的故障保护;故障记忆及显示功能;具备故障诊断、自动切换和故障处理指导功能;同时,该微机控制系统与机车行车安全综合信息监控系统、CCB-Ⅱ电空制动系统具有良好的兼容性。

1. 结构解析

HXD3D 型电力机车微机柜设备布置图如图 8-3-6 所示。微机柜正面分上、下两层,上层装有 TCMS 控制单元和继电器盘;下层装有网关、自动过分相主机、12V 电源转换单元和 CT 电流传感单元,其余空间预留。柜体正面有上下独立的 2 个平开门。

柜体背面是用螺栓固定的背板,打开背板后,3 块 TCMS 接口板上下配置。配线用的连接器装在柜体背面上部,共计 9 个,均为 46 芯连接器。微机与网关、自动过分相主机、12V 电源转换单元和 CT 电流传感单元的部分配线,不通过微机柜上部的 9 个连接器,而是直接接线。

2. 技术参数

微机柜主要技术参数见表 8-3-2。

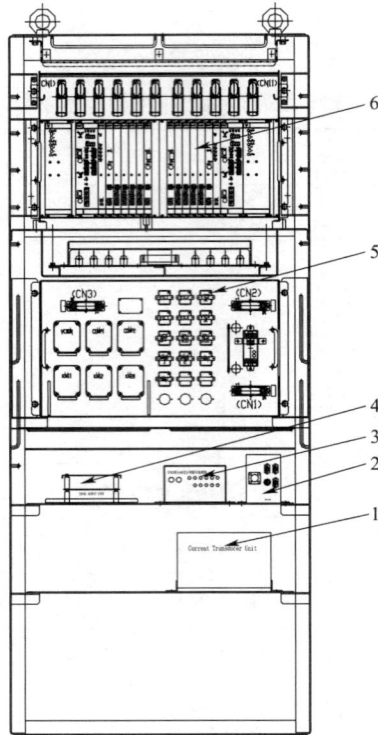

图 8-3-6　HXD3D 型电力机车微机柜设备布置图

1-CT 电流传感单元;2-网关;3-自动过分相主机;4-12V 电源转换单元;5-继电器盘;6-TCMS 控制单元

微机柜主要技术参数　　　　　　　　　　　　　　　　表 8-3-2

主要技术参数	参数值
额定输入电压	DC 110V(−20% ~10%)
额定直流输出电压/电流	5V/5A; ±15V/2A; ±24V/6A
效率	>70%

四、第三方设备柜

第三方设备柜是安装具有如下功能车载设备的屏柜:

(1)监控功能。

(2)记录功能(包括三次性记录项目、运行参数记录项目、插件故障记录、事故状态记录)。

(3)显示功能。

(4)语音提示功能。

(5)地面数据分析处理功能。

1. 结构解析

如图 8-3-7 所示,第三方设备柜柜内设备布置共分 6 层,从上到下分别布置如下:第一层装有数模转换盒及调车灯显接口盒;第二层装有总线扩展盒、LKJ 功能扩展盒;第三层装有

LAIS 车载主机、本\补切换装置;第四层装有信号主机、TAX2 主机;第五层装有 LKJ2000 监控主机、GPS2000 控制盒、通信接线盒;第六层装有 CIR 主机。

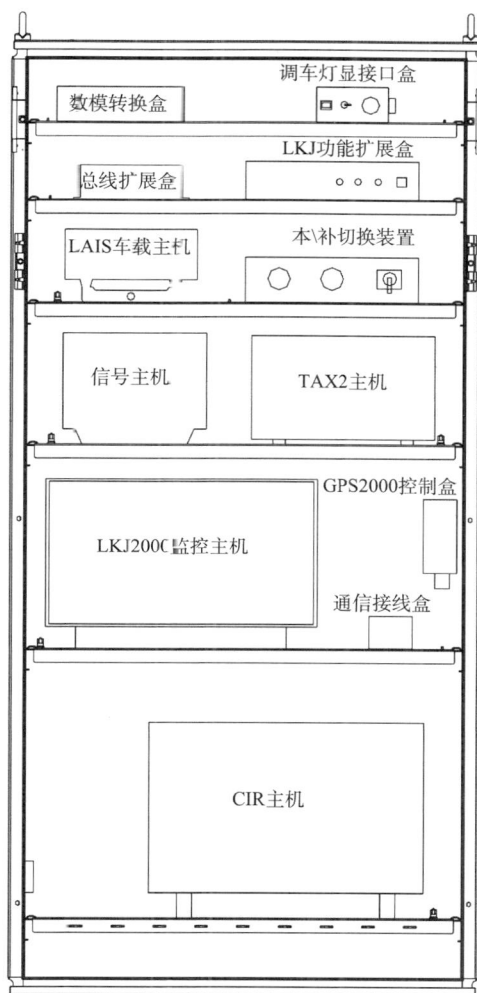

图 8-3-7　第三方设备柜设备布置图

第三方设备柜正面通过合页形成了可开闭的平开门。打开平开门后,可以看到所有设备。在第六层左侧,有 XT7 接线排、外连插座 XP311、XP312 及外接电缆进线口。第三方设备柜背面是用螺钉固定式的后罩,设有底部通风口,打开后罩,可以方便地插拔各部件的连接器。

2. 技术参数

第三方设备柜主要技术参数见表 8-3-3。

第三方设备柜主要技术参数

表 8-3-3

主要技术参数	参数值
柜体尺寸(长×宽×高)(mm)	900×600×2000
防护等级	柜体的防护等级为 IP20

五、蓄电池充电器（110V 电源柜）

HXD3D 型电力机车配有 1 个 BC10-IA 型蓄电池充电器,也即 110V 电源柜,主要功能如下:

(1)为机车 110V 控制系统提供控制电源。

(2)为蓄电池设立独立的充电回路。

(3)针对不同情况为蓄电池提供不同的充电方式。

1. 功能说明

HXD3D 型电力机车用蓄电池充电器是将 DC 750V 作为输入电源,通过高频隔离进行的直流-交流-直流变换,变换为 DC 110V 控制电压输出的电源装置,能在为电力机车提供控制电源的同时兼顾对蓄电池进行有针对性的充电。针对蓄电池的状态或运用需要可以选择对蓄电池的充电方式,并具有充电时的温度补偿功能。本装置有 2 套逆变单元作为热备份,当 1 套逆变单元故障时,另 1 套逆变单元仍可承担机车正常的控制电源输出和对蓄电池的充电,可靠性高。

(1)工作方式

正常工作时,2 套逆变单元同时工作。1 逆变单元(左侧)为蓄电池充电,2 逆变单元(右侧)为机车控制系统供电。蓄电池的充电电压可以根据环境温度,充电曲线等进行调整,这样更符合蓄电池充电要求,能有效延长蓄电池使用寿命。如果由于故障造成一个单元停机时,则正常工作的单元自动转换为既对机车负载供电又对蓄电池进行充电的模式。可保证机车控制系统的可靠运行。

(2)充电方式

控制电源装置设有充电方式选择开关,设置有"均衡充电"位和"正常"位。

当充电方式选择开关置于"均衡充电"位时,控制电源装置将对蓄电池组进行均衡充电。

当充电方式选择开关置于"正常"位时,控制电源装置按蓄电池状态进行浮充充电或快速充电:当启动时蓄电池组的端电压高于 96V 时,控制电源装置以浮充充电方式进行充电;当启动时蓄电池组的端电压低于 96V 时,控制电源装置会以快速充电方式对蓄电池组进行充电,充电完毕后转为浮充充电工作方式。

①浮充充电特性

先以恒流 35A 进行充电,充电电压逐渐上升,待充电电压达到均充电压时,进行恒压充电,充电电流逐渐下降。

②快速充电特性

恒流 25A 电压 109V 恒压充电,此时充电电流逐渐下降,待充电电流下降至 5A 时,退出快速充电,进入浮充充电模式。

③均衡充电特性

先以恒流 25A 进行充电,充电电压逐渐上升,待充电电压达到均充电压时,进行恒压充电,此时充电电流逐渐下降,待充电电流下降至 5A 时,退出均衡充电,进入浮充充电模式。

2. 结构解析

BC10-IA 型蓄电池充电器结构图如图 8-3-8 所示。

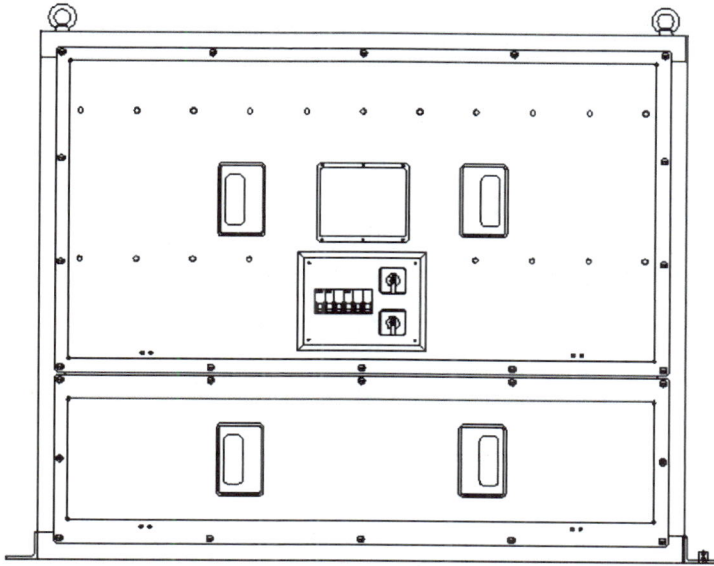

图 8-3-8　BC10-IA 型蓄电池充电器结构图

蓄电池充电器设备布置图(正面)如图 8-3-9 所示。正面上部装有 2 台功率单元装置、辅助控制器盘、仪表盘;正面下部装有接触器、单元转换用万能转换开关、主电路接线端子排和控制电路接线端子排。

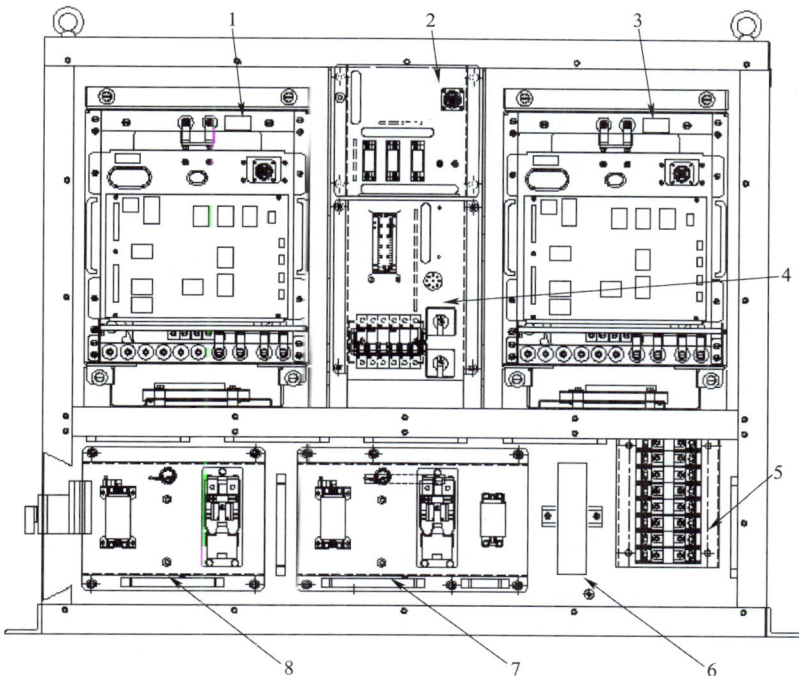

图 8-3-9　蓄电池充电器设备布置图(正面)

1-功率单元;2-辅助控制器盘;3-功率单元;4-仪表盘;5-主电路接线端子排;6-温度采集卡;7-接触器盘二;8-接触器盘一

　　蓄电池充电器设备布置(背面)如图 8-3-10 所示,设置有两种不同的直流电抗器(各 2 台)和高频变压器 2 台。

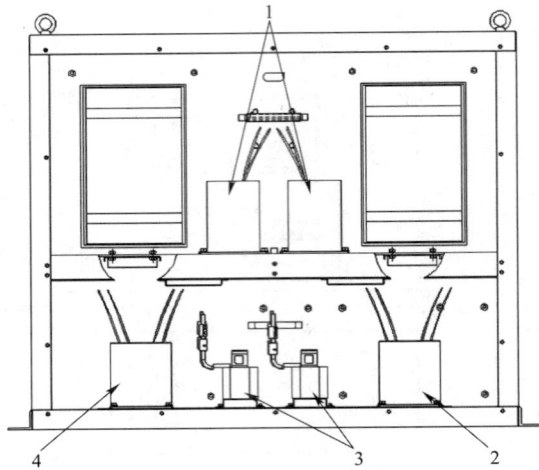

图 8-3-10　蓄电池充电器设备布置图(背面)
1-直流电抗器;2-变压器;3-直流电抗器;4-变压器

　　外接线从屏柜右侧下面的配线孔引入主电路接线端子排和控制电路接线端子排。在 2 台功率单元的下部和正面右侧的电磁接触器盘下部分别配置了 1 台加热器,位置如图 8-3-11 所示。

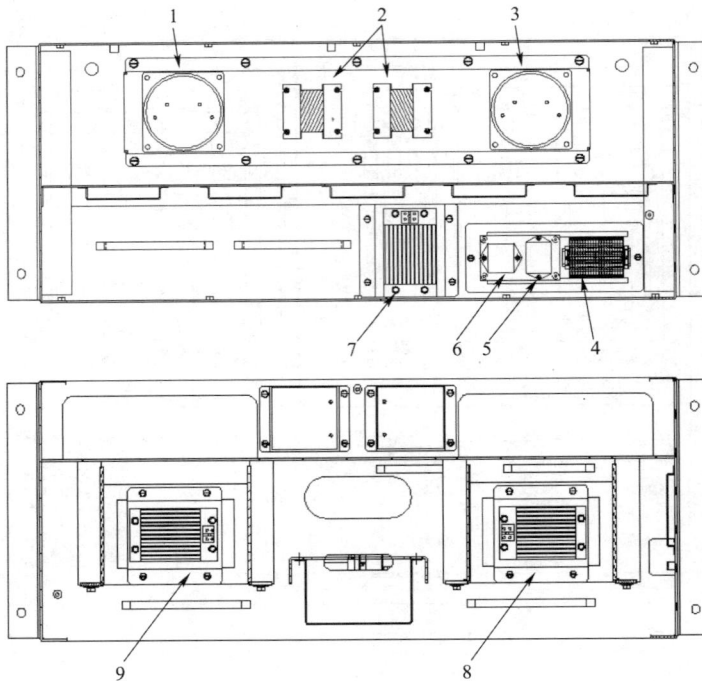

图 8-3-11　蓄电池充电器俯视图
1-变压器;2-直流电抗器;3-变压器;4-控制电端子排;5-滤波器;6-避雷器;7-加热器;8-加热器;9-加热器

3.技术参数

BC10-IA 型蓄电池充电器主要技术参数见表 8-3-4。

BC10-IA 型蓄电池充电器主要技术参数 表 8-3-4

主要技术参数	参数值
额定输入电压	DC 750V ± 75V
额定输出电压(25℃)	充电回路 DC 109V,负载回路 DC 110V
输出电压范围	随温度补偿、充电曲线及限流要求浮动
输出电压精度	±1V
充电电压最大值	≤120V
输出电压纹波有效值	≤2V
标称输出电流	90A
额定充电电流	25A
输出电流限制值	≤95A
转换效率	$\eta > 90\%$
噪音	≤75dB(距离试验柜体 1m 处测量)
柜体尺寸(长×宽×高)	1200mm(加上安装底座后为 1320mm)×1000mm×500mm
质量	305kg

六、要点凝练

HXD3D 型电力机车电气屏柜有控制电器柜、第三方设备柜、列车供电柜、微机柜、110V 电源柜、6A 系统柜、辅助滤波柜、蓄电池柜、蓄电池充电器、高压柜等。

控制电器柜主要实现对三相、单相辅助电路中的负载进行断路、过载等保护及相应的逻辑控制,除此之外,还可以实现入库动车、库内试验时的电源转换、原边过流故障检测及电能损耗计量等功能。

列车供电柜将来自主变压器列车供电绕组的单相交流电变换为 DC 600V 直流电源,供给旅客列车使用。2 个完全相同的列车供电柜互为备用。

微机柜可以根据司机指令完成对主变流器及电机的实时控制、辅助变流器的实时控制、牵引/制动特性控制等功能,具备故障记录、故障诊断、故障处理功能。

第三方设备柜用于安装远程监控列车运行数据、无线传输、跟踪查询、通信等设备。

蓄电池充电器为机车控制系统提供 DC 110V 控制电源;为蓄电池设立独立的充电回路;针对不同情况为蓄电池提供不同的充电方式。

8-4 整备员工作页 HXD3D 型电力机车电气屏柜整备检查作业

一、工序卡

HXD3D 型电力机车电气屏柜整备检查作业工序卡见附录 8。

二、电气屏柜整备检查记录单

温馨提示

考虑到各院校实训设备的差异,所用车型及电气屏柜不尽相同,因此本记录单做成了通用型,对于检查标准里的具体参数以空白形式留出来,大家可根据具体情况进行填写。HXD3D 型电力机车电气屏柜的检查标准可参见本节后面附的答案。

_____型电力机车电气屏柜整备检查记录单(本地趟检)

设备名称	检查内容及标准	主要工具
列车 供电柜	1. 安全注意事项 (1)为确保人身安全,所有检查和维护,应在断开主断路器,降下受电弓状态下进行。 (2)即使断开主断路器,某种情况下也会有危险电压存在,应对有电容的电器进行放电,电压放至安全电压(36V)以下,方可打开柜门。 (3)刚停止工作的电器可能温度很高,要注意防止烫伤。 (4)带有"高压危险!断电 5min 后方可操作"等安全警告标识及标语的,应严格按照说明进行操作。 (5)列车供电柜检查维护人员必须是经过培训的具有相关资格的人员。 2. 清扫 检查内部区域是否有灰尘,如果必要的话,适当清扫。用 0.2 ~ 0.3MPa 干燥压缩空气吹扫各部分,用棉纱清洁各部件及箱体。 3. 检查 (1)检查柜体外观表面 目检柜体表面油漆有无开裂、脱落等异常现象。如果必要的话,需修理。 (2)检查柜门 检查柜门有无变形,门锁有无卡壳、损坏。 (3)检查安装螺栓 用扭力扳手检查所有≥M6 螺栓连接的紧固力矩,如果松动,按力矩要求重新紧固,紧固后用记号笔做好防松标记。	手电筒、 清洗剂、 软布、 扭力扳手、 万用表

续上表

设备名称	检查内容及标准	主要工具
列车供电柜	（4）检查电气连接 目检检查电源接线端子、连接器、端子排压接是否牢固，检查插头固定卡子有无断裂。用扭力扳手检查所有 ≥M6 螺栓连接的紧固力矩，如果松动，按力矩要求重新紧固，紧固后用记号笔做好防松标记。 （5）检查电阻组件 目检电阻表面有无过热、烧损等异常现象。 目检电阻连接端子有无过热、侵蚀、灼伤等异常现象。 注意：在检查或检测电阻组件时，应在供电柜断电 5 分钟后进行，确保供电柜 DC600V 电压放至安全电压（36V）以下。 （6）检查接地线 目检柜体接地线与机车车体短接线有无破损、松动等异常现象	手电筒、清洗剂、软布、力矩扳手、万用表
控制电器柜	1. 清扫 检查内部区域是否有灰尘，如果必要的话，适当清扫。用 0.2~0.3MPa 干燥压缩空气吹扫各部分，用棉纱清洁各部件及箱体。 2. 外观检查 检查柜体安装固定螺栓，如果必要，拧紧螺栓。 检查各接线、连接电缆、电连接器。 3. 断路器检查 除了防寒加热用断路器 QA60 置于断开位（只有冬季用，冬季时需要闭合），其余所有断路器均置于接通位置，避免不需要的接通断开。 确认配线状态和安装状态是否异常，确认是否松动，如果松动，要重新拧紧	手电筒、清洗剂、软布、扭力扳手、万用表
微机柜	1. 清扫 检查内部区域是否有灰尘，如果必要的话，适当清扫。用 0.2~0.3MPa 干燥压缩空气吹扫各部分，用棉纱清洁各部件及箱体。 2. 柜体柜门检查 检查 TCMS 主机外观无异常，柜体无变形、损坏等现象。 检查连接器标识清晰，挂钩灵活，连接可靠。防错编码销、插销状态良好，不得有变形、弯曲现象，拔出、插入灵活可靠。 3. 柜体内部检查 检查柜体内部设备是否干净，无玷污。所有螺栓应紧固，无松弛。插座不得有裂纹，安装及接线牢固、完好，线号清晰、齐全，不得有短路、过热现象。 检查配线电缆无老化、损坏、变形、变色及裂纹等现象；接线柱螺栓无松动。 4. 插件检查 印刷电路板清洁，不许有过热及金属箔脱落现象。元件焊接牢固、光滑，不许有虚焊和短路。插件板的插头、框架不得有裂损和变色现象。开关无损坏，动作无阻滞现象，如有动作不良，需更换	手电筒、清洗剂、软布、扭力扳手、万用表
第三方设备柜	1. 清扫 检查内部区域是否有灰尘，如果必要的话，适当清扫。用 0.2~0.3MPa 干燥压缩空气吹扫各部分，用棉纱清洁各部件及箱体。 2. 柜体检查 检查第三方设备柜外观有无异常，柜体有无变形、损坏等现象。	手电筒、清洗剂、软布、扭力扳手、万用表

续上表

设备名称	检查内容及标准	主要工具
第三方设备柜	3. 油漆表面检查 检查油漆表面是否有损坏或缺少面漆,如果必要的话,根据制造厂家的文件修整损坏的面漆。 4. 电气连接检查 目视确认接线排及 XP311、XP312 连接器配线等是否松动。通常不需要其它维护。 当需要更换设备或设备对应部件时,需严格按第三方设备对应的部件维护方法进行。更换过程中不得损坏对应连接器及导线。 再次安装装置的时候,连接器要按照编号顺序和颜色顺序正确地插入	手电筒、清洗剂、软布、扭力扳手、万用表
蓄电池充电器	1. 清扫 检查内部区域是否有灰尘,如果必要的话,适当清扫。用 0.2~0.3MPa 干燥压缩空气吹扫各部分,用棉纱清洁各部件及箱体。 2. 柜体检查 检查电源柜外观有无异常,柜体有无变形、损坏等现象。 3. 三相变压器检查 检查绕组有无变形,整个绕组应无倾斜,如有变形应及时修理。 检查气隙是否被杂物堵塞,若堵塞须用经许可的清洁剂清理。 检查引线的连接情况。每根引出线必需与变压器本身的引线一一对应,即接到同一个接线端子上。检查引线与接线端子的接触情况	手电筒、清洗剂、软布、扭力扳手、万用表

三、工具材料

电力机车电气屏柜整备检查需要的工具、材料见表 8-4-1。

电力机车电气屏柜检修工具设备清单　　　　　　表 8-4-1

序号	名称	单位	数量	序号	名称	单位	数量
1	一字螺丝刀	套	1	8	手电筒	个	1
2	十字螺丝刀	套	1	9	记号笔	个	1
3	两用扳手	套	1	10	棉纱	块	若干
4	扭力扳手	套	1	11	安全警示牌/台/灯	套	1
5	万用表	个	1	12	防静电手套	双	2
6	相序测试仪	个	1	13	绝缘鞋	双	2
7	压缩空气吹扫设备	个	1	14	安全帽	个	2

安全注意事项

1. 触电风险

有些电气屏柜可能带有危险电压,而且它所控制的是带有潜在危险的设备。如果不遵守"警告"的规定,或不按本说明书的要求进行操作,就可能会造成死亡,严重的人身伤害或重大的财产损失！

注意触电的危险。即使电源已经切断，但有些设备放电回路仍然带有危险电压，因此，在电源关断 5min 以后才允许打开屏柜门！

2. 静电防护

带上防静电手套，方可触摸设备内部的器件。

8-5 检修员工作页 HXD3D 型电力机车电气屏柜检修

本节以 HXD3D 型电力机车电气屏柜为例，介绍电力机车电气屏柜的 C4 级检修项目、作业流程及具体的作业内容。各院校可根据自己的实训条件，有选择性地进行教学实施。

各车型的电气屏柜检修流程、检修项目基本相同，只是屏柜功能、安装设备的不同，会导致具体某个步骤的检修操作和参数有所不同，感兴趣的同学可自主进行对比学习。

一、引用标准及适用范围

（1）引用标准：《HXD3D 型电力机车检修技术规程（C1-C4 修）》《HXD3D 型电力机车机车说明》。

（2）本准则规定了 HXD3D 型电力机车电气屏柜的检查工艺流程、技术要求及质量标准。

二、工具材料

检修电力机车电气屏柜所需的工具、设备见表 8-5-1。

电力机车电气屏柜所需的检修工具、设备 表 8-5-1

序号	名称	单位	数量	序号	名称	单位	数量
1	一字螺丝刀	套	1	8	手电筒	个	1
2	十字螺丝刀	套	1	9	记号笔	个	1
3	两用扳手	套	1	10	棉纱	块	若干
4	扭力扳手	套	1	11	安全警示牌/台/灯	套	1
5	万用表	个	1	12	防静电手套	双	2
6	相序测试仪	个	1	13	绝缘鞋	双	2
7	压缩空气吹扫设备	个	1	14	安全帽	个	2

三、工前准备

电力机车电气屏柜的检修前要做好如下准备工作：

（1）有些电气屏柜要求，只有经过培训合格的专业人员才允许进行该屏柜的检查维护工作。

（2）检查维护人员应按规定穿戴防护用品，戴安全帽、防静电手套，穿绝缘鞋。

（3）到工具室领取配送完毕的检查作业所需的工具、设备，并对其数量及状态进行确认。

（4）确认车辆停放制动已施加，受电弓已降下，接触网显示屏显示已断电，接地杆已挂，防护号志已设置。

风险注意事项

1. 触电风险

有些电气屏柜可能带有危险电压，而且它所控制的是带有潜在危险的设备。如果不遵守"警告"的规定，或不按本说明书的要求进行操作，就可能造成死亡，或严重的人身伤害，或重大的财产损失。

注意触电的危险。即使电源已经切断，但有些设备放电回路仍然带有危险电压，因此，在电源关断 5min 以后才允许打开屏柜门。

2. 静电防护

戴上防静电手套，方可触摸设备内部的器件。

四、C4 级检修作业

1. 列车供电柜检修

（1）安全注意事项

①为确保人身安全，所有检查和维护应在断开主断路器，降下受电弓状态下进行。

②即使断开主断路器，某种情况下也会有危险电压存在，应对有电容的电器进行放电，电压放至安全电压（36V）以下，方可打开柜门。

③刚停止工作的电器可能温度很高，要注意防止烫伤。

④列车供电柜带有"高压危险！断电 5min 后方可操作"的安全警告标志及标语，严格按照说明进行操作。

⑤列车供电柜检查维护人员必须是经过培训的具有相关资格的人员。

（2）操作注意事项

①列车供电柜控制系统转换组时，要求列车供电柜转换开关置于"0"位停留 3s 后，再将转换开关置于"故障"位，运行组维持运用。

②接地故障复位需要控制系统断电解锁。

③需要检测或检查主电路时，首先必须确认主电路的电压放至安全电压（36V）以下，方可打开柜门进行检修。

④启机时，必须遵守"先让控制系统得电工作（供电转换开关置于"运行"位），再闭合供电钥匙开关"的原则。

⑤停机后,必须将列车供电柜控制系统转换开关打到"0"位。

（3）清扫

检查内部区域有无灰尘,如有必要,立进行适当清扫。例如,用 0.2～0.3MPa 干燥压缩空气吹扫各部分,用棉纱清洁各部件及箱体。

（4）检查

①检查柜体外观表面

目检柜体表面油漆有无开裂、脱落等异常现象。如果必要的话,需修理。

②检查柜门

检查柜门有无变形,门锁有无卡壳、损坏。

③检查安装螺栓

用扭力扳手检查所有≥M6 螺栓连接的紧固力矩。如有松动,应按力矩要求重新紧固,紧固后用记号笔做好防松标记。

④检查电气连接

目视检查电源接线端子、连接器、端子台压接是否牢固,检查插头固定卡子有无断裂。

用扭力扳手检查所有≥M6 螺栓连接的紧固力矩。如有松动,应按力矩要求重新紧固,紧固后用记号笔做好防松标记。

⑤检查电阻组件

目检电阻表面有无过热、烧损等异常现象。

目检电阻连接端子有无过热、侵蚀、灼伤等异常现象。

在半年检、年检时,应检测空载电阻 5R1、5R2,过压吸收电阻 21R1、21R2 是否符合要求。（电阻 5R1、5R2 正常阻值为 $600\Omega\pm30\Omega$;电阻 21R1、21R2 正常阻值为 $5\Omega\pm0.25\Omega$）。

注意:在检查或检测电阻组件时,应在供电柜断电 5min 后进行,确保供电柜 DC 600V 电压放至安全电压（36V）以下。

⑥检查接地线

目检柜体接地线与机车车体短接线有无破损、松动等异常现象。

⑦部件检查

准备工作:在供电柜断电 5min 后,确保供电柜 DC 600V 电源放至安全电压（36V）以下,打开柜门。

A. 检查 SHCM 模块

a. 目检 SHCM 模块底座 4 个固定螺栓有无松动、脱落等异常现象。

b. 目检 1 号供电柜终端电阻安装是否可靠（2 号供电柜没有安装终端电阻）。

c. 目检 SHCM 模块中 X4、X6、X9 插头紧固是否可靠。

B. 检查列供柜控制箱

a. 检查冷却风扇

风扇工作正常,且工作时无异常声响;若有异常声响,更换处理。若无更换,第二次年检时需更换。

b. 检查控制插件

目检插件表面有无灰尘,若有,应使用软毛刷清扫。

检查控制插件安装是否到位。

检查接地连接是否牢固。

注意:检查人员必须着防静电工装,防止静电损伤元器件。

c. 检查连接插头

检查 XS1、XS2、XS3 插头是否安装可靠,检查 XS1、XS2 有无插头装反现象。

C. 检查同步变压器

检查同步变压器表面有无鼓包、开裂等异常现象。

检查同步变压器连接线紧固是否可靠。

D. 检查 T1 变压器

目检 T1 变压器连接线是否紧固、可靠。

目检 T1 变压器有无烧损或发热严重现象。

E. 检查接触器

无电检查:目检接触器表面有无过热、烧损等异常现象;检查接触器连接端子及连接线有无过热、松动等异常现象;手动按压接触器,检查触头有无卡滞。

通电检查:接通工作电源,检查接触器是否能正常吸合;检测接触器主触点接触是否良好;检测接触器辅助触点接触是否良好。

F. 检查冷却风机

无电检查:用万用表检测风机三相绕组电阻是否基本一致;检查 X4 端子排上风机电源连接线的相序是否正确:黑色连接线为 U 相,蓝色为 V 相,棕色为 W 相。

通电检查:接通电源,使用相序检测仪,检测风机工作时相序是否正常;确认风机工作时有无异常。

注意:若在检修及维护过程中,更换过风机或风机电源线,则必须使用相序检测仪,检测风机工作相序,确保风机运行相序正确。

G. 检查电度表

目检电度表显示是否正常。电度表显示如图 8-5-1 所示。

a) 已用总电能   b) 交流输入电压   c) 交流输出电流

图 8-5-1　电度表显示

H. 检查电容器

目检电容端子连接线是否紧固、可靠。

目检电容有无鼓包、漏液、放电等异常现象。

测量过压吸收电容 17C、直流支撑电容 19C 电容值,看是否符合要求。

注意：在检查或检测电容前，要求在供电柜断电 5min 后，确保供电柜 DC 600V 电源放置在安全电压(36V)以下，才方可操作。

I. 检查电阻器

目检电阻端子连接线是否紧固、可靠。

检查电阻表面有无发热、烧损等异常现象。

测量接地电阻 1R1、1R2、3F 电阻值，检查是否符合要求。

注意：检查或检测电阻前，要求在供电柜断电 5min 后，确保供电柜 DC 600V 电源放置在安全电压(36V)以下，才方可操作。

J. 检查传感器

目检传感器连接端子是否紧固、可靠。

目检传感器表面有无开裂、烧损等异常现象。

K. 检查隔离闸刀

目检隔离闸刀接触面有无过热、锈蚀等异常现象。

检查闸刀辅助连锁接触是否可靠。

L. 检查快速熔断器

用万用表电阻挡测量熔断器，阻值应为 0Ω。

注意：若熔断器跳开或被熔断，在更换前应首先排查引起熔断器跳开的原因，预防第二次故障发生。

M. 检查电源连接

目检电源连接部位有无变色、过热等异常现象。判断标准：铜导体变黑、镀锡母排变蓝为异常。若有异常，需更换电缆或母排或连接元件，如螺栓、螺母。

目检电源电缆有无破损、老化、烧损等异常现象。

(5)检修后试验

列车供电柜 C4 级检修后需进行如下功能试验：

①低压逻辑试验

A. 试验准备工作

a. 修改网络控制系统应用程序(配合列车供电柜低压试验的程序)。

b. 试验前确定列车供电柜可靠接地，将主电路的两个放电电阻中点接地。

c. 确认列车供电柜主电路、辅助电路、控制电路接线正确。

d. 集控器信号已正确接入，或已将供电控制箱中的集控隔离开关置于"隔离"位。

e. 供电柜直流输出端不需要接入负载。

B. 试验过程

a. 合上蓄电池开关，无须升弓、合主断；在司机室闭合供电钥匙。

b. 观察供电柜内 15kA 中间继电器，应吸合(表示"供电允许"信号已输出)；延时 5s 后，13kA、14kA 中间继电器吸合(控制交流接触器 13kM、14kM)，随后交流接触器 13kM、14kM 应闭合。

c. 断开供电钥匙或断开集控信号，13kA、14kA、15kA 及 13kM、14kM 应断开。

d. A 组试验完毕后，再将供电柜控制箱转至 B 组试验，A、B 组试验方式相同(同上)。

②空载试验

按照《轨道交通 机车车辆用电力变流器 第 1 部分:特性和试验方法》(GB/T 25122.1—2018)第 4.5.3.7 条以及《旅客列车 DC600V 供电系统技术要求及试验》(TB/T 3063—2011)表 3"空载试验"条款,进行电压轻载试验,验证列供柜连接是否正确,检查列供柜在额定电压下的运行,系统输出电压是否符合要求。

A. 试验准备

a. 将网络控制系统应用程序还原(还原为机车正常应用程序)。

b. 试验前确定列车供电柜接地可靠,将主电路的两个放电电阻中点接地。

c. 确认供电柜主电路、辅助电路、控制电路接线正确。

d. 集控器信号已正确连接入,或已将供电控制箱中的集控隔离开关置于"隔离"位。

e. 供电柜直流输出端不需要接入负载。

B. 试验过程

a. 升弓、合主断,辅变启动正常。

b. 在司机室闭合供电钥匙。

c. 通过司机室状态显示屏检查 DC 600V 供电电压逐步上升,最终可稳定在 570 ~ 630V 范围内,同时检查 6A 显示屏中漏电流检测值应不大于 30mA。

d. 通过司机室状态显示屏和 6A 显示屏检查交流输入电压是否正常,电压是否在合理范围之内(比例 25kV:860V,误差范围为 ±10%)。

e. 通过司机室状态显示屏和 6A 显示屏检查半电压是否正常,范围在 250 ~ 350V 范围内。

f. A 组试验完毕后,再将列电柜控制箱转至 B 组试验,A、B 组试验方式相同(同上)。

注意:每次试验完成后,系统电容放电时间不少于 5min,检修主电路时,应首先用万用表测量输出电压低于安全电压(36V),方可接触主电路,谨防高压触电。

③保护功能试验

按照《轨道交通 机车车辆用电力变流器 第 1 部分:特性和试验方法》(GB/T 25122.1—2018)第 4.5.3.6.2 条以及《旅客列车 DC 600V 供电系统技术要求及试验》(TB/T 3063—2011)表 3"保护功能试验"条款,对系统运行以下保护功能试验。

A. 试验准备

准备工作同空载试验一致。

B. 试验过程

a. 升弓、合主断,辅变启动正常。

b. 在司机室闭合供电钥匙。

c. 将不大于 0.8kΩ 的电阻(功率应大于 50W)接入主电路的 311(312)与地之间,或接入主电路 313(314)与地之间。

d. 电阻接入后,控制系统应送出主接地故障信息,及并交流接触器保护。

e. A 组试验完毕后,再将列电柜控制箱转至 B 组试验,A、B 组试验方式相同(同上)。

2. 控制电器柜检修

(1)清扫

检查内部区域有无灰尘,如有必要,应进行适当清扫。例如,用 0.2 ~ 0.3MPa 干燥压缩空气吹扫各部分,用棉纱清洁各部件及箱体。

（2）检查

①检查外观

检查柜体安装固定螺栓,如果必要,拧紧螺栓。

检查各接线、连接电缆、电连接器。

②检查断路器

除了防寒加热用断路器 QA60 置于断开位(只有冬季用,冬季时断路器需要闭合),其余所有断路器均置于接通位置,避免不需要的接通断开。

关于断路器,不需要通常的保养,但要确认配线状态和安装状态是否异常,尤其是断路器的电线连接部位的螺栓,由于导线的耦合,有松动的可能,所以要确认有无松动。若有松动,要重新拧紧。同时,还要确认配线的状态。柜内其他器件按照各自的保养说明进行维护。

3. 微机柜检修

（1）操作注意事项

①戴上防静电手套,方可触摸设备内部的器件。

②操作任何电路板之前务必关闭列车电源,否则可能导致电路板损坏。对于 PU 板之类的电路板,务必推动左手侧的弹出手柄弹出。

③由于 M-CPU 较重,更换时应小心,不要让 M-CPU 掉下。

④更换蓄电池之前,接通显示设备的电源 10min 以上。在 10min 之内完成电池的更换。

⑤如果蓄电池电缆不在正确的位置处,不能将蓄电池座安装到印刷电路板上。

⑥安装蓄电池连接器时,注意极性。

⑦安装蓄电池座时,务必将蓄电池的电缆沿印刷电路板的切割架通过。

⑧勿用手接触内存板连接器部件。如果用手触摸,内存板可能会接触不良,不能正常运行。

⑨如果连接器部件变脏,用含有酒精的纱布擦拭。

⑩按照标准扭矩拧紧每个螺栓。

（2）清扫

检查内部区域有无灰尘,如有必要,应进行适当清扫。例如,用 0.2～0.3MPa 干燥压缩空气吹扫各部分,用棉纱清洁各部件及箱体。

（3）检查

①检查柜体柜门

a. 检查 TCMS 主机外观无异常,柜体无变形、损坏等现象。

b. 检查连接器标志清晰,挂钩灵活,连接可靠。防错编码销、插销状态良好,不得有变形、弯曲现象,拔出、插入灵活可靠。

②检查柜体内部

设备内部干净,无脏污。所有螺栓应紧固,无松弛。插座不得有裂纹,安装及接线牢固、完好,线号清晰、齐全,不得有短路、过热现象。配线电缆无老化、损坏、变形、变色及裂纹等现象;接线柱螺栓无松动。

③插件检修

印刷电路板清洁,不许有过热及金属箔脱落现象。电器元件焊接牢固、光滑,不许有虚焊和短路。插件板的插头、框架不得有裂损和变色现象。开关无损坏,动作无阻滞现象,如有动作不良,需更换。

4.第三方设备柜

(1)清扫

检查内部区域有无灰尘,如有必要,应进行适当清扫。例如,用0.2～0.3MPa干燥压缩空气吹扫各部分,用棉纱清洁各部件及箱体。

(2)检查

①检查柜体

检查第三方设备柜外观有无异常,柜体有无变形、损坏等现象。

②检查油漆表面

检查油漆表面有无损坏或缺少面漆,如有必要,应根据制造厂家的文件修整损坏的面漆。

③检查电气连接

a.检查所有螺栓连接:

检查所有螺栓连接是否紧固,如有必要,应用规定的拧紧力矩重新紧固螺栓连接。

b.检查所有密封件:

检查所有密封件有无损坏、是否密封,如有必要,应重新紧固或更换。

c.检查接地电缆:

检查接地电缆有无损坏、是否紧固,如有必要,应重新紧固或更换。

d.检查所有部件:

检查所有部件有无损坏、是否紧固,如有必要,应更换或重新紧固。

检查所有电缆和电缆连接,有无损坏、是否紧固,如有必要,应更换或重新紧固;有无变色或灼痕,如有必要,应更换或修理。

④柜内设备检查

检查TSC1主机、机车信号主机、总线拓展盒、调车接线盒、TAL93接线盒、CIR主机、监控主机、机车安全信息综合监测装置、TAX箱、机车鸣笛记录装置等设备有无损坏。

当需要更换设备或设备对应部件时,须严格按第三方设备对应的部件维护方法进行。更换过程中不得损坏对应连接器及导线,连接器要按照编号顺序和颜色顺序正确地插入。

5.蓄电池充电器

(1)清扫

检查内部区域有无灰尘,如有必要,应进行适当清扫。例如,用0.2～0.3MPa干燥压缩空气吹扫各部分,用棉纱清洁各部件及箱体。

(2)检查

①检查柜体

检查柜体外观有无异常,柜体有无变形、损坏等现象。

②检查三相变压器

a.检查绕组有无变形,整个绕组应无倾斜,若有变形,应及时修理。

b. 检查气隙是否被杂物堵塞,若堵塞须用经许可的清洁剂清理。

c. 检查引线的连接情况。每根引出线必须与变压器本身的引线一一对应,即接到同一个接线端子上。检查引线与接线端子的接触情况。

8-6 乘务员工作页　HXD3D 型电力机车电气屏柜应急故障处理

本部分参照《HXD3D 型电力机车应急故障处理(试行)》进行编写,给出了列车供电柜、蓄电池充电器常见故障的应急处理方法。本部分是培养机车车辆乘务员应急故障处理技能的重要模块。

一、列车供电柜应急故障处理

列车供电柜是为旅客列车提供 DC 600 V 供电电源的屏柜,当列车供电柜故障时,将导致旅客列车无供电电源,将给旅客带来诸多不便,因此当列车供电柜出现故障时,需尽快进行处理,尽快恢复旅客列车供电。表 8-6-1 汇总了 HXD3D 型电力机车列车供电柜常见故障,并给出了应急处理方案。

HXD3D 型电力机车列车供电柜常见故障及应急处理方案　　　　表 8-6-1

序号	故障现象	故障范围	检查对象	应急处理
1	无交流输入和 DC 600 V 输出显示	主接触器 13KM 不吸合	检查供电钥匙信号(正常情况下:数字入出板 2A 灯亮)	换端操作
			检查客车电源信号(正常情况下:数字入出板 8B 灯亮)	将集控隔离开关置于"隔离"位
			检查供电申请信号(正常情况下:数字入出板 8A 灯亮)	将集控隔离开关置于"隔离"位
			检查隔离闸刀 1 闭合信号(正常情况下:数字入出板 4B 灯亮)	
			检查隔离闸刀 2 闭合信号(正常情况下:数字入出板 5A 灯亮)	
			检查风机联锁信号(正常情况下:数字入出板 6B 灯亮)	
			检查辅变正常信号(正常情况下:数字入出板 6A 灯亮)	
			检查电抗器温度传感器(正常情况下:数字入出板 2B、4A 灯均亮)	

序号	故障现象	故障范围	检查对象	应急处理
1	无交流输入和 DC 600V 输出显示	主接触器13KM 不吸合	检查接地故障信号(正常情况下:供电控制板9A 灯灭)	观察供电控制板 5A 灯(直流正线接地时亮)、5B 灯(直流负线接地时亮),确定直流侧是单线接地还是双线接地,若只是单线接地,可将接地隔离开关置于"隔离"位维持运行
			检查直流过流保护信号(正常情况下:供电控制板9B 灯灭)	
			检查插件环节保护信号(正常情况下:供电控制板3A 灯灭)	重装或换组处理
			检查快熔状态信号(正常情况下:数字入出板5B 灯灭)	
			检查数字入出板	换组处理
			检查供电控制板	换组处理
			检查13KA 中继(数字入出板13A 灯亮,13KA 应吸合)	
		与微机(网络)通信故障	检查13KM 接触器(13KA 吸合后,13KM 应吸合)	若电度表中有输入电流、电压显示,说明供电柜工作正常;途中司机可通过电台与客车长确认客车DC 600V 电源是否正常,若正常可维持运行(此时供电柜工作及保护功能均正常,只是无电压显示)
2	无交流输入电压或电流显示,但DC 600V 输出显示正常	电度表与SHCM 模块通信异常	检查 SHCM 模块(观察 N1 指示灯,闪烁周期为1s,表示故障)	只要DC 600V 输出正常,可维持运行,无须应急处理
			检查电度表	
		采样电路故障	检查 T1 变压器	
			检查 A1 输入电流传感器	
			检查电度表	
3	有交流输入电压、电流显示,但无DC 600V 输出显示	脉冲封锁或整流模块故障	检查直流过压保护信号(正常情况下:供电控制板8B 灯灭)	换组处理
			检查直流电压传感器11SV 或12SV	换组处理
			检查脉冲分配板	换组处理

序号	故障现象	故障范围	检查对象	应急处理
3	有交流输入电压、电流显示,但无 DC 600V 输出显示	脉冲封锁或整流模块故障	检查脉冲转换板	换组处理
			检查同步变压器 TBK1	
		控制箱与 SHCM 模块通信故障	检查 SHCM 模块(观察 N2 指示灯,闪烁周期为 1s,表示故障)	途中司机可通过电台与客车长确认客车 DC 600V 电源是否正常,若正常可维持运行(此时供电柜工作及保护功能均正常,只是无电压显示)
			检查供电控制板	换组处理
4	DC 600V 输出电压波动	输入电压波动	检查网压有无突变现象	
			检查同步变压器 TBK1 信号有无突变	
			检查主接触器 13KM 主触头是否存在虚接现象	
		直流侧故障	检查直流电压传感器 11SC 反馈信号	换组处理
			检查脉冲电路,如脉冲线、脉冲盒、脉冲分配和转换控制板	
			检查供电控制板	换组处理
		负载故障	检查内部空载电阻 5R 及滤波电容 19C	
			检查外部负载是否突投或突切	
5	输出电压随着电流增大而减小	半波整流	检查脉冲电路,包括脉冲线、脉冲盒及脉冲分配和转换控制板	
			检查晶闸管、整流管是否开路	
		输入侧故障	检查变压器次边绕组是否匝间短路	
6	接地	检测旦路故障	检查接地检测电压传感器 13SV 及相关连接线	
			检查接地电阻(5R1 与 5R2 阻值应平衡)	
			检查转换控制(半电压采样:A 组测量 27A;B 组测量 28A 测试孔,1V:250V)	换组处理

序号	故障现象	故障范围	检查对象	应急处理
6	接地	检测电路故障	检查供电控制（半电压处理：测量41B测试孔，1V:250V）	
		主电路接地	用摇表测量 DC 600V 正、负大线绝缘	途中应甩开机车外部相应支路负载连接器后，再试验判断是列车故障还是客车故障，然后甩开故障点处理
7	直流过压	检测电路故障	检查直流全电压传感器（11SV或12SV）及相关接线（重点：工作电源线）	换组处理
			检查转换控制、供电控制板	换组处理
		过压吸收电路故障	检查过压收吸电阻 21R 和电容 17C 及压敏电阻 13RV	
8	直流过流	检查直流侧电路故障	检查直流电流传感器 11SC 及相关接线	
			检查转换控制、供电控制板	换组处理
			检查同步信号，及同名端接线是否接反（TBK1）	
		直流侧短路	检查空载电阻 5R 及滤波电容	
			检查外部负载	途中故障时，按"接地故障"进行处理
9	过热		检查电抗器 13L 温度传感器	
			检查数字入出板	换组处理
			检查冷风机工作是否正常	
10	网络通信不上	控制箱不得电或电源中断保护	检查 110V 电源输入电压是否正常	
			检查开关电源插件板	换组处理
			检查 5V、±15V、±24V 电源负载（如插件、电流/电压传感器及控制箱冷却风扇）	
		通信故障或通信干扰	检查 SHCM 模块	若电度表中有输入电流、电压显示，可通过电台与客车长确认客车 DC 600V 是否正常，若正常可维持运行
			检查供电控制板	

续上表

序号	故障现象	故障范围	检查对象	应急处理
10	网络通信不上	通信故障或通信干扰	检查列供柜 1 标识信号（LGSB）	
11	投入列车供电时跳 APU	辅助电源干扰	检查 X4 端子排中 U、V、W 三相电容（3μF/AC 600V）	断、合列供钥匙,重新启动列供柜

二、蓄电池充电器应急故障处理

1.机车蓄电池亏电后的不良后果

（1）机车蓄电池亏电后会造成充电器输出电流过大,最大输出电流为55A,加之机车上其他负载的不稳定变化,造成蓄电池充电器开关元件强制工作在高频调整阶段,大负荷运行,发热量过大,易造成机车110V电源装置器件损坏。

（2）机车蓄电池亏电后,辅助控制电源无法启动,机车无法正常运用,极易造成“机故”事故。

（3）机车蓄电池多次出现深度放电后,将极大影响蓄电池的使用寿命及存储能力。例如,对于3~5年的蓄电池,当放电深度为100%时,只能充放电200~250次;当放电深度减小到50%时,可充放500~600次;当放电深度为30%,可充放1200次以上。因此,蓄电池的合理使用是影响其寿命的主要因素。

2.运行途中,蓄电池充电器故障时的处理

故障原因:PSU1 故障或 PSU2 故障。

处理方案:

（1）蓄电池充电器 PSU 有两组,当一组出现故障时,微机会自动转换到另一组投入工作。

（2）若微机没有转换,先断开主断路器,在主断路器断开后,利用充电单元选择开关进行手动转换。

（3）在断路、降弓、停车状态下,断开再闭合控制电器柜“蓄电池”自动开关 QA61。

（4）若蓄电池充电器 PSU 故障经转换及断电复位后,故障仍无法消除时,可分别切除辅变流器进行试验,如有一组 PSU 恢复工作,即可维持运行。

（5）若经以上操作,仍未能有 PSU 投入工作时,应根据实际情况及时向车站及车间派班室反馈信息,节约用电,尽量维持运行到终点站或前方站停车进行处理。

3.运行途中,微机显示屏显示的蓄电池电压长时间（30min）低于108V 时的处理

运行途中,乘务员需随时注意观察微机显示屏上显示的蓄电池电压,发现其电压长时间（30min）低于108V 时,应在微机显示屏牵引/制动界面点击“机器状态”“辅助电源”,进入“辅助电源”界面,确认蓄电池充电器 PSU 是否故障,若其故障,按上面“运行途中,蓄电池充电器故障时的处理”方法进行处理。

8-7 理论拓展　电器常用的传动装置

电器的传动装置是由触点电器用来驱使电器运动部分(如触头)按一定要求进行动作的机构。电器常用的传动装置有电磁传动装置、电空传动装置、机械式传动装置以及手动传动和电动机传动装置(如少数城轨车辆受电弓)。下面主要介绍电磁传动装置和电空传动装置。

一、电磁传动装置

电磁传动装置就是通过电磁铁把电磁能转变成机械能来驱动电器动作的机构,主要用于小型电器,如电磁式接触器、电磁式继电器、自动开关等,都是用电磁铁作为传动机构的。

1. 电磁传动装置的基本组成

电磁传动装置实际上就是一个电磁铁。它的形式有很多,如螺管式电磁铁、直动式电磁铁、E 形电磁铁、U 形电磁铁等,但它们的基本组成和工作原理却是相同的。

电磁铁主要由吸引线圈和磁系统两部分组成。磁系统一般由铁芯、磁轭和衔铁三部分组成。衔铁又称为动铁芯,铁芯和磁轭又称为静铁芯。

下面以直流接触器和继电器常用的拍合式电磁铁为例,说明电磁传动装置的具体结构。

图 8-7-1 所示为一个直流拍合式电磁铁的结构,它由线圈、极靴、铁芯、磁轭和衔铁等组成。线圈套装在铁芯上。极靴用来增大气隙磁导,并可以压住线圈。非磁性垫片用来减少剩磁通,以防线圈断电后衔铁被剩磁吸力吸住而不能释放。

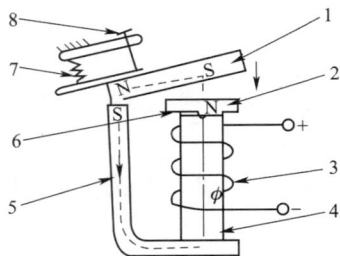

图 8-7-1　电磁铁的结构图
1-衔铁;2-极靴;3-线圈;4-铁芯;5-磁轭;6-非磁性垫片;7-反力弹簧;8-调节螺栓

2. 电磁传动装置的工作原理

电磁铁的工作原理:当线圈接通电源后,在铁芯和衔铁间产生电磁吸力。当电磁吸力产生的转矩大于反力弹簧反作用力产生的转矩时,衔铁被吸向铁芯,直到与极靴接触为止,并带动触头动作。当线圈中的电流减小或中断时,铁芯中的磁通变小,吸力也随之减小;如果吸力小于反力弹簧的反力(归算后),衔铁在反力弹簧的作用下返回至打开位置,并带动触头处于另一工作位置。

由此可见,只要控制电磁铁吸引线圈电流(电压)就能通过触头来控制其他电路的接通或断开。

电磁铁的用途很广。例如,在接触器中,利用电磁铁带动触头运动,只要控制电磁铁线圈得失电,就能控制另外电路电流的通断,达到实现自动控制及远距离操纵的目的。在许多继电器中利用电磁铁作测量机构,可以反映出电路中电压、电流、功率等参数的变化,对电路及电气设备进行保护和控制,如过压继电器、过流继电器。

3. 电磁传动装置的分类

电磁铁的结构形式很多,图 8-7-2 所示为电磁铁常见的几种结构形式。

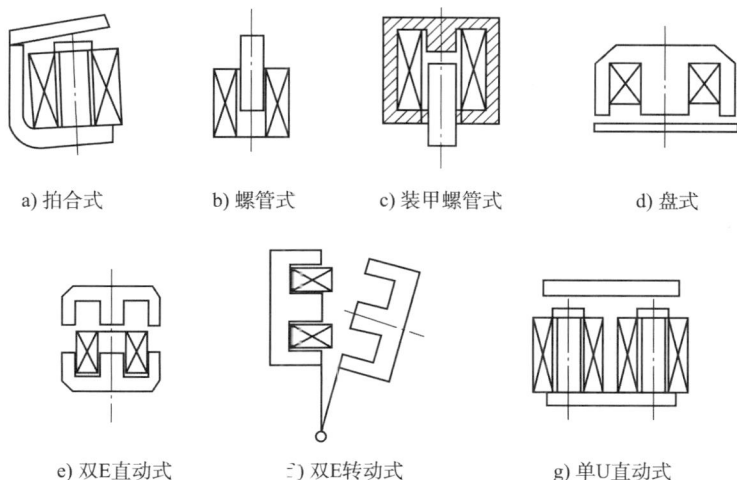

图 8-7-2　电磁铁常见的几种结构形式

电磁铁可以按线圈电流的性质、线圈与电路的连接方式、衔铁的运动方式和磁系统的结构形式等分类。

(1)按吸引线圈通电电流的性质,电磁铁可分为直流电磁铁和交流电磁铁。

①直流电磁铁线圈通的是直流电流,当电流达到稳定值后,可以认为匝数 W、电流 I 均不变,即恒磁势(IW)系统。磁通不随时间而变化,在铁芯中没有涡流和磁滞损耗,铁芯可用整块钢或工程纯铁制造。为了便于制造,铁芯和极靴一般做成圆形,线圈也做成圆形,形状细高,与铁芯配合较紧密。

②交流电磁铁的吸引线圈通的是交流电流,可以认为匝数 W 和磁通有效值 Φ 不变,故其为恒磁链($\psi = \Phi W$)系统。但总磁通 Φ 交变,在铁芯中有涡流和磁滞损耗,铁芯不能再用整块钣铁制造,一般是用硅钢片叠制而成。为便于制造,把铁芯制成方形,线圈往往也制成方形,且为"矮胖型",线圈与铁芯间的间隙较大,以利于线圈散热。

(2)按吸引线圈与电路的连接方式,电磁铁可分为并联电磁铁和串联电磁铁。

①并联电磁铁的线圈与电源并联,输入电量是电压,其线圈称为并联线圈或电压线圈。其阻抗要求大,电流小,故线圈匝数多且线径细,这种电磁铁应用较为广泛。

②串联电磁铁的线圈与负载串联,反映的是电流量,其线圈称为串联线圈或电流线圈。其阻抗要求小,故其匝数少且导线粗,应用较少。

(3)按衔铁的运动方式,电磁铁可分为直动式和转动式电磁铁两大类。图 8-7-2a) 和图 8-7-2f)为转动式,其余均为直动式。

(4)按磁系统的结构形式,电磁铁可分为 U 形、E 形和螺管形。图 8-7-2 中,a)和 g)为 U 形;b)和 c)为螺管形;d)、e)、f)均为 E 形。

(5)按电磁铁的动作速度分类,电磁铁可分为快速电磁铁、一般速度电磁铁和延时动作电磁铁。

二、电空传动装置

电空传动装置是以电磁阀控制的压缩空气为动力,驱使电器运动部件动作的机构,它广泛用于触头开闭高电压、大电流场合。例如,城市轨道交通车辆使用的受电弓,大部分是采用压缩空气驱动气缸里的活塞或充入气囊,再通过其他机械部件的配合实现升弓的,这便是电空传动装置的一种应用。

由电磁传动装置的吸力特性可知,电磁吸力随气隙的增加而下降,因此在需要长行程、大传动力的场合,用电磁传动装置就不适宜了。而电空传动装置却能将较大的力传递较远,此外,与电磁传动装置相比,采用电空传动装置时,有色金属的消耗及动作时的控制电源功率都可大为减少。因此,在压缩空气气源较充足的城市轨道交通车辆上,采用了许多电空传动装置的电器设备。

电空传动装置是一种以电磁阀(电空阀)控制的压缩空气为动力,驱使触头按规定动作执行的机构。

电空传动装置主要由电空阀和压缩空气驱动装置组成。

1. 电空阀

电空阀是借电磁吸力来控制压缩空气管路的导通或关断,从而达到远距离控制气动器械的目的。

电空阀按工作原理分,有闭式电磁阀和开式电磁阀两种,但从结构来说都由电磁机构和气阀两部分组成,工作原理也类似。

(1)闭式电空阀

闭式电空阀在电力机车上应用较多,其原理结构图如图 8-7-3 所示。

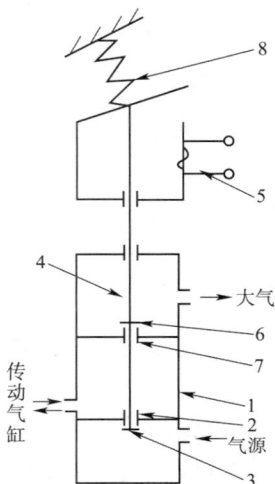

图 8-7-3 闭式电空阀的原理结构图

1-阀体;2-下阀门;3、6-阀块;4-阀杆;5-电磁铁;7-上阀门;8-反力弹簧

闭式电空阀的工作原理:当电空阀线圈得电时,衔铁吸合,阀杆动作,使上阀门关闭,下阀门打开,关断了传动风缸和大气的通路,打开了气源和传动风缸的通路,压缩空气从气源经电空阀进入传动风缸,推动气动器械动作;当电空阀线圈失电时,衔铁在反力弹簧作用下打开,带动阀杆上移,使下阀门关闭,上阀门打开,关断了气源和传动风缸的通路,打开了传动风缸与大气的通路,传动风缸的压缩空气经电空阀排向大气,气动器械恢复原状。

TFK1B 型电空阀结构简图如图 8-7-4 所示。

(2)开式电空阀

开式电空阀的工作原理:当电空阀线圈失电时,使气源和传动风缸接通,使大气和传动风缸关闭的阀。开式电空阀原理结构简图如图 8-7-5 所示。

2. 压缩空气驱动装置

压缩空气驱动装置,有气缸式传动装置和薄膜式传动装置两种。

(1)气缸式传动装置

①单活塞压缩空气驱动装置

单活塞压缩空气驱动装置的原理结构示意图如图 8-7-6a)所示。

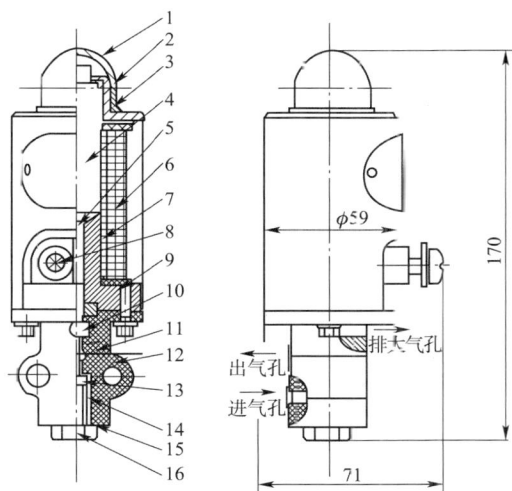

图 8-7-4　TFK1B 型电空阀结构简图

1-防尘罩;2-磁轭;3-铜套;4-动铁芯;5-心杆;6-线圈;7-铁芯座;8-接线座;9-滑道;10-上阀门;11-阀座;12-阀杆;13-下阀门;14-弹簧;15-密封垫;16-螺母

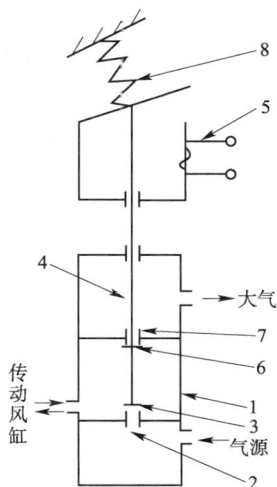

图 8-7-5　开式电空阀原理结构示意图

1-阀体;2-下阀门;3、阀块;4-阀杆;5-电磁铁;7-上阀门;8-反力弹簧

单活塞压缩空气驱动装置的工作原理:当电空阀线圈得电时,其控制的压缩空气进入传动风缸,推动活塞,压缩弹簧,使活塞杆右移,带动触头闭合;当电空阀线圈失电时,其控制的气源被关断,在弹簧的作用下,推动活塞,带动活塞杆左移,使触头打开。

通常活塞上涂有机油,以减少摩擦力并具有良好的密封性能。

单活塞压缩空气驱动装置的优点是工作行程可以选择,以满足开距和超程的要求;缺点是摩擦力较大,动作较慢。

②双活塞气缸传动装置

双活塞气缸传动装置的原理结构示意图如图 8-7-6b)所示。

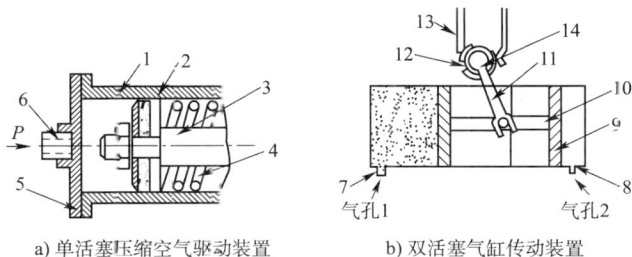

a) 单活塞压缩空气驱动装置　　　b) 双活塞气缸传动装置

图 8-7-6　气缸式传动的装置原理结构示意图

1-气缸;2-活塞;3-活塞杆;4-弹簧;5-气缸盖;6-进气孔;7、8-气口;9-活塞;10-活塞杆;11-曲柄;12-转鼓;13-静触头;14-动触头

双活塞气缸传动装置的工作原理:当气孔 1 开通气源、气孔 2 通向大气时,压缩空气驱动活塞右移;当气孔 2 开通气源、气孔 1 通向大气时,活塞则反向转动。

双活塞气缸传动装置的特点:所控制的行程受一定限制,且对被控制的触头不具有压力的传递,所以应用较少。

（2）薄膜传动装置

薄膜传动装置的原理结构图如图 8-7-7 所示。

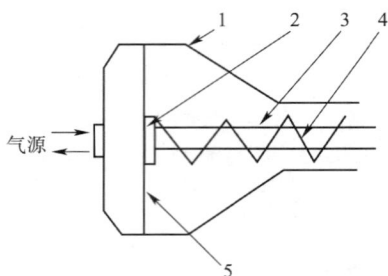

图 8-7-7　薄膜传动装置的原理结构图
1-阀体;2-活塞;3-活塞杆;4-开断弹簧;5-橡胶薄膜

薄膜传动装置的工作原理:当气孔进入压缩空气时,压迫薄膜,克服弹簧张力,使活塞杆右移,带动触头动作;反之,则触头在弹簧的作用下打开。

薄膜传动装置的特点:动作灵活,摩擦力和磨损较小;加工制作及维修方便,但活塞杆行程小,在低温条件下,薄膜易开裂,需经常更换。

8-8 实践拓展　常用的检修工具——风压表

一、种类及功能

风压表是测量风压、显示风压值的电子仪器。风压表一般连接到风管上或接到测试口,风压表表盘上会显示风压值。常用的风压表一般分为数字式风压表和指针式风压表两种,如图 8-8-1 所示。

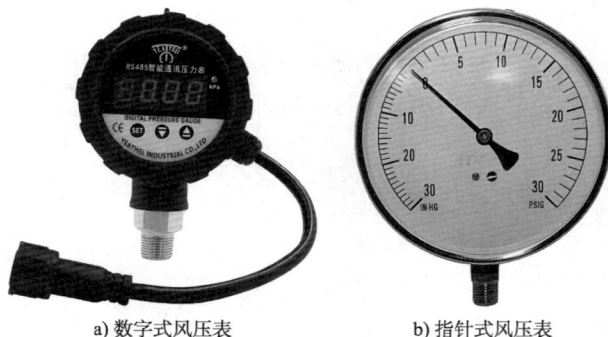

a) 数字式风压表　　　　　　　　b) 指针式风压表

图 8-8-1　风压表的种类

二、数字式风压表使用方法

数字式风压表使用方法见表 8-8-1。

数字式风压表使用方法 表 8-8-1

序号	操作	显示
1	按下"开关"键,打开风压表	
2	将快速接头对准测试接口,插入时听到"咔"的一声并确认接头已被卡紧	
3	按数字式风压表上的显示便可以读出所测风压值,单位为"bar"	
4	测试完成后,按下测试接口上的按钮,然后将快速接头拔出	
5	按住开关键5s,屏幕上显示"OFF"字样,这时按一下确认键可以使风压表关闭	

续上表

序号	操作	显示
6	在数字式风压表打开的状态下,按住确认键5s,可以使数字风压表复位。可以在风压表显示无法归零的时候使用此功能	 禁止风表处于悬空状态

三、注意事项

(1)使用数字式风压表时要轻拿轻放,切勿靠近水源。

(2)数字式风压表测试之前,风管内不要有任何污物,防止带入车上管道内。

(3)使用时切勿划伤数字式风压表表面,严禁敲击数字式风压表。

(4)手持风表或进行测量时,应握住风表。禁止只拿风管,使数字式风压表悬空。

8-9 新技术　国内首辆磁浮空轨列车"兴国号"

"兴国号"列车如图8-9-1所示,由江西理工大学与中铁科工集团联合研制。

图8-9-1　"兴国号"磁浮空轨列车外观

"兴国号"磁浮空轨列车与传统"磁浮"和"空轨"有何不同?

"兴国号"磁浮空轨列车采用悬挂式单轨结构,其最大特点是首次将永磁磁悬浮技术应用于空轨车辆。在线路方面,试验线正线全长约0.8km,均为高架线路,采用单线设计,并预留双线条件及远期运营条件。

目前，国内在建空轨项目均采用轮式空轨列车，与传统轮式空轨列车相比，永磁磁悬浮列车不用依靠橡胶轮子行驶，永久磁铁与轨道相斥并在槽口中线保持悬浮状态，电磁导向可实现零摩擦运行，仅需电动机驱动即可运行。永磁磁悬浮空轨具有非接触、悬浮运行的特点，爬坡能力更强、转弯半径小、噪声低，也更为节能环保，而相较于常导磁浮交通，永磁磁悬浮空轨具有静态磁场、"零功率"悬浮的特点，无磁污染优势明显。

这些特点，让永磁磁悬浮空轨不仅适用于城市、景区等常规环境，还适用于沿江、高寒、荒漠等困难地域环境，并可与地铁、轻轨互为补充。

磁浮空轨攻克了哪些技术难点？

我国是继德国、日本之后第三个掌握磁浮空轨技术的国家。空轨占地少、视野开阔，与行人、机动车互不干扰，拥有独立的路权，单趟运量约为地铁运量的一半，但造价仅为地铁的1/5。

目前已有的空轨列车采用的是电气驱动轮胎在轨道梁内行走，而"兴国号"磁浮空轨列车则是一种新型悬挂式磁浮车辆，其最大特点是将永磁悬浮技术应用于空轨车辆。这也是世界上首次将永磁悬浮技术应用于空轨车辆制造。永磁磁悬浮空轨项目是继常导磁悬浮、超导磁悬浮之后，发展的又一种新型轨道交通模式，我国具有完全自主知识产权。

永磁磁悬浮技术由江西理工大学于 2014 年首次提出，在 2020 年由中铁六院集团牵头推动该技术成果实现落地转化。江西理工大学多年来深耕稀土材料研究，空轨首次使用稀土材料制作永磁体和永磁轨道，不仅可以悬浮行驶，磁性衰减也很慢，还将增加轨道的使用寿命。据悉，研发过程中，江西理工大学联合中铁科工集团成功攻克了悬浮架结构、导向结构、直线电动机牵引驱动、基础制动等技术难题，顺利通过了专家评审，使我国成为具有完全自主知识产权的磁浮空轨列车技术的国家之一。

（资料来源：学习强国＞＞国家工程——国内首辆磁浮空轨列车"兴国号"预计 7 月通车实验，https://www. xuexi. cn/lgpage/detail/index. html？id = 5164859945595522929&item _ id = 5164859945595522929）

8-10 拓 展 训 练

请根据本模块内容，利用智慧职教铁道机车运用与维护专业教学资源库等专业资源平台、智慧职教 MOOC 学院"电力机车电气设备的检查与维护"在线课程等数字化资源及公共网站等途径，完成下面的任务。

任务 1：请收集 CR200 型中国标准动车组电气屏柜的图片及相关资料，并与本模块介绍的 HXD1C 型、HXD2C 型、HXD3D 型电力机车电气屏柜进行对比分析，制作 PPT，课堂上进行分享。

PPT 要求：不少于 5 页，图片清晰，配备必要的文字说明。

其他要求：能理解制作的 PPT 内容，能流利地讲解。

任务 2：请收集电力机车电气屏柜的检修和故障处理方面的视频。

要求：每组收集 1~2 个视频，了解电气屏柜的工作状态、可能出现的故障及如何检修，从而加深对机车运行过程中电气屏柜的工作状态、面临的考验等实际工况的理解,进行课上分享。

任务3:请收集动车组、城轨车辆用电气屏柜相关资料,完成下面的表格,并与电力机车用司机控制器的结构和性能进行对比分析。

项目	CRH380A	CRH380B	CR200J 型	_____线地铁车辆 (如长沙地铁 1 号线 地铁车辆)
名称、功能				
整车设备布置简图, 标记出电气屏柜 位置				

参考文献

[1]《和谐型交流传动机车技术丛书》编委会. XD1C 型电力机车[M]. 北京:中国铁道出版社,2019.

[2]《和谐型交流传动机车技术丛书》编委会. HXD2C 型电力机车[M]. 北京:中国铁道出版社,2019.

[3]《和谐型交流传动机车技术丛书》编委会. HXD3C 型电力机车[M]. 北京:中国铁道出版社,2020.

[4] 张琳,吴冰. 牵引电器[M]. 成都:西南交通大学出版社,2018.

[5] 王兆安. 电力电子技术[M]. 6 版. 北京:机械工业出版社,2022.

[6] 刘锦波,张承慧. 电机与拖动[M]. 3 版. 北京:清华大学出版社,2024.

[7] 莫坚. 电力机车检修[M]. 北京:中国铁道出版社,2022.

附　　录